Johannes Gromer

Über die Entwicklung des bäuerlichen Hausbaus in Württemberg

Eine bauhistorische Untersuchung mit Dokumentation

Herausgegeben vom Schwäbischen Heimatbund

Gedruckt mit freundlicher Unterstützung von:

DaimlerChrysler AG
Deutsche Stiftung Denkmalschutz
Landkreis Esslingen, Träger des Freilichtmuseums Beuren
Ministerium Ländlicher Raum Baden-Württemberg
Regierungspräsidium Tübingen – Arbeitskreis für Heimatpflege
Schwäbischer Heimatbund

STIFTUNG
Württembergische
Hypothekenbank

Stiftung
Landesbank Baden-Württemberg

LB≡BW

Adolf Würth GmbH & Co. KG

Die Deutsche Bibliothek – CIP-Einheitsaufnahme

Ein Titeldatensatz für diese Publikation
ist bei der Deutschen Bibliothek erhältlich.

1 2 3 4 5   04 03 02 01 00

© 2000 Silberburg-Verlag Titus Häussermann GmbH,
Schönbuchstraße 48, D-72074 Tübingen.
Alle Rechte vorbehalten.
Umschlagfotos: Uli Kreh, Stuttgart
   (aus dem Buch „Zeugen einer vergangenen Zeit.
   Freilichtmuseen in Baden-Württemberg",
   © Silberburg-Verlag, Tübingen).
Satz: textdesign, Martin Fischer, Reutlingen.
Druck: Gulde-Druck, Tübingen.
Printed in Germany.

ISBN 3-87407-346-7

**Besuchen Sie uns im Internet
und entdecken Sie die Vielfalt unseres Verlagsprogramms:**
www.silberburg.de

Inhalt

Vorwort 5

Kapitel 1
Einleitung

1.1 Zur Aufgabenstellung 9
1.2 Zur Vorgehensweise 12
1.3 Zum Stand der bauhistorischen Forschung im Untersuchungsbereich 14

Kapitel 2
Bauforscherische Notizen zu veröffentlichten archäologischen Erkenntnissen

2.1 Zum Hausbau des Altneolithikums 17
2.2 Zum Hausbau des Mittelneolithikums 21
2.3 Zum Hausbau des Jungneolithikums 21
2.4 Zu Bronze- und Hallstattzeit 22
2.5 Zur Zeit der römischen Herrschaft 24
2.6 Zum alemannisch-merowingerzeitlichen Hausbau 26
2.7 Zum bäuerlichen Hausbau im Hochmittelalter 29
2.8 Zusammenfassung 35

Kapitel 3
Zur Entwicklung vom 15. bis zum 19. Jahrhundert

3.1 Vorbemerkung zum Gebrauch der Merkmalsmatrizen 39
3.2 Zur Entwicklung im 15. Jahrhundert 40
    3.2.1 Merkmalsmatrix 40
    3.2.2 Zur Belegbasis 42
    3.2.3 Gestaltmerkmale 42
    3.2.4 Konstruktionsmerkmale – Rohbau / Ausbau 43
    3.2.5 Bezug zu geltenden Bauordnungen 49
3.3 Zur Entwicklung im 16. Jahrhundert 50
    3.3.1 Merkmalsmatrix 50
    3.3.2 Zur Belegbasis 52
    3.3.3 Gestaltmerkmale 52
    3.3.4 Konstruktionsmerkmale – Rohbau / Ausbau 53
    3.3.5 Bezug zu geltenden Bauordnungen 61
3.4 Zur Entwicklung im 17. Jahrhundert 64
    3.4.1 Merkmalsmatrix 64
    3.4.2 Zur Belegbasis 66

    3.4.3 Gestaltmerkmale 66
    3.4.4 Konstruktionsmerkmale – Rohbau / Ausbau 67
    3.4.5 Bezug zu geltenden Bauordnungen 71
3.5 Zur Entwicklung im 18. Jahrhundert 72
    3.5.1 Merkmalsmatrix 72
    3.5.2 Zur Belegbasis 74
    3.5.3 Gestaltmerkmale 74
    3.5.4 Konstruktionsmerkmale – Rohbau / Ausbau 75
    3.5.5 Bezug zu geltenden Bauordnungen 80
3.6 Zur Entwicklung im 19. Jahrhundert 82
    3.6.1 Merkmalsmatrix 82
    3.6.2 Zur Belegbasis 84
    3.6.3 Gestaltmerkmale 84
    3.6.4 Konstruktionsmerkmale – Rohbau / Ausbau 85
    3.6.5 Umbauten 92
    3.6.6 Bezug zu geltenden Bauordnungen 97

Kapitel 4
Schlussfolgerungen

4.1 Summenmatrix 99
4.2 Zusammenfassung 102
    4.2.1 Entwicklung der Außengestalt 102
    4.2.2 Entwicklung der inneren Hausstruktur 103
    4.2.3 Entwicklung der Rohbaukonstruktion 104
    4.2.4 Entwicklung der Ausbauformen 107
    4.2.5 Entwicklung des gesetzgebenden Einflusses 109
    4.2.6 Zum „Typischen" der untersuchten Häuser 109
    4.2.7 Antworten auf bauhistorische Fragen 110
4.3 Blick auf die umgebenden Hausformen 111

Kapitel 5
Plansammlung der Belegbeispiele

5.1 Alphabetisches Ortsverzeichnis 114
5.2 Die Belegbeispiele in chronologischer Ordnung 115

Anhang

Literaturverzeichnis 186
Liste der württembergischen Bau- und Feuerordnungen 190
Anmerkungen 191

Grußwort

Es ist eine unbestreitbare Tatsache, dass in der württembergischen Volkskunde stets die Wortkultur einen höheren Stellenwert besaß als die Sachkultur. Sicher auch ein protestantisches Erbe. Die Tübinger Wissenschaftler erforschten eben eher Mundarten und Flurnamen als Trachten und Hausbauten, eher historische Dorfordnungen (Weistümer) als Zunftaltertümer und konstruktive Details. Kein Wunder, dass als Ergebnis das berühmte „Schwäbische Wörterbuch" vorliegt, das mit dem Germanisten Hermann Fischer verbunden ist.

In diesem Zusammenhang ist es bezeichnend, dass Max Lohss in seinem wichtigen Buch „Vom Bauernhaus in Württemberg", 1932 erschienen, ebenso stark auf die sprachliche Seite – wie heißt im Schwäbischen welcher Bauteil, welches Element? – eingeht wie auf die bautechnischen Gegebenheiten. Die Siedlungsgeografen haben ihren bedeutsamen Anteil an der räumlichen Zuordnung von Hausformen, und vermutlich hat einer von ihnen die Bezeichnung „gestelztes Einhaus" eingeführt für die bäuerlichen Anwesen, in denen im Erdgeschoss der Stall, im Obergeschoss die Wohnung und nebendran die Scheune unter einem Dach vereint sind. Ein für die württembergischen Realteilungsgebiete kennzeichnender Bautyp.

Vor dieser Folie wird das beachtliche Verdienst des Architekten und Bauhistorikers Johannes Gromer deutlich, der mit diesem Werk die Summe seiner Untersuchungen und Bauaufnahmen vorlegt, die während zweier Jahrzehnte entstanden sind. Zu den konstruktiven und funktionalen Erhebungen sind dabei immer auch historische Analysen der Gebäude getreten. Es ist eine aus zahlreichen Beispielen auswertende und ordnende Zusammenschau vom 15. bis zum Ende des 19. Jahrhunderts, wobei auch frühere Phasen des Hausbaus seit der Steinzeit einbezogen sind. Räumlich erstreckt sich das Untersuchungsgebiet vom Kreis Ludwigsburg im Norden bis zum Kreis Reutlingen im Süden, von den Kreisen Böblingen und Tübingen bis zum Kreis Heidenheim, anders formuliert vom Heckengäu bis zur Ostalb, vom Stromberg fast bis zur Donau.

Dieses Buch ist auch sonst ein längst fälliges Gegengewicht. Es bietet Grundlagenforschung in konstruktiver und bautypischer Hinsicht, es beinhaltet jedoch auch eine soziale Komponente, die über den Hausbau hinausweist. Kirchen und Klöster, Burgen und Schlösser, Rathäuser und Spitäler, Bürgerhäuser und selbst Industriebauten sind meist sehr kompetent beschrieben und durchleuchtet, sind bevorzugte Objekte der Historiker, Kunsthistoriker und Denkmalpfleger. Dabei gerät unsere Sozialgeschichte in eine bedrohliche Schieflage, denn bis weit ins 19. Jahrhundert hinein bildeten die Bauern und Kleinhandwerker in den Dörfern und Städtchen des deutschen Südwestens neun Zehntel der Bevölkerung. Ihre bescheidenen Bauten mit knappen Abmessungen und wieder verwendeten Balken sagen mehr über die vergangenen Zeiten aus als die steinernen Gebäude ranghöherer Schichten, die zu erhalten außerhalb jeder Diskussion steht.

Etliche Jahre nach Kriegsende war angesichts des „Wirtschaftswunders" in der Bundesrepublik und der rasanten Veränderungen in der Landwirtschaft klar, dass die überkommene Bausubstanz in den Weilern und Dörfern nicht in ihrer Gesamtheit zu bewahren war. Wie tiefgreifend diese Entwicklung ist, wird auch an Johannes Gromers Buch deutlich: Ein Drittel der Gebäude, die er in den achtziger und neunziger Jahren untersucht hat und die ihm als Beispiel dienen, war im Jahr 2000 schon abgerissen.

In Baden wirkte Hermann Schilli, dessen ungeteiltes Interesse dem Schwarzwaldhaus galt und der den Vogtsbauernhof bei Gutach rettete. In Württemberg wurde der Schwäbische Heimatbund seit 1962 zum unermüdlichen Propagator eines zentralen, eines landesweit ausgreifenden Freilichtmuseums, für das sich viele stark machten, so Walter Knittel, Helmut Dölker und Wilhelm Kutter, um nur einige zu nennen. Da die ländliche Architektur vielfach an Ort und Stelle nicht zu halten war, sollte sie beispielhaft musealisiert werden.

Zehn Jahre später kam es dann zu einer denkwürdigen und erbittert ausgefochtenen Kontroverse. Dem zentralen Entwurf wurden lokale Ansätze und regionale Forderungen in Sachen Freilichtmuseen wirkungsvoll entgegengehalten. Anfang August 1978 entschied der Ministerrat, zuerst einmal regionale Freilichtmuseen aufzubauen. Das war zugleich das Ende eines Landesmuseums. Ein solches wurde fast zur gleichen Zeit für den Bereich Technik und Erfindungen beschlossen, das heutige Landesmuseum für Technik und Arbeit in Mannheim.

Die letzte regionale Einrichtung in Baden-Württemberg zur Dokumentation ländlicher Kultur vom Backhaus bis zum stattlichen Hof des Rossbauern begründete der Esslinger Kreistag 1987 und bestimmte Beuren auf der Albkante zum Standort. Für dieses Freilichtmuseum hat Johannes Gromer in jahrelanger Arbeit die bauliche Überlieferung Innerwürttembergs mit großem Aufwand untersucht, gedeutet und bewertet. Hier nun, in diesem gewichtigen Werk, legt er den Ertrag seiner Forschungen zum schwäbischen Bauernhaus vor. Ein eindrucksvolles Fazit, das so schnell kein anderer übertreffen wird und um das andere Landschaften neidisch sein werden. Ohne ein Prophet zu sein, kann man voraussagen, es ist ein Standardwerk auf seinem Gebiet.

Martin Blümcke,
Vorsitzender des Schwäbischen Heimatbundes

Kapitel 1
Einleitung

1.1 Zur Aufgabenstellung

Der Gedanke, dieses Buch zu schreiben, beschäftigt mich schon seit dem Ende der siebziger Jahre, in denen ich als freier Mitarbeiter meines verehrten Lehrers Adolf Schahl die zeichnerische Inventarisation der Baudenkmäler im Rems-Murr-Kreis besorgte. Dabei waren nicht nur zahlreiche Bauernhäuser aufzunehmen, sondern in den meisten Fällen längere Aufenthalte in den verschiedensten Dörfern nötig, sodass sich dem, der sehen wollte, eine große Fülle an Anschauungsmaterial zu diesem Thema bot – besonders unter Schahls geistreicher Anleitung. Und es wurde einem, der ausgezogen war, moderne Schulen zu bauen, klar, wie gefährdet der Bestand dieser alten Häuser ist, deren etwa 7000-jährige Entwicklung endgültig zu Ende gegangen war.
Als dann zu Beginn der achtziger Jahre ein erstes Freilandmuseum für das württembergische Kerngebiet bei Neckartenzlingen geplant wurde, erhielt ich von der Landesstelle für Museumsbetreuung die Aufträge, die Gebäude Rathausgasse 11 und Brühlstraße 1 in Beuren (Kreis Esslingen) und den Freitagshof bei Wernau nicht nur sehr genau im Maßstab 1 : 25 zeichnerisch aufzunehmen, sondern auch bauhistorisch-stratigraphisch und gefügetechnisch zu untersuchen und die Ergebnisse schriftlich und fotografisch zu dokumentieren. Später durfte ich die Einzelteile der Häuser durchnummerieren, ihre Abtragung und Einlagerung durch örtliche Handwerker leiten und dabei alle mir auffallenden Befunde festhalten. Im Esslinger Kreistag allerdings scheiterte dieses Museumsprojekt 1983 wegen der Kosten, sodass vom Freitagshof nur noch die gut erhaltenen Baumaterialien als „Ersatzteile" ohne weiteren Anspruch auf Wiederaufbau des Hauses geborgen werden konnten.

1984 wurde ein weiterer Versuch unternommen, ein Freilichtmuseum zu gründen – diesmal im Rems-Murr-Kreis. Auch er erlitt Schiffbruch, nicht nur wegen der hohen Kosten, sondern auch wegen der Nähe zum bereits bestehenden Freilichtmuseum Wackershofen bei Schwäbisch Hall.

Trotzdem erhielt ich im folgenden Jahr vom Württembergischen Landesmuseum den Auftrag zu einer bauforscherischen Begehung aller Dörfer des Landkreises Ludwigsburg, bei der ein etwa 450 Häuser umfassender Katalog entstand.

Im Jahr 1987 endlich endete die Odyssee des württembergischen Freilandmuseums auf den Herbstwiesen in Beuren bei Nürtingen, und ich erhielt vom Landkreis Esslingen und der Landesstelle für Museumsbetreuung den ehrenvollen Auftrag, mit meinem Büro die Museumsanlage zu planen. Damit war die Aufgabe verbunden, die hierfür zusätzlich benötigten Häuser (insgesamt 14 Gebäude) auszusuchen, nach dem Plazet durch den Kreistag so sorgsam wie möglich zu erfassen und ins Museum zu translozieren. Gleichzeitig wurde mit der Rekonstruktionsplanung und dem Wiederaufbau der bereits eingelagerten Gebäude begonnen.

Der Auftrag beinhaltete außerdem die Aufgabe, bauforscherische Grundlagenforschung für die künftige Museumsarbeit zu betreiben.[1] Ziel war ein druckfähiges Manuskript über die Hausformen im Einzugsbereich des Museums. Dieser umfasste das Neckarland zwischen Horb und Heilbronn mit den westlich angrenzenden Gäulandschaften, den Schurwald und den Schönbuch sowie das Härtsfeld, die Kuppen- und die Flächenalb mit ihrem gemeinsamen nördlichen Vorland. Die inhaltlich eigentlich hier zugehörige Hohe Alb – etwa vom Lauchertal an bildet sie den am höchsten gelegenen, südwestlichen Abschluss des Gesamtgebirges Schwäbische Alb – gehört nicht zum Einzugsbereich des Museums. Die Bearbeitung dieser Region war schon vor dem Zustandekommen des Freilichtmuseums Beuren durch das früher gegründete Freilichtmuseum Neuhausen ob Eck bei Tuttlingen und den dort wirkenden Hausforscher Hansjörg Schmid mit übernommen worden.

So ist das Untersuchungsgebiet auf die Stadtkreise Stuttgart und Ulm sowie die Landkreise Ludwigsburg, Böblingen, Tübingen, Reutlingen, Esslingen, den südlichen Teil des Rems-Murr-Kreises, den Kreis Göppingen, den Alb-Donau-Kreis nördlich der Donau und den Kreis Heidenheim begrenzt.

In diesem Auftrag lag die eigentliche Veranlassung für mich, die vorliegende Arbeit zu Papier zu bringen. Ich habe die Aufgabe zunehmend gerne angenommen, weil mir im Laufe der geschilderten, intensiven Bemühungen um das komplexe Thema immer klarer wurde, dass die Beschäftigung mit dem historischen bäuerlichen Hausbau die Chance bietet, die historische Basisentwicklung des menschlichen Bauens überhaupt in dieser Region zu erforschen und nachzuzeichnen: Die ersten

Häuser im Neckarland und auf der Schwäbischen Alb wurden von jungsteinzeitlichen Nomaden gebaut, als sie sich im 6. Jahrtausend v. Chr. zu sesshaften Bauern entwickelten. Seitdem bauten Bauern Häuser, die sicherlich in vielerlei Hinsicht von den ja viel jüngeren Burgen, Schlössern, Klöstern, Kirchen und Bürgerhäusern übertroffen wurden; sie schufen dabei trotzdem einen Grundstandard für das menschliche Hausen.

Von Anfang an war klar, dass es sich hier um eine rein bauforscherisch-historische Untersuchung handeln sollte. Denn gleichzeitig war an jene Kulturwissenschaftler und Kulturwissenschaftlerinnen, die die inhaltliche und didaktische Konzeption der Ausstellungen innerhalb der Museen entwickeln sollten, ein entsprechender Auftrag zu einem Manuskript über ihre Arbeit ergangen.

In beiden Fällen war außer der Forderung nach wissenschaftlicher Arbeitsweise keine exakte Fragestellung festgelegt worden. Anfängliche Versuche, Zielrichtung und Methode beider Untersuchungen zu koordinieren, scheiterten leider bald am Fehlen eines für beide Seiten gleichermaßen ergiebigen Themas – und an den Einsparungen, die im Lauf der beiden Forschungsarbeiten getätigt werden mussten.

So nahm die hier vorgelegte Arbeit zunehmend Richtung auf eine ordnende und auswertende Zusammenschau der immer umfangreicher werdenden Untersuchungsergebnisse aus dem gesamten Einzugsgebiet. Damit wurde versucht, möglichst umfassende bauhistorische Aussagen über den Bauernhausbestand der Landschaften zu formulieren, für deren Darstellung das Freilichtmuseum Beuren zuständig ist. Als Ordnungsprinzip gewann dabei immer mehr die Zeitstellung der Erbauungszustände aus fünf Jahrhunderten an Bedeutung, unter dem je Jahrhundert acht Beispiele mit jeweils 45 Befundmerkmalen und Planzeichnungen vorgestellt und miteinander verglichen werden.

Für das 20. Jahrhundert liegen aus der bisherigen Museumsarbeit keine Aufnahmen und Befunde vor, deshalb enden die Ausführungen etwa mit dem Jahr 1900. Bei der Behandlung des letzten Jahrhunderts stellen sich zudem Fragen nach so heterogenen Einflüssen wie denen der Industrialisierung oder des Nationalsozialismus auf das ländliche Bauen. Der Fortschritt in der Bautechnik ermöglicht auch, dass sich die Form der Bauernhäuser zunehmend den Arbeitsabläufen und der ökonomischen Optimierung funktional anpasst. Durch diese völlig neuen, sehr komplexen Fragestellungen der Moderne würde der Rahmen der bisherigen Untersuchungen so weit überschritten, dass ihre Bearbeitung hier deshalb ausgeschlossen wird.

Eine weitere Eingrenzung des Forschungsgebietes besteht in der ausschließlichen Beschränkung auf Wohn-

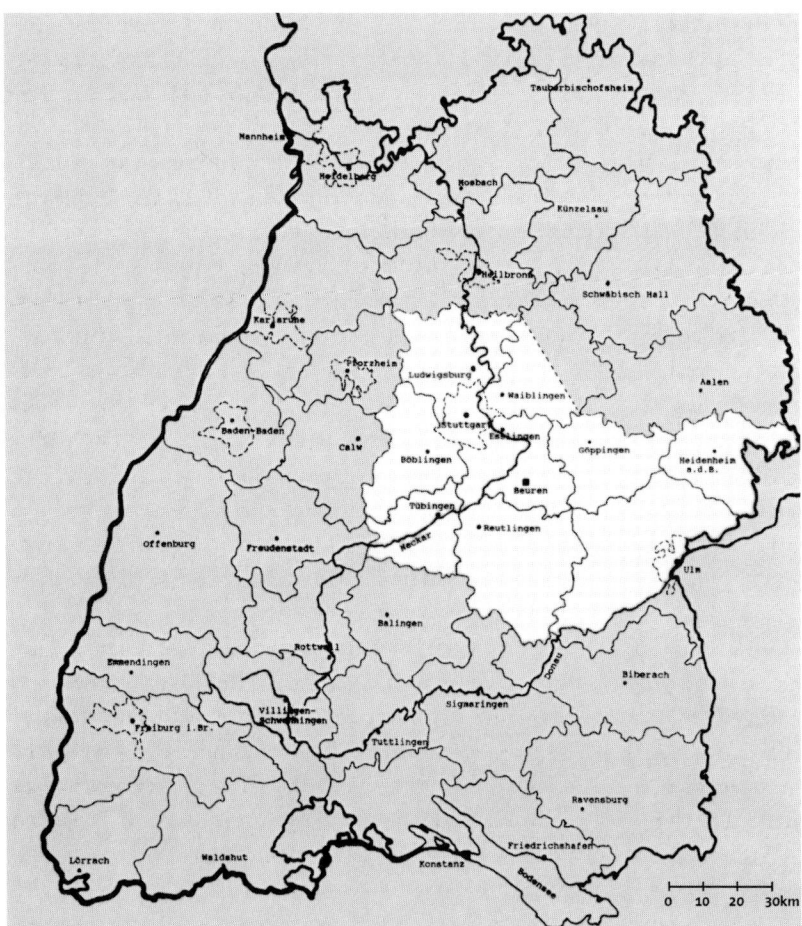

Abb. 1 Karte des Untersuchungsbereichs mit den zugehörigen Landkreisen

und Wohnstallhäuser sowie Scheunen. Alle anderen bäuerlichen Gebäude wie beispielsweise Keltern, Back-, Brenn- und Dörrhäuser bleiben hier außen vor.

Die Einbeziehung einer bauforscherischen Betrachtung der wesentlichen archäologischen Forschungsergebnisse zum frühgeschichtlichen Hausbau führte dagegen zu der neuen, die Zusammenhänge erhellenden Sicht von den Anfängen her – anstelle eines Rückblicks in die Vergangenheit, der sich mangels erhaltener Substanz mit dem 14. Jahrhundert verliert. Die schon seit längerem vorliegenden Arbeitsergebnisse der alteingesessenen archäologischen Disziplinen zum frühgeschichtlichen Hausbau haben einerseits einen hohen Belegwert und zeigen andererseits deutliche Ähnlichkeiten zu den hier vorgestellten Bauernhäusern des 15. bis 19. Jahrhunderts.

Ziel dieses Buches ist zum einen die Erarbeitung einer theoretischen Grundlage für die Museumsarbeit, soweit sie mit Hausbau zu tun hat. Schließlich steckt zum Beispiel die Häusersammlung der geplanten Baugruppe „Alb" im Freilichtmuseum Beuren noch in den Anfängen. Zum anderen will das Buch eine Lücke schließen. In seiner bewundernswert gründlichen Bestandsaufnahme beschäftigt sich Max Lohss mit den Wörtern, die das württembergische Bauernhaus betreffen, sowie mit ihren Bedeutungen und ihren Sprachfärbungen.[2] Bau- und Konstruktionsgeschichte kommen dabei leider zu kurz. Auch die mit kulturwissenschaftlichem Ansatz geschriebenen Darstellungen in den Büchern von I. und G. Schöck[3] sowie Assion/Brednich[4] beschäftigen sich mit dem Haus selbst doch eher am Rande: Beide vernachlässigen weitgehend das handwerkliche Arbeitsprodukt Haus und seine im Untersuchungsbereich noch durch sechs Jahrhunderte nachvollziehbare Entwicklungsgeschichte. Sie geben sich weitgehend mit einer typologischen Einordnung nach der geographischen Lage und der vorgefundenen Außenerscheinung der Häuser zufrieden, unter Hintanstellung der mühsamen, bei historischen Bausachen jedoch eigentlich unabdingbaren konstruktiven, funktionalen und historischen Analyse sowie einer systematischen Einordnung der im Einzelnen vorgestellten Häuser.

Neben den genannten praktischen Arbeiten beim Aufbau des Museums blieb leider viel zu wenig Zeit für eine systematische Grundlagenforschung – zumal die verfügbaren Mittel auch eingesetzt werden mussten, um zahlreiche Vorschläge für Translozierungen als Vorlagen für Entscheidungen des Kreisrats zu untersuchen und zu bewerten. Immerhin konnten 1988 etwa 20 Dörfer auf der Geislinger Alb begangen und fotografiert werden und 1989 15 Dörfer auf der Zwiefalter Alb. 1990 erhielt ich vom Landesdenkmalamt Stuttgart den Auftrag, zirka 150 Häuser des Beurener Ortskerns anhand von je einstündigen Innenbegehungen zu erfassen. Insgesamt konnten bei Reihenuntersuchungen so ungefähr 750 Häuser geographisch und fotografisch erfasst sowie bauhistorisch, konstruktiv und funktional ungefähr eingeordnet werden. Hinzu kommen etwa 30 Objekte, die im Zusammenhang mit der Häusersammlung des Museums näher untersucht, dokumentiert und begutachtet wurden. Als Kern der Untersuchung sind jedoch jene 17 Gebäude zu sehen, die mit größtmöglicher Genauigkeit aufgezeichnet, bauarchäologisch, archivalisch und restauratorisch untersucht und in jedem denkbaren Detail fotografisch dokumentiert worden sind. Sie stammen aus fünf Jahrhunderten und kommen aus dem gesamten Einzugsbereich des Museums. Sie wurden in das Freilichtmuseum Beuren transloziert, sieben davon sind inzwischen wieder aufgebaut worden. Für die Mehrzahl der übrigen Gebäude liegen Rekonstruktionszeichnungen zu ihrem jeweiligen Erbauungszustand vor.

Zu danken habe ich an erster Stelle meinem Doktorvater, Herrn Professor Dr. Ing. Cord Meckseper und dem zweiten Gutachter, Herrn Professor Dr. Ing. Heinar Henckel, für die freundliche Beratung und hilfreiche Kritik, mit der sie meine Arbeit betreut haben.

Weiterhin danke ich der Landesstelle für Museumsbetreuung, dem Landesdenkmalamt und dem Landkreis Esslingen, insbesondere den Herren Dr. Neuffer, Landeskonservator Meckes, Dr. Hussendörfer, Dr. Bongartz, Dipl.-Ing. Scholkmann und Dipl.-Ing. Aspacher, dem früheren Leiter des Amtes Freilichtmuseum beim Landratsamt Esslingen, für die immer freundliche Unterstützung und Förderung meiner Arbeit mit den ihnen zu Gebote stehenden Mitteln.

Auf der anderen Seite steht der Dank an die zahlreichen Mitarbeiter jener Jahre, die neben den Problemen mit den eigentlich fachlichen Fragen auch immer die Diskrepanz zwischen dem wissenschaftlichen Elfenbeinturm und der Baustellenpraxis und dazu noch die Messlatte der jeweils verfügbaren Mittel zu bewältigen hatten.[5]

Zum Schluss, aber nicht zuletzt, sind die freundschaftlichen Hilfen dankbar zu erwähnen, etwa die von Dipl.-Ing. Burghard Lohrum und Joachim Faitsch durch zahlreiche lange Beratungsgespräche und die Einsicht in Pläne und Dendrodaten. Besonders danken möchte ich meiner redaktionellen Mitarbeiterin Anja Krämer M.A. für ihre Geduld und Sorgfalt wie auch für manche ihrer hartnäckigen Widersprüche.

Ganz zuletzt, weil am nächsten, möchte ich meiner Frau und unseren beiden Söhnen für ihre Mitarbeit und dafür danken, dass sie es bei dem sich als Bauernhäuserfreak gerierenden Familienvorstand so lange ausgehalten haben – und Dank auch jenem Unbekannten, der meine Gesundheit und Begeisterung am Gegenstand der Untersuchung bisher erhalten hat.

Oppenweiler, den 7. November 1999   *Johannes Gromer*

1.2 Zur Vorgehensweise

Die noch junge Disziplin der historischen Bauforschung verfügt noch nicht über einen allgemein anerkannten Apparat von wissenschaftlichen Untersuchungs- und Analysemethoden. Deshalb muss jeder neue Bearbeiter eines solch komplexen Stoffes versuchen, durch weitere Optimierung der übernommenen Vorgehensweisen einen eigenen Lösungsweg zu finden.

Das grundlegende Problem bei der Erfassung der Bauernhausformen eines Gebiets liegt in der großen Anzahl der vorhandenen Objekte: Der Einzugsbereich des Freilichtmuseums Beuren umfasste vor der Verwaltungsreform etwa 1500 Dörfer. Geht man von einem geschätzten Durchschnitt von nur 20 historisch relevanten Gebäuden je Dorf aus, so kommt man auf eine Gesamtzahl von schätzungsweise 30 000 Objekten. Von diesen besitzt jedes Einzelne seine individuelle Baugeschichte und jetzige Finalform sowie seine eigene Konstruktion mit jeweils einer Vielzahl spezifischer Eigenarten und Details.

Die vollständige und flächendeckende Erfassung und Auswertung dieser Fülle von Informationen ist weder mit den vorhandenen Finanzmitteln, noch von einem einzelnen Haus-Bau-Forscher zu bewältigen. Dazu kommt, dass sogar der im Idealfall vollständige Katalog aller noch vorhandenen und relevanten Gebäude nur eine zufällige Auswahl derjenigen Exemplare darstellen würde, die – aus welchen Gründen auch immer – erhalten geblieben sind. Auch solch ein Katalog würde also keine gültigen Aussagen über die historische Wirklichkeit erlauben.[6]

Aus diesen Feststellungen ergab sich zwingend, dass eine Beschränkung der aufzunehmenden Informationen vorgenommen werden musste. Da das Untersuchungsgebiet mit der Aufgabenstellung festgelegt ist, boten sich hierfür zwei Verfahren an:

1. Die Auswahl nur einiger weniger, schnell und leicht zu erfassender Merkmale oder Kriterien, die an möglichst vielen Gebäuden aufgenommen werden wie z.B. die fotografierte Außengestalt. Dabei würde die Zeit aufwendiger Innenbegehungen und Bestandsdokumentationen eingespart werden. Damit werden jedoch auch überprüfbare Aussagen über das Baudatum und die ursprüngliche Konstruktion von Gerüst, Gefüge und Wandbildung, Grundrissauslegung, Ausbau und Dekor – jeweils mit ihren späteren Veränderungen – unmöglich. So läuft die Methode Gefahr, sich in einer großen

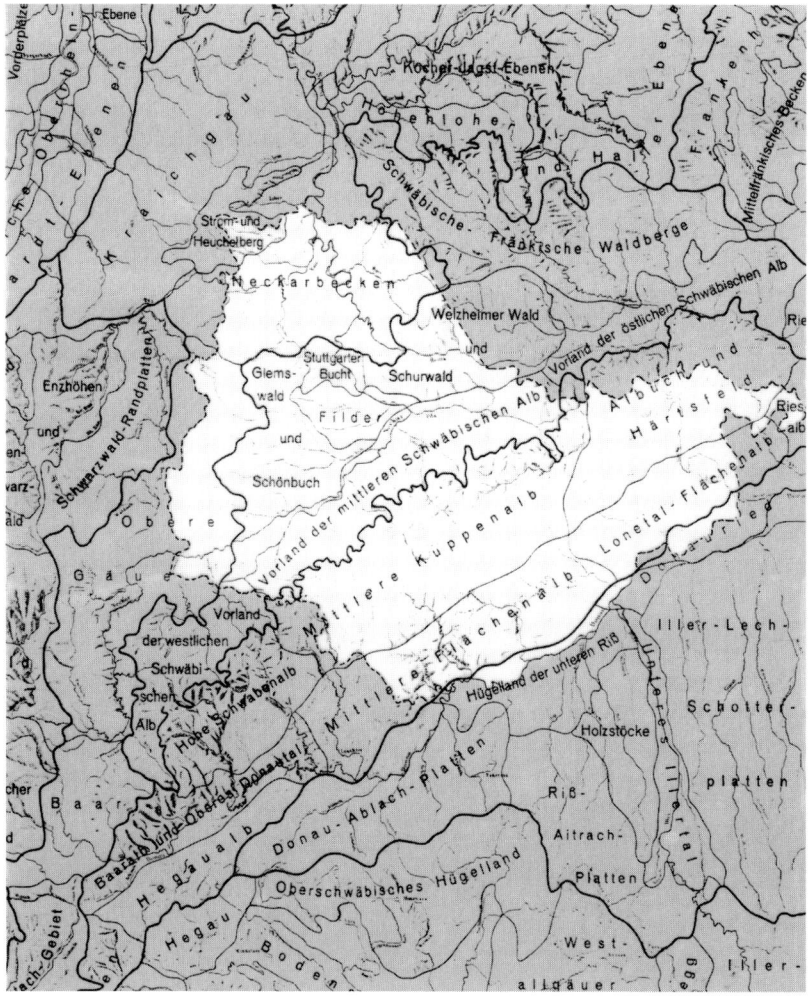

Abb. 2 Naturräumliche Gliederung des Untersuchungsbereichs

Anzahl von Objekten mit wenigen, das komplexe Thema Haus keinesfalls ausfüllenden Katalogangaben und deren rein quantitativem Vergleich zu erschöpfen und trotzdem an der Oberfläche zu bleiben, das heißt tendenziell über alles nichts zu sagen.

2. Alternativ bietet sich die Auswahl einer im Verhältnis zur Gesamtmenge geringen Anzahl von Objekten an, die deshalb zeichnerisch, bauhistorisch und restauratorisch umfassend aufgenommen, analysiert und verglichen werden können. Natürlich lauert hier die entgegengesetzte Gefahr, bei sinkender Objektzahl und wachsender Merkmalsliste tendenziell über nichts alles auszusagen. Das heißt, auch hier besteht die Gefahr mangelnder Repräsentanz der getroffenen Aussagen im Hinblick auf den tatsächlichen Bestand.

In beiden Fällen muss notgedrungen mit ungenügend belegten und damit unzulässigen Typologien gearbeitet werden: Die erste Alternative benötigt diese als Ordnungskriterien, ohne allerdings weiter als bis zur Außenhaut der Gebäude vorgedrungen zu sein, die zweite Alternative hat keine andere Wahl, als die wenigen genau untersuchten Beispiele ohne weitere Vergleichsmöglichkeiten zu repräsentativen Grundformen für den gesamten Untersuchungsbereich und seine historische Entwicklung zu erklären, wenn sie über den Einzelfall hinausgehende Aussagen zum Gesamtgebiet machen will. Beide Verfahren greifen mit ihrer vor oder während der Befunderfassung getroffenen Typenauswahl das Untersuchungsergebnis ohne weitere Begründung vor.

Auch bei der vorliegenden Arbeit wurden zunächst Lösungen nach der zweiten und später nach der ersten Alternative versucht und wegen ihrer Untauglichkeit zur Bewältigung der gestellten Aufgabe wieder verworfen.

Der objektivere Weg wird in der Mitte liegen – nämlich in der möglichst genauen Erfassung, Analyse und Einordnung möglichst vieler Beispiele aus möglichst vielen Bereichen und historischen Entwicklungsphasen des Untersuchungsfeldes. Die vorliegende Arbeit versucht deshalb diese Richtung einzuschlagen, wohl wissend, dass sie „zwischen Skylla und Charybdis" schifft.

Der schon kurz umrissene Materialbestand von etwa 75 genau erfassten sowie ungefähr 750 in geringerer Genauigkeit aufgenommenen Wohn- beziehungsweise Wohnstallhäusern und Scheunen aus dem gesamten Untersuchungsgebiet, der sich im Laufe der zwanzigjährigen Forschungsarbeit angesammelt hat, erleichtert den skizzierten Mittelweg. Diese stellen allerdings auch nur etwa drei Prozent der geschätzten Gesamtmenge an Objekten dar!

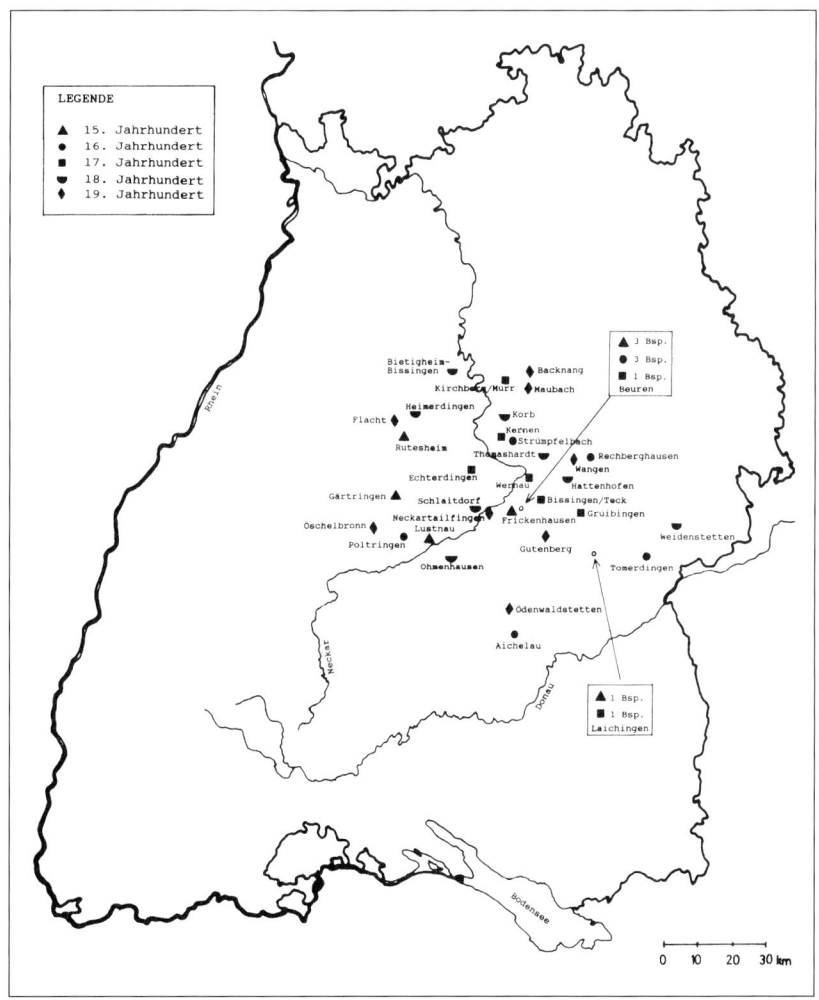

Abb. 3 Räumliche und zeitliche Verteilung der Kernbeispiele

Während der Beschäftigung mit dem Thema nahm sowohl das Bewusstsein für die noch bestehenden Wissenslücken wie auch die Einflussmöglichkeit auf die Auswahl der Untersuchungsobjekte zu, sodass die Recherche mit der Zeit zielgerichteter auf die weißen – jetzt leider aber immer noch vorhandenen – Flecken der Landkarte und der historischen Entwicklung orientiert werden konnte. Das Ergebnis ist die vom Umfang her gerade noch überschaubare Auswahl von 40 zuverlässig dokumentierten Kernbeispielen, die nahezu gleichmäßig über den Untersuchungsbereich und den hier dargestellten 500-jährigen Entwicklungszeitraum verteilt sind. Mit der Beantwortung von 45 an alle Objekte gestellten Merkmalsfragen (siehe Kapitel 3.1) kann die Arbeit für sich in Anspruch nehmen, einen großen Teil der im definierten Arbeitsfeld tatsächlich vorkommenden Phänomene repräsentativ darzustellen.

Allerdings kann hier aufgrund des zahlenmäßigen Vorkommens ähnlicher Merkmale an den vorgestellten Beispielen nur sehr bedingt eine Hochrechnung auf deren tatsächliches Vorhandensein in einer bestimmten Gegend oder Zeitphase angestellt werden.

Ein zusätzlicher methodischer Ansatz besteht darin, die archäologischen Erkenntnisse über die Entstehung und Frühgeschichte des Hausbaus im Untersuchungsgebiet miteinzubeziehen. Er bietet, wie erwähnt, die Möglichkeit, die Gesamtentwicklung von den Quellen her zu begreifen anstatt nur von heute aus zurückzublicken bis an jene Grenze am Ende des 14. Jahrhunderts, jenseits derer bislang für Württemberg keine aufgehenden Reste von Bauernhäusern bekannt sind.

Diese veränderte Sichtweise gibt gleichzeitig einen guten Grund dafür, das Material nicht nach geographischen Gesichtspunkten zu gliedern, sondern entsprechend dem Takt der Jahrhunderte. Ein solches Ordnungsprinzip erlaubt es, auf eine voreilige – weil nicht aus der Gesamtheit der baulichen Fakten abgeleitete – Typendeklaration zum Zweck der Gliederung zu verzichten und macht den Blick frei für jene grundlegenden und durchgängigen Prägungen, denen der untersuchte Hausbestand tatsächlich unterlag. Diese werden hier in der überwiegend vorkommenden Grundform der zweischiffigen, mehrzonigen Tragwerksraster, der Fachwerk-Wandbildung und der Form des steilen Satteldachs gesehen. Daneben lässt sich aber auch fast jedes der untersuchten Merkmale in eine Gruppe alternativ vorkommender Erscheinungsformen einordnen. So können auch „typische", das heißt nach dem Deutschen Wörterbuch der Gebrüder Grimm „in charakteristischen Zügen ausgeprägte"[7] Grundformen einzelner Gebäude oder Details an der Durchgängigkeit oder Zeitweiligkeit ihres Vorkommens erkannt und entsprechend bewertet werden.

Eine grundsätzliche Schwierigkeit bei der Festlegung von „Typen" besteht in den genannten Arbeiten – neben dem Problem der erwähnten Präjudizierung des Untersuchungsergebnisses – in der Ambivalenz der Wortbedeutung: Derselbe Begriff kann der Einordnung von Merkmalen des Hausformengefüges einer ganzen Region unter die seiner geographischen Nachbarn ebenso dienen wie zur Bezeichnung von Unterschieden in einzelnen Binnenbereichen oder Entwicklungsphasen des Untersuchungsgebiets.

Diese Unschärfe des Typenbegriffs bezüglich einer Differenzierung nach seiner Außen- beziehungsweise Binnenvergleichsfunktion wird bei den vorliegenden Arbeiten mit vorwiegend kulturwissenschaftlichem und geographischem Ansatz begleitet von einem weitgehenden Fehlen der entwicklungsgeschichtlich-konstruktiven Dimension des vorgefundenen Hausbestandes: So konnte in der ersten Hälfte des 20. Jahrhunderts der in der Diskussion zwischen den Bauforschergenerationen immer noch nicht ganz ausgeräumte Irrtum entstehen, dass die Gefügetechniken des Verblattens beziehungsweise Zapfens zu den stammesspezifischen Merkmalen „alemannischer" beziehungsweise „fränkischer" Bauweise erklärt wurden. Eine Begründung für eine solche Verbindung zwischen Stammesgeschichte und Bautechnik fehlt dabei zum Beispiel bei Phleps[8] und Gruber[9] weitgehend beziehungsweise scheint sie a priori vorausgesetzt. Dabei wurde nicht berücksichtigt, dass die Verblattungstechnik in Württemberg spätestens mit dem Verbot in der ersten Landbauordnung von 1567/68 weitestgehend ungebräuchlich geworden war und durch die Verzapfung ersetzt wurde. Auch wurde nicht gesehen, dass beide Aussteifungstechniken im gesamten Untersuchungsbereich und auch weit darüber hinaus verbreitet vorkommen – entwicklungsgeschichtlich jedoch nacheinander.

Ein letzter methodischer Ansatz besteht in der Betrachtung der gesetzlichen Regelungen, mit denen die jeweiligen Landesregierungen zu ihren Zeiten versucht haben, Einfluss auf den bäuerlichen Hausbau auszuüben. Die Gesetzestexte geben daneben auch zahlreiche konkrete Hinweise auf den jeweiligen Stand der bautechnischen Entwicklung.

So versucht die vorliegende Arbeit, die bislang vernachlässigten entwicklungsgeschichtlichen und baukonstruktiven Aspekte des Hausbaus im Untersuchungsgebiet stärker herauszuarbeiten und damit die vorliegenden sprach- und kulturwissenschaftlichen Forschungsergebnisse zu vervollständigen.

1.3 Zum Stand der bauhistorischen Forschung im Untersuchungsbereich

Die Themenstellung der vorliegenden Arbeit kann folgendermaßen zusammengefasst werden: Als Ergänzung der bislang veröffentlichten Forschungsergebnisse mit geographischem, kulturwissenschaftlichem[10] und sprachkundlichem Ansatz[11] soll hier für den Einzugsbereich des Freilichtmuseums Beuren die baugeschichtlich-konstruktive Entwicklung der bäuerlichen Hausformen dargestellt werden.

Das heißt zum einen, dass neben der Außengestalt möglichst vieler Einzelgebäude aus dem gesamten Gebiet insbesondere ihre innere Struktur, also Grundriss- und Schnittfigur, Tragwerk, Aussteifungsgefüge und Wand- beziehungsweise Dachbildung des Rohbaus sowie der Ausbau mit all seinen historischen Gewerken erfasst und verglichen werden sollen. Zum anderen bedeutet dies, dass anhand möglichst vieler, gesicherter Baudaten eine Entwicklungschronologie der Außengestalten und Konstruktionsformen formuliert wird.

Dass dieses „auf die Konstruktionsgeschichte einengende Erkenntnisziel" nicht gar so uninteressant ist, wie bei Assion/Brednich[12] und H. Schmid[13] etwas abfällig dargestellt, mag die folgende Überlegung verdeutlichen: Wie die archäologische Keramikforschung oder die „große" Architekturgeschichte hat sich auch die Bauernhausforschung zunächst mit den Forschungsgegenständen, also den „Dingen" selbst, erfassend, vergleichend und ordnend zu beschäftigen. Erst wenn solche Grundlagen vorliegen, erscheint die Beschäftigung der Volkskundler mit diesen Themen sinnvoll, weil ihre Ergebnisse dann am Einzelobjekt nachvollziehbar und überprüfbar werden.

Max Lohss, der auf seinem Forschungsgebiet bewunderungswürdig gearbeitet hat, I. und G. Schöck, Assion/Brednich und Schmid, aber auch die „hausgeographische" Schule mit Gradmann, Grees und Schröder vernachlässigen also die genaue Untersuchung der Sache „Haus". Sie erstellen überwiegend nur Typologien für entwicklungsgeschichtlich nicht analysierte Außenformen sowie deren vermutete Verbreitung und behandeln die Inneneinrichtung der Gebäude.

Daneben gibt es aber auch namhafte Autoren, die sich mit den tatsächlichen Ergebnissen der bäuerlichen Bautätigkeit beschäftigen, indem sie die ursprüngliche Struktur und Konstruktion und damit auch die späteren Veränderungen der Häuser erfassen und in einen chronologischen Zusammenhang bringen. Als früheste Bemühungen dieser Art sind hier einzelne Aufmaße in dem vom Verband deutscher Architekten und Ingenieure 1906 herausgegebenen Werk „Das Bauernhaus im deutschen Reiche" zu nennen.[14] Leider sind die mit großer Liebe aufgenommenen Planzeichnungen nicht immer ganz zuverlässig, weil zwischen Bestand und vermuteten Rekonstruktionen bei der Darstellung nicht differenziert wurde und manche Details auch falsch erfasst wurden.

1967 erschien postum Hermann Phleps' „Alemannische Holzbaukunst".[15] Darin finden sich die von dem Architekten Phleps aufgenommenen, akribisch genauen Aufmaße von „alemannischen" Häusern. Das Werk stellt neben der 1926 erschienenen Arbeit von Gruber über die deutschen Bauern- und Ackerbürgerhäuser[16] trotz der missverständlichen stammesgeschichtlichen Zuweisung die erste umfassende Beschäftigung mit der Baukonstruktion und den unterschiedlichen Aussteifungstechniken historischer Bauernhäuser dar. Beide Bücher sind für den hier untersuchten Bereich relevant, zumal damit ein hervorragendes Glossar für spätere Forschungen geschaffen wurde. Leider fallen die schlichten württembergischen Häuser durch das Erfassungsraster der beiden im „großen Bogen" geschriebenen Werke.

Erwähnenswert sind auch zwei Bauforscher, die sich zu Teilen mit dem Hausbau in unserem Untersuchungsgebiet befassen. Beide folgen dem „alemannisch-fränkischen Gefügeirrtum" nicht – obwohl ihnen keine exakten dendrochronologischen Datierungsbelege vorlagen: der autodidaktische Bauernhausforscher Gerhard Eitzen und der Kunsthistoriker Adolf Schahl.

Eitzen, der im Wesentlichen in und über Nordwestdeutschland gearbeitet hat, veröffentlichte 1963 einen Aufsatz „Zur Geschichte des südwestdeutschen Hausbaues im 15. und 16. Jahrhundert".[17] Ausgehend von dem 1962 abgetragenen Watterbacher Firstsäulenhaus (Odenwald)[18] schlägt er einen weiten Bogen durch Württemberg, Oberschwaben, Baden und das Elsaß. Bewundernswert präzise beschreibt er anhand von rekonstruierenden Aufmaßen die hier während des 15./16. Jahrhunderts nebeneinander vorkommenden Gerüstformen als First- und Geschossständerbauweise beziehungsweise stockwerksweisen Abbund und vergleicht sie miteinander. Dabei geht er ausführlich auf die geblatteten beziehungsweise gezapften Gefügetechniken für die Aussteifung ein und zeigt, dass die geblatteten Formen von den gezapften abgelöst wurden.

Leider fehlten ihm außer Datum und Inhalt der ersten württembergischen Landbauordnung von 1567/68 weitere zuverlässige Orientierungsdaten, sodass er beispielsweise die Bauzeit der zweiten von ihm vorgestellten (Unter-)Firstständerscheune aus Gärtringen[19] wegen der hier verwendeten, gezapften Schwelle-Rähm-Streben nach 1568 vermutete. Diese Scheune wurde inzwischen in den Bestand des Freilichtmuseums Beuren übernommen, genau untersucht und damit auch dendrochronologisch in das Jahr 1498 datiert.

Insgesamt gesehen aber umreißt Eitzen in seinem brillanten Aufsatz auf knapp vierzig Seiten nahezu das gesamte konstruktive Wissen, über welches wir heute hinsichtlich der im Untersuchungsgebiet während des 15./16. Jahrhunderts vorkommenden Gerüst- und Gefügeformen verfügen.

Auch der Kunsthistoriker und Denkmalinventarisator Adolf Schahl, der vor und nach dem Zweiten Weltkrieg zunächst über Bauernhausformen im württembergischen Allgäu und in Oberschwaben gearbeitet hatte, legte hauptsächlich in zwei Aufsätzen, nämlich 1960 über „Bauformen und Baugesetzgebung in Württemberg"[20] und 1967 zu „Fragen der Fachwerkforschung in Südwestdeutschland"[21] Arbeiten mit einer ähnlichen Zielrichtung wie Eitzen vor. Dessen Forschungsergebnisse wurden ihm nach eigenem Bekunden jedoch erst im Laufe der siebziger Jahre bekannt. Schahl geht bei seinen Überlegungen von archivalischen beziehungsweise fachliterarischen Studien und der Architekturbetrachtung des Kunsthistorikers zum Thema Fachwerk aus und differenziert nicht zwischen Bauern- und städtischen Bürgerhäusern. Er beschäftigt sich aber intensiv mit den Fragen des Aussteifungsgefüges, und dies – über Eitzen hinausgehend – bis ins 18. Jahrhundert hinein. Das heißt, er sieht nicht nur die Ablösung der geblatteten durch die gezapften Gefügedetails, sondern skizziert auch die weitere Entwicklung der aussteifenden Fachwerkbauglieder während der um 1600 aufkommenden Schmuck- und Zierfachwerkperiode und den allmählichen Übergang zu wieder schlichteren Formen im 18. Jahrhundert.

Schahl denkt wie Eitzen über die frühmittelalterlichen Wurzeln der noch vorhandenen spätmittelalterlichen Haus-(Gerüst-)Formen nach. Beide belegen anhand der Lex Alamannorum detailliert, dass dieser Volksstamm keine Einhäuser, sondern Gehöftanlagen bewohnt hat.[22] Schahl streift kurz die in diesem Codex mehrfach angesprochene Firstsäulenbauweise, ohne jedoch einen Bezug zu noch vorhandener ähnlicher Substanz in Württemberg herzustellen, von der ihm anscheinend nichts bekannt war.

1982 legte A. Bedal in seinem Planungsgutachten für ein geplantes Freilichtmuseum in Ödenwaldstetten eine erste Voruntersuchung der Hausformen auf der Schwäbischen Alb mit zahlreichen Neuaufmaßen vor. Darunter waren mehrere Gebäude, die vor kurzem nachträglich dendrochronologisch in das frühe 16. Jahrhundert datiert wurden, insbesondere ein Geschossständerhaus aus Ehestetten. Dazu schrieb Bedal als Grundlage des im Rahmen der Museumsplanung entwickelten Häuserkataloges einen notgedrungen skizzenhaften Abriss über die Entwicklungsgeschichte von Gerüst und Gefüge, das historische Wirtschaftsleben und die soziale Schichtung im Bereich dieses Mittelgebirges. Dieser Teil der Arbeit erschien in wesentlichen Partien ergänzt und vertieft als Aufsatz.[23]

Drei weitere Arbeiten, in denen zwar keine spezifischen Aussagen zu einem Bauernhaus aus dem Untersuchungsgebiet gemacht, dafür aber die größeren Zusammenhänge und weiter greifend abstrahierte Definitionen vorgestellt werden, haben die vorliegende Arbeit wesentlich mitgeprägt. Dies sind Bruno Schiers 1966 wieder aufgelegtes Buch „Hauslandschaften und Kulturbewegungen im östlichen Mitteleuropa",[24] Walter Sages Artikel „Fachwerk" im Reallexikon der deutschen Kunstgeschichte aus dem Jahr 1972[25] und Torsten Gebhards Zusammenschau der Bauernhausformen in Deutschland[26] aus dem Jahr 1977, die zwar bezüglich der Häuser im Untersuchungsgebiet nicht über Lohss hinausgeht, aber doch den Blick auf die Umgebung lenkt.

Während das vielschichtige Werk von Schier für mich eher als „Augenöffner" im Hinblick auf zu beobachtende Phänomene und Zusammenhänge wirkte, steckte Sages prägnanter Artikel mit seinem Hinweis auf die jungsteinzeitlichen Wurzeln der Fachwerkbauweise quasi den Rahmen und die Blickrichtung der vorliegenden Arbeit ab.

Man sieht, es gibt viele bauhistorische Einzelinformationen, Gedankengänge und Denkanstöße zum Thema dieser Arbeit.

Der bisherige Forschungsstand kann folgendermaßen zusammengefasst werden: Die in der Regel zweischiffigen, mehrzonigen Bauernhäuser und -scheunen im Untersuchungsbereich sind in Fachwerkbauweise mit steilen Satteldächern errichtet. Auch die Giebel sind überwiegend steil, teilweise mit Schopfwalmen. Zusammen mit verschiedenen Gehöftformen kommen Einhäuser vor. Die ältesten Traggerüste der ein- bis zweistöckigen Gebäude stellen die First- und Geschossständerkonstruktionen des 15. Jahrhunderts dar, deren Aussteifungsgefüge mittels Verblattungen an das stehende Gerüst gefügt wurden. Im 16. Jahrhundert wurden diese Techniken durch die Stockwerksbauweise mit gezapften Gefügehölzern ersetzt. Daraus wurden recht bald reiche Zierformen entwickelt. Ab 1495 griff der Staat regulierend in das Baugeschehen ein und gewann zunehmend an Einfluss.

Was bisher entsprechend der oben definierten Aufgabenstellung fehlte, war eine zusammenhängende und mit konkreten Beispielen und Daten belegte Darstellung der historischen Entwicklung des bäuerlichen Hausbaus im württembergischen Neckarland und der Schwäbischen Alb.

Kapitel 2

Bauforscherische Notizen
zu veröffentlichten archäologischen Erkenntnissen

Im Folgenden werden nun die Erkenntnisse der Landesarchäologie über den frühgeschichtlichen Hausbau, dessen Erbauer und Benutzer ja ausschließlich Bauern waren, so dargestellt, dass ein Vergleich mit den analysierten Häusern des 15. bis 19. Jahrhunderts möglich wird. Die Darstellung erfolgt in ihren für die Bauforschung relevanten Zügen und entsprechend den weiter unten eingeführten Merkmalskategorien Gestalt, Konstruktion (Tragwerk, Aussteifung, Wand- und Dachbildung) und Ausbau.

Sie muss im Hinblick auf die eigentliche Aufgabenstellung der Arbeit notwendigerweise skizzenhaft bleiben und referiert lediglich die Entwicklungen vor jenem bäuerlichen Hausbau, der heute noch anhand aufgehender Bausubstanz erfassbar ist. Ziel ist es, deren Genese zu erhellen und damit eine Brücke zwischen den noch stehenden Häusern und den nur noch im Boden erhaltenen Zeugen der versunkenen Vorgängerkulturen zu schlagen.

Die Recherche beschränkt sich nicht streng auf den oben umrissenen Untersuchungsbereich der bestehenden Häuser, sondern bezieht auch Befunde aus einem weiteren Umkreis – von Oberschwaben über Niederbayern bis zum Niederrhein – mit ein.

2.1 Zum Hausbau des Altneolithikums

Der Bau von Häusern, also das Errichten von festen, nicht mehr transportablen Wohngelegenheiten, kann im Untersuchungsbereich von der württembergischen Archäologie erstmals zusammen mit dem Phänomen der Bandkeramik in der Jungsteinzeit nachgewiesen werden. Er fällt demnach in das 6./5. Jahrtausend v. Chr. Zu dieser Zeit begann die bis dahin nomadisierende Bevölkerung – unter dem Einfluss einer von Südosten her sich ausbreitenden Entwicklung –, in den Lößlandschaften Ackerbau und Viehzucht zu betreiben. Damit entwickelten sich die bisherigen Jäger und Sammler zu sesshaften Bauern.

Belegt sind diese Angaben für die frühe Jungsteinzeit durch zahlreiche Grabungen, unter anderem im Mittleren Neckarraum, im Ries und bei Ulm, für das Mittelneolithikum (etwa 5. Jahrtausend v. Chr.) auch auf der Filderebene und im Oberen Gäu. Für diese frühesten Hausbauten lassen sich anhand der bei Keefer[27], Sangmeister[28] und Schlichtherle[29] dargestellten Grabungs- und Rekonstruktionszeichnungen aus bauforscherischer Sicht folgende Gebäudemerkmale festhalten.

Abb. 4 Rekonstruktionsversuch eines Bauernhauses mit Brunnen vor mehr als 7000 Jahren
(aus: Archäologie in Deutschland 4/1995, S. 7)

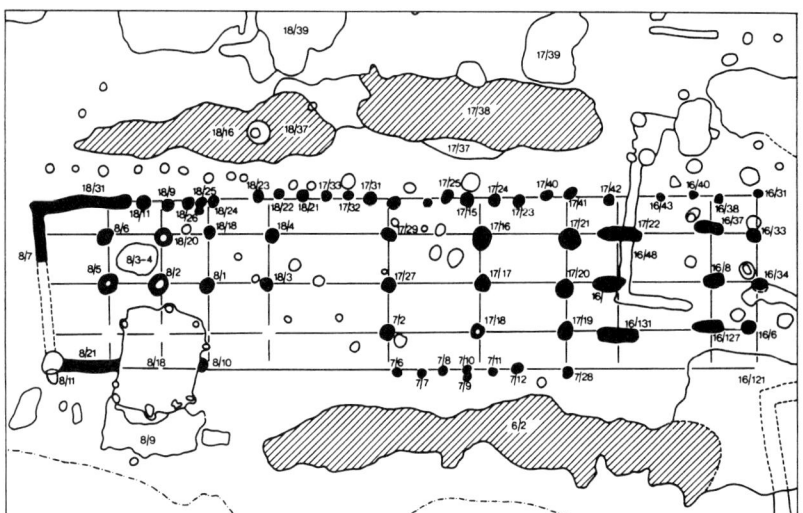

Abb. 5 Ulm-Eggingen, Grundriss von Haus 10 (aus: KEEFER, Steinzeit, S. 103)

Gestaltmerkmale

In der Regel finden sich auf flachen Spornen zwischen zwei Bächen Ansammlungen von bis zu zehn parallel mit den Giebeln zur Hauptwetterseite (Nordwesten) orientierten Langhäusern, deren Grundflächen bis zu 8 auf 30 Meter, also etwa 240 Quadratmeter, betrugen. Die Häuser waren mit weichgedeckten, also steilgiebligen Satteldächern versehen. Als Firsthöhe werden etwa sechs Meter vermutet. Auch kleinere Wohnhäuser und Nebengebäude gehörten zum Siedlungsbild, womit sich erste Hinweise auf eine Gehöftbildung andeuten. Dazu kommen Gruben, die zunächst für die Lehmgewinnung ausgehoben und später als Abfallgruben weiter genutzt wurden.

Bei den ergrabenen Langhäusern handelt es sich um Wohnspeicherhäuser, in denen sich nach Keefer drei Raumzonen mit unterschiedlichen Funktionen nachweisen lassen (siehe Abb. 5).

– In dem nach Nordwesten gelegenen Drittel, dessen Wände – regional verschieden – aus mit Lehmbewurf abgedichteten Spaltbohlen oder aus lehmbeworfenem und gekalktem Flechtwerk gebildet waren, wird der Schlaf- und Wohnbereich der Familie vermutet, deren Kopfzahl auf fünf bis sieben geschätzt wird.

– Das mittlere Hausdrittel wird „dem handwerklichtechnischen Alltagsgeschehen" zugeschrieben.

Dabei fällt auf, dass in den veröffentlichten Ergebnissen für die Jungsteinzeit keinerlei Angaben über Feuerstellen und Fußböden beziehungsweise Benutzungshorizonte gemacht werden. Heißt dies nur, dass mögliche Befunde zum Beispiel durch Tiefpflüge zerstört worden sind – oder dass in den Häusern keine Feuerstellen vorhanden waren?

– Das vordere Drittel mit frontalem Eingangsbereich hebt sich durch doppelte Pfostensetzungen vom rest-

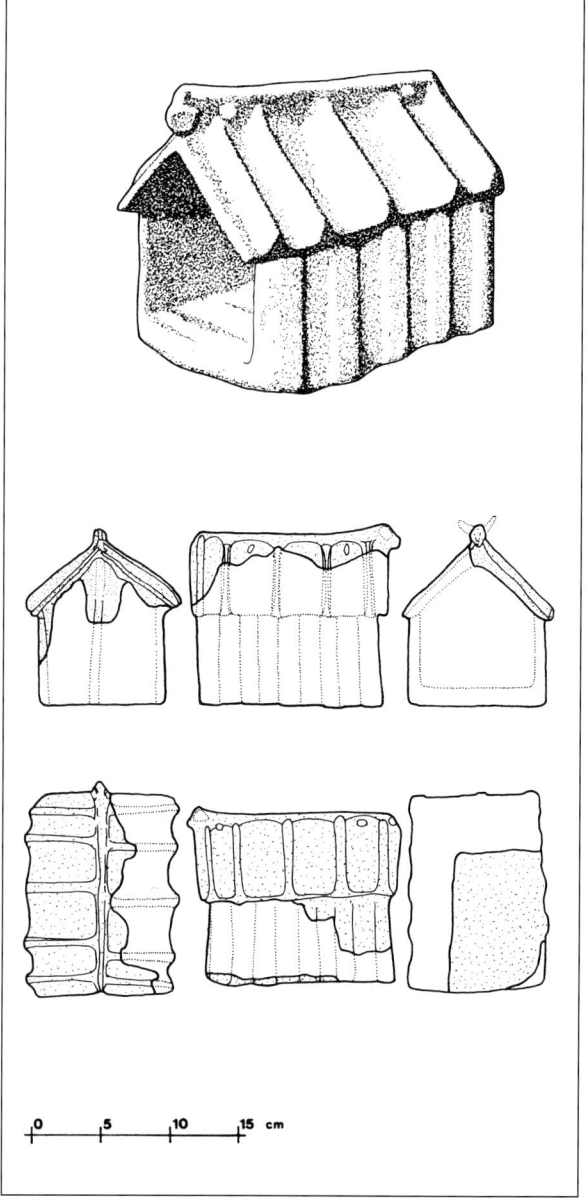

Abb. 6 Hausmodell aus Střelice-Sklep, ČS (aus: LULEY, Urgeschichtlicher Hausbau, S. 240)

lichen Haus ab. In ihm kann der Speicher des Hauses vermutet werden, der auf einer vom Erdboden abgehobenen Zwischenkonstruktion ruht (siehe Abb. 7). Damit deutet sich meiner Ansicht nach schon in dieser frühen Phase die erste Vertikalgliederung eines Gebäudes durch Einzug einer Zwischendecke an.

Die Lebensdauer dieser Pfostenhäuser wird wegen des Abfaulens der tragenden Stützen im Erdreich auf maximal 30 bis 50 Jahre geschätzt. Sangmeister vermutet, dass die Siedlungen danach – auch wegen des erschöpften Ackerbodens – an anderer Stelle errichtet, möglicherweise sogar zyklisch immer wieder an den gleichen Orten angelegt wurden.

Konstruktionsmerkmale

Die bei Keefer und Sangmeister dargestellten Grabungsergebnisse kartieren Pfostenlochraster, die vierschiffige und bis zu zehnzonige Grundrisse bilden. Dabei lassen die kräftigen Querschnitte der drei innen liegenden Pfostenreihen darauf schließen, dass auf ihnen die Hauptlast des Daches ruhte. Die geringer dimensionierten Pfosten der Traufwände hatten weniger tragende Funktion, sondern dienten mit ihren bis zu 35 Zentimeter dicken, „armierten" Lehmwänden vorrangig als Hausabschluss und Wetterschutz. Angesichts dieses „Dachvorstandes", der über den so entstehenden Abseiten etwa genauso breit war wie die beiden innen liegenden Schiffe selbst und der damit die Pfostenlöcher der Hauptstützen trocken hielt, kann diesen Traufwänden aber eine tragende Funktion auch nicht ganz abgesprochen werden. So ruht zum Beispiel der bei Keefer (siehe Abb. 7) rekonstruierte Zwischenboden am Dachfuß neben den aufgedoppelten Innenständern auch auf den Pfetten dieser Traufwände. Sein Gebälk ermöglicht gleichzeitig, die längslaufenden Pfostenreihen miteinander zu verbinden

und verhindert so, dass sich diese unter der Last des Daches zur Seite neigen.

Das Tragwerk der neolithischen Langhäuser kann also am ehesten so definiert werden: Die drei im Gebäudeinneren verlaufenden Reihen hoher und kräftiger Hauptpfosten der Firstpfettenkonstruktion werden außen flankiert durch je eine Reihe niedriger und schwächerer sowie deutlich enger gestellter Nebenpfosten, die den längsschiffbreiten Dachüberstand unterstützen. Auf den Pfetten, die auf diesen Pfostenreihen lagen, ruhten die rafenartigen Schräghölzer, welche dann die Dachhaut aus Stroh oder Rinde trugen.

Sämtliche Rekonstruktionszeichnungen zeigen die Gebäude von der angenommenen, dem Wohnteil entgegengesetzten, südöstlichen Eingangsseite mit den durch die Grabungen belegten Firstpfosten und mit Steilgiebeln. Das Hausmodell aus Střelice-Sklep belegt, dass die Annahme einer relativ steilen Dachneigung gerechtfertigt ist. Über der letzten Querzone im Wohnbereich wäre allerdings auch eine Walmkonstruktion denkbar, wobei die Grathölzer auf den auskragenden Mittelpfetten Auflage hätten finden können. Ein Walm zur Wetterseite hin hätte bautechnisch gesehen einen besseren und dauerhafteren Wetterschutz geboten als ein Steilgiebel, auch wenn dieser bis zum First mit Lehmgeflecht ausgefacht gewesen wäre.

Natürlich konnten die Ausgrabungen der zum Teil mehr als 7000 Jahre alten Hausgrundrisse keine Aufschlüsse über Gefügedetails erbringen. Zudem brauchten die im Erdreich fest eingespannten Pfostentragwerke eigentlich keine weitere Aussteifung. Die Wandbildung wurde durch Flechtwerk oder senkrecht eingespannte Spaltbohlen bewerkstelligt, die mit Lehm beworfen wurden.

Auch finden sich wegen des hohen Alters der ersten Hausreste keine Hinweise mehr auf weitere Baudetails. Erstaunlich ist jedoch die Zurückhaltung aller Berichte im Hinblick auf die Lage der Feuerstellen: Lediglich

Abb. 7 Rekonstruktionsversuch eines bandkeramischen Hauses (aus: KEEFER, Die Jungsteinzeit, S. 77)

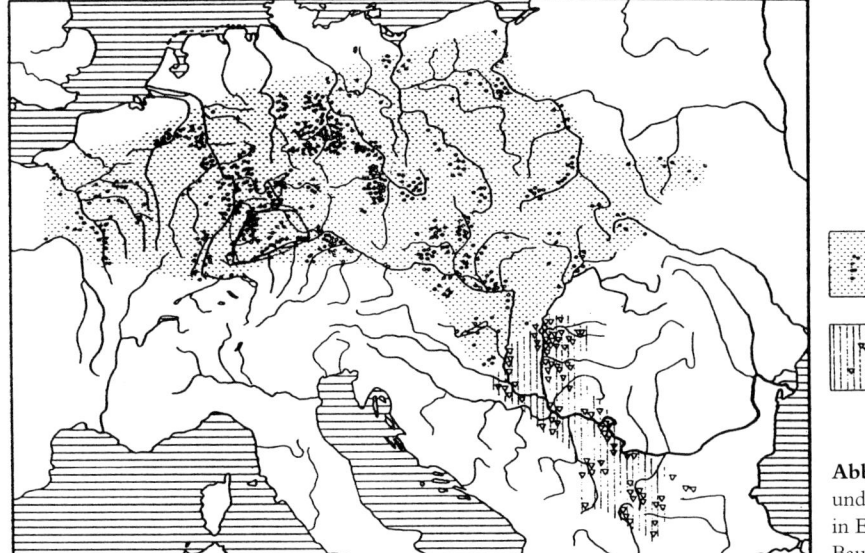

Abb. 8 Verbreitung der Bandkeramik und der älteren, verwandten Körös-Kultur in Europa (aus: SANGMEISTER, Die ersten Bauern, S. 432)

Sangmeister gibt einen kleinen Hinweis und erwähnt Stücke von „gebranntem Wandverputzlehm"[30], die Abdrücke von Rund- und Spaltholz, von Flechtwerk und Ruten erkennen lassen. Will man diesen Befund nicht allein auf eine denkbare Zerstörung durch Brand reduzieren, so kann man daraus schließen, dass in diesen vermuteten Wohnbereichen zumindest „Wärme-Feuerstellen" vorhanden gewesen sind.

Der beschriebene Haustyp hat sich mit der bandkeramischen Kultur – von Südosten her initiiert – „unglaublich weit verbreitet, von Westungarn bis Holland, von der Donau und dem Hochrhein bis an den Nordrand der Mittelgebirgszone, ja an Oder und Neiße bis in die Höhe der Ostsee"[31] (siehe Abb. 8).

Der Bereich Württembergs war in dieser Zeit nicht flächendeckend, sondern nur am Mittleren Neckar mit den Unterläufen seiner Nebenflüsse und in der Ulmer Gegend nördlich der Donau besiedelt (siehe Abb. 9).

Damit kann im Hinblick auf die Untersuchungsergebnisse zur Entwicklung württembergischer Bauernhäuser des 15. bis 19. Jahrhunderts festgehalten werden: Schon mit dem Beginn bäuerlicher Kultur finden sich in unserem Raum zwei- beziehungsweise vierschiffige und mehrzonige Firstpfosten-Langhäuser mit steilgiebeligen Satteldächern, wobei aber auch wenigstens einseitige Vollwalme vorgekommen sein könnten. Es handelt sich um Wohnspeicherhäuser, deren Grundrissflächen in drei etwa gleich große Funktionszonen gegliedert wa-

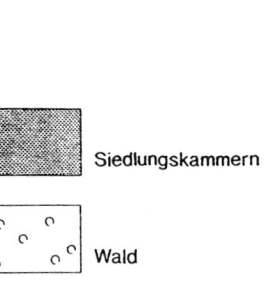

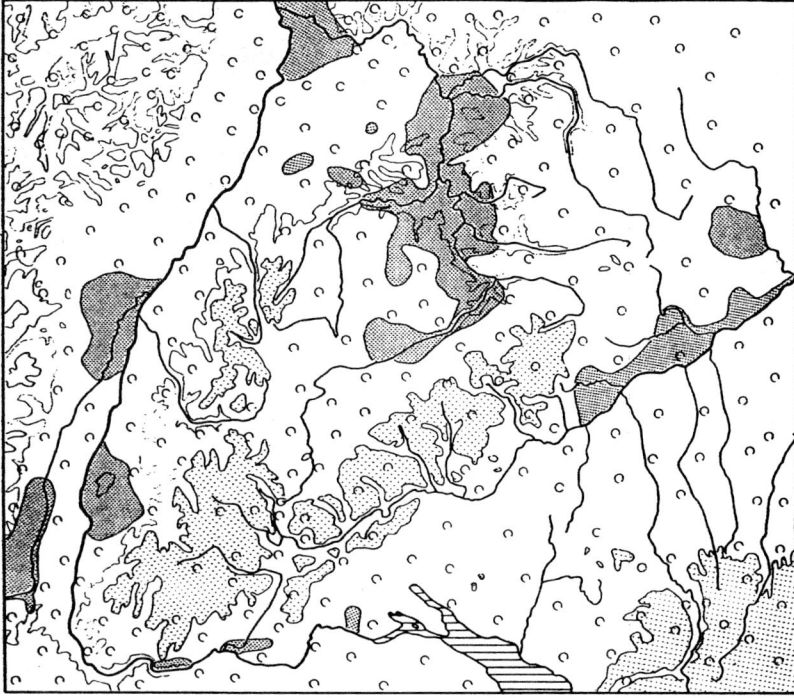

Abb. 9 Lage der Siedlungskammern im Eichenmischwald der Urlandschaft (aus: SANGMEISTER, Die ersten Bauern, S. 463)

Abb. 10 Schwäbisch Hall-Weckrieden. Langhaus der Rössner-Siedlung in einem Rekonstruktionsvorschlag (aus: KEEFER, Steinzeit, S. 114)

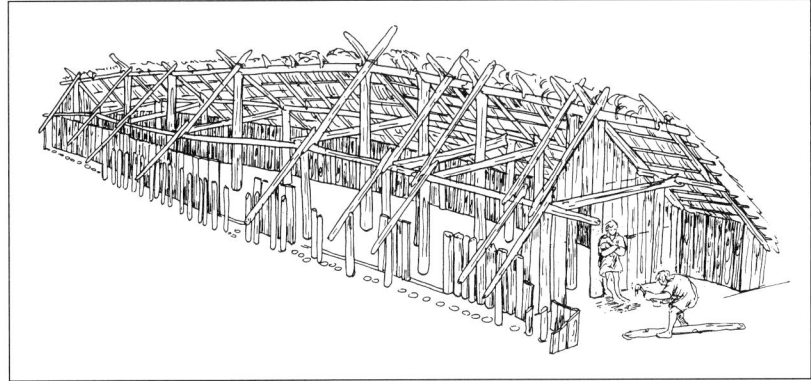

ren. Die wahrscheinliche Verwendung von Zwischenböden am Dachfuß belegt eine frühe Vertikalgliederung in zwei Geschosse. Weiterhin ist die Verwendung von lehmbeworfenem Rutengeflecht beziehungsweise Spaltbohlen als Wandausfachung nachgewiesen. Die Gebäude bildeten weilerartige Ansiedlungen und zeigten mit ihren kleinen Nebengebäuden erste Ansätze von Gehöftbildung.[32]

2.2 Zum Hausbau des Mittelneolithikums

In der mittleren Jungsteinzeit (etwa 4. Jahrtausend v. Chr.) wurde der beschriebene Bautyp auch nach dem Verschwinden der Bandkeramik mit ähnlicher Ausbreitung grundsätzlich beibehalten. Allerdings veränderte sich dabei die Bauausführung: „Nach wie vor werden zwar bis in die Mitte des fünften Jahrtausends v. Chr. hinein große, nicht selten 400 qm Innenfläche messende, vierschiffige Langhäuser gebaut, deren Funktion und Raumgliederung der altneolithischen ähnlich gewesen sein dürfte. Zimmermannstechnisch weitaus aufwendiger ausgeführt, unterliegen sie jedoch einem anders gedachten Bauprinzip. Die Häuser sind nun trapezoid bis schiffsförmig gebogen, das Dach wölbt sich dementsprechend. Seine Lasten werden durch eine gesondert ausgeführte Pfostenreihe, die vor der eigentlichen Hauswand steht, besser abgeleitet".[33] Hier haben also die Wände unter den Traufen die oben schon angedeutete Tragfunktion in verstärktem Maße übernommen.

Fundorte solcher in Württemberg noch wenig ergrabenen Häuser der so genannten Rössner-Kultur sind unter anderem Ostfildern-Ruit, Schwäbisch Hall-Weckrieden (siehe Abb. 10 und 11) und der Goldberg bei Bopfingen im Ries.

2.3 Zum Hausbau des Jungneolithikums

Weil die Fundorte in relativ trockenem Boden liegen, wo nur wenig Substanz erhalten geblieben ist, mussten sich die früh- und mittelneolithischen Grabungsergebnisse auf die Ermittlung der Grundrisse und ganz weniger weiterer Gebäudedetails sowie Rekonstruktionsüberlegungen beschränken.

Dagegen ergeben sich aus Grabungen in den jungneolithischen Siedlungen der Feuchtgebiete Oberschwabens und am Bodensee, die von Hartwig Zürn veröffentlicht wurden, zahlreiche Details, die den weiterentwickelten Stand der Bautechnik in der ausgehenden Jungsteinzeit (etwa 3. Jahrtausend v. Chr.) zeigen. Und dies einfach deswegen, weil in den Moorböden beziehungsweise unter Wasser ganze Bauteile wie Wände und Fußböden im Zusammenhang erhalten geblieben sind. Obwohl die Häuser nicht aus dem Untersuchungs-

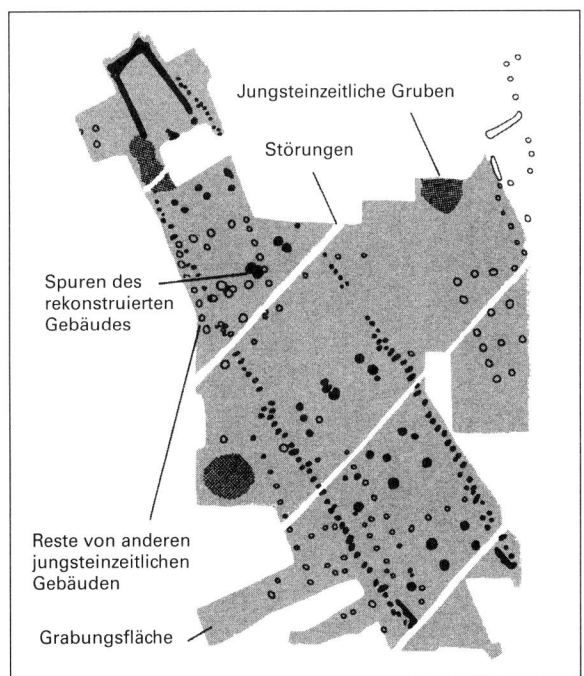

Abb. 11 Schwäbisch Hall-Weckrieden. Befund eines großen Hauses der Rössner-Kultur (aus: KEEFER, Steinzeit, S. 114)

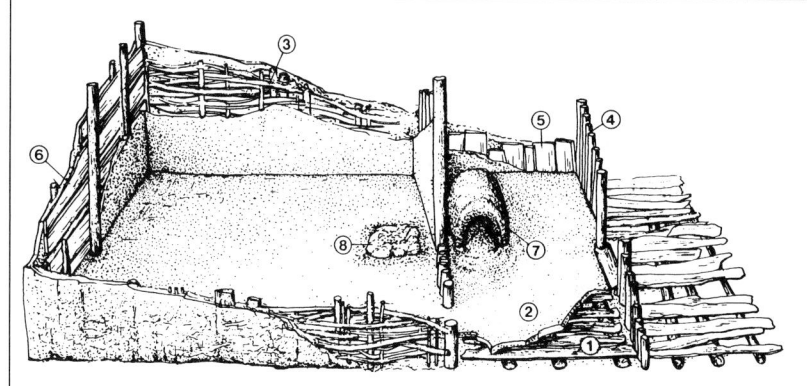

Abb. 12 Teilkonstruktion eines zweiräumigen Hauses nach den Befunden von Ehrenstein, nach H. Zürn (1965): 1 Holzboden, 2 Lehmestrich, 3 Flechtwand, 4 Pfostenwand, 5 Spaltbohlenwand, 6 horizontale Rund- und Spalthölzer, 7 Backofen, 8 Feuerstelle (aus: SCHLICHTHERLE, Archäologie in Seen und Mooren, S. 52)

bereich selbst stammen, allerdings eng benachbart und wohl auch verwandt sind, sollen sie hier kurz vorgestellt werden.

Folgende Gebäudemerkmale können aus den von Schlichtherle,[34] Zürn und zahlreichen anderen Forschern am Federsee dargestellten Grabungsbefunden entsprechend der Analyse-Systematik der im Folgenden dargestellten Häuser des 15. und 16. Jahrhunderts herausgezogen werden:

Die rekonstruierte *Außengestalt* der Häuser war bei unveränderter Grundform (Unterbau mit steilgiebligem Satteldach) mit Grundflächen von etwa sechs auf vier Metern erheblich kleiner geworden: Zum einen waren sie schmaler, weil, wie schon in der Rössner-Kultur, die beiden äußeren Längsschiffe unter den Dachvorständen wegfielen. Damit waren die Grubenlöcher der Wandpfosten aber vermehrt der Witterung und dem Verfaulen ausgesetzt. Zum anderen waren die nun rein als Wohnung genutzten, zweiräumigen Häuser erheblich kürzer als die alten Langhäuser. So umfasste ihre Grundfläche nur noch etwa ein Zehntel von der der früh- und mittelneolithischen Häuser. Die Wände waren so hoch, dass ein erwachsener Mann aufrecht stehen konnte.

Konstruktionsmerkmale: Die gerade Anzahl der Schiffe zeigt, dass die Firstpfostenbauweise unverändert beibehalten wird. Zur Verbindung der Hölzer liegen folgende Informationen vor: Einerseits haben die pfettentragenden Kerngerüstpfosten oben eine gewachsene Gabel, was dafür spricht, dass Horizontal- und Vertikalhölzer tatsächlich durch „Bänder" – welcher Art auch immer – miteinander „abgebunden" waren. Andererseits sind aber auch schon Zapfen und Zapfenloch bekannt, etwa bei den Pfahlschuhen der Bauten am Bodensee oder in Zusammenhang mit einem Kniestock, dessen Rekonstruktion durch Befunde in der Siedlung Aichbühl nahe gelegt wird.

Folgende Details aus Ehrenstein können als bezeichnend für den Stand der Ausbautechnik gelten:
– Die Grundrisse dieser Wohnhäuser sind in einen kleineren Wirtschaftsraum und einen größeren Wohn-Schlafraum zweizonig gegliedert (siehe Abb. 12). Es kommen daneben aber auch dreizonige Grundrisse vor.
– Die Fußböden der beiden Räume bestanden aus Stampflehm-Estrich auf Spaltbohlen und Futterhölzern, die Wände wurden aus lehmbeworfenem Rutengeflecht oder senkrecht beziehungsweise auch waagerecht angeordneten Spaltbohlen gebildet. Auch vom Kerngerüst unabhängige Pfostenwände und einfacher Blockbau kommen schon vor.
– Der Wohnschlafraum ist mit einer gemauerten Feuerstelle ausgestattet – es handelt sich also um eine Art deckenloser Rauchstube. Dazu tritt ein Vorraum (Küche?) mit dem Eingang und einem gemauerten Backofen.
– Vor der giebelseitigen Haustür befindet sich ein Vorplatz mit Bretter- und Estrichbelag.
– Die oben gegabelten Tragwerkspfosten wurden im Wald durch frühzeitiges Entfernen von Seitenästen für den Hausbau „herangezüchtet". Sie hatten einen Durchmesser von etwa 15 Zentimetern und waren bei den Pfahlbauten am Bodensee an den Traufseiten vier bis sieben Meter hoch.
– Bis zu vierzig solcher Häuser – mit gemeinsamer Firstrichtung und durch Prügelwege miteinander verbunden – bildeten Dörfer (siehe Abb. 13).

2.4 Zu Bronze- und Hallstattzeit

Über den Hausbau von der Bronze- bis zur Hallstattzeit, also etwa dem 2. und 1. Jahrtausend v. Chr., liegen aus dem Untersuchungsbereich keine konkreten Grabungsbefunde vor. Immerhin sind Siedlungsgebiete in den Tallagen von Neckar, Jagst, Kocher, Fils und Brenz durch Streufunde bekannt.

Dazu belegen Grabungsergebnisse urnenfelderzeitlicher Siedlungen (etwa 1250 bis 750 v. Chr.) aus dem benachbarten Oberschwaben, nämlich die Siedlung Forschner vom Federsee sowie die so genannte „Wasserburg" Buchau[35], und aus Kelheim/Donau[36], dass sich

Abb. 13 Rekonstruktion der Gesamtanlage von Aichbühl nach Grabungsergebnissen von R.R. Schmidt (1919 bis 1930) (aus: SCHLICHTHERLE, Archäologie in Seen und Mooren, S. 57)

bis in jene Zeit keine wesentlichen Änderungen gegenüber der späteren Jungsteinzeit ergeben haben. Dies erscheint nicht selbstverständlich, wenn man sieht, dass es seit dem Beginn der Bronzezeit (um 2000 v. Chr.) – verglichen mit dem Hockergrab der Jungsteinzeit – zwei signifikante Veränderungen in der Bestattungsart gegeben hatte. Dies geschah wohl ebenfalls unter dem Einfluss jener südöstlichen Nachbarn, die auch schon den Anstoß zur bäuerlichen Landwirtschaft und dem dazu nötigen Hausbau gegeben hatten. Während der Bronzezeit bestattete man die Toten in Grabhügeln – von denen gerade auf der mittleren Alb bei Erkenbrechtsweiler und am Burrenhof zahlreiche zu sehen sind. Um 1200 v. Chr. setzte sich jedoch die Brandbestattung mit der Beisetzung in Urnen durch.

Das Modell der älteren „Wasserburg Buchau" (um 1100 v. Chr., siehe Abb. 15) zeigt Hausformen, die denen der spätneolithischen Siedlung Aichbühl stark ähneln. Neue Elemente sind hier die – mit den Bronzeäxten wesentlich einfacher fertigbare – Blockbauweise und die starke, teilweise sechsfache Palisade um die gesamte Siedlung. Zahlreiche Hortfunde der Bronzezeit lassen vermuten, dass es Feinde gab, die die Siedlung dann wahrscheinlich auch durch Brand zerstört hatten.

Abb. 14 Rekonstruiertes jungsteinzeitliches Haus vom Federsee, Federseemuseum Bad Buchau (Foto: Gromer)

Möglicherweise zeichnet sich hier die Einwanderung der Kelten ab. Ein in dieser Siedlung gefundenes hölzernes Wagenrad wirft ein bezeichnendes Licht auf die hohen handwerklichen Fähigkeiten der bronzezeitlichen Bevölkerung: Das Rad besteht aus mehreren Holzscheiben, die mit gebogenen konischen Nuten und durchgeschobenen Gratleisten zusammengehalten werden (Abb. 16).

Abb. 15 Modell der älteren Siedlungsphase der „Wasserburg Buchau" um 1100 v. Chr., Federseemuseum Bad Buchau (aus: RIETH, Führer durch das Federseemuseum, S. 49)

Abb. 16 Wagenrad aus einer urnenfelderzeitlichen Siedlung um 1000 v. Chr. (Federseemuseum Bad Buchau)

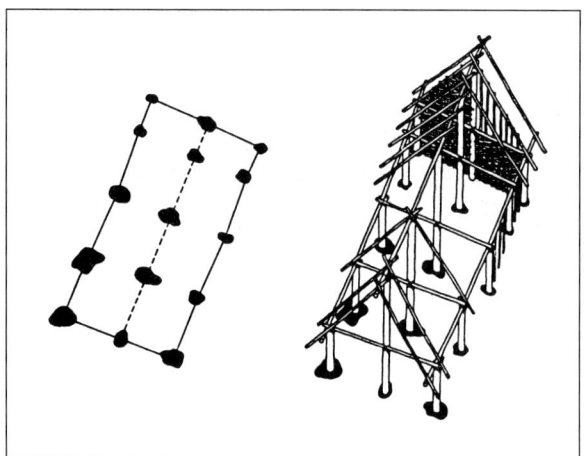

Abb. 17 Rekonstruktionsversuch eines urnenfelderzeitlichen Hauses der Ausgrabung Kanal I, Main-Donau-Kanal
(aus: ENGELHARDT, Ausgrabungen am Main-Donau-Kanal, S. 63; Zeichnung Bayerisches Landesamt für Denkmalpflege)

Aus den Ergebnissen der Grabungen bei Kelheim – vor der Fertigstellung des Main-Donau-Kanals – liegt ein urnenfelderzeitlicher Pfostengrundriss mit isometrischer Rekonstruktion eines zweischiffigen und dreieinhalbzonigen Firstpfostentragwerks vor. Dieses unterscheidet sich eigentlich fast nicht von der Rekonstruktion der Häuser aus der Jungsteinzeit (siehe Abb. 17).

Zum Hausbau der Hallstattzeit ist die Befundlage ähnlich spärlich wie im vorangegangenen Jahrtausend: Die Kelten hatten mit ihrer überlegenen Eisentechnologie die Macht im Lande übernommen und legten befestigte Höhensiedlungen unter anderem auf dem Ipf, dem Asperg und der Heuneburg am südlichen Rand der Schwäbischen Alb an.

Bei Kimmig[37] wird ein interessanter Fund auf der Heuneburg beschrieben (Abb. 18): Neben den herkömmlichen Firstpfostenkonstruktionen aus der späten Hallstattzeit finden sich erste Bauten mit Schwellkränzen aus eichenen Vierkanthölzern, also behauenen Hölzern, das heißt erste Fachwerkkonstruktionen. Es handelt sich dabei eher um Werkstattgebäude auf zwei- bis dreischiffigen und fünfzonigen Grundrissen. Da die Wehranlagen der keltischen Oppida wie der Heuneburg sich unverkennbar zunehmend römischen Vorbildern annäherten, kann angenommen werden, dass die den Römern schon geläufige Fachwerktechnik auch bis zu den Kelten gelangt ist.

Dieser römische Einfluss während der Besatzung Süddeutschlands bis zur beginnenden Völkerwanderung hat jedoch trotz seiner technischen Überlegenheit keinen bleibenden Einfluss auf den Hausbau der einheimischen bäuerlichen Bevölkerung ausgeübt. Möglicherweise, weil Steinbau und Fachwerk als Herrschaftsarchitektur abgelehnt wurden. Jedenfalls nehmen die alemannisch-merowingischen Häuser jene Gestalt- und Konstruktionsmerkmale der Firstpfostenbauweise nahezu unverändert wieder auf, die – vor der römischen Landnahme – aus der Jungsteinzeit über fast 5000 Jahre auf die keltische Hallstattzeit überkommen waren.

2.5 Zur Zeit der römischen Herrschaft

Im ersten und zweiten Jahrhundert n. Chr. dehnten die Römer ihren Herrschaftsbereich auch auf die rechts des Oberrheins liegenden Gebiete aus. Zunächst nur etwa bis zum Neckar, ab der zweiten Hälfte des zweiten Jahrhunderts bis zum obergermanisch-rätischen Limes, dessen Verlauf in Baden-Württemberg durch die Orte Walldürn, Öhringen, Welzheim, Lorch und Aalen gekennzeichnet werden kann.

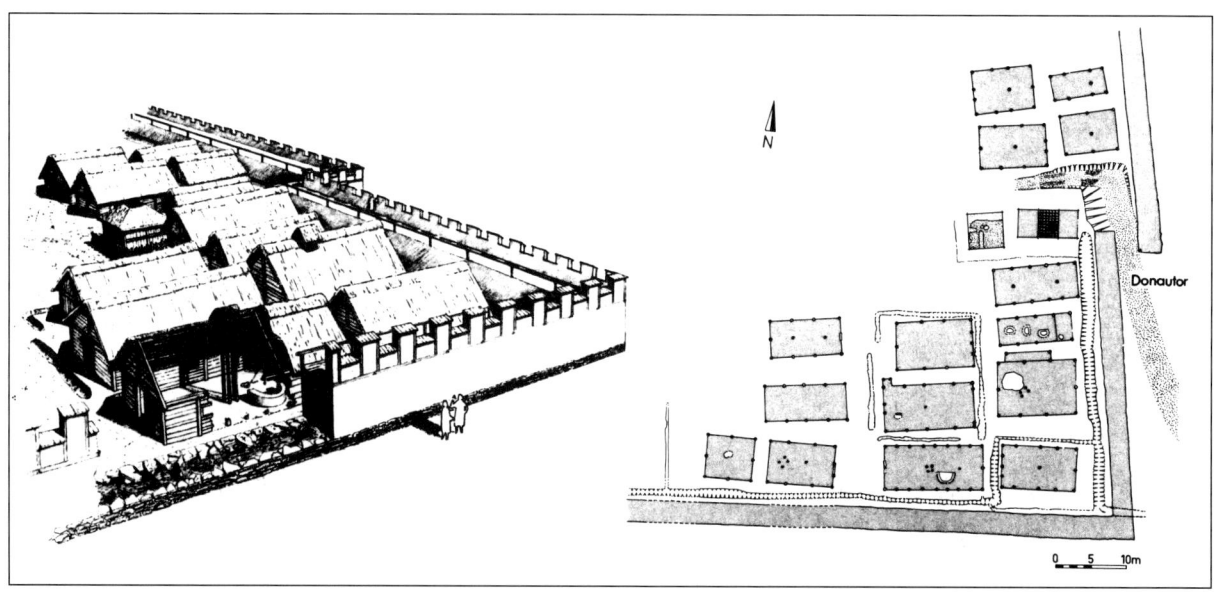

Abb. 18 Südostecke der Heuneburg in der Späthallstattzeit (aus: KIMMIG, Die Heuneburg an der oberen Donau, S. 89)

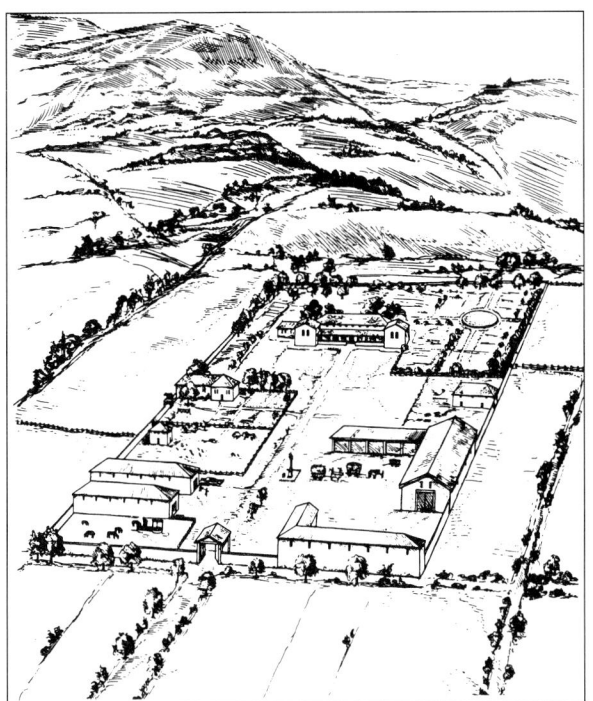

Abb. 19 Idealrekonstruktion eines römischen Gutshofes (villa rustica) nach Baatz (aus: Der römische Limes, S. 81)

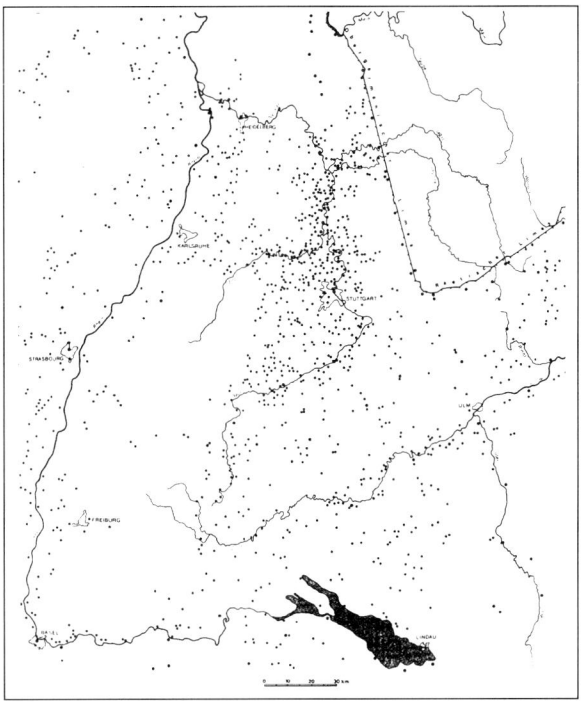

Abb. 20 Siedlungsgeographischer Überblick der zivilen Besiedlung des heutigen Baden-Württemberg (Gutshöfe) zur Zeit der Römer (aus: Planck, Die Zivilisation der Römer, S. 139)

Zur Versorgung des umfangreichen Militärapparates wurden im Hinterland große Gutshöfe angelegt, deren Gestalt sich vom bislang dargestellten, altgermanischen Hausbau grundlegend unterscheidet: So finden sich Gehöftanlagen, deren zum Teil deutlich mehr als 100 auf 200 Meter messende Grundflächen von Umfassungsmauern eingegrenzt waren. Darin waren eine Vielzahl größerer und kleinerer Einzelgebäude unregelmäßig angeordnet (Abb. 19). An erster Stelle sind hier die schlossartigen Wohngebäude mit ihrem von Eckrisaliten flankierten Säulenportikus und einem dahinterliegenden, atriumartigen Hofraum zu nennen. Die eigentlichen, zum Teil beheizbaren Wohnräume waren in den turmartigen Eckbauten untergebracht. Die nicht selten mehrstöckigen Gebäude waren auf flachgeneigten Pfettendachwerken mit Tonziegeln gedeckt.

Weiter finden sich in diesen weitgehend autarken Hofanlagen in unregelmäßiger Anordnung zahlreiche Nebengebäude wie Badeanlagen – zum Teil ähnlich groß wie die Wohnhäuser selbst –, kultische Gebäude, Häuser für das Dienstpersonal und Wirtschaftsgebäude (Scheunen, Ställe, Werkstätten und Schuppen), in denen der Nachschub für die „Pax-Romana-Truppen" produziert und gelagert wurde.

Diese landwirtschaftlichen Produktionsbetriebe, die bis zu 100 Hektar Land bewirtschafteten, wurden von der römischen Verwaltung an Veteranen, Kolonisten und einheimische Kelten verpachtet.

Während die Konstruktion dieser Gebäude in der frühen Phase noch deutliche Bezüge zur Firstpfostenbauweise aufweist, setzen sich vom zweiten Jahrhundert an zunehmend Mauerwerksbauten für Wohn- und Badehäuser sowie auf Schwellen gegründete Fachwerkkonstruktionen für die Wirtschafts- und Nebengebäude durch. Die Grundlage dieser, der bisherigen keltischen Bauweise weit überlegenen, römischen Bautechnik ist in der Fähigkeit zum Mauern und damit in der Kenntnis des Kalkbrennens zu sehen. Diese Technik war den Germanen bis dahin unbekannt und blieb es auch nach Abzug der Römer gegen Ende des dritten Jahrhunderts bis gegen Ende des ersten Jahrtausends n. Chr. So finden sich – quasi insular im geschichtlichen Ablauf – während der Römerzeit im Untersuchungsgebiet folgende bautechnischen Neuerungen:

1. Natursteinmauerwerk, 50 bis 80 Zentimeter stark, zum Teil zweihäuptig, Wölbetechnik.
2. Ziegelsteinmauerwerk (für die Hypokaustenheizungen), Dachziegel und somit auch Ziegelhütten.
3. Holzbalkendecken, nachgewiesen an zahlreichen flachgedeckten Kellern.
4. Wandbildungen aus auf Schwellen aufgeständerten Fachwerkkonstruktionen, die aus den Kastellen Osterburken und Valkenburg am Niederrhein belegt sind. Leider herrscht hier noch Unklarheit über die Aussteifungsgefüge.
5. Heiz- und Bädertechnik.
6. Fenster, zum Teil mit Glasscheiben.
7. Baudekor, wie farbig dekorierte Wandfassungen und Mosaikfußböden.

Tacitus verdanken wir eine erste knappe Beschreibung der Häuser der Kelten während der Römerzeit: „Daß die Völkerschaften der Germanen keine Städte bewohnen, ist hinreichend bekannt, ja daß sie nicht einmal zusammenhängende Siedlungen dulden. Sie hausen einzeln und gesondert, gerade wie ein Quell, eine Fläche, ein Gehölz ihnen zusagt. Ihre Dörfer legen sie nicht in unserer Weise an, daß die Gebäude verbunden sind und aneinanderstoßen: jeder umgibt sein Haus mit freiem Raum, sei es zum Schutz gegen Feuersgefahr, sei es aus Unkenntnis im Bauen. Nicht einmal Bruchsteine oder Ziegel sind bei ihnen im Gebrauch; zu allem verwenden sie unbehauenes Holz, ohne auf ein gefälliges oder freundliches Aussehen zu achten. Einige Flächen bestreichen sie recht sorgfältig mit einer so blendend weißen Erde, daß es wie Bemalung und farbiges Linienwerk aussieht. Sie schachten auch oft im Erdboden Gruben aus und bedecken sie mit reichlich Dung, als Zuflucht für den Winter und als Fruchtspeicher. Derartige Räume schwächen nämlich die Wirkung der strengen Kälte, und wenn einmal der Feind kommt, dann verwüstet er nur, was offen daliegt; doch das Verborgene und Vergrabene bemerkt er nicht, oder es entgeht ihm deshalb, weil er erst danach suchen müßte."[38]

Die Angaben von Tacitus bestätigen im Wesentlichen die oben gemachten Aussagen. Man kann daraus schließen, dass die abseits der römischen Zentren lebenden, „keltisch gebliebenen" Germanen ihre Häuser unbeeinflusst von den römischen Neuerungen in der alten, seit tausenden von Jahren überkommenen Manier weitergebaut haben. Darin kann ein Beleg dafür gesehen werden, dass sich diese Bauweise in den Augen ihrer Benutzer bewährt hat.

2.6 Zum alemannisch-merowingerzeitlichen Hausbau

Die archäologische Erforschung des Hausbaus in der Zeit der alemannischen Landnahme steckt noch in den Anfängen – unter anderem bedingt durch die Unzugänglichkeit vieler Flächen, die ja häufig unter den Siedlungskernen der heutigen Gemeinden liegen. Trotzdem lassen laut R. Christlein einzelne, seit den dreißiger Jahren durchgeführte Grabungen verschiedene Feststellungen zu: Danach „dürfte der alemannische Durchschnittshof nicht von der Tradition altgermanischen Hausbaus abgewichen sein. Er bestand aus mehreren Gebäuden unterschiedlicher Funktion. Das Hauptgebäude war ein Langhaus von etwa 5 bis 6 m Breite und unterschiedlicher Länge; ihr Durchschnittsmaß mag bei 12 bis 15 m der Länge gelegen haben".[39] Es handelt sich

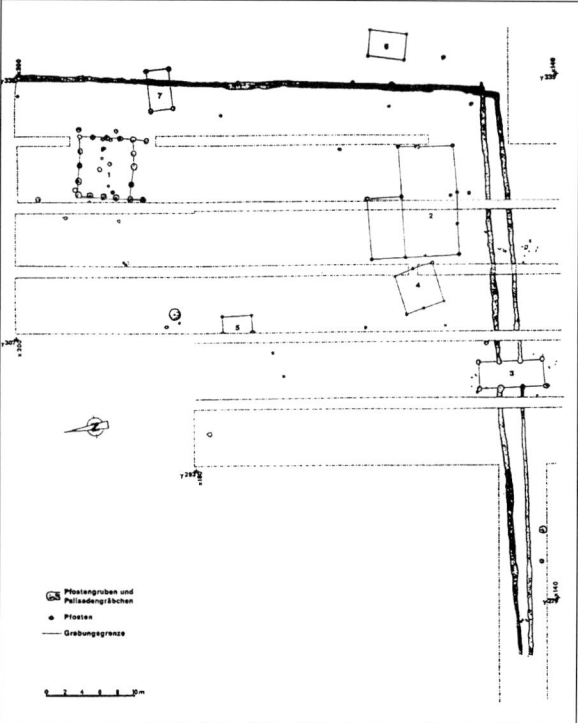

Abb. 21 Planausschnitt einer frühalemannischen Siedlung von Sontheim im Stubental. Zu erkennen sind neben dem Grundriss eines massiven Pfostenhauses (1) noch mehrere leichtere Pfostenhäuser (2, 4–7), die teils innerhalb, teils außerhalb einer Palisadenumwehrung lagen. Die Toröffnung im Süden der Hofanlage war mit einem Torhaus versehen (aus: CHRISTLEIN, Die Alemannen, S. 40).

um zweischiffige und mehrzonige Firstpfostengrundrisse von Wohnstallhäusern. Daneben kommen aber auch einschiffige Bauten vor – die demnach keine Firstpfostenkonstruktionen gewesen sein können! Außerdem finden sich wohl vor allem in den Höfen des Adels quadratische, vierschiffige und mehrzonige Hallenhäuser. Die Nachbarschaft scheunenartiger Nebengebäude lässt darauf schließen, dass diese Hallenhäuser nur zum Wohnen gedient haben (siehe Abb. 21).

Es handelt sich bei dem Beispiel aus Sontheim wohl eher um ein Adelsgehöft, wobei der große, von einem Palisadenzaun umgebene Hof mit seinem Torhaus und der regellosen Verteilung von größeren und kleineren Gebäuden darin an die römischen Pachthöfe erinnert. Aber selbst das repräsentative, hallenartig angelegte Herrenhaus ist in der althergebrachten Firstpfostenbauweise aufgerichtet. Nach den Angaben der Lex Alamannorum war der Innenraum der „domus" durch keinerlei Wände oder Decken geteilt, sodass ein frisch geborener Knabe „den First des Hauses und die vier Wände sehen" konnte.[40]

Ein anderes Beispiel solcher Herrschaftsarchitektur zeigt der dreischiffige große Pfostenbau auf dem Runden Berg bei Urach. An ihm ist zu sehen, dass im Untersuchungsbereich vereinzelt auch Pfostenkonstruktionen ohne Firstpfette vorkommen.

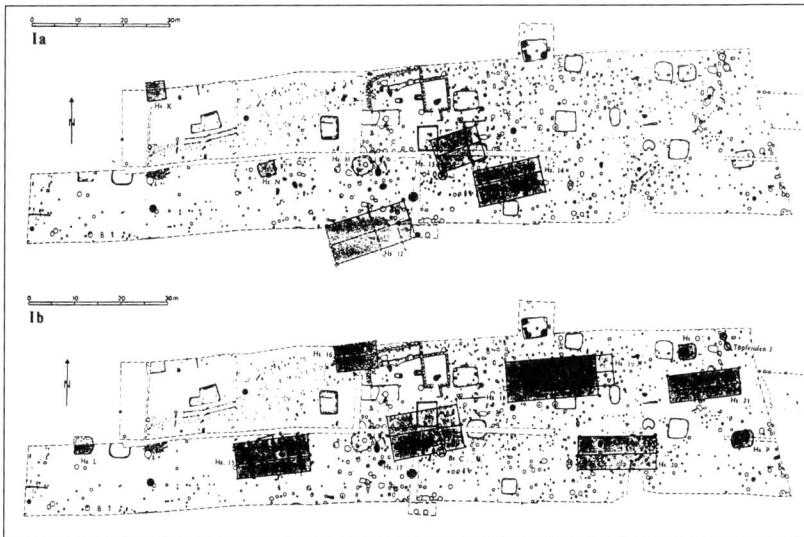

Abb. 22 Plan der merowingerzeitlichen Bauphase aus der zweiten Hälfte des 6. Jahrhunderts (1a) und aus dem 7. Jahrhundert (1b) der Wüstung Wülflingen, Gemeinde Forchtenberg (aus: STORCK, Die Merowingerzeit, S. 346)

Das Beispiel aus Wülflingen zeigt zwei Phasen einer merowingerzeitlichen Siedlung aus der zweiten Hälfte des 6. Jahrhundert und aus dem 7. Jahrhundert mit eng beieinander stehenden, zweischiffigen und mehrgebindigen Firstpfostenbauten ohne umgebenden Zaun. Die Giebel der Bauten sind nach Osten und Westen orientiert (Abb. 22). Hier handelt es sich sehr wahrscheinlich um die eigentlichen Bauernhäuser mit ihren Nebengebäuden, Konstruktionen, wie wir sie seit der ausgehenden Jungsteinzeit kennen.

Die isometrische Rekonstruktion eines etwas jüngeren, vierzonigen Firstpfostenhauses aus dem 7./8. Jahrhundert von W. Sage wurde aus einem Grabungsbefund vom Mittelrhein entwickelt. Mangels einer näher beheimateten Darstellung wird sie hier zum Vergleich herangezogen. Sie besitzt mit ihren nur noch im Hausinneren aufgestellten Firstständern, dem Ansatz ihrer Walme und dem traufseitigen Eingang eine Grundform, mit der die ältesten bekannten Häuser des Schwarzwaldes (vor 1500), Oberschwabens und auch die in Beuren noch stehenden vier Firstständerhäuser verwandt sind (siehe Kapitel 3.2).

Für die alemannisch-fränkischen Häuser des Untersuchungsbereichs belegen die oben gezeigten Grundrisse (Abb. 21 und 22) jedoch noch steile, von Firstpfosten getragene Giebel.

Die Rekonstruktion des Hauses aus Gladbach (Abb. 23) aus dem 7. Jahrhundert zeigt zwar Gefügedetails, die anhand der Grabungsergebnisse nicht exakt zu belegen sind, wie in die Pfosten eingehälste Firstpfetten und Traufrähme, damit überkämmte (?) Ankerbalken und Walmkonstruktionen mit radial angebrachten Rafen und Rauchloch im First. Technisch machbar waren solche Details zweifellos mit den im frühen Mittelalter nach jahrtausendelanger Entwicklung vorhandenen Werkzeugen. Vor allem, wenn man bedenkt, dass der Bau solcher Pfostenhäuser mit nur geringen Unterschieden schon in der Jungsteinzeit mit deutlich weniger effektiven Werkzeugen möglich gewesen war.

Die Lex Salica spricht zudem eindeutig von „geglätteten Balken" und zugerichtetem Bauholz, sodass schon für die Zeit um 700 von kantig behauenen Gebälken ausgegangen werden kann.[41]

Zu den Wohnstall(?)-Häusern dieser frühmittelalterlichen Dörfer treten noch zwei weitere Formen kleinerer Gebäude: Nach Christlein bestand ein zweiter Gebäudetypus „in den sogenannten Grubenhäusern, rechteckigen Erdkellern von durchschnittlich zwei bis drei × vier bis sechs Meter Grundfläche und ursprünglich etwa ein Meter Tiefe. Fast stets besitzen sie an den Schmalseiten je drei Pfostenlöcher und weisen damit einen beschei-

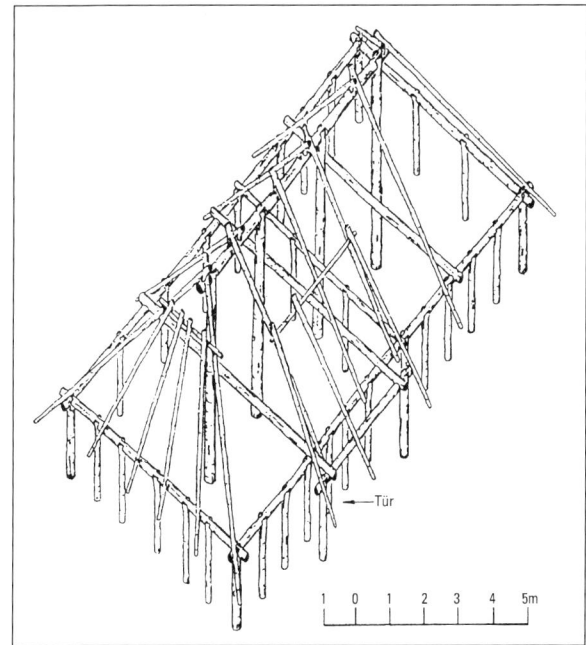

Abb. 23 Zweischiffiges Firstsäulenhaus. Rekonstruktion aufgrund eines Grabungsbefundes von Gladbach, Kreis Neuwied, 7./8. Jahrhundert, nach W. Sage (aus: FEHRING, Einführung in die Archäologie, S. 158)

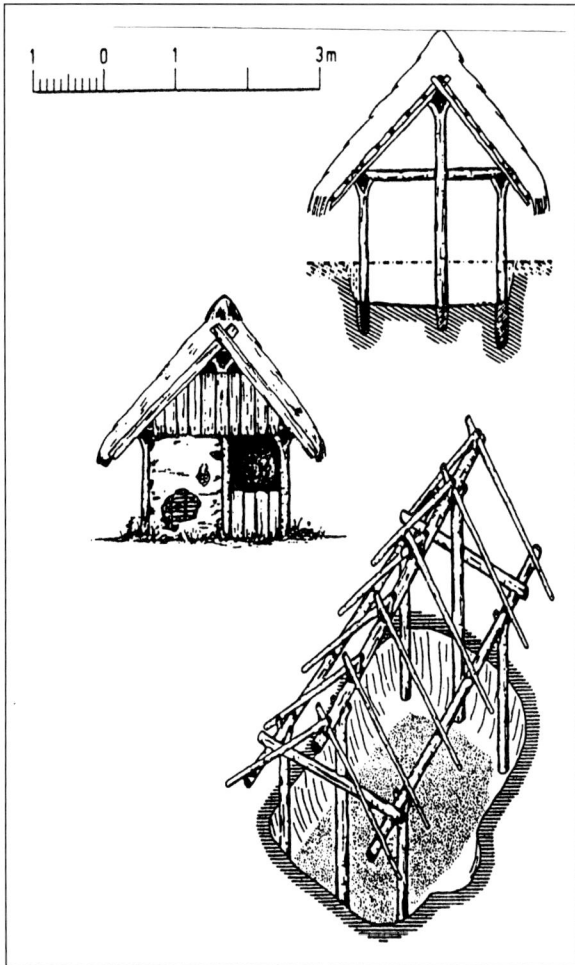

Abb. 24 Grubenhaus in Pfostenbauweise. Grabungsbefund mit Rekonstruktion von Gladbach, Kreis Neuwied, 7./8. Jahrhundert (aus: FEHRING, Einführung in die Archäologie, S. 163)

denen hölzernen Überbau nach. Ihre Funktion war zunächst die eines Kellers; andere Kellerbauten gibt es in frühmittelalterlichen Siedlungen nicht. In ihnen wurden Dinge und Geräte aufgestellt und gelagert, die der Kühle und Feuchtigkeit bedurften, Vorräte etwa oder Webstühle. In einigen ‚Grubenhütten' fanden sich auch Herdstellen und Ofenanlagen, ein Gebäudetypus also von vielfältiger Verwendungsmöglichkeit".[42] Die Funktionen der Gruben waren offenbar so wichtig, dass man sie sogar in den felsigen Untergrund der Siedlung auf dem Runden Berg bei Urach eingehauen hat.

Die „dritte Gebäudeart, ebenfalls von langer Tradition, sind Speicherbauten, stets kleiner als Wohnbauten, im Grundriß rechteckig bis quadratisch, im Aufbau das genaue Gegenteil von Grubenhütten".[43] Ihr Boden war angehoben, Erdboden und Speicherraum berührten sich nicht, sodass das dort gelagerte Erntegut trocken blieb. Solche aufgesetzten Bauten kommen als Pfostenbauten und als Ständerbauten vor, wobei im letzteren Fall ein Schwellenrost als Fundament diente (Abb. 24).

Die Hausgruppen waren „in der Regel von einem Zaun umgeben. Diesem Detail kommt eine große Bedeutung zu, wie seine lange Tradition im germanischen Bereich zeigt. Ein Zaun war nicht nur Abwehr von Unerwünschtem, sondern zugleich eine rechtliche Festlegung eigener und fremder Verfügungsgewalt, er setzt Berechtigung und Akzeptierung durch die Allgemeinheit voraus".[44]

Vergleicht man diese Aufzählung mit den bei Schahl zitierten Begriffen aus der Lex Alamannorum (um 730 n.Chr.), Salica und Baiuvariorum, so zeigen sich deutliche Beziehungen zwischen den archäologischen Befunden beziehungsweise Rekonstruktionen und den dort gegebenen Funktionsbezeichnungen: Nach Schahl geht aus diesen hervor, „daß der Sitz des Freien eine Hofanlage bildete („infra curtem"). In dieser steht das Haupthaus, „domus" schlechthin genannt, sodann eine „scuria", die schon im Wortstamm die Verwandtschaft mit unserer Scheuer dartut. Nach der Lex Baiuvariorum ist sie der Ort „ubi foenum vel granum inveniunt", wo also Heu und Korn untergebracht werden. Da ist ferner die Rede von einer „grania", also einem Kornspeicher als selbständigem Gebäude im Hof, ferner von einer ebensolchen „cellaria", also einem Vorratsgemach. Dazu kommt das „ovile", ein Schafhaus, das „porcaritia domus", der Schweinestall. Der „servus" hat ein domus, eine scuria, eine granea, ein spicarium. Das merkwürdigste Gebäude des Hofes ist die „stuba", die schon von Moritz Heync und später vielen anderen als Badehaus gedeutet wurde. Die althochdeutsche Glosse „balnearium stuba vel badehus" lässt darüber keinen Zweifel. Heyne hat auch den schon sehr richtigen Schluss gezogen: „Erst viel später verallgemeinert sich die Bedeutung und geht auf einen durch Ofen geheizten Raum über. Dieser Raum ist die Wohnstube, welche aus dem ursprünglichen Einraum des Wohnhauses ausgeschieden wurde".[45]

Abb. 25 Ansicht eines alemannischen Speicherbaus des späten Mittelalters, auf Blatt 526 der Chronik des Diebold Schilling (Bern) für Rudolf von Erlach, 1484 (aus: CHRISTLEIN, Die Alemannen, S. 43)

Während die Entsprechungen zwischen den großen Firstpfostenbauten und „domus", den Grubenhäusern und „cellaria" sowie den Speicherbauten mit abgehobenem Boden und spicarium bzw. grania offensichtlich sind, kann nur überlegt werden, ob auch Schweine und Schafe in solchen Grubenhäusern untergebracht waren und ob vielleicht einzelne, mit Ofen ausgestattete als „stuba", also als (Schwitz-)Badehaus genutzt wurden. Daneben wäre ja auch an eine Funktion als Werkstatt zu denken.

Unklar ist, wo das Großvieh untergebracht war. In Frage kommen die „domus" als Wohnstallhaus oder die „scuria" als Stallscheune. In der Lex salica ist in Kapitel XVI, 4 von einer „scuria cum animalibus" die Rede, woraus H. Dölling auf eine Unterbringung des Großviehs in der „scuria" schloss.[46]

Kein Zweifel kann jedoch darüber bestehen, dass die landwirtschaftlichen Betriebe des frühen Mittelalters Hofanlagen gebildet haben, die aus zahlreichen, unregelmäßig angeordneten, größeren und kleineren Einraum-Häusern bestanden und von einem Zaun umgeben waren. Schahl weist jedoch zu Recht darauf hin, dass spätestens mit der Ausgrenzung der Stuben aus der Wohnhalle auch ein innerer Teilungsprozess einsetzte. In letzter Konsequenz könnte dieser zu den uns bekannten Einhäusern geführt haben, welche die drei Grundfunktionen des bäuerlichen Lebens – Wohnen, Vorrats- und Viehhaltung – unter einem Dach vereint haben.

Die Grundlage allerdings, auf der sich die bäuerlichen Bauten des Spätmittelalters und der Neuzeit entwickelt haben, stellte das frühmittelalterliche Haufengehöft dar. Dieses bestand aus mehreren, verschieden großen Firstpfostenbauten, deren Außenflächen mit strohgedeckten Satteldächern und armierten Lehmwänden geschlossen waren.

Mit dem 7. Jahrhundert entstehen – zunächst als privater Besitz auf Adelshöfen – die ersten christlichen Kirchen. Diese dienten unter anderem als Begräbnisplatz für die Familienmitglieder. Abbildung 26 zeigt einen fünfzonigen Pfostenbau aus Brenz an der Brenz mit Vorhalle, Haupt- und schmalen Seitenschiffen sowie einer Verdichtung im Chorbereich. Es handelt sich bei diesen Kirchen um die ersten klar als solche erkennbaren Sakralbauten der nun schon bald 7000 Jahre alten Firstpfostenarchitektur. Mit Blick auf die keltischen Weihehaine kann vermutet werden, dass die kultischen Handlungen der Germanen bis dahin wesentlich im Freien stattgefunden haben. Mit dem Einzug des Christentums ändern sich noch einmal die Begräbnisbräuche: Von nun an werden die Toten zunehmend in Särgen bestattet.

Nach H. Dölling geben die Texte der salischen, bayrischen und alemannischen Gesetze noch weitere Detailinformationen zu den in ihnen behandelten Häusern: Die Hervorhebung einer nur im Türbereich vorhandenen Schwelle. Auch Türpfosten und Türschlüssel werden erwähnt. Nach Angabe der Lex Alamannorum kann die Wandhöhe neun Fuß betragen. Als Einrichtungsgegenstände werden in der Lex Salica genannt: Tisch, Bank, Stuhl, Bett und Decke.[47]

2.7 Zum bäuerlichen Hausbau im Hochmittelalter

Die veröffentlichten archäologischen Arbeitsergebnisse über den bäuerlichen Hausbau während des Hoch-

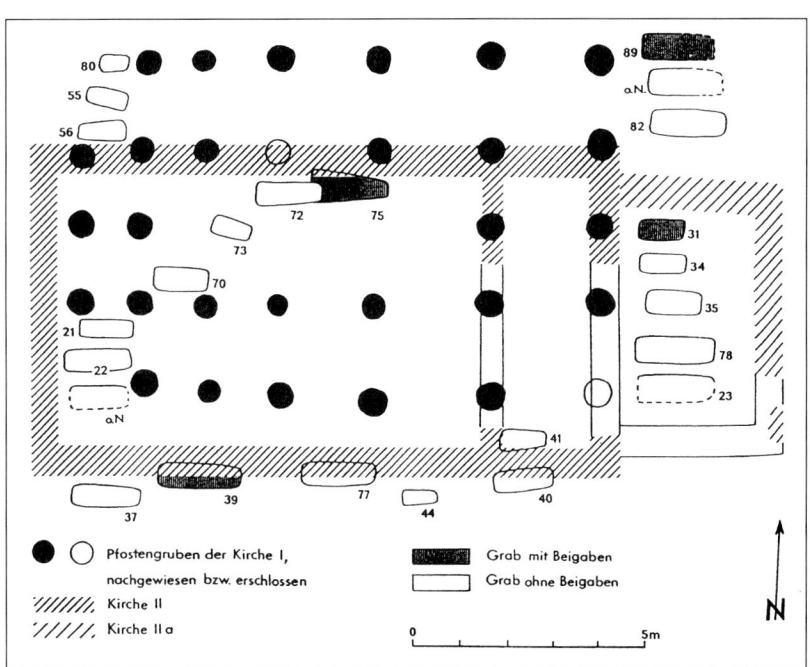

Abb. 26 Brenz an der Brenz (Kreis Heidenheim). Plan der ältesten frühmittelalterlichen Vorläuferbauten der Sankt-Gallus-Kirche mit der Lage der zugehörigen Gräber (aus: STORCK, Die Merowingerzeit, S. 338)

mittelalters (9. bis 14. Jahrhundert) sind ähnlich spärlich, wie die zum Frühmittelalter – aus demselben Grund: Die Befunde zu diesen Häusern liegen meist unter Siedlungskernen begraben. Eine Ausnahme bilden aufgegebene und wüst gewordene Dörfer, die großflächiger ergraben werden können und komplexe Fundsituationen bergen, da nach dem Wüstwerdungsprozess kaum weitere Veränderungen stattfanden. Im 12. und 13. Jahrhundert lässt sich an vielen Stellen des Mittleren Neckarraumes ein Wüstungsprozess beobachten, während sich in der Zeit davor die Siedlungen eher ausweiteten. Als Beispiele sind hier die Wüstungen Vöhingen bei Schwieberdingen, Raistingen bei Herrenberg, Sülchen bei Rottenburg und Zimmern bei Eppingen zu nennen. Gründe für dieses Phänomen könnten im Sog der stauferzeitlichen Stadtgründungen, im verstärkten Landausbau wie etwa im Schwarzwald und in der Ostkolonisation zu suchen sein.[48]

Zeitlich parallel findet in den Städten ein „Verdichtungs- und Versteinerungsprozess" statt. Erst dieser führt im eigentlichen Sinne zur Entstehung eigener, städtischer Gebäudeformen. Noch zu Beginn des Hochmittelalters hatten sich die Holzbauten der Städte kaum von denen der ländlichen Siedlungen unterschieden. So bezeichnet Daniel Gutscher die fünf karolingischen Holzbauten am Kirchhof des Züricher Fraumünsters als dorfartige, um einen „Dorfplatz" gruppierte Siedlung – auch wenn sie vermutlich den Dienstleuten der Abtei als Wohngebäude dienten, also nicht landwirtschaftlich genutzt wurden.[49]

Bei den fünf ergrabenen Bauten handelt es sich um ein Nebengebäude und vier Wohngebäude, die auf einer einheitlichen Planung basieren. Dies lässt sich an den ähnlichen Grundrissabmessungen der Wohngebäude von etwa 7 auf 11 Metern und der radialen Gebäudeausrichtung ablesen: Je eine Außenflucht wurde von einem gemeinsamen Messpunkt mit Schnurvermessung festgelegt.[50]

Die Wohnhäuser wurden als Schwellenbauten auf einzeln gereihten, quaderartigen Unterlagsteinen oder ein- bis zweilagigen Trockenmauern errichtet. Bei der Bautechnik mit Unterlagsteinen wurden die Zwischenräume mit kleineren Steinen verfüllt und bildeten ein gut nivelliertes Schwellenauflager. Über den regelmäßig angeordneten Unterlagsteinen können Wand- oder Eckständer rekonstruiert werden. Diese Konstruktionsweise ist der römischer Fachwerkbauten sehr ähnlich.[51]

Eine genutete Schwelle weist darauf hin, dass die Wohnhäuser Stabwände besaßen. Weitere Grabungsbefunde deuten auf Binnengliederungen der Gebäude, auf Lehmestriche, Bretterböden und gepflasterte Flurbereiche hin. Die Feuerstellen waren mit Stellsteinen umgrenzt.

Gutscher rekonstruierte die Wohngebäude mit Walmdächern und Rauchabzugslöchern (Abb. 27). Er stützt sich dabei auf den Befund eines im Hausinneren vor der Stirnwand angeordneten Firstpfostens und eines vermuteten Firstständers auf der Binnenwand-Schwelle eines zweiten Hauses. Denkbar wäre jedoch ebenso eine auskragende Firstpfette. Im 15. Jahrhundert ist diese Erscheinung an den Beurener Häusern Hauptstraße 10/12 von 1411/12 d und Hauptstraße 26 aus der Zeit um 1450 (siehe Kapitel 3.2) sowie am Wohngebäude Oststraße 3 in Brackenheim-Hausen von 1476/77 d belegt.[52]

Abb. 27 Rekonstruktion einer Vogelschau des karolingischen Dorfs am Münsterhof in Zürich. Die Gebäude entstanden in der selben Epoche wie das 853 gegründete und 874 geweihte Fraumünster (aus: GUTSCHER, Karolingische Holzbauten, S. 216).

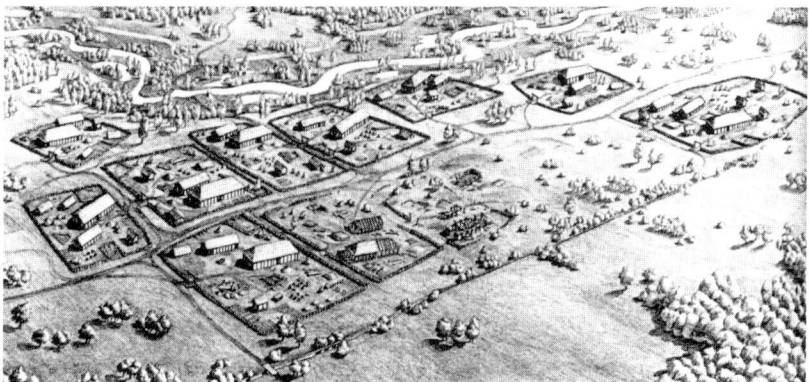

Abb. 28 Rekonstruktion des Dorfes Mittelhofen in der späten Merowinger- und frühen Karolingerzeit (aus: STORCK, Lauchheim, S. 304)

Während für die Wohngebäude schon die „fortschrittlichere" Bauweise mit Schwellen auf Steinfundamenten rekonstruiert wurde, zeigt sich das Nebengebäude vom Züricher Münsterhof noch als Pfostenbau mit Schwellriegeln. Die Schwellriegel waren zwischen die Pfosten gezapft und lagen ohne Unterlagsteine auf ebener Erde. Vor den Außenwänden waren Sickergräbchen vorhanden. Schon nach kurzer Zeit wurde das Nebengebäude als offene Halle erneuert. Die Konstruktion bestand aus Säulen auf Basissteinen. Abweichend zur Rekonstruktionszeichnung Gutschers müssen die senkrechten Hölzer jedoch wenigstens eine kopfzonige Aussteifung besessen haben, um die Standsicherheit des Gebäudes zu gewährleisten. Der Boden inner- und außerhalb der Halle war mit Kieselsteinen befestigt.

Die weitere Entwicklung des Züricher Münsterhofes spiegelt die „Versteinerung" des Stadtbildes während des späteren Hochmittelalters wider: Zwischen dem späten 10. und dem 13. Jahrhundert wurden die untersuchten karolingischen Bauten sämtlich durch kleinere, mehrgeschossige Steinbauten ersetzt.

Den Stand der Bautechnik in ländlichen Siedlungen in der näheren Umgebung des Untersuchungsgebietes zeigen zwei ergrabene Wüstungen: die vom 6. bis zum frühen 12. Jahrhundert bestehende Siedlung Mittelhofen bei Lauchheim in Hohenlohe[53] und die von der Mitte des 8. bis zum Beginn des 13. Jahrhunderts bewohnte Siedlung Zimmern bei Eppingen im Kraichgau[54].

Die Siedlung Mittelhofen war von einem Ettergraben mit zwei Durchlässen umgeben. Zaungräbchen und Wege grenzten die Hofareale untereinander ab (Abb. 28). Auch in Zimmern dürften Zäune um die Hofanlagen vorhanden gewesen sein. Dort konnten drei Gehöfte aus je zwei bis drei Gebäuden bestimmt werden. Die gesamte Ortschaft bestand vermutlich aus etwa fünf bis zehn Gehöftanlagen zu gleicher Zeit, die um eine Kirche mit Friedhof gruppiert waren (Abb. 30).

In Mittelhofen waren die Wohngebäude in Ost-West-Richtung orientiert. Ein Gehöft bestand aus einem Wohnhaus mit Stallteil, verschiedenen Grubenhäusern, Speichern und Kleinställen. Die Stallbereiche konnten durch Phosphatkartierungen nachgewiesen werden. Bei den einschiffigen, etwa 6,5 auf 18 Meter großen Hauptgebäuden handelte es sich um Pfosten- oder Wandgräbchenbauten (Abb. 29). Letztere waren in Mittelhofen ab der späten Merowingerzeit nachweisbar. Sie waren aus genuteten Pfosten mit Schwellriegeln oder aus Ständern mit Schwellbalken konstruiert. Am Rand der Siedlung war ein aus elf Gebäuden bestehender abgegrenzter Adelshof mit eigener Hofgrablege vorhanden. Dort waren die Wohngebäude als einschiffige Ständerbauten konstruiert, nur bei den Wirtschaftsgebäuden handelte es sich um Pfostenbauten.

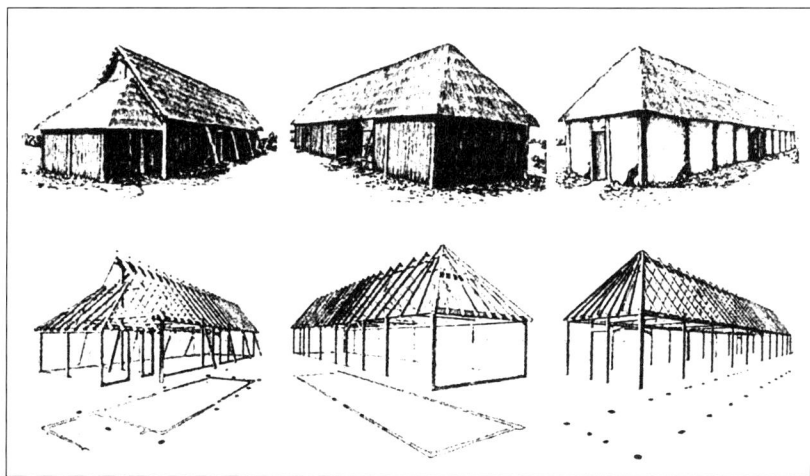

Abb. 29 Rekonstruktion von Häusern der Siedlung Mittelhofen bei Lauchheim: Links ein Schwellbalkenbau mit schrägen Außenstützen. Die Schwellen wurden in Gräbchen verlegt, die Wandpfosten standen auf den Schwellen. Der Befund der schrägen Außenstützen stellt für Süddeutschland eine Besonderheit dar. In der Mitte ein einfaches Schwellbalkenhaus. Rechts ein Pfostenbau. (aus: STORCK, Lauchheim, S. 304)

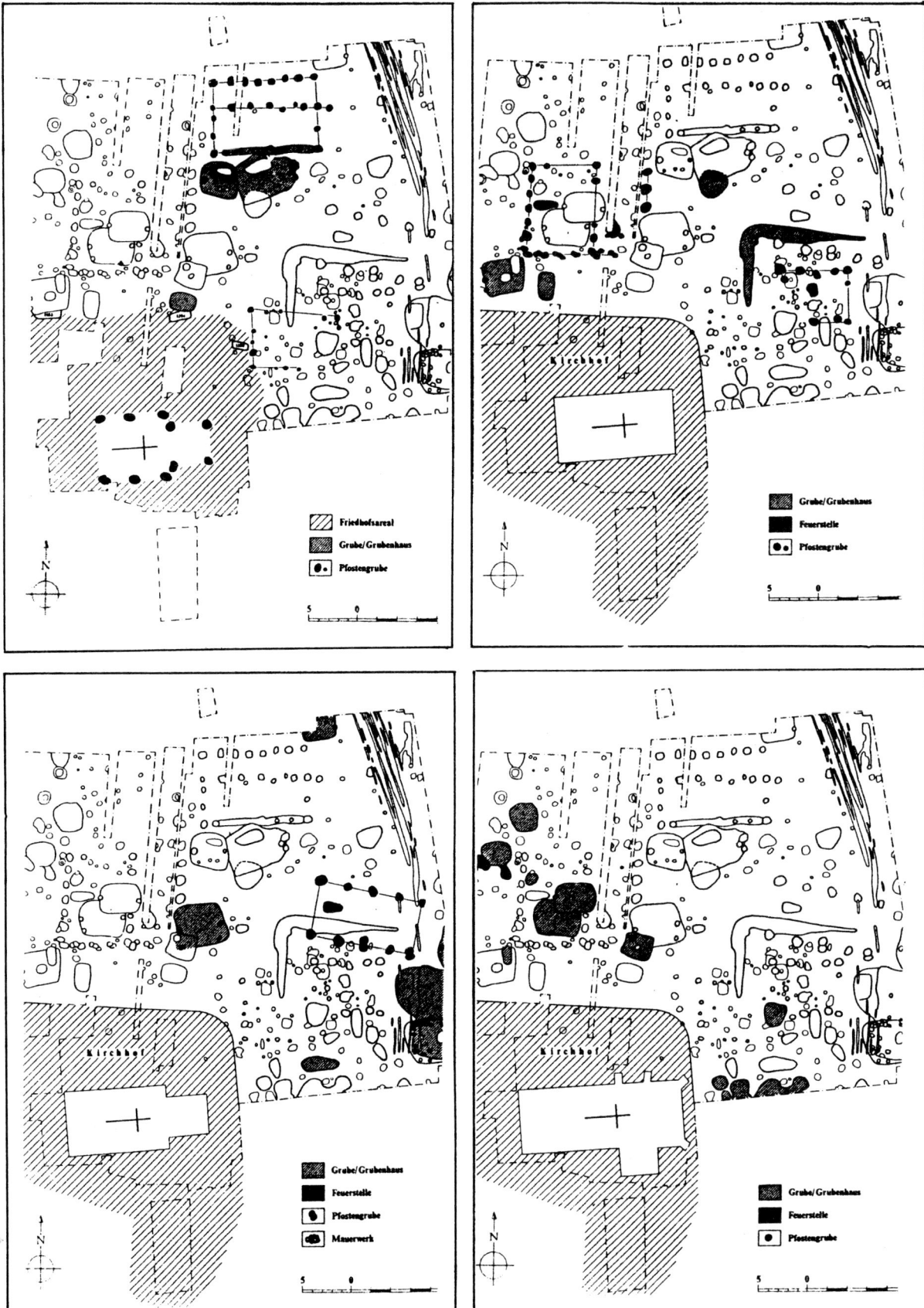

Abb. 30 Grabungen in der Wüstung Zimmern, Gemeinde Gemmingen. 1. Siedlungsphase I: Mitte 8. Jahrhundert bis erste Hälfte 10. Jahrhundert, mit zweischiffigem Pfostenhaus mit Wandgräbchen sowie zwei Grubenhäusern; 2. Siedlungsphase II a: 10. Jahrhundert, mit zwei einschiffigen Pfostenhäusern, Feuerstellen deuten auf Wohnnutzung hin; 3. Siedlungsphase II b: 11. Jahrhundert, mit einschiffigem Pfostenhaus und mehreren Grubenhäusern, eines davon wurde als Webhütte genutzt; 4. Siedlungsphase III: 12. bis Anfang 13. Jahrhundert, mit mehreren Grubenhäusern (aus: DICKMANS, Wüstung Zimmern, S. 11 und 13)

Die ergrabenen ein- oder zweischiffigen Pfostenhäuser der Siedlung Zimmern zeigten alle kleine Grundflächen von etwa 5,5 auf 7 bis 9,5 auf 11,5 Meter.[55] Sie wurden ohne steinerne Fundamentierung oder Keller errichtet. In den Wohngebäuden fanden sich eingetiefte Feuerstellen. Pfostenhäuser ohne Feuerstellen dürften als Stall oder Scheune genutzt worden sein. Auffällig waren mehrere große, birnenförmige Feuerstellen (etwa 1 auf 1,7 Meter), die in keinem direkten Bezug zu einem Gebäude standen. Hinweise auf eine Nutzung als Back- oder Schmelzöfen wurden nicht gefunden.[56]

Die Grubenhäuser der Siedlung Zimmern sind meist mit zwei Firstsäulen konstruiert. Weitere Pfosten an der hangabwärts liegenden Seite des Hauses dienten zur Unterstützung des Dachs. Die sonst übliche Form des Sechspfosten- oder Eckpfostenhauses kam in Zimmern nicht vor, dafür jedoch ein Grubenhaus mit zentralem Mittelpfosten sowie ein weiteres mit einem Holzeinbau und einer Zwischenmauer. In einem der Grubenhäuser konnte der Standort eines Webstuhls nachgewiesen werden, die Übrigen dienten als nicht näher bestimmbare Wirtschaftsgebäude.

Interessante Detailbefunde sind von weiteren Grabungen bekannt: In den Neuwiesenäckern bei Renningen fand man häufig Steine auf den Sohlen der Pfostengruben. Vermutlich hatte man sie dorthin gelegt, um die Pfostenenden durch eine bessere Wasserableitung gegen Faulen zu schützen.[57] Auch ein gut erhaltenes bebeiltes Balkenstück mit Nut hatte sich in der Verfüllung eines Brunnens erhalten (Abb. 31).

In Marbach am Neckar fanden sich im Bereich des ehemaligen württembergischen Schlosses Spuren eines hochmittelalterlichen Vorgängerbaus – wohl eines Adelssitzes –, der lehmgestrichene Wände mit Aufpickungen, Verputz und farbiger Rotfassung besaß.[58]

Abb. 31 Grabung Renningen, Neuwiesenäcker, Fund eines Bauholzes in einem in ottonischer Zeit verfüllten Brunnen: Rest eines Balkenkopfs mit Beilspuren und Nut, aus dem Holz einer etwa 15-jährigen Eiche, Länge 13,5 Zentimeter

Für das um 1200 abgegangene Dorf Reistingen bei Herrenberg sind ebenerdige First-Pfostenbauten und Grubenhäuser mit gemeinsamer Firstrichtung belegt.[59]

Ergänzend wird hier Scholkmanns Grabungsbefund eines bäuerlichen Gehöfts (etwa im Maßstab 1 : 500) aus der zweiten Hälfte des 14. Jahrhunderts im Bereich westlich des Sindelfinger Stiftsbezirks gezeigt, der klar wenigstens zwei Firstpfostenbauten erkennen lässt (Abb. 32). Wie in Mittelhofen fanden sich hier eindeutig ausgewiesene Stallbereiche. Weiter fällt eine im Außenbereich nördlich des Hauses 2 liegende Feuerstelle auf: Handelt es sich hier um eines der von H. Dölling[60] erwähnten Kochhäuser, allerdings ohne Eintiefung? – Die gesamte Anlage gibt eine anschauliche Vorstellung davon, was man sich unter dem Terminus „ungeregeltes Haufengehöft" vorzustellen hat.

Aus den Grabungsergebnissen für das Hochmittelalter geht deutlich hervor, dass sich die zweischiffige Firstpfostenbauweise auch noch bis ins 14. Jahrhundert gehalten hat. Im Zuge des ja erst nach der Jahrtausendwende entstehenden städtischen Haus- und Fachwerk-

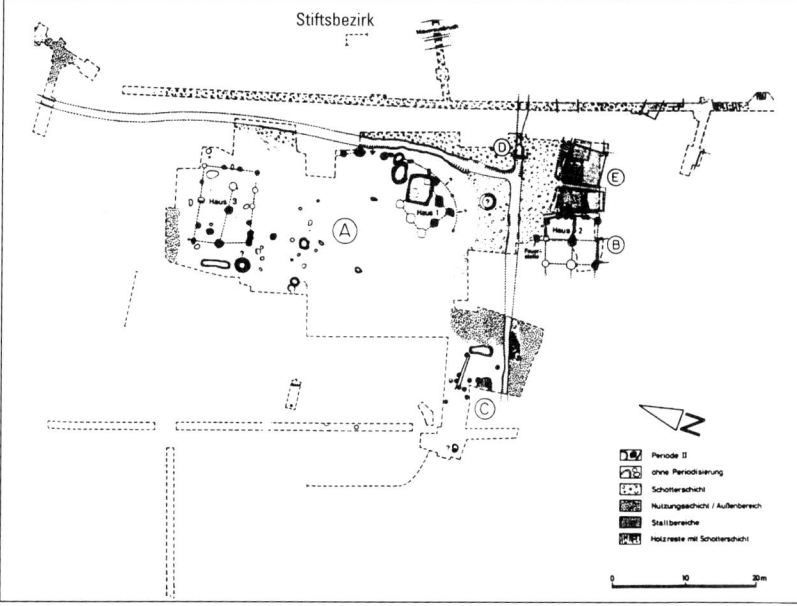

Abb. 32 Gehöft aus Sindelfingen, Obere Vorstadt, zweite Hälfte 14. Jahrhundert, Grabung: 1968–70. Das Gehöft ist von einem Palisadenzaun umschlossen. Es besteht aus mehreren Bauten, von denen Haus 2 wohl das Wohnhaus und Haus 1 ein Vorratsgebäude war. Haus 3 lässt sich nicht sicher rekonstruieren und in seiner Funktion bestimmen. Zum Gehöft gehören Abfallgruben und zwei Zisternenbrunnen. Alle Gebäude sind in der altertümlichen Pfostenbauweise mit eingegrabenen Stützen errichtet. Die Wände von Haus 1 bestanden aus senkrechten Bohlen, Haus 2 könnte lehmbeworfene Flechtwände oder horizontale Bohlenwände aufgewiesen haben (aus: Stadtluft, Hirsebrei und Bettelmönch, S. 195).

baus dürfte sich auch zunehmend im dörflichen Bereich die modernere Bautechnik des Ständerfachwerkbaus mit Schwellen entwickelt haben. Befunde aus Biberach und das Höfstettener Mittelalterhaus des Freilandmuseums Bad Windsheim lassen hinsichtlich der Ablösung der Pfostenbauweise an eine Zwischenphase denken, in der die Tragwerksstützen säulenartig auf Basissteine gestellt und mit einer kräftigen kopfzonigen Aussteifung versehen wurden. Dabei dürften sich die höher liegenden Konstruktionsdetails nicht wesentlich von den Darstellungen unterschieden haben, die B. Lohrum für den städtischen Hausbau des deutschsprachigen Südwesten im 13./14. Jahrhundert zeigt: Die mehrgeschossigen Firstständer-, Spitzständer- und Geschossständerbauten – Letztere auch als Mischkonstruktionen aus Geschoss- und Stockwerksbau – waren mit langen Streben ausgesteift. Diese waren angeblattet, verliefen nicht steiler als 45 Grad und steiften komplette Wandscheiben aus. Die Aussteifung einzelner Ständer mit Kopf- und Fußbändern beschränkte sich meist auf die Schauseiten der Gebäude.[61]

In den Städten hatte sich der Entwicklungsschritt vom Pfosten- zum Ständerbau auf Mauerwerksfundamenten bereits im Hochmittelalter vollzogen. Die Beispiele vom Züricher Münsterplatz zeigten, dass Wohngebäude dort schon in der zweiten Hälfte des 9. Jahrhunderts als Schwellenbauten errichtet wurden. Von Esslingen und Villingen weiß man, dass die Ablösung bereits in der zweiten Hälfte des 12. Jahrhunderts vollzogen war.[62]

Für die niederdeutschen Städte hat Michael Scheftel den Kenntnisstand zum mittelalterlichen Holzbau zusammengefasst.[63] Die archäologischen Befunde sind dort wesentlich differenzierter, da sich in den sandigen und feuchten Böden Holzteile besser erhalten haben als im südwestdeutschen Gebiet. Auch im niederdeutschen Raum waren Pfostenbauten bis ins 13. Jahrhundert hinein die vorherrschende Konstruktionsweise sowohl im städtischen Hausbau als auch in Burgsiedlungen. Erst im Laufe dieses Jahrhunderts nehmen die ergrabenen Pfostenbauten zahlenmäßig ab, während gleichzeitig die Zahl der Ständerbauten deutlich zunimmt. Als konstruktive Zwischenformen gelten Scheftel Ständerbauten mit Schwellriegeln, Bauten mit von Unterlagssteinen unterbrochenen Schwellgräbchen sowie Mischkonstruktionen aus Ständer- und Pfostenbauten. Waren schon die Pfosten über dem Erdboden teils vierkantig bearbeitet, sind die senkrechten Hölzer der Ständerbauten fast ausnahmslos vierkantig.

Als Wandkonstruktionen wurden geschosshohe Flechtwände, lehmverstrichene Flechtausfachungen und Stabbohlen festgestellt. Mit dem Übergang vom Pfosten- zum Ständerbau im 12. und 13. Jahrhundert verschwinden eingegrabene Stabbohlenwände zugunsten von Stabbohlen, die in Nuten der Schwellhölzer sitzen.

Die frühesten Beispiele sind bei Pfosten-Schwellen-Bauten zu Beginn des 11. Jahrhunderts überliefert. Da die Stabbohlen in Verbindung mit Schwellen und Rähmhölzern eine Art Wandscheibe bilden, ist hier – wie schon bei den Pfostenbauten – keine Längsaussteifung nötig.[64] Erste, schwach bemessene, schräge Aussteifungen kommen deshalb erst bei Bauten des 13. Jahrhunderts vor. Weiterhin sind Bohlenwände in genuteten Schwellen und Holzwände zu finden, die in Fälzen von Schwelle und Rähm sitzen oder von Erdanschüttungen beziehungsweise von Eisennägeln gehalten wurden. Gegliederte Wände, deren Gefache mit Lehmflechtwerk geschlossen waren, kommen erst mit der verstärkten Einführung des Ständerbaus im ausgehenden 13. Jahrhundert auf. Für die Dachdeckung ergaben die Grabungen, dass nicht notwendigerweise mit weichen Deckungen zu rechnen ist, sondern auch Steindeckungen und – vermutlich verlehmte – Holzverschindelungen vorhanden waren.

Die überwiegende Zahl der ergrabenen Gebäude waren einschiffig. Daneben kamen jedoch auch mehrschiffige Bauten vor. Auch Grubenhäuser gehörten zum Bild hochmittelalterlicher Städte im Norden. Die Grundrissflächen nahmen tendenziell zu: Bis zum 11. Jahrhundert war die Mehrzahl der ergrabenen Gebäude nicht größer als 50 Quadratmeter. Im 11. Jahrhundert kamen Pfostenbauten mit Grundflächen bis zu 100 Quadratmetern auf. Die ersten Ständerbauten waren zunächst wieder etwas kleiner. Größere Ständerbauten bildeten dann bis zum Ende des Spätmittelalters neben Steinbauten das übliche Stadthaus.

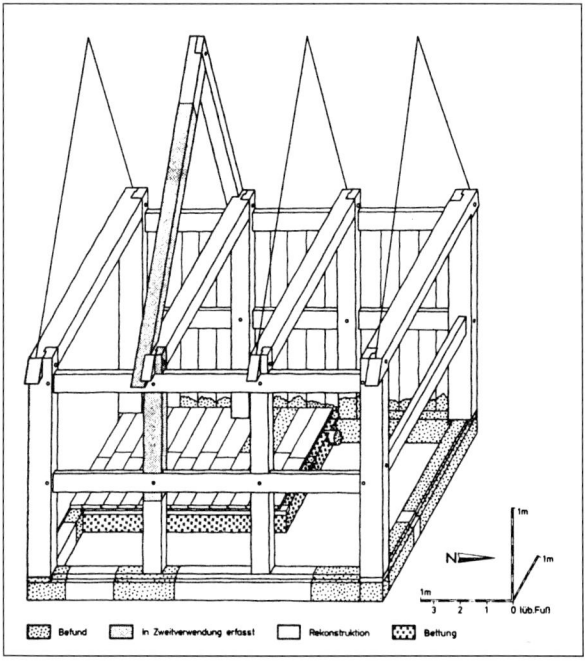

Abb. 33 Hansestadt Lübeck, Grabung Alfstraße 38, Rekonstruktion des Holzhauses B „um oder nach 1195" (aus: GLÄSER, Hafenrandbebauung Lübeck, Abb. 53)

Am Ende des Hochmittelalters dürfte die Technik des ländlichen Hausbau nicht mehr allzu weit von der städtischen Entwicklung entfernt gewesen sein: Wie anders wäre es sonst erklärbar, dass uns schon in der ersten Hälfte des 15. Jahrhunderts in Beuren und Frickenhausen, aber auch im Gäu und auf der Schwäbischen Alb voll entwickelte Firstständer-, Geschoss- und Stockwerksbauten mit Grundmauern, Schwellenkranz, Bundseiten und Abbundzeichen-System,[65] Bohlenbalkendecken, stehenden Stühlen und so weiter begegnen?

2.8 Zusammenfassung

Die in den vergangenen Jahrzehnten veröffentlichten archäologischen Forschungsergebnisse zum frühgeschichtlichen Hausbau zeigen aus der Sicht des Bauhistorikers, dass sich die Bauernhäuser im Untersuchungsgebiet von den ersten Anfängen in der frühen Jungsteinzeit bis zum Hochmittelalter, also während eines Zeitraums von rund 7000 Jahren, durchgängig durch gemeinsame Merkmale auszeichnen:

Die Außengestalt wird bestimmt von einem steilen, weich gedeckten Satteldach mit senkrechten Giebeln – wobei auch einseitige Walme rekonstruiert werden können – und dem etwa mannshohen Unterbau, dessen Außenwände aus in den Boden getriebenem, gestaktem Weidengeflecht oder Spaltbohlen mit glatt gestrichenem Lehmbewurf bestehen.

Die Tragwerke zeigen nahezu durchgehend Firstpfostenkonstruktionen. Diese Bauweise führt wegen der hier notwendigen Stützenflucht in der Mittellängsebene zu zwei- oder vierschiffigen Grundrissgliederungen – die also eine gerade Anzahl von Längszonen bilden.

Die einzige Alternative, einen rechteckigen Grundriss hinsichtlich seiner Flächen- und Konstruktionsauslegung anders zu gestalten, liegt in der Wahl einer ungeraden Anzahl von Längszonen. Dabei kann die in der Mitte des mittleren Schiffes anfallende Firstlast nicht mehr senkrecht abgetragen werden. Dieses dem Firstpfetten-Rafen-Dach entgegengesetzte Konstruktionsprinzip eines „Sparrendaches" – augenfällig verkörpert zum Beispiel im historischen niederdeutschen Hallenhaus – ist im Untersuchungsbereich während der Frühgeschichte nur sehr selten nachgewiesen worden. Im Folgenden wird sich zeigen, dass diese seltenen dreischiffigen Bauten aber auch vom 15. bis ins 19. Jahrhundert noch weiterexistieren.

Zurück zu den frühgeschichtlichen Firstpfostenhäusern: Mit der „Einspannung" der Pfosten im Untergrund sind weitere Maßnahmen zur Aussteifung des Gerüsts unnötig, besonders wenn zwischen den Traufpfetten Spannbalken vorhanden sind, die auch mit dem Firstpfosten verbunden wurden.

Diese Einheit von Außengestalt und Tragwerk der Firstpfostenhäuser pflanzt sich als Grundstruktur des bäuerlichen Haus- und Scheunenbaus durch den gesamten bisher betrachteten Zeitraum – allerdings mit wechselnden Detailausbildungen – bis in das beginnende Spätmittelalter fort:

Während des bandkeramischen Neolithikums beginnt man erstmals, etwa acht auf dreißig Meter große, vierschiffige Langhäuser zu bauen, die in etwa zehn Querzonen aufgeteilt sind. Funktional lässt sich eine Teilung des Grundrisses in drei jeweils mehrgebindige Bereiche mit Wohn-, Wirtschafts- und Speicherflächen beobachten. Leider liegen noch keine Informationen über Feuerstellen in diesen Häusern der Jungsteinzeit vor.

Im mittleren Neolithikum, während der Rössner-Kultur, verändert sich die Form der Langhäuser hin zur Zweischiffigkeit, wobei die Traufwände schiffsartig gebaucht und die Anzahl der Quergebinde reduziert wurden. Zum Ausgleich dafür werden die tragenden Pfosten der Traufwände durch schräge Pfostenstreben abgestützt. Auch für die Häuser der Rössner-Kultur liegen keine Angaben über Feuerstellen vor.

In der späten Jungsteinzeit wurden – entsprechend den Grabungsbefunden aus Ehrenstein bei Ulm und den benachbarten Siedlungsgebieten am Federsee sowie am Bodensee – erheblich kleinere Häuser gebaut. Es handelt sich nun um nur noch zweiräumige, reine Wohnhäuser auf Grundflächen von etwa sechs auf vier Meter Größe mit einem rauchstubenartigen Wohnraum, der gegen das Dach hin offen blieb. Da sich in den Böden der Feuchtgebiete wesentlich mehr Konstruktions- und Ausbauteile erhalten haben, konnten zahlreiche weitere Erkenntnisse über Feuerstellen und Öfen, Fußbodenaufbau und Wandbildung, aber auch über Details zu Holzverbindungen gewonnen werden.

Die erforschten Häuser der Bronze- und Urnenfelderzeit unterscheiden sich wenig von denen der Jungsteinzeit. Auch die Kelten behalten die Firstpfostenbauweise bei, obwohl Hinweise auf deutliche Veränderungen der Kultur anhand befestigter Höhensiedlungen, der Kenntnis der Eisenbearbeitung und der Bestattungspraxis gegenüber der Urnenfelderzeit erkennbar werden. In den späten, La-Tène-zeitlichen Schichten der Heuneburg finden sich vereinzelt – wahrscheinlich unter dem zu dieser Zeit zunehmenden Einfluss der römischen Bautechnik – erste Konstruktionen, die auf Schwellen gegründet sind, also erste Ständer-Fachwerkgerüste und sogar ein dreischiffiger Pfostenbau, der eine andere, neue Dachkonstruktion belegt.

Während des ersten bis dritten Jahrhunderts überzieht das Imperium Romanum den Untersuchungsbereich mit seiner überlegenen Zivilisation und Bau-

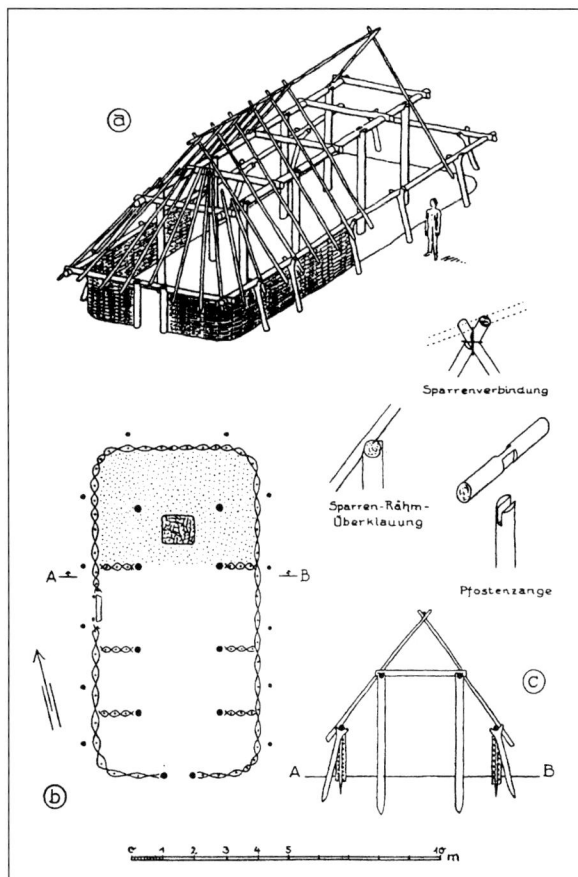

Abb. 34 Vormittelalterliches, dreischiffiges Wohnstallhaus II des
1. bis 2. Jahrhunderts n. Chr. von Einswarden/Niederlande.
Grundrissbefund und Rekonstruktion
(aus: FEHRING, Einführung in die Archäologie, S. 161)

technik, die die Mauer- und Fachwerkbauweise schon weit entwickelt hat. Demgegenüber hat die keltische Bevölkerung ihre schlichteren, althergebrachten Bautraditionen offenbar fast unverändert weiter gepflegt.

Das römische Interludium blieb nach Abzug der Besatzungsmacht jedenfalls ohne weitere Auswirkung auf den alemannisch-merowingischen Hausbau der kommenden Jahrhunderte: Die Firstpfostenbauweise wurde im Wesentlichen unverändert beibehalten, nur bei Herrenhöfen wurden die bei den Römern gängigen großen, unregelmäßig bebauten und von einem rechteckigen Mauerzug umgebenen Hofanlagen übernommen – jedoch in reiner Holzbauweise.

Dazu geben im frühen 8. Jahrhundert die Texte der alemannischen, baiuvarischen und salischen Stammesgesetze Hinweise auf eine zunehmende handwerkliche Perfektion (zum Beispiel werden die verwendeten Balken nun kantig behauen) und auf eine Differenzierung der Gebäudeformen entsprechend ihrer vielfältigen Funktionen. Es werden beispielsweise Häuser von Herren und Knechten, Ställe für Großvieh, Scheunen und Speicher, Schaf-, Schweine- und Bienenhäuser sowie Web-, Back-, Koch- und Badehäuser („stube") erwähnt.

Die Grabungsbefunde bestätigen diese urkundlichen Texte. So finden sich für diese Zeit Hofanlagen mit vierschiffigen, kräftig dimensionierten Firstpfosten-Einraumhäusern mit überdachtem Eingangsbereich, auf die sich wahrscheinlich die von der Lex Alamannorum gebrauchten Bezeichnungen „sala" oder „halla" beziehen. Auf dem Runden Berg bei Urach findet sich unter diesen Pfostenhallen auch eine dreischiffige Anlage. Man wird in ihnen die Nachfolger der Herrenhäuser auf den römischen Gutshöfen und damit Beispiele alemannischer Herschaftsarchitektur sehen dürfen. In ihrem Gefolge werden auf diesen Höfen die ersten Kirchen – dreischiffige Pfostenbauten mit doppelt breitem Mittelschiff und möglicherweise basilikalem Querschnitt – als private Gottesdienst- und Begräbnisstätten errichtet. Damit wird der römische Brauch privater religiöser Kultbauten wieder aufgenommen. Möglicherweise setzte sich die neue Religion des dreieinigen Gottes mit der Wahl einer Dreischiffigkeit bewusst von der geradezahligen Schiffstruktur der „heidnischen" Häuser ab.

Neben der Architektur der Oberschicht, die spätestens im 10. Jahrhundert auch den mit Kalkspeis gemauerten Steinbau kennt, wie der von Barbara Scholkmann ergrabene Herrenhof der Grafen von Calw unter der Sindelfinger Stiftskirche zeigt,[66] sind im frühen Mittelalter aber in der Mehrzahl folgende Bautypen zur Befriedigung des bäuerlichen Nutzungsbedarfs festzustellen:

1. Zweischiffige, drei- bis fünfzonige Firstpfostenbauten ohne Querwände auf Grundflächen von 7 mal 12 bis 15 Metern und einer Firsthöhe von etwa sieben Metern. Sie wurden als Wohnhäuser genutzt und waren mit offenen Herdstellen ausgestattet. Daneben kommen auch Stall- und Scheunenbauten ähnlicher Größe in leichterer Bauweise und ohne Feuerstellen vor.
2. Kleinere „Grubenhäuser" mit etwa 1 bis 1,5 Meter tief in die Erde eingegrabenen Fußböden und etwa quadratischen Grundrissen von zirka 3 bis 4 Meter Seitenlänge. Die Dächer bestanden in der Regel aus zweigebindigen Firstpfostenkonstruktionen aus 2 mal 3 Pfosten. Solche Grubenhäuser waren zum Teil mit offenen Feuerstellen oder Öfen ausgestattet.
3. Kleine Pfosten- oder Schwellenbauten mit etwa um einen Meter angehobenen Fußböden. Diese Gebäude wurden vermutlich als Speicher genutzt.

Die weitere Entwicklung im Hochmittelalter stellt das Bindeglied dar zwischen der bisher geschilderten Entwicklung und den im Folgenden vorgestellten Häusern des Spätmittelalters.

Die Befunde zeigen einerseits, dass gegen Ende des 14. Jahrhunderts noch ganz ähnliche Anlagen errichtet wurden wie im Frühmittelalter. Andererseits wird aber auch klar, dass sich in dieser Zeit der Übergang vom Pfostenbau zum Schwellenbau vollzieht – über die Zwischenstufe der ohne Grundmauer auf den in die Erde gelegten Schwellhölzern. Mit dem Schwellenbau änderten sich die statisch-konstruktiven Notwendigkeiten: Während der Pfostenbau durch die untere Einspannung seiner Stützen ausgesteift ist, sind Fachwerkständer als Pendelstützen anzusehen. Sie müssen in ihrer gewünschten Stellung durch Aussteifungsmaßnahmen fixiert werden, um die Standsicherheit des Gebäudes zu gewährleisten. Der Befund von Mittelhofen (siehe Abb. 29) zeigt, dass dies zunächst durch außen an den Traufseiten angesetzte Strebepfosten versucht wurde und dass sich erst später die Aussteifungstechnik durch angeblattete Gefügehölzer durchsetzte.

Die Tatsache, dass wir zu Beginn des 15. Jahrhunderts schon versiert gezimmerte Dachstühle über ein bis zwei Meter breiter gewordenen Grundflächen finden, spricht dafür, dass während der zweiten Hälfte des Hochmittelalters eine weitere baukonstruktive Erfindung gemacht wurde: Der Dachstuhl, der auf einer zwischen Unterbau und Dachraum eingezogenen Balkenlage steht und die länger gewordenen Rafen unterstützt. Schon bei den ältesten erhaltenen Firstständerbauten sind die Rafen sparrenartig untereinander am First und mit den Dachbalken am Traufpunkt verblattet und mit angeblatteten Kehlbalken verstärkt.

Diese Entwicklung ist vom 13. Jahrhundert an im städtischen Bereich belegt und hat sich wohl mit einer zeitlichen Verzögerung auch auf den Dörfern durchgesetzt.

Am Ende dieser Zusammenfassung erscheint eine kurze Erwähnung der beiden bekannten dreischiffigen Tragwerke nötig (Heuneburg und Runder Berg, Urach), die gleich den zweischiffigen neben einer Steilgiebelform auch eine gewalmte Variante kennen. Solche Innengerüstbauten setzen handwerkliche Kenntnisse über eine dauerhafte Firstverbindung der die Dachhaut tragenden Schräghölzer ohne Firstpfette voraus. Sie haben im nördlichen und nordwestlichen Europa eine bis in die Bronzezeit zurückreichende Tradition (Abb. 34).

Anders als beim Firstsäulenhaus, bei dem die Mittelachse verstellt ist, wird das Dach von zwei wenigstens einen Mittelgang freilassenden Stützenreihen getragen. Als Träger der Dachhaut dürften hier ursprünglich auch Rafen anzunehmen sein, die an den zwei seitlich unterhalb der Firstlinie verlaufenden Mittelpfetten aufgehängt waren. Die stärker als beim Firstpfostenbau nach innen drückende Dachlast dürfte schon früh Spannbalken zwischen den Stützenreihen der Tragkonstruktion erforderlich gemacht haben.

Wie erwähnt, kommen im Untersuchungsbereich solche Innengerüstbauten mit einer ungeraden Anzahl

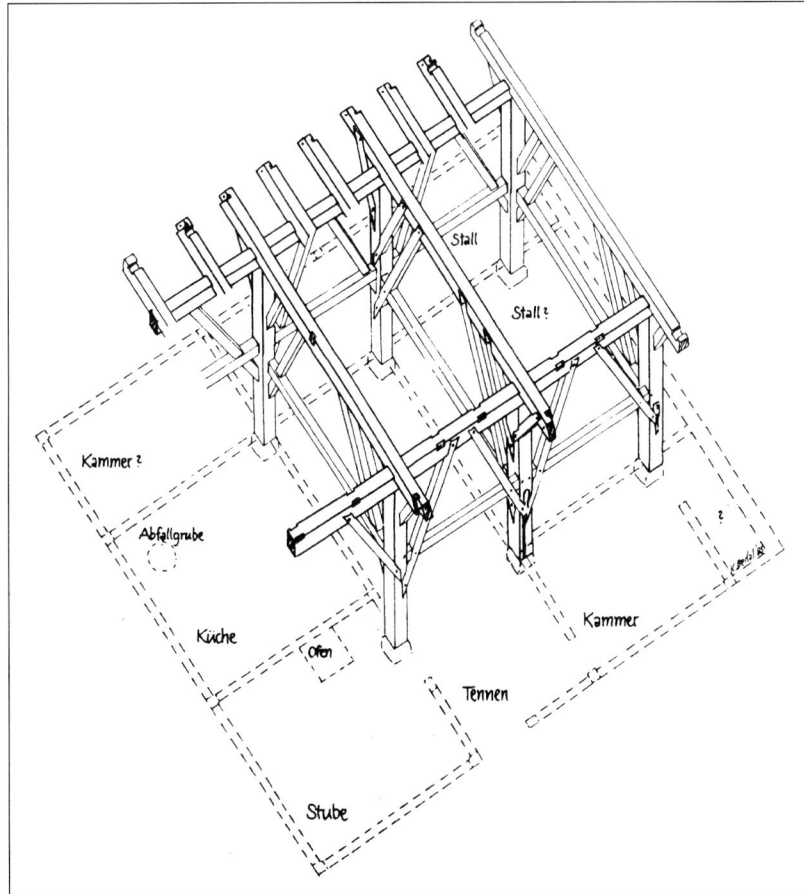

Abb. 35 Bauernhaus aus Höfstetten bei Heilsbronn, Kreis Ansbach, abgebaut für das Fränkische Freilandmuseum 1980. Kerngerüst ohne Dach von 1367/68 (aus: BEDAL, Häuser aus Franken, S. 184)

„Das innere Gerüst – alle Hölzer sind Fichte – besteht aus sechs etwa 4,7 Meter hohen, sehr kräftigen Säulen (ca. 45 mal 40 cm), von denen zwei vollständig, die Übrigen nur noch im Dachraum original sind. Zwei kräftige, aufgezapfte Rähme verbinden je drei Säulen miteinander, nach Osten überragen die Rähme mit ihrem dicken Ende (etwa 36 mal 32 cm) das letzte Säulenpaar beträchtlich, um ca. 3 Meter, während sie nach Westen mit den Säulen abschließen. Auf den Rähmen sind insgesamt – wir zählen sie von Ost nach West durch – neun Balken (Bretten) aufgekämmt, die weit über die Säulen mit den Rähmen hinausragen. Je ein Riegel sowie angeblattete Kopfstreben – in Querrichtung verdoppelt – versteifen dieses hauptsächlich aus sechs Säulen, zwei Rähmen und neun Balken bestehende Hauptgerüst. Der nur angedeutete, rekonstruierte Grundriss weist als feste Räume die stützenfreie Stube (unten) und eine Kammer auf, oben die Ställe. Hinter der Stube die Küche, in der die Abfallgrube lag."

von Schiffen nur selten vor. Wie nahe allerdings die Grenze eines häufigeren Vorkommens solcher Bauten dem Norden unseres Bereichs kommt, zeigt das von K. Bedal in Höfstetten, Kreis Ansbach, aufgenommene Bauernhaus. Dessen Hölzer wurden laut dendrochronologischer Datierung im Winter 1367/68 geschlagen, und es gehört zur Form der letzthin im Nürnberger Raum fast völlig verschwundenen so genannten „Schwedenhäuser" (Abb. 35).

Die Säulen des Kerngerüsts stehen hier auf einer Steinbasis und sind mit gedoppelten angeblatteten Kopfbändern ausgesteift. Ihre rein kopfzonige Aussteifung erinnert noch deutlich an die Pfostenbauweise, bei der Fußbänder noch nicht möglich – und noch nicht nötig waren, solange die Pfosten gesund und fest im Erdreich eingespannt waren.

Die fehlenden Befunde zu Pfostenbauten aus dem 15. und den folgenden Jahrhunderten darf aber nur bedingt so verstanden werden, dass diese Bauweise im Untersuchungsbereich fortan nie mehr angewendet wurde. Das konkrete Beispiel einer im 18. Jahrhundert in Pfostenbauweise errichteten und später wieder abgegangenen Glashütte bei Nassach/Schurwald lässt es denkbar erscheinen, dass diese Bautechnik auch noch während des 15. bis 18. Jahrhunderts bei einfacheren Gebäuden angewendet wurde. Auch die Anweisung aus der Bauordnung von 1808, dass die Erdgeschosse entweder ganz gemauert oder „doch wenigstens die Riegelwandungen auf einem Sockel von Stein"[67] zu gründen seien, legt den Gedanken nahe, dass die Tradition der Pfostenbauweise noch fast bis in unsere Gegenwart – wenngleich eher im Verborgenen – fortdauerte.

Kapitel 3

Zur Entwicklung vom 15. bis zum 19. Jahrhundert

3.1 Vorbemerkung zum Gebrauch der Merkmalsmatrizen

Vom Beginn des 15. Jahrhunderts an liegen nun überwiegend von mir erarbeitete und einzelne von den Kollegen B. Lohrum, J. Faitsch und A. Bedal zur Verfügung gestellte Aufmaße sowie schriftliche und fotografische Befunddokumentationen vor. Um die teilweise recht umfangreichen Forschungsberichte auf ein überschaubares Maß zu reduzieren und dabei trotzdem die wesentlichen Daten der Einzelhäuser so darzustellen, dass sie mit denen der anderen Beispiele vergleichbar sind, habe ich eine Merkmalsmatrix ausgearbeitet.

Diese Matrix ermöglicht es, sämtliche relevanten Merkmale der als Vertreter eines Jahrhunderts vorgestellten, chronologisch geordneten Gebäude zusammen zu betrachten: Je Gebäude werden 47 Merkmale abgefragt, die je Jahrhundert miteinander verglichen werden können.

Dabei wird noch einmal darauf hingewiesen, dass das zahlenmäßige Vorkommen einzelner Merkmale weniger repräsentativ für die tatsächliche Häufigkeit, sondern eher phänomenologisch als Beleg für das Vorhandensein bestimmter Sachverhalte oder Details zur Bauzeit der Einzelhäuser anzusehen ist. Ziel der Matrix ist lediglich, ein möglichst differenziertes Bild des Baugeschehens in dem entsprechenden Jahrhundert zu geben.

Der Merkmalkatalog gliedert sich in folgende Gruppen:
– Angaben zur Belegbasis mit Adresse, vorgefundener Gehöftform, Naturraum und Baudatum;
– Gestaltmerkmale wie Größe, Außengestalt und innere Struktur;
– Konstruktionsmerkmale des Haupttragwerks, des Aussteifungsgefüges und der Dach- beziehungsweise Wandbildung, das heißt des Rohbaus;
– Merkmale des Ausbaus, das heißt Fenster, Türen, Treppen, Fußböden, Feuerstellen, Küchen- und Stubenausstattung, Aborte und Dekor;
– Datum der jeweils geltenden Bauordnung;
– Besonderheiten.

In Zeile 13 sind schematisch die fünf in der Regel vorkommenden Grundrissauslegungen für den Bereich Flur, Küche und Stube skizziert, die natürlich auch spiegelbildlich verändert auftauchen.

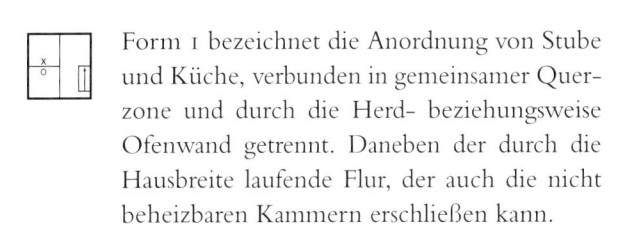

Form 1 bezeichnet die Anordnung von Stube und Küche, verbunden in gemeinsamer Querzone und durch die Herd- beziehungsweise Ofenwand getrennt. Daneben der durch die Hausbreite laufende Flur, der auch die nicht beheizbaren Kammern erschließen kann.

Form 2 zeigt die Flurküche neben der Querzone, die Stube und Kammer aufnimmt.

Form 3 zeigt die Flurküche mit aus der Bundebene verschobener Herdwand zwischen Küche und Kammer, die gleichzeitig die Feuerung des Stubenofens von der Küche her erlaubte.

Die Form 4 bezeichnet eine weitere Grundrissform, die mit einer von der Küche erwärmbaren Küchenkammer nur in Oberstockwerken vorkommt, wobei die Stube die ganze andere Längszone einnimmt. Es handelt sich hier um eine spätere Weiterentwicklung von Form 1.

Form 5 zeigt die im Untersuchungsbereich gebräuchlichste der seltenen dreischiffigen Grundrissauslegungen.

Bei allen fünf Varianten liegt die Herdstelle nahe der Haus- beziehungsweise Wohnungsmitte.

In Zeile 35 werden vier grundlegende Arten der Fensterbildung unterschieden:

Form 1: Ungefasste, kleine Öffnungen in Lehmflechtwänden.

Form 2: Kleinere Einfachfenster mit Stielen zwischen Brustriegel und Rähm.

Form 3: Kleinere, paarige Fenster mit Brust- und Kopfriegel, deren den Kopfriegel überblattende Stiele einen mittigen Wandständer flankieren und zum Teil Oberlichtöffnungen bilden.

Form 4: Größere bis große Fensteröffnungen mit beidseitigen Wandständern und zum Teil höher beziehungsweise tiefer als die Wandverriegelung liegenden Brust- beziehungsweise Sturzriegeln. Diese Konstruktionsweise kommt sowohl an den Fenstererkern des 15. bis 18. Jahrhunderts als auch bei den jüngeren, weitgehend gleichgroßen Öffnungen des 18. und 19. Jahrhunderts vor.

Auch für die übrigen Merkmale werden verschiedene, zu bestimmende Varianten zur Auswahl gestellt.

Insgesamt liegen mit diesen Matrizen je Jahrhundert etwa 350 Grundinformationen vor, die aus einer mehrfachen Menge möglicher Varianten ausgeschieden sind.
Zu jedem der aufgeführten Beispiele sind im fünften Kapitel die Pläne in chronologischer Ordnung zu finden.

3.2 Zur Entwicklung im 15. Jahrhundert

3.2.1 Merkmalsmatrix

15. Jahrhundert Die Angaben beziehen sich, wenn nicht anders erwähnt, auf den Erbauungszustand		72660 Beuren Hauptstraße 10/12 Pfänderhaus	72660 Beuren Rathausstraße 11 Schlegelscheuer	89150 Laichingen Radstraße 42	72660 Beuren Hauptstraße 26 Haus Sanwald	72636 Frickenhausen Hauptstraße 25	72074 Tübingen-Lustnau Dorfstraße 5/7	71277 Rutesheim Schulstraße 8	71116 Gärtringen Schmiedstr. 14a
Belegbasis	Gehöftform	Doppelwohnhaus eines Hakengehöfts	Scheune eines Streckgehöfts	Wohnhaus – Torso –	Wohnhaus	Wohnstallhaus	Einhaus mit Ausding	Einhaus	Scheune eines Hakengehöfts
	Naturraum	Albvorland	Albvorland	Alb	Albvorland	Albvorland	Neckarland	Neckarland	Neckarland
	Baujahr Umbauten Vorgängerbebauung	1411/12 (d) 19. Jahrhundert	1446 (d) 18./19. Jahrhundert	1446 (d) 18./19. Jahrhundert	um 1450 (g) 20. Jahrhundert	1464 (d) 18./19. Jahrhundert 10. Jahrhundert ?	Ausding um 1475 (g) Einhaus älter	1476/77 (d) 18./19. Jahrhundert	1498 (d) um 1800 (g)
Außengestalt	Grundfläche	2 x 120 m²	90 m²	99 m²	95 m²	100 m²	207 m²	98 m²	140 m²
	Stubenfläche	24/16 m²		20 m²	25 m²	20 m²	20 m² (Einhaus) 16 m² (Ausding)	18,5 m²	
	Stockwerkszahl	1,5	1	1	2	2	2–3	2	1
	Stockwerkszahl Dach	2	2	3	2	2	3	2	2,5
	Stockwerksvorstöße	–	–	–	–	1 traufseitiger Vorstoß	Ausding: 4 giebelseitige Vorstöße Einhaus: –	–	–
	Dachform	Schopfwalm	Satteldach	Schopfwalm	Schopfwalm	Schopfwalm	Satteldach	Satteldach	Satteldach
	Dachneigung	ca. 54 Grad	ca. 55 Grad	ca. 54 Grad	ca. 53 Grad	ca. 56 Grad	ca. 53 Grad	ca. 62 Grad	ca. 59 Grad
	Orientierung zur Straße	giebelständig	traufständig	giebelständig	giebelständig	traufständig	giebelständig	giebelständig	traufständig
	Erschließung	traufseitig Außentreppe	traufseitig	traufseitig	traufseitig	traufseitig	giebel- und traufseitig Außentreppe	traufseitig	traufseitig
Innenstruktur	Grundrissform Wohnung o = Stubenofen x = Küchenherd ▭ = Treppe	2 x Form 3 (urspr. Form 2)	zweizonige Scheune	verbaut (urspr. Form 2)	Form 2	Form 1	Form 5	Form 2	dreizonige Scheune
	Anzahl der Schiffe (Längszonen)	2	2	2	2	2	3	2	2
	Anzahl der Joche (Querzonen)	5	2	2	3	3	3 und 2	4	3
	Keller (Unterkellerung in %)	25 %	–	–	15 %	–	15 %	20 %	–
Rohbau	Konstruktive Längsachsen	3	3	4 ?	3	3	4	3	3
	Konstruktive Querachsen	6	3	3	4	4	4 + 3	5	4
	Fundament	Balkenkeller		Gewölbe- und Balkenkeller	Gewölbekeller		Gewölbekeller		
	Erdgeschoss	Fachwerk auf Grundmauer	Fachwerk auf Grundmauer	Fachwerk auf Grundmauer	Mauerwerk ?	Fachwerk auf Grundmauer	Mauerwerk	Fachwerk auf Grundmauer	Fachwerk auf Grundmauer
	Schwellen	?	Querschwellen unten	?	?	Schwellriegel	Schwellriegel	?	Querschwellen unten
	Abbund	Firstständerbau (4 Firstständer) mit auskragender Pfette	Firstständerbau (3 Firstständer)	stockwerksweiser Abbund	Firstständerbau (2 Firstständer) mit auskragender Pfette	Geschossständerbau und stockwerksweiser Abbund	Vorderhaus Geschossständerbau ?, stockwerksweiser Abbund	Geschossständerbau	Firstständerbau (4 Unterfirstständer)
	Konstruktive Verbindung senkrechter Teil und Dach	Konstruktive Einheit	Konstruktive Einheit	?	Konstruktive Einheit	Verbindung vorhanden	Verbindung vorhanden	Verbindung vorhanden	Konstruktive Einheit
	Maximale Abmessung der Bundständer (Holzart)	30 x 30 x 800 cm	30 x 30 x 900 cm	26 x 26 x 200 cm	28 x 28 x 820 cm	30 x 30 x 500 cm	Ausding: 25 x 25 x 225 cm Einhaus: 30 x 30 x 360 cm	26 x 26 x 465 cm	35 x 35 x 1000 cm

Merkmalsmatrix

		72660 Beuren Hauptstraße 10/12 Pfänderhaus	72660 Beuren Rathausstraße 11 Schlegelscheuer	89150 Laichingen Radstraße 42	72660 Beuren Hauptstraße 26 Haus Sanwald	72636 Frickenhausen Hauptstraße 25	72074 Tübingen-Lustnau Dorfstraße 5/7	71277 Rutesheim Schulstraße 8	71116 Gärtringen Schmiedstr. 14a
Rohbau	Maximaler Ständerabstand	bis 450 cm	bis 450 cm	bis 450 cm	bis 500 cm	bis 450 cm	bis 400 cm	bis 310 cm	bis 250 cm
	Rähmkranz	einfach	einfach	einfach	einfach	einfach	einfach	einfach	einfach
	Dachkonstruktion	Pfetten- und Sparrendach	Pfetten- und Sparrendach	Sparrendach	Pfetten- und Sparrendach	Sparrendach	Sparrendach	Sparrendach	Pfetten- und Sparrendach
	Dachstuhl	stehend	stehend	stehend	stehend	stehend	stehend	stehend	stehend
	Dachdeckung	Strohdach ?	Strohdach ?	Strohdach ?	Strohdach ?	Mönch- und Nonnen-Ziegel	Strohdach ?	Biberschwanzziegel ? Strohdach ?	Strohdach
	Gefügesystem	Ständeraussteifung	Ständer- und Wandaussteifung	Ständeraussteifung ?	Ständeraussteifung	Ständeraussteifung	Ständeraussteifung	Ständeraussteifung	Ständer- und Wandaussteifung
	Gefügehölzer	Kopfbänder Steigbänder	Kopfbänder Fußbänder Steigbänder Schwelle-Rähm-Streben	Kopfbänder Steigbänder	Kopfbänder Steigbänder	Kopfbänder Fußbänder Steigbänder	Kopfbänder Steigbänder	Kopfbänder Fußbänder Steigbänder	Kopfbänder Steigbänder Schwelle-Rähm-Streben
	Holzverbindung Gefüge	geblattet	geblattet und gezapft	geblattet	geblattet	geblattet	geblattet	geblattet	geblattet und gezapft (EG)
	Anzahl der Riegel in den Hauptstockwerken	1	2	1	1 ?	1	2	1	2
	Ausfachungsmaterial	Lehmstroh	Lehmstroh	Lehmstroh	Lehmstroh	Lehmstroh und Bruchstein	Lehmstroh ?	Lehmstroh	Lehmstroh
	Fensterbildung	Fenstererker ?		Form 1 Fenstererker ?	Fenstererker ?	Form 1 Form 2 Form 3 Fenstererker	?	Form 3 Fenstererker ?	Form 3
Ausbau	Feuerstellen	2 Küchenherde 2 Hinterladeröfen	–	Küchenherd ? Hinterladeröfen ?	Küchenherd Hinterladerofen	Küchenherd Hinterladerofen	2 Küchenherde ? 2 Hinterlader-öfen ?	Küchenherd Hinterladerofen	–
	Rauchabzug	Rußbesatz Rauchgaden ? Rauch frei durchs Dach	–	Rußbesatz Rauchgaden Rauch frei durchs Dach	Rußbesatz Rauchgaden ? Rauch frei durchs Dach	Rußbesatz Rauchfang Rauch frei durchs Dach	Rußbesatz Rauchfang ? Rauch frei durchs Dach	Rußbesatz Rauchgaden ? Rauchfang ? Rauch frei durchs Dach	–
	Wasser	?	–	–	–	Brunnen hinter dem Haus	?	?	–
	Abort	?	–	?	?	innen liegend, in der Südost-Ecke ?	1 außen liegender, 1 innen liegender Abort (später ?)	?	–
	Treppen	Keilstufentreppe ?	Leitersprossen am Firstständer	?	Keilstufentreppe	Keilstufentreppe	?	Keilstufentreppe ?	Leiter
	Türen	Holzangeln ?	Holzangeln	Türfalz am Ständer	Holzangeln ?	Holzangeln Türfalz am Ständer	?	Holzangeln ?	Holzangeln
	Türblätter	Brettertür ?	Brettertür ?	?	Brettertür ?	Brettertür ?	?	Brettertür ?	Brettertür
	Fenstergröße Stube – Küche – Kammer	verschieden groß ?	–	verschieden groß ?	verschieden groß	verschieden groß	verschieden groß ?	verschieden groß ?	–
	Fensterverschluss	?	–	?	?	Vertikal-Ziehladen Klappladen	?	?	Klappladen
	Stubenausstattung	Bohlenbalkendecke ?	–	Balkendecke ?	Bohlenbalkendecke	gewölbte Bohlenbalkendecke	Balkendecke ?	Balkendecke ?	–
	Fußboden Stube	?	–	?	?	?	?	?	–
	Dekor	?	?	?	?	Haustür mit angeblattetem Eselrückensturz	?	plastischer Dekor am südöstlichen Kopfband	–
	Bezug zu Bauordnungen	–	–	–	–	–	–	–	–
	Besonderheiten	Doppelhaus	geblattetes und gezapftes Gefüge an derselben Stelle	dreischiffig ?	–	Bauherr: gräflicher Forstknecht	dreischiffig	trapezoider Grundriss	Unterfirstpfette

3.2.2 Zur Belegbasis

Die Baudaten der vorgestellten Beispiele des Häuserkatalogs sind in etwa über das ganze Jahrhundert verteilt. Allerdings stammt nur ein einziges Beispiel von der Schwäbischen Alb,[68] wobei gerade dieses, das Haus aus Laichingen, bislang nur unvollständig untersucht ist und zahlreiche Fragen offen lässt. Trotzdem wurde es an dieser Stelle aufgenommen: als einziges Beispiel dieses Alters von der Schwäbischen Alb und wegen der Tendenz, die die vorhandenen Befunde doch immerhin zeigen.

Das Fehlen sonstiger Albhäuser aus dem 15. Jahrhundert erklärt sich möglicherweise daraus, dass sich auf der karstigen und vergleichsweise trockenen Albhochfläche die sonst nicht sehr dauerhafte Pfostenbauweise länger gehalten hat als im Tiefland. Anlass zu dieser Vermutung gibt auch die in den folgenden Jahrhunderten zu beobachtende Verzögerung der Gerüst- und Gefügetechnik der Albhäuser gegenüber denen des Neckarlands und des Vorlands der Schwäbischen Alb.

Zwei der hier vorgestellten Gebäude sind Scheunen, der Rest Wohn- und Wohnstallhäuser, darunter zwei Einhäuser und ein zumindest im vorgefundenen Zustand als Doppelwohnhaus mit Ausding genutztes Haus.

Damit ist für das 15. Jahrhundert sowohl das Vorkommen von Einhäusern als auch von Gehöften aus mehreren Gebäuden belegt. Neben dem Einhaus aus Lustnau, bei dem der Bergeraum nach dem Schema der städtischen Ackerbürgerhäuser im Dach untergebracht wurde, ist aber auch ein queraufgeschlossenes Einhaus aus Rutesheim aufgeführt. Über die Gehöftformationen, in denen sich die übrigen Gebäude befunden haben, kann keine Aussage gemacht werden, weil die ursprünglich zugehörigen gleichaltrigen Bauten nicht mehr vorhanden und auch archäologisch nicht nachgewiesen sind.

Neben den hier gezeigten Firstständerwohnhäusern aus Beuren finden sich dort – und zwar fast nur noch dort – zwei weitere Beispiele. Beide Gebäude, in der Tiefenbachstraße 4 und 8, sind von der kleineren Form mit nur zwei Firstständern, die im Gebäudeinneren mit auskragenden Pfetten angeordnet sind.

3.2.3 Gestaltmerkmale

Zur äußeren Hausgestalt

Die Grundflächen, auf denen die Einzelgebäude errichtet wurden, sind zwischen 80 und 140 Quadratmeter groß. Dabei ist allerdings keine Entwicklung zu beobachten, weil die zweitgrößte Hausfläche bei dem ältesten Beispiel, also dem Pfänderhaus aus Beuren vorkommt.

Die Größe der Stuben in den Wohnhäusern differiert zwischen 16 und 25 Quadratmetern. Die vier Wohnhäuser aus dem Neckarland sind eineinhalb- bis zweieinhalbstöckig. Es kommen aber auch hier einstöckige Wohn- und Wohnstallhäuser vor.

Dagegen ist ein Beispiel für ein zweistöckiges Bauernhaus aus dem 15. Jahrhundert von der Schwäbischen Alb bislang nicht bekannt.

Entsprechend der Querschnittsbreite, die zwischen 8,5 und 11,5 Metern variiert, besitzen die Häuser zwei oder drei Dachstöcke. Dabei nimmt die Querschnittsbreite von Anfang bis gegen Ende des Jahrhunderts kontinuierlich um insgesamt etwa drei Meter zu. Die Sparren bilden in allen Fällen mit der Basis ungefähr ein gleichseitiges Dreieck. Die Sparrenneigung differiert zwischen 53 und 62 Grad. Deutlich flacher geneigte Dächer erscheinen im Untersuchungsbereich nicht.

Stockwerksvorsprünge sind selten und kommen nur in Beispielen aus der zweiten Jahrhunderthälfte vor: bei dem Beispiel aus Frickenhausen traufseitig und etwa vierzig Zentimeter auskragend und bei dem Haus in Lustnau, dessen rückwärtiger Giebel viermal etwa zwanzig Zentimeter auskragt.

Als Dachformen kommen Satteldächer mit Steilgiebeln und mit Schopfwalmen vor. Diese letzteren sind für das Pfänderhaus und das Haus Sanwald aus Beuren sowie für das Beispiel aus Frickenhausen klar belegt.

Dabei erscheint es wenigstens im Hinblick auf den an der Firstpfette angeblatteten mittleren Walmsparren beim Pfänderhaus und beim Haus Sanwald fraglich, ob die bislang übliche Interpretation des Hahnenbalkens im Gespärre hinter dem Giebel als Beleg für ein Rauchabzugsloch zutreffend ist. Abgesehen davon, dass abziehender Rauch durch jede Ritze entweicht, würde bei der anzunehmenden Strohdeckung zwischen Hahnenbalken und First wenig Platz für ein Abzugsloch bleiben.[69] Eine Ausnahme bilden dabei freilich die dichten, weil vermörtelten Mönch-und-Nonnen-Dächer, die keinen Rauch durchlassen und auch eine geringere Konstruktionshöhe benötigen als die etwa 25 bis 30 Zentimeter dicken Strohdächer.

Zur inneren Hausstruktur

Alle acht Beispiele sind zwar teils trauf- und teils giebelständig zum Straßenraum orientiert, jedoch durchweg traufseitig erschlossen. In den zweistöckigen Häusern liegen alle Wohnräume im Oberstock. Die Erdgeschosse beherbergen dort neben dem Eingangsbereich Ställe und Nebenräume.

Die Mehrzahl der Beispiele zeigt Wohn- und Wohnstallhäuser mit zweischiffiger Grundrissauslegung, wobei die Anzahl der Querzonen je nach Funktionsprogramm zwischen zwei und fünf differiert. Eine Ausnahme bildet das dreischiffige Einhaus aus Lustnau. Dessen Tenne öffnet sich, neben der traufseitigen Wohnungserschließung, giebelseitig zur Straße und folgt damit dem Vorbild des städtischen Ackerbürgerhauses. Aus der mittleren Längszone erfolgt auch der Vertikaltransport des Erntegutes durch den Flur im ersten Oberstock hinauf ins Dach. In den beiden seitlichen Längszonen sind Wohnräume, Ställe und Nebenräume angeordnet. Diese dreischiffige Grundrissauslegung, die auch das später angebaute Ausdinghaus aufnimmt, entspricht Form 5 der schematischen Skizzen.

Nur der Grundriss des Gebäudes aus Frickenhausen folgt dem Schema der Grundrissform 1 mit Stuben-Küchen-Fach und durchlaufendem Mittelquerflur. Allerdings lässt der Befund von B. Lohrum beim Pfänderhaus mit Stakungslöchern in den die mittlere Längszone flankierenden Gespärren vermuten, dass hier für die Bauzeit anstelle der vorgefundenen Grundrissform 3 (mit verschobener Herdwand) die Grundrissform 2 (Flurküche) angenommen werden sollte.

Auch die Beispiele aus Laichingen, Beuren (Haus Sanwald) und Rutesheim zeigen Grundrissform 2 mit Flurküche. Während die im Obergeschoss gelegene Küche des Beispiels aus Frickenhausen mit Rauchloch in der Decke gegen das Dach ausgestattet ist, hat man sich über den Küchenflur-Herdstellen der anderen Beispiele keinen Abschluss gegen den Dachraum, wohl aber einen Funkenschirm, eine so genannte Hurd, vorzustellen.

Alle sechs Wohnhäuser sind teilweise unterkellert. Allerdings ist der Keller bei dem Beispiel aus Frickenhausen später eingebaut worden, beim Pfänderhaus und dem Beispiel aus Laichingen ist ein späterer Einbau nicht ausgeschlossen. Bei den senkrecht zum Hang gestellten Häusern aus Beuren (Haus Sanwald) und Lustnau kann dagegen vermutet werden, dass die Gewölbekeller, die erdgeschossig im Hangbereich angeordnet sind, zum ersten Baubestand gehören.

Die beiden Scheunen zeigen die Grundrissvarianten der Tenne mit einseitig beziehungsweise beidseitig flankierenden Baren-Gefachen.

3.2.4 Konstruktionsmerkmale

Rohbau

Tragwerk
Entsprechend den oben dargestellten Funktionsauslegungen in den Längs- und Querzonen bildet die Mehrzahl der Gebäude drei längs und drei bis vier quer zum First gerichtete Konstruktionsachsen, das heißt Längs- und Querbundebenen, aus. Die Ausnahme bildet wieder das Beispiel aus Lustnau mit vier Längsachsen. Bei dem Beispiel aus Laichingen ist eine vierte Längsachse noch nicht gesichert: In der mittigen Querzone des Erdgeschosses ist eine solche zwar immerhin aus Bauzustand 1 vorhanden, durch sie scheint aber nur das vom Eingang abgewandte Schiff noch einmal längsgeteilt zu sein.

Auf diesen Rasterachsen wurden die Fundamentmauern aus Feldsteinen errichtet, die mit der Sohle kaum ins vorhandene ebene Gelände eingegraben sind, wie sich zum Beispiel bei der Abtragung des Hauses aus Frickenhausen beobachten ließ. Die Höhe dieser Fundamentmauern differiert in den noch nachvollziehbaren Fällen, also beim Pfänderhaus, der Schlegelscheuer und dem Haus Sanwald aus Beuren sowie den Beispielen aus Rutesheim und Gärtringen, zwischen 0,5 und 1,5 Metern. Unklar ist insbesondere die ursprüngliche Ausbildung der Grundmauern des Hauses Sanwald aus Beuren und des Hauses aus Lustnau. Bei beiden legt die Hanglage die Annahme eines gemauerten und durch Gewölbe am Hangeinschnitt gefestigten Erdgeschosses nahe. Auch bei den erwähnten zwei weiteren Firstständerhäusern in Beuren erscheint ein gemauertes, halb im Hang eingegrabenes Sockelgeschoss sinnvoll. Die Firstständer des Beurener Beispiels wären, würden sie bis ins Erdgeschoss heruntergereicht haben, etwa zehn Meter hoch und lägen damit noch im Bereich dessen, was auch bei den beiden Scheunen aus Beuren und Gärtringen vorkommt. So gesehen wäre es denkbar, dass diese Firstständer bis in ein Erdgeschoss mit gemauerten Außenwänden herabgereicht hätten.

Das Vorkommen von Fachwerk im Erdgeschoss lässt sich an dem Beispiel aus Frickenhausen belegen. Dieses Haus steht auf flacherem Gelände und ist parallel zum Hang gerichtet.

So stellt sich auch die Frage, ob das geschossweise abgebundene Ständerwerk im Inneren des Hauses aus Lustnau ursprünglich ein entsprechendes Fachwerk an den Außenwänden hatte und dieses erst später, wie in zahlreichen anderen Fällen auch (siehe Kapitel 3.5), in Stein ersetzt wurde.

Über den Achsenschnittpunkten der Quer- und Längsbundwände wurden die Bundständer aufgestellt, wobei zwei Varianten vorkommen:

Alternative 1: Die Bundständer sind dem Schwellenkranz aufgezapft, wie dies die Beispiele der beiden Firstständerscheunen aus Beuren und Gärtringen zeigen, bei denen dieser meistens zerstörte Bereich noch erhalten ist. Der Schwellenkranz ist dabei in sich auf ungleichem Niveau verkämmt, die Querschwellen liegen unten, und die Hölzer stehen an den Gebäudeecken in beide Richtungen leicht über.

Alternative 2: Die Ständer sind säulenartig mit der Balkenstirn auf die Grundmauer gestellt und werden von seitlich eingezapften Schwellriegeln in ihrer Position fixiert (siehe Beispiel aus Frickenhausen und Lustnau). Obwohl dieses Konstruktionsdetail am ehesten noch an die frühere Pfostenbauweise erinnert, stammen beide Gebäude aus der zweiten Hälfte des 15. Jahrhunderts. Häufig wird als oberer Abschluss dieser Stockwerke ein bis zum Hausgrund durchlaufender Dielenboden aufgebracht, auf dem im nächsten Stock ohne weitere Verbindung die gleiche Konstruktion aufgestellt wird.

In beiden Alternativen werden den Traufständern die Traufrähme aufgezapft, die die Giebelrähme und das Dachgebälk tragen.

Bei den steilgiebligen Firstständerscheunen sind die Giebelrähme und das Mittellängsrähm mit den Firstständern verblattet. So bilden sich in den Querbundebenen und in der mittleren Längsachse zusammen mit der Firstpfette von der Schwelle bis zum First durchgehende Scheiben, die Dach und Unterbau zu einer konstruktiven Einheit verbinden. Dies gilt in fast gleicher Weise für die beiden Firstständerwohnhäuser mit ihren Schopfwalmen und den nur im Hausinnern aufgerichteten Firstständern, zumal die auskragenden Firstpfetten mit den bis ins erste Dachgeschoss hochreichenden Mittelständern der Giebelwände durch angeblattete schräge Streben verbunden sind.

Ähnliche Steigbänder laufen von den Traufständern zum Kehlbalken des ersten Dachgeschosses hinauf und überschneiden dabei die Basisbalken des Daches und die Stuhlständer. Sie integrieren so auch die Traufwände in dieses komplexe statische Tragsystem.

Allerdings ist der Holzverbrauch dieser Konstruktionen enorm: Allein für das Tragwerk der Gärtringer Scheune benötigte man 240 laufende Meter Balken, die einen Querschnitt von etwa 30 auf 35 Zentimetern besaßen. Das sind allein zirka 27 Kubikmeter behauenes Holz für eine Scheune – und dazu kommen Dachstuhl, Gefüge- und Riegelhölzer.

Man wurde sich auch, wie die erste Landesordnung von 1495 belegt, im Laufe des 15. Jahrhunderts über den hohen Holzverbrauch klar und suchte dem Holzmangel zunehmend durch die Verwendung kleinerer Hölzer zu begegnen, die ja eine bessere Ausnutzung des gefällten Rohmaterials erlaubte – „damit die weld nit gewiest"[70] werde.

Ergebnis dieser Bemühung war die im 16. Jahrhundert zur Blüte kommende Stockwerksbauweise und eine Zwischenform, die Geschossständerbauweise. Deutlich wird dies an den maximalen Bundständerabmessungen, die bei dem Geschossständerbau aus Frickenhausen bei einem Querschnitt von 30 auf 30 Zentimetern noch fünf Meter Länge zeigen und bei den Stockwerksbauten aus Laichingen und Lustnau am Ausding nur noch etwa 25 auf 25 Zentimeter bei zwei Metern Länge betragen.

Dabei wird bei fast allen Beispielen ein Ständerabstand von etwa viereinhalb Metern eingehalten.

Bei den beiden Scheunenbauten mit ihren überhohen Erdgeschossen fielen zwischen die Bundständer gestellte Wandständer auf, sodass hier der Ständerabstand halbiert wird. Bei der kleineren und älteren Scheune aus Beuren, der Schlegelscheuer, kommt dieses Detail nur an den Giebelwänden vor.

Die Verwendung der kürzeren Bauhölzer führte mit dem Wegfall der Firstständer zunächst notwendigerweise zu einer Trennung zwischen dem senkrechten Unterbau und dem Dachdreieck (siehe Beispiel aus Frickenhausen). Um jedoch die gewohnte, konstruktive Vorstellung einer Einheit von Dach und Unterbau noch beizubehalten, versuchte man zunächst, die beiden sich voneinander scheidenden Bauelemente durch geschossübergreifende Gefügebänder miteinander zu verklammern: So verbindet bei dem Beispiel aus Frickenhausen das Steigband des mittigen Geschossständers in der Giebel- und Querschnittsfigur die Erdgeschossschwelle mit der Dachbasis. Gleichzeitig laufen angeblattete Steigbänder vom Riegel des zweiten Dachgeschosses den Stuhl im ersten Dachgeschoss und den Dachfuß überschneidend bis zu den Traufständern herunter. Dabei sind hier auch noch die beiden Stockwerke des Unterbaus durch die Geschossständer der rückwärtigen Längszone in eine konstruktive Einheit integriert.

An der Straßentraufe desselben Gebäudes und am Ausdinggiebel des Beispiels aus Lustnau lässt sich dagegen schon die fast völlige Auflösung der ehemaligen konstruktiven Einheit in jeweils separat abgezimmerte übereinander gestellte Stockwerke feststellen. Die Stockwerke sind nur noch am Dachfuß durch die angeblatteten Kopfbänder des Obergeschosses und die Steigbänder des Dachstuhls geringfügig untereinander verklammert.

Eigentümlicherweise sind die Bundständer dieses „Stockwerksbaus" noch nicht auf durchlaufende Längsschwellen gestellt, sondern jeder für sich mit der Balkenstirn auf den Kopf eines darunter liegenden Balkens. Die Schwellen sind dabei nur als Riegel zwischen die Ständer gezapft (siehe die Straßentraufe am Beispiel aus Frickenhausen und auch Teile des Ausdinggiebels am Beispiel aus Lustnau).

Die Dachwerke bilden innerhalb ihres Dreieckrahmens aus miteinander verblatteten, durchlaufenden Sparren und Dachbalken weiterhin eine Einheit, die sich auch in den folgenden Jahrhunderten kaum veränderte. Dabei haben sich mit dem Wegfall der Firstpfette die statischen Bedingungen der Dachkonstruktionen grundlegend geändert: Waren bis dahin Pfettendächer die Regel, das heißt Längsträger in verschiedenen Höhen, auf die Rafen ohne notwendige Verbindung im First aufgelegt, so wurden diese Rafen nun wegen der fehlenden Firstpfette als „Sparren" selbsttragend konstruiert. Zur Aufnahme des jetzt neben der bisher reinen Vertikallast entstehenden Seitenschubs wurden sie an ihrem Fußpunkt mit den Dachbalken und oben miteinander verblattet.

Bei den untersuchten Firstpfettenkonstruktionen wären reine Rafendächer zwar möglich gewesen, wurden aber nicht vorgefunden. Dabei haben die breiter gewordenen Hausgrundrisse diese „Sparren-Rafen" so verlängert, dass sie durch angeblattete Kehlbalken und Stuhlpfetten gegen eine zu große Durchbiegung unterstützt werden mussten. Diese Stuhlpfetten werden in den Bundebenen von Stuhlständern getragen, die in Längs- und Querrichtung durch Kopf- und Steigbänder ausgesteift sind.

Ein interessantes, die Spätform der Firstständerbauweise kennzeichnendes Detail bildet die Unterfirstpfette, der so genannte „Katzenbaum", der Gärtringer Scheuer. Die Unterfirstpfette unterstützt nicht die im First verbundenen Sparren selbst, sondern mittig einen mit ihnen verblatteten, knapp einen Meter unterhalb des Firstes liegenden Hahnenbalken. Dieses Detail kommt im Neckarland etwa von der Mitte des 15. Jahrhunderts an häufiger vor. Sein konkreter Nutzen ist bislang unklar geblieben.

Bei sämtlichen vorgestellten Gebäuden werden die acht bis zehn Meter langen Sparren etwa mittig durch stehende Stühle unterstützt. Liegende Stühle kommen in Bauernhäusern des Untersuchungsbereichs erst zu Beginn des 16. Jahrhunderts vor.

Die erste Dachhaut hat wahrscheinlich in allen Fällen – mit Ausnahme des Beispiels aus Frickenhausen – aus Stroh oder Holzschindeln bestanden. Das Gebäude aus Frickenhausen war möglicherweise mit Hohlziegeln in Mönch-und-Nonnen-Ordnung gedeckt, wie die Verwendung einer Vielzahl solcher Ziegel als spätere Wandausfachungen vermuten lässt.

Gefüge

Die Behandlung der Tragwerke – das heißt also der Balkengerüste zur Abtragung der entstehenden Lasten – hat gezeigt, dass hier im 15. Jahrhundert alle Holzverbindungen gezapft oder überkämmt waren. Allerdings wären solche Tragwerke in Fachwerkbauweise allein noch nicht gesichert gegen eine seitliche, parallelogrammartige Verschiebung aus der Rechtwinkligkeit, wie dies bei den frühgeschichtlichen Konstruktionen mit ihren im Erdreich „eingespannten" Pfosten ja der Fall gewesen war.

So zeichnet die mittelalterlichen Fachwerkkonstruktionen neben Grundmauer und Schwelle noch ein weiteres neues Element aus: die Aussteifungs- oder Gefügehölzer, die im 15. Jahrhundert überwiegend an die Außenseite des tragenden Gerüsts angeblattet wurden und damit schon durch die Holzverbindung, die Zug und Druck aufnehmen konnte, augenfällig auf ihre besondere statische Funktion hinweisen. Sie sind häufig leicht geschwungen, weil man für diese Hölzer, die oft weniger als zehn Zentimeter stark sind, die Äste der gefällten Bäume verwendete.

Es kann angenommen werden, dass man sich bei der neuen Fachwerktechnik zunächst darum bemühte, die nun nicht mehr ausgesteiften Ständer mit Schwellen und Rähmen zu fixieren. Hierfür erhielten die geblatteten Verbindungen die im 15. Jahrhundert allgemein üblichen Schwalbenschwanz-Blätter. Wegen der Versätze besitzen diese – solange der Holznagel das Blatt zuverlässig in der Sasse hält – eine deutlich bessere Zugaufnahmefähigkeit als die später auch für Aussteifungen gebräuchlichen Zapfenverbindungen, bei denen Zug ja nur über den Holznagel übertragen werden kann.

Diese Gefügepraxis, durch angeblattete Bänder die Ständer in der gewünschten Position zu fixieren, wird als „Ständeraussteifung" bezeichnet und lässt sich an allen gezeigten Beispielen des 15. Jahrhunderts belegen.

Die alternative „Wandaussteifung" kommt ebenfalls schon in den ältesten der hier aufgenommenen Häusern und Scheunen vor: Hier wird nicht der Ständer, sondern das Wandfeld zwischen zwei Bundständern als auszusteifendes Bauteil verstanden. Es wird durch – in der Regel zwei gegenläufige – riegelüberblattende Streben, die in Schwelle und Rähm eingezapft sind, im rechten Winkel fixiert. Häufig tritt mittig ein Wandständer hinzu.

Der Einbau solcher Wandaussteifungen kann besonders eindrucksvoll an der aus Beuren stammenden Schlegelscheuer von 1446 belegt werden. Dort sind an den Traufrähmen sowohl die Blattsassen für Kopfbänder als auch Zapflöcher ohne Streifnuten für Schwelle-Rähm-Streben vorhanden. Somit wird deutlich, dass die Traufwände ebenso wie die Giebelwände schon mit der neueren Gefügetechnik ausgesteift wurden, obwohl anscheinend zunächst noch eine reine Ständeraussteifung geplant und begonnen worden war. Der Westgiebel ist hier weitgehend in der neuen Technik ausgesteift, während der Ostgiebel mit seinen noch durchweg geblatteten Gefügehölzern ganz der alten Praxis folgt.

Wandbildung

Bei der Mehrzahl der vorgestellten Wohnhausbeispiele sind die Wände nur einfach verriegelt und mit einem Geflecht aus gespaltenen Stakungshölzern, hierzulande so genannten „Stickscheitern", und biegsamen „Ruten" ausgeflochten sowie mit verstrichenem Lehm-Strohbewurf ausgefacht – was im Folgenden als Lehmgeflecht bezeichnet werden wird. Die Stockwerke der Wohnhäuser sind im Durchschnitt etwa 2,25 Meter hoch. Die beiden Scheunen zeigen mit ihren höheren Erdgeschossen zwei Reihen Riegel, ebenso das Ausdinghaus aus Lustnau.

Entsprechend den Untersuchungsergebnissen aus Frickenhausen ist davon auszugehen, dass wenigstens bei frühen Fachwerkkonstruktionen einzelne Wände überhaupt nicht verriegelt und nur mit bohnenstangenartigen, von Schwelle zu Rähm laufenden Stickscheitern, Geflecht und Lehm geschlossen waren, wie vergleichbare Befunde im städtischen Hausbau zeigen (Esslingen, Hafenmarkt 8/10, 1331 d).

Die geschilderten Lehmgeflecht-Ausfachungen fanden für Außen- und Innenwände gleichermaßen Verwendung. Decken wurden – wenn überhaupt! – mit denselben Materialien isoliert, wenn auch mit einem anderen Verfahren: Man wickelte einen flach gedrückten Lehm-Stroh-Brei um ein Spaltholz und schob die so entstandenen Lehmwickel in Nuten des betreffenden Deckengebälks ein.

Daneben zeigen die Beispiele aus Frickenhausen und Beuren (Haus Sanwald) verschiedene Formen von Bohlenbalken-Stubendecken: Beim Beispiel aus Frickenhausen ist die Decke segmentbogig gewölbt und in den angrenzenden Querbundebenen auf gebogene Riegel aufgelegt. Beim Haus Sanwald ist die Bohlendecke flach ausgebildet. Allerdings ist ihr bauzeitlicher Einbau bislang nicht gesichert.

Bohlenwände konnten an den bisher erfassten Bauernhäusern im Untersuchungsgebiet auch bei den Beispielen mit verbohlten Stubendecken nicht nachgewiesen werden. Das Beispiel aus Frickenhausen belegt mit Ständernuten bis Brüstungshöhe verbohlte Fensterbrüstungen der Stubentraufwand und lässt rekonstruierende Spekulationen über eine straßenseitige Bohlenwand im Erdgeschoss zu. Und auch am Stubeneckständer des Hauses Sanwald aus Beuren fanden sich im Brüstungsbereich noch nicht näher untersuchte Hinweise auf eine solche Nut. Der Beleg einer vollständigen Bohlenstube fehlt jedoch bislang für die Bauernhäuser des Untersuchungsbereichs.

Die Bildung der Fensteröffnungen ist abhängig von der Anzahl der vorhandenen Wandriegel:

1. Wenn keine Riegel vorhanden waren, wurde zwischen den stockwerkshohen Stakungshölzern eine kleine Fläche nicht ausgeflochten und die Ränder dieser Öffnung mit Lehm verschmiert (siehe Giebelansicht der Beurener Schlegelscheuer und Rekonstruktion Westansicht des Hauses aus Frickenhausen).
2. Wenn nur ein einziger, mittiger Riegel vorhanden war, wurden zwischen Riegel und Rähm zwei Fensterstiele eingezapft – mit einer Streifnut bei bereits stehendem Hausgerüst, wie sich bei der Abtragung des Hauses aus Frickenhausen gezeigt hat. Die Fensterstiele sind durch einen kurzen Kopfriegel verbunden (siehe Rekonstruktion Giebelansichten Frickenhausen). An diesem Beispiel findet sich in der Oberstock-Traufwand an prominenter Stelle über der Haustür eine solche Fensterform in dreibahniger Ausführung mit Oberlichtöffnungen und gefasten Hölzern. Dieses für ein Bauernhaus außergewöhnliche Detail, das Parallelen zum etwa gleichaltrigen Haus am Gorisbrunnen in Urach zeigt, lässt sich am ehesten als Ausdruck von Herrschaftsarchitektur interpretieren. Aus Güterbüchern in späterer Zeit geht auch hervor, dass wenigstens einer der Bewohner eine Amtsperson, nämlich herzoglicher Forstknecht, war.
3. Wenn Brust- und Kopfriegel vorhanden waren, wurden die Fensterstiele zwischen diese Riegel gezapft (Beispiel Lustnau). Solche Fensteröffnungen treten später auch paarig beidseits eines Wandständers und mit Oberlicht auf.
4. Neben den geschilderten kleinen Fensteröffnungen an Kammern und Nebenräumen ist aber für alle Häuser bis ins 18. Jahrhundert besonders „typisch", dass die Stubenfenster deutlich größer und aufwendiger in Form von über Eck laufenden Fensterbändern gestaltet wurden (siehe das Beispiel aus Frickenhausen). Leider sind fast alle dieser „Fenstererker" im Zuge von Brandschutzverordnungen, welche die zum Verschluss der großen Fensterflächen nötigen Vertikal-Ziehläden im 18. und frühen 19. Jahrhundert verboten hatten, durch andere Fensteranordnungen ersetzt worden. Wie die Nordgiebelwand des Beispiels aus Frickenhausen zeigt, bildet ein zwischen Schwelle und Rähm eingezapfter „Fenster"-Ständer die seitliche Begrenzung des Fenstererkers und ermöglichte damit eine andere Anordnung von Brust- und Sturzriegel als in den angrenzenden Wandfeldern.

Ausbau

Von den Häusern aus dem 15. Jahrhundert sind kaum mehr als Reste der ersten Rohbaukonstruktionen erhalten, aus denen gesicherte Rückschlüsse auf die Gesamtform des Erbauungszustandes möglich sind. Dies erklärt sich daher, dass die Gebäude während ihrer mehr als 500 Jahre dauernden Geschichte meist mehrfach repariert, umgenutzt und technischen Neuerungen angepasst wurden. Dies geschah spätestens, wie bei nahezu allen älteren Häusern festzustellen ist, im frühen 19. Jahrhundert.

Dabei wurde vor allem die Kleinstruktur wie Öffnungen beziehungsweise Verschlüsse von Treppen, Fenstern und Türen, Rauchabzugsvorrichtungen und sonstige Ausbauteile der früheren Bauzustände so zerstört, dass für die Zeit des 15. Jahrhunderts nur noch ganz vereinzelte und unvollständige Reste vorhanden sind. Diese erlauben keine gesicherten Aussagen.

Feuerstellen und Rauchabzüge

Immerhin erlaubt die Lohrum'sche Abbundregel[71] in fast jedem Fall eine gesicherte Lokalisierung der Stube und damit auch der Küche. Weiterhin kann im Hinblick auf die Trennwand zwischen den beiden Räumen davon ausgegangen werden, dass auf der Küchenseite eine Herdstelle war, von der aus ein Kachelofen in der Stube beheizt wurde. Leider sind bislang keinerlei Reste solcher Feuerstellen aus Bauernhäusern des 15. Jahrhunderts aufgefunden worden, die ja anhand der Dachverrußung in jedem Wohnhaus als belegt und die eigentliche Wohnnutzung erst charakterisierend gelten können.

Dies gilt auch für die Baumaßnahmen, die der Ableitung des Herdrauchs aus dem Hausinnern galten. Der Rußbesatz der Dachhölzer belegt nur, dass der Rauch frei durch das Dach abgezogen ist. Bislang liegen noch wenig konkrete Befunde zu den Fragen vor, ob die ältesten dieser Küchen schon Decken hatten (oder noch, wie die frühmittelalterlichen Häuser, zum Dach hin offen waren), durch welche Öffnung der Rauch die Küche verließ und welche Feuerschutzmaßnahmen gegen den Funkenflug getroffen wurden.

Die Bauforscher stellen sich dies gegenwärtig am ehesten analog zu den Lösungen in den ältesten noch vorhandenen Bauernhäusern im Schwarzwald und in Oberschwaben vor: Eine zum Dach hin offene Küche erhielt über dem offenen Herdfeuer einen Funkenschirm (Hurd), ähnlich dem „Gewölm" der Schwarzwaldhäuser.[72] Ein jüngeres Beispiel einer solchen Rauchabzugsvorrichtung gibt die Rekonstruktionsskizze von J. Faitsch für den Querschnitt der Küche des Beispiels aus Tomerdingen, das aus dem 16. Jahrhundert stammt. Dagegen kann über der Küche im ersten Obergeschoss des Hauses aus Frickenhausen eine durchgehende, mit Lehmwickeln ausgefachte Balkendecke für den Erbauungszustand klar belegt werden. Über der Herdstelle war ein Rauchabzugsloch ausgespart. Spuren eines Rauchfangs, einer Hurd oder eines schlotartigen Abzugs im Dachraum waren aber nicht zu entdecken.

Wasser

Zum Umgang mit Brauchwasser in den Häusern des 15. Jahrhunderts wurden bislang keinerlei Belege gefunden. Nur an der rückseitigen Traufseite im Bereich der Küche des Beispiels aus Frickenhausen befand sich ein runder, mehrere Meter tiefer, quadergemauerter Brunnenschacht.

Insbesondere ist unklar, wo und wie sich die Bauern des 15. Jahrhunderts gewaschen haben: Wenn es denn damals auf den Dörfern saunaartige Schwitzbadehäuser nach dem Vorbild der alemannischen „Stuba" gegeben hat – ähnlich den „Badstüblein" in den Städten, von denen die erste Landbauordnung von 1567/68 spricht –, so wurden hierzu bisher keine Hinweise gefunden.

Aborte

Über die Entsorgung der menschlichen Fäkalien liegen ebenfalls nur wenige Informationen vor: So findet sich an der Ostecke des Südgiebels vom Beispiel aus Frickenhausen neben dem Kammerfenster ein von Schwelle zu Rähm laufender Wandständer mit einem nach außen gerichteten Zapfenloch im Abstand von etwa 65 Zentimetern vom Eckständer. Dies deutet auf einen schmalen Aborterker hin. Da sich an diesem Gebäude mit der gewölbten Bohlenbalkendecke, der Dreierfenstergruppe im Flur des Obergeschosses und dem Brunnen hinter dem Haus eine herrschaftliche Architektur andeutet, könnte auch dieser Abort als außergewöhnlich für das 15. Jahrhundert angesehen werden. Anmerkenswert erscheint, dass dieses Haus, das sozial am ehesten gesichert der dörflichen Oberschicht zuzurechnen ist, sich nur in Ausbaudetails von den anderen hier gezeigten Wohnhäusern unterscheidet und nicht in der Größe.

Bei den anderen Aborten, die im Häuserkatalog abgebildet sind, ist ein späterer Einbau nicht auszuschließen. Deshalb ist es vorstellbar, dass man in bäuerlichen Wohnstallhäusern des 15. Jahrhunderts seine Notdurft bei den Tieren im Stall verrichtete – so, wie dies auch noch auf vielen Höfen bis ins 19. Jahrhundert hinein üblich war.

Treppen

Man kann aus Kostengründen leider nicht jede verrußte Keilstufentreppe dendrochronologisch datieren, um die Annahme zu belegen, dass einige davon – wohl die steilsten und abgenutztesten – noch aus dem 15. Jahrhundert stammen. Ein solches Beispiel fand sich unter anderem als Dachtreppe mit 45 Grad Steigung im Haus Sanwald aus Beuren. Ein weiteres, interessantes Detail findet sich am mittleren Firstständer der Schlegelscheuer aus Beuren: einseitig eingebohrte Löcher für auskragende Sprossenstangen im oberen Bereich.

Türen

Auch über die Türen des 15. Jahrhunderts ist wenig bekannt. Das Haus Sanwald aus Beuren und das Gebäude aus Frickenhausen zeigen, dass man Türlöcher durch einen Sturzriegel zwischen zwei Querbundständern schuf, wobei man die Türständer zwischen diesen und den darunterliegenden Deckenbalken einzapfte.

Zwei gegenläufige Blattsassen an zwei genau mittig gestellten Türständern in der Westansicht des Hauses aus Frickenhausen erlaubten die Rekonstruktion eines von zwei steilen angeblatteten Kopfbändern gebildeten Eselsrückens der Eingangstür.

Als Türblätter konnten Brettertüren mit Wendebohlen und eingegrateten Leisten nachgewiesen werden, deren Drehzapfen in einer am Sturzriegel angebrachten Lasche und einem Loch im Schwellholz liefen. Solche Löcher waren im östlichen Bund 2 des ersten Dachstocks in Frickenhausen noch ansatzweise erkennbar.

Weitere Hinweise gleicher Art ergeben sich aus dem noch vorhandenen, wenn auch wahrscheinlich erneuerten Holzangeltor der Gärtringer Scheune, dessen untere Drehzapfen auf hierfür in das Türlicht hin auskragenden Teilen der Schwellen eingelassen wurden.

Insgesamt ist zu vermuten, dass schmiedeeiserne Beschläge im 15. Jahrhundert in Bauernhäusern kaum verwendet wurden. Unter anderem wohl deshalb, weil Eisen noch zu teuer war und ein vermutlich bescheidener Besitzstand noch nicht zu teuren Sicherungstechniken zwang. Auch die Verschlussvorrichtungen hat man sich vorwiegend hölzern vorzustellen.

Fenster

Über die verschiedenen Fenstergrößen der Häuser, die vor der Zeit um 1725 gebaut wurden, ist in dem Abschnitt über den Rohbau schon berichtet worden. Diese Aussage trifft, obwohl nur im Falle des Beispiels aus Frickenhausen gesichert, meiner Ansicht nach auf alle gezeigten Wohnhausbeispiele zu. Dagegen können über den Verschluss der Fensterlöcher nur Vermutungen angestellt werden:
– Die kleinen Fenster von Kammern und Nebenräumen wurden durch auf Rahmen gespannte Schweinsblasen oder ähnliche, etwas lichtdurchlässige Materialien gegen Durchzug geschlossen. Oder sie waren nur durch hölzerne Schiebe- und Klappläden oder Gitter gesichert.
– Es gab Klappfensterläden, deren Fälze sich allerdings nicht nachweisen ließen. Sie waren ähnlich den Türen mit Wendebohlen konstruiert. Abbildung 36 zeigt einen solchen, vertikal aufklappbaren Laden aus dem 14. Jahrhundert.

Die großen Stubenfenster dagegen waren nicht durch Klappläden zu verschließen. Es ist also zu vermuten, dass sie – analog zu späteren Lösungen – nur durch Vertikal-Ziehläden, die vor die Brüstung gehängt waren, sicher verschlossen werden konnten. Solche Läden konnten zum Beispiel für das 16. Jahrhundert beim Dosterhaus aus Beuren anhand gefundener Reste rekonstruiert werden. Konkrete Hinweise darauf gibt es aber für das 15. Jahrhundert bislang nicht. Ebenso ist unklar, wie beziehungsweise ob diese großen Fensterlöcher bei geöffneten Läden gegen die Witterung verschlossen waren: Am ehesten lassen sich Butzenscheiben vorstellen.

Ausstattung und Dekor

Stubenausstattung

Viele Hinweise auf Ausbaudetails des 15. Jahrhunderts liegen nicht vor. Die Bohlenbalkendecken der Beispiele aus Beuren (Haus Sanwald) und aus Frickenhausen wurden bereits erwähnt.

Die segmentbogig gewölbte, in Firstrichtung verlegte Decke der Frickenhausener Stube gehörte ohne Zweifel zum Originalbestand, konnte jedoch nur noch an den Auflagerriegeln in den Querbundwänden belegt werden. Reste der genuteten Deckenbalken waren bei einem späteren Umbau zur Ausriegelung der Wand zwischen Stube und Küche zweitverwendet worden.

Reste von Fälzen an der Innenseite des nach Norden gerichteten Fenstererkers dieser Stube lassen an eine innere Vertäferung der verbohlten Brüstung denken. Allerdings kann hier ein späterer Einbau nicht ausgeschlossen werden.

Die flache, ebenfalls parallel zum First gelegte Bohlendecke in der Stube des Hauses Sanwald aus Beuren ist bislang nur anhand zweier größerer Sondagen belegt. Bevor jedoch das Primärgerüst und -gefüge eingehender untersucht ist, kann man nicht ausschließen, dass die Bohlendecke erst später eingebaut wurde. Indiz für einen späteren Einbau ist die Lage des nördlichen Randbalkens jenseits der Mittellängsachse des Firstständerhauses.

Dekor

Die vorgestellten Beispiele aus dem 15. Jahrhundert zeigen kaum Dekor: nur die Eingangstür des Beispiels aus Frickenhausen, die mit einem Eselsrücken zwischen den beiden – von der Aussteifung des Tragwerks her eigentlich unnötigen – Kopfbändern verziert ist und ein

Abb. 36 Esslingen, Hafenmarkt 8/10, Giebelfenster des 14. Jahrhunderts (aus: EWALD/KÖHLE-HEZINGER/KÖNEKAMP, Stadthaus-Architektur und Alltag in Esslingen, S. 56)

geknickt geschnitztes Kopfband in Rutesheim. Aufgemalter Dekor ist immer sehr verletzlich und geht deshalb am leichtesten verloren.

3.2.5 Bezug zu geltenden Bauordnungen

Gegen Ende des 15. Jahrhunderts lassen sich die Anfänge einer staatlichen Reglementierung des Bauwesens entdecken: In der Landesordnung vom 11. November 1495 von Herzog Eberhardt V. im Barte handeln zwei Absätze von „Unuz bew" – das heißt unnützen Gebäuden – und von „Prenn und bawholz", also vom Hausbau.[73]

Kurz zusammengefasst steht darin etwa Folgendes:
1. Besonders die Untertanen auf dem Land bekommen die Auflage, dass „kain purnhauß über zwen stöck haben sol" – nachdem „vil schwerer costlicher unnützer bauw gemacht" worden seien.[74] Ist damit die althergebrachte Pfostenbauweise oder die gemischte dreistöckige Ständer- und Stockwerksbauweise gemeint, von der Lohrum[75] besonders aus den Städten des Mittleren Neckarraums berichtet? Erstaunlicherweise sind die Häuser „ains priesters" oder Wirtshäuser von dieser Regelung ausgenommen – und natürlich die Häuser in den Städten!
2. Der Herzog will, dass der „understock mit stainen gemacht" werden soll „und nit mit holtz", um große Bauschäden zu verhüten.[76] Die Bauern auf den Dörfern und Weilern sollen sich dabei – offenbar wegen der erheblichen Kosten – gegenseitig helfen. Die Baukontrolle liegt bei den „Ober-Unter-Amtsleuten" und einem Gericht.
3. In den Städten sollen die Dächer mit Mönch- und Nonnen-Ziegeln gedeckt werden. Das heißt also, dass die Bauernhäuser weiter mit Stroh – und Schindeln? – gedeckt bleiben dürfen.
4. Wegen großem Mangel an „Prenn und bawholz" sollen die „Vorstmaister" dafür sorgen, dass „Jedes holtz abgehawen und gebraucht werd, nachdem das am geschicktesten ist zu gebrauchen". Diese Anweisung ist mit dem schönen Zusatz versehen, „damit die weld nit gewiest" werde.[77] Bei Zuwiderhandung werden eine Strafe von drei Pfund, fünf Schillingen und Schadensersatzforderungen angedroht.

Zusammengefasst werden also folgende Bauvorschriften für den ländlichen Hausbau erlassen: Bauernhäuser dürfen nur zweistöckig und sollen mit gemauertem Unterstock gebaut werden. Um mit dem knapp werdenden Holz sparsamer umzugehen, wird eine effektivere Ausnutzung und die Verwendung kleinerer Hölzer vorgeschrieben. Dies liest sich wie eine Empfehlung für die sich zu diesem Zeitpunkt durchsetzende Stockwerksbauweise!

3.3 Zur Entwicklung im 16. Jahrhundert

3.3.1 Merkmalsmatrix

	16. Jahrhundert Die Angaben beziehen sich, wenn nicht anders erwähnt, auf den Erbauungszustand	72539 Pfron-stetten-Aichelau Hayinger Str. 3	72660 Beuren Brühlstraße 1 Dosterscheuer	72660 Beuren Rathausstraße 11 Schlegelhaus	89160 Dorn-stadt-Tomer-dingen Pfluggasse 5	73098 Rechberg-hausen Hauptstraße 43	72660 Beuren Brühlstraße 1 Dosterhaus	72119 Ammer-buch-Poltringen Brunnenstraße 1	71384 Weinstadt-Strümpfelbach Hindenburg-straße 24
Belegbasis	Gehöftform	Einhaus(-Torso) mit Wirkgaden	Scheune eines Streckgehöfts	Wohnstallhaus eines Streckgehöfts	Wohnstallhaus eines Hakengehöfts	Einhaus	Wohnstallhaus eines Streckgehöfts	Wohnstallhaus Torso, Einhaus?	Wohnstallhaus eines Weingärtners
	Naturraum	Alb	Albvorland	Albvorland	Albvorland	Alb	Albvorland	Neckarland	Neckarland
	Baujahr Umbauten Vorgänger-bebauung	1509/11 (d) 17./19. Jahr-hundert	1527/28 (d) Ende 18. Jahr-hundert	um 1535 (g) 19. Jahrhundert	1546 (d) 1764 (d), 19./20. Jahr-hundert	1551 (d)	um 1556/57 (d) Ende 19. Jhd. Vorgängerbau 1527/28?	1558 (i) 1707 (i), 19. Jahr-hundert	1594 (i)
Außengestalt	Grundfläche	87,5 m²		85,5 m²	235 m²	125 m²	126 m²	75 m²	176 m²
	Stubenfläche	16 m²		22,5 m²	33 m²	20 m²	27,5 m²	22,5 m²	34,4 m²
	Stockwerkszahl	2	1	2	1	2	1	2	2
	Stockwerkszahl Dach	2	3	2	3	2	3	3	3
	Stockwerks-vorstöße	–	–	1 giebelseitiger Vorstoß	1 giebelseitiger Vorstoß	1 giebelseitiger Vorstoß	3 giebelseitige Vorstöße à 20 cm	1 giebel- und 1 traufseitiger Vorstoß	1 trauf-, 4 giebel-seitige Vorstöße
	Dachform	Satteldach	Satteldach	Satteldach	Schopfwalm	Satteldach	Satteldach	Satteldach	Satteldach
	Dachneigung	ca. 55 Grad	ca. 57 Grad	ca. 50 Grad	ca. 56 Grad	ca. 49 Grad	ca. 58 Grad	ca. 54 Grad	ca. 54 Grad
	Orientierung zur Straße	traufständig	traufständig	traufständig	giebelständig	traufständig	traufständig	traufständig	giebelständig
	Erschließung	traufseitig	traufseitg	traufseitig	traufseitig	trauf- und giebelseitig	traufseitig Außentreppe	trauf- und giebel-seitig, Außen-treppe	trauf- und giebel-seitig, Außen-treppe
Innenstruktur	Grundrissform Wohnung o = Stubenofen x = Küchenherd ▭ = Treppe	– Torso – Sonderform, verwandt mit Form 1	dreizonige Scheune	Sonderform, verwandt mit Form 1	Form 1	Form 5	Form 3	Form 2	Form 2
	Anzahl der Schiffe (Längszonen)	2	2	2	2	3	2	2	2
	Anzahl der Joche (Querzonen)	5, urspr. 6	3	2	5	3	3	2, urspr. 4–5	3
	Keller (Unter-kellerung in %)	20 %	50 %	50 %	–	50 %	10 %	10 %	20 %
Rohbau	Konstruktive Längsachsen	3	3	3	3	4	3	3	3
	Konstruktive Querachsen	6	4	3	6	4	4	3, urspr. 5–6	unklar
	Fundament	Gewölbekeller	Gewölbekeller	Balkenkeller	–	Gewölbekeller	Gewölbekeller	Gewölbekeller	Gewölbekeller
	Erdgeschoss	Fachwerk auf Grundmauer	Fachwerk auf Grundmauer	Fachwerk auf Grundmauer/ Mauerwerk	Fachwerk auf Grundmauer	Fachwerk auf Grundmauer	Fachwerk auf Grundmauer	Mauerwerk	Mauerwerk
	Schwellen	Längsschwellen unten	Querschwellen unten	?	?	Querschwellen unten	Schwellriegel	Schwellriegel	Längs- und Quer-schwellen bündig
	Abbund	Geschossständer-bau	Geschossständer-bau	stockwerksweiser Abbund	stockwerksweiser Abbund	Geschossständer-bau	stockwerksweiser Abbund	stockwerksweiser Abbund	stockwerksweiser Abbund
	Konstruktive Verbindung senkrechter Teil und Dach	Verbindung	Verbindung	keine Verbindung	Verbindung	Verbindung	keine Verbindung	keine Verbindung	keine Verbindung
	Maximale Abmessung der Bundständer (Holzart)	30 x 30 x 380 cm Eiche	28 x 28 x 300 cm Eiche	30 x 30 x 240 cm Eiche	35 x 30 x 240 cm Eiche und Nadel-holz	30 x 30 x 365 cm	28 x 28 x 225 cm Eiche	35 x 30 x 240 cm Nadelholz	30 x 20 x 250 cm ?
	Maximaler Ständerabstand	325 cm	225 cm	?	350 cm	400 cm?	280 cm	260 cm	bis 175 cm
	Rähmkranz	einfach	einfach, Traufseite doppelt	einfach	einfach, Traufseite doppelt	einfach	einfach, Traufseite doppelt	einfach	doppelt
	Dach-konstruktion	Sparrendach	Sparrendach	Sparrendach	Sparrendach	Sparrendach	Sparrendach	Sparrendach	Sparrendach
	Dachstuhl	stehend	liegend	liegend	liegend	stehend	liegend	stehend	liegend im 1. und 2. DG mit Schwelle
	Dachdeckung	Strohdach?	Strohdach?	Strohdach?	Strohdach?	Strohdach?	Biberschwanz-ziegel?	Strohdach?	Biberschwanz-ziegel?

Merkmalsmatrix

		72539 Pfron-stetten-Aichelau Hayinger Str. 3	72660 Beuren Brühlstraße 1 Dosterscheuer	72660 Beuren Rathausstraße 11 Schlegelhaus	89160 Dornstadt-Tomerdingen Pfluggasse 5	73098 Rechberghausen Hauptstraße 43	72660 Beuren Brühlstraße 1 Dosterhaus	72119 Ammerbuch-Poltringen Brunnenstraße 1	71384 Weinstadt-Strümpfelbach Hindenburgstraße 24
Rohbau	Gefügesystem	Wand- und Ständeraussteifung	Wand- und Ständeraussteifung	Wand- und Ständeraussteifung	Wand- und Ständeraussteifung	Ständeraussteifung	Wand- und Ständeraussteifung	Wand- und Ständeraussteifung	Wand- und Ständeraussteifung
	Gefügehölzer	Schwelle-Rähm-Streben Kopfbänder Fußbänder Steigbänder	Schwelle-Rähm-Streben Kopfbänder Fußbänder Steigbänder	Fußbänder Schwelle-Rähm-Streben	Schwelle-Rähm-Streben Kopfbänder Fußbänder Steigbänder	Kopfbänder	Schwelle-Rähm-Streben Kopfbänder Fußbänder	Schwelle-Rähm-Streben Kopfbänder	Andreaskreuze? Fußbänder Kopfbänder Kopfwinkelhölzer? Schwelle-Rähm-Streben
	Holzverbindung Gefüge	geblattet	geblattet und gezapft	gezapft und geblattet	geblattet und gezapft	geblattet	gezapft	geblattet und gezapft	gezapft
	Anzahl der Riegel in den Hauptstockwerken	1	1–2	1	2	1–2	1–2	2	2
	Ausfachungsmaterial	Lehmstroh	Lehmstroh	Lehmstroh	Lehmstroh	Lehmstroh	Lehmstroh	Bruchstein	Bruchstein
	Fensterbildung	1. Bauzustand unklar Fenstererker?	Form 1	1. Bauzustand unklar Fenstererker?	Form 3 Fenstererker?	Form 2 Fenstererker?	Form 2 Fenstererker	Form 3 Fenstererker	Form 3 Fenstererker
Ausbau	Feuerstellen	Küchenherd Hinterladerofen	–	Küchenherd 2 Hinterladeröfen	Küchenherd Hinterladerofen	Küchenherd Hinterladerofen	Küchenherd Hinterladerofen Backofen	Küchenherd Hinterladerofen	1 Küchenherd 2 Hinterladeröfen 1 Backofen
	Rauchabzug	1. Bauzustand? Rauch frei durchs Dach Rußbesatz	–	1. Bauzustand? Rauch frei durchs Dach Rußbesatz	Rauchgaden? Rauch frei durchs Dach Rußbesatz	Rauchgaden Rauch frei durchs Dach Rußbesatz	Rauchfang und Schlot Rauch frei durchs Dach Rußbesatz	Rauchfang und Schlot Rauch frei durchs Dach Rußbesatz	Kamin Rauchfang
	Wasser		–	Brunnen im Haus	–	–			?
	Abort		–	?	–	?	Aborterker	?	–
	Treppen	Keilstufentreppe	Leiter	?	?	?	Keilstufentreppe	Außentreppe	Keilstufentreppe
	Türen	Türfalz am Ständer	Holzangel Türfalz am Ständer	Türfalz am Ständer	Türfalz am Ständer	Türfalz am Ständer	Holzangeln Schmiedebänder Türfalz am Ständer	Türfalz am Ständer	Schmiedebänder
	Türblätter	?	gegratete Brettertüren	?	?	?	Brettertüren aufgedoppelte Türen, 2- und 4-fach kassettiert	?	Türen mit eingeschobenen Kassetten?
	Fenstergröße Stube – Küche – Kammer	verschieden?	–	verschieden?	verschieden	verschieden?	verschieden	verschieden	verschieden
	Fensterverschluss	Vertikal-Ziehladen (17. Jahrhundert) Horizontal-Schiebeladen	Klappladen?	Vertikal-Ziehladen Horizontal-Schiebeladen	Klappladen?	?	Vertikal-Ziehladen Horizontal-Schiebeladen	Vertikal-Ziehladen Horizontal-Schiebeladen	Klappladen Vertikal-Ziehladen?
	Stubenausstattung	Balkendecke	–	Balkendecke	Täferdecke (17./18. Jhd.)	?	flache Bohlenbalkendecke	gewölbte Bohlenbalkendecke	Täferdecke?
	Fußboden Stube	Holzfußboden	–	Holzfußboden	Lehmfußboden?	?	Lehmfußboden?	Holzfußboden	Holzfußboden
	Dekor	?	plastischer Dekor an Steinteilen	?	plastischer Dekor an Holzteilen Knaggen	?	Farbfassung innen und außen plastischer Dekor an Holzteilen	plastischer Dekor an Steinteilen Farbfassung innen	Farbfassung innen und außen Zierfachwerk plastischer Dekor an Holzteilen
	Bezug zu Bauordnungen	1495?	1495	1495	1495	1495?	1567/68	1567/68?	1567/68
	Besonderheiten	im Wohnteil fehlt eine Querzone		großes Gebäude	dreischiffig	Längsbalkenlage in der 1. Querzone	Wirtschaftsteil fehlt	reiches Schmuck- und Zierfachwerk	

3.3.2 Zur Belegbasis

Aus dem Neckarland stammen zwei der Beispiele:
– Ein zweistöckiges Wohnstallhaus, ursprünglich mit Außentreppe, wahrscheinlich der Torso eines ehemaligen Einhauses aus Poltringen, inschriftlich datiert 1558 am Kellertor.
– Ein besonders großes und prächtig gestaltetes, zweistöckiges Wohnstallhaus eines Weingärtners aus Strümpfelbach, dessen Zierfachwerk mit zahlreichen Schnitzarbeiten geschmückt ist. Es ist inschriftlich in das Jahr 1594 datiert.

Vom Vorland der Schwäbischen Alb:
– Ein zweistöckiges Wohnstallhaus eines Streckgehöfts aus der Zeit um 1535, das so genannte Schlegelhaus aus Beuren.
– Die Scheuer eines Streckgehöfts aus dem Jahr 1527 (d), die Scheuer des Dosterhofs aus Beuren.
– Das dazugehörige einstöckige Wohnhaus Doster, das um 1556/57 (d) anstelle eines Vorgängerbaus errichtet worden ist.

Von der Schwäbischen Alb stammen ebenfalls drei Gebäude:
– Ein zweistöckiges Einhaus in Geschossständerbauweise aus Aichelau, datiert 1509/11 (d).
– Ein großes, einstöckiges Wohnstallhaus aus Tomerdingen, datiert 1546 (d).
– Ein dreischiffiges, zweistöckiges Haus in Geschossständerbauweise aus Rechberghausen, datiert 1551 (d).

3.3.3 Gestaltmerkmale

Zur äußeren Hausgestalt

Die Grundflächen, auf denen die Gebäudebeispiele für das 16. Jahrhundert errichtet sind, differieren zwischen 87,5 Quadratmetern eines zweistöckigen Einhauses (Aichelau) und 235 Quadratmetern eines einstöckigen Wohnstallhauses (Tomerdingen) ohne Scheuer. Die Stubengröße, die meiner Ansicht nach einen zuverlässigen, leicht anwendbaren Indikator für die soziale Stellung der Bauherren darstellt, beträgt beim größten Beispiel (Tomerdingen) mit 33 Quadratmetern gut das Doppelte der Aichelauer Stube mit 16 Quadratmetern. Man wird also den Tomerdinger Bauern, verglichen mit dem „Kleinbauern" aus Aichelau, als einen „Großbauern" bezeichnen dürfen.

Die Mehrzahl der Grundflächen bewegt sich jedoch bei den Wohn- und Wohnstallhäusern zwischen 85 und 95 Quadratmeter, die der Stuben zwischen 20 und 25 Quadratmeter.

Die lichte Stockhöhe differiert zwischen 2 und 2,5 Metern und beträgt durchschnittlich 2,25 Meter, das heißt eine Raumhöhe, die ein 1,80 Meter großer Mensch mit den Fingerspitzen gerade noch erreichen kann.

Je nach Querschnittsbreite, die sich zwischen 6,5 und 11 Metern (Aichelau und Tomerdingen) bewegt, sind die Dächer zwei- oder dreistöckig mit Konstruktionshöhen von etwa 4,5 bis 7 Metern. Die Dachneigung differiert zwischen 49 und 58 Grad.

Mit einer Ausnahme, dem Beispiel aus Tomerdingen, für dessen ersten Bauzustand ein Schopf- oder Krüppelwalmdach rekonstruiert werden kann, haben alle Beispiele Satteldächer mit Steilgiebeln.

Am Dosterhaus aus Beuren war eine ein Sparrenfeld breite, bauzeitliche Schleppgaube vorhanden. Zwei weitere konnten nachgewiesen werden. Stockwerksvorstöße kommen im 16. Jahrhundert mit der sich schon offensichtlich vor 1567/68 durchsetzenden Stockwerksbauweise deutlich häufiger zur Ausführung als im 15. Jahrhundert. Nur das frühe Geschossständereinhaus aus Aichelau und die Dosterscheune aus Beuren zeigen weder an Giebel noch an Traufe Auskragungen.

Zur inneren Hausstruktur

Alle ausgewählten Beispiele – auch das dreischiffige Beispiel aus Rechberghausen – besitzen eine traufseitige Haupterschließung. Die drei letzten Beispiele haben zudem giebelseitige Nebeneingänge. Die Wohnungen der Beispiele aus Poltringen und Strümpfelbach waren zur Bauzeit traufseitig über eine Außentreppe zum ersten Obergeschoss vom Hof her zugänglich.

Die so erschlossenen Wohnungsgrundrisse entsprechen bei den Beispielen aus der ersten Hälfte des Jahrhunderts weitgehend der Grundrissform 1. So erreicht das Schlegelhaus aus Beuren durch Unterbringung zweier Kammern im Flurbereich doch noch wenigstens eine von der Küche über eine zweite Feuerstelle heizbare Kammer.

In der zweiten Hälfte des Jahrhunderts kommen dagegen die Form 3 mit aus der Bundebene versetzter Herdwand (Dosterhaus Beuren), die Form 2 mit Flurküche ohne heizbare Kammer (Beispiele aus Poltringen und Strümpfelbach) und in Rechberghausen die Form 5 vor: dreischiffig mit Mittellängstenne und – laut Befund von B. Lohrum[78] – zum Dach hin offener Erdgeschossküche in der mittleren Querzone. Diese wird im zur Straße gelegenen Schiff von der Stube und einer heizbaren Kammer flankiert. Wir haben es hier wieder mit einem der wenigen dreischiffigen Häuser zu tun, deren Grundkonzeption nicht aus der Firstpfostenbauweise entstanden sein kann.

Die Grundrissauslegung ähnelt stark derjenigen des Ackerbürgerhauses aus Lustnau (15. Jahrhundert), nur dass hier die Wohnung im Erdgeschoss untergebracht ist. Da Rechberghausen zum Gebiet der ehemaligen Reichsstadt Gmünd gehörte, ist eine Beeinflussung durch die Ackerbürgerhäuser der Stadt denkbar.

Alle übrigen Häuser sind zweischiffig. Die Grundrisse der Wohn- und Wohnstallhäuser erstrecken sich über zwei bis drei Querzonen, die der Einhäuser (Beispiel Aichelau und wohl auch Poltringen) über vier bis fünf Joche.

Mit Ausnahme des Beispiels aus Tomerdingen sind alle Häuser teilweise unterkellert. Außer dem Balkenkeller des Schlegelhauses aus Beuren handelt es sich um Stichtonnengewölbe, die zwischen zehn und fünfzig Prozent der Hausfläche einnehmen.

Das große, nach Süden „abgewalmte" Gewölbe unter der Dosterscheune aus Beuren nimmt etwa die Hälfte der Grundfläche ein und stützt mit seiner quer zur Firstrichtung gespannten Stichtonne das Giebelfundament gegen das hier ansteigende Gelände ab.

3.3.4 Konstruktionsmerkmale

Rohbau

Tragwerk
Entsprechend der Flächenauslegung der Grundrisse zeigen sieben der acht Tragwerke drei Längsachsen. Allein das dreischiffige Beispiel aus Rechberghausen hat vier Längsachsen im Unterbau. Die Zahl der Querachsen differiert je nach Funktionsprogramm zwischen drei und sechs Bundebenen.

Diese Konstruktionsachsen werden meist konsequent als Bundebenen bis ins Dachwerk hinauf beibehalten. Das trifft jedoch nicht auf das Weingärtnerhaus aus Strümpfelbach zu, das keine durchgehenden Querbundebenen zeigt. Auch das Beispiel aus Poltringen zeigt einen Versprung der mittleren Querbundebene zwischen dem ersten Oberstock und dem Dachwerk.

Die Höhe der Grundmauern ist überwiegend niedrig – zwischen 0,5 und 1 Meter –, das heißt die Erdgeschosse sind in Fachwerk konstruiert, und nur bei den Beispielen aus Poltringen und Strümpfelbach ist das als Stall beziehungsweise Vorkern genutzte Erdgeschoss gemauert. Das Schlegelhaus aus Beuren zeigt eine etwa bis zur halben Höhe des Erdgeschosses reichende Grundmauer.

Als Fundamentverstärkung statisch wirksam ist eigentlich nur der Gewölbekeller der Dosterscheune aus Beuren, alle anderen Keller bilden nur ins Erdreich eingetiefte Lagerräume. Die Keller unter dem Dosterhaus aus Beuren, dem Haus aus Rechberghausen und dem aus Strümpfelbach dürften Reste einer Vorgängerbebauung darstellen.

Die Schwellenkränze kommen überwiegend auf verschiedenem Niveau verkämmt oder als Schwellriegel ohne direkte Verbindung untereinander vor. Allein das Weingärtnerhaus aus Strümpfelbach zeigt schon einen bündig verblatteten Schwellenkranz.

Während sich im Neckarland und dem Vorland der Schwäbischen Alb der stockwerksweise Abbund bei Wohnhäusern schon in der ersten Jahrhunderthälfte durchgesetzt hatte, verlief die Entwicklung auf der Schwäbischen Alb selbst mit zeitlicher Verzögerung: Die Beispiele aus Aichelau und Rechberghausen belegen, dass hier noch bis wenigstens zur Jahrhundertmitte die Geschossständerbauweise mit verblattetem Gefüge beibehalten wurde. Vergleichbare Beispiele zu dem Aichelauer Haus finden sich auf der Zwiefalter Alb in Anhausen, Ehestetten, Gauingen und Unterwilzingen.

Selbst an diesen „konservativen" Albhäusern findet eine Verbindung zwischen Unterbau und Dach nur noch in der Reduktionsform statt. Dabei sind die Steigbänder der Erdgeschossmittelständer am selben Dachbalken angeblattet wie die Steigbänder des Dachstuhls (Aichelau). Bei den übrigen, „moderneren" Beispielen aus dem Vorland und dem Neckarland hat sich diese Verbindung auf das Aufkämmen der Deckenbalken auf die Traufrähme reduziert. Eine bewusste Verklammerung von Dach und Unterbau findet hier von nun an nicht mehr statt.

Stattdessen findet im Stockwerksbau eine so vollständige Trennung der einzelnen „Stockwerks-Kisten" statt, dass die als oberer Abschluss der Stockwerke verlegten Dielenböden sogar unter den Schwellen des darüberliegenden Stockwerks bis zum Hausgrund durchlaufen (Schlegelhaus aus Beuren, Haus aus Poltringen). Dies ist ein für das 15. und 16. Jahrhundert charakteristisches Detail, welches sogar häufig in Kombination mit stumpf darauf gestellten Ständern und dazwischen gezapften Schwellriegeln auftritt.

Im Gefolge der sich während des 16. Jahrhunderts im Neckarland und dem Vorland der Schwäbischen Alb durchsetzenden Stockwerksbauweise werden die Abmessungen der Ständer gegenüber dem 15. Jahrhundert deutlich kleiner: Sie sind im Schnitt nur noch zwischen 2,25 und 2,40 Meter lang – bei maximalen Querschnitten von immerhin noch 35 x 30 bis „nur" 28 x 28 Zentimetern. Dabei haben sich die Abstände zwischen den Ständern fast halbiert: von etwa 4,50 Metern im 15. Jahrhundert auf 2,80 bis 2,25 Meter.

Die Querschnitte der herkömmlichen Geschossständerbauten der Schwäbischen Alb betrugen dagegen 28 x 28 bis 30 x 30 Zentimeter bei einer Ständerlänge von 2,90 bis 3,80 Metern und einem Abstand von 2,25 bis 4 Metern.

Beim Dosterhof aus Beuren finden sich aus konstruktiven Gründen an den Traufwänden verdoppelte Rähme im Bereich der ersten Querzone des Wohnhauses – wegen der hier vorhandenen Längsbalkenlage – und an der rückwärtigen Traufwand der Scheune zum Höhenausgleich des hier als Sparrenauflager fehlenden Dachgebälks.

Bei den Dachkonstruktionen kann zunächst festgehalten werden, dass die aus der Firstständerbauweise resultierenden Pfettendächer im gesamten Untersuchungsbereich nicht mehr vorkommen. Es handelt sich nun durchweg um Sparren-Kehlbalken-Konstruktionen.

Im ersten Viertel des 16. Jahrhunderts hält der liegende Stuhl – laut Ostendorf aus Frankreich kommend[79] – im bäuerlichen Hausbau des Untersuchungsbereichs Einzug: zunächst mit an Sparren und Stuhlstrebe sowie Spannriegel und Kehlbalken angeblatteten Bügen (Dosterscheune aus Beuren, Haus aus Tomerdingen), später sind diese nur noch zwischen Strebe und Spannriegel gezapft.

Trotzdem findet sich aber in der sonst relativ fortschrittlichen Fachwerkkonstruktion aus Poltringen (1558) ein stehender Stuhl, der auch noch mit geblatteten Kopfbügen ausgesteift ist.

Der liegende Stuhl aus dem Strümpfelbacher Haus, dessen Querbundebenen nicht mehr von unten nach oben durchlaufen, ist auf liegende Stuhlschwellen entlang der Traufseiten aufgestellt. Diese vermitteln zwischen den verschiedenen Querachsen von Unterbau und Dachstuhl. Mit dieser Konstruktionsweise, die in der zweiten Hälfte des 16. Jahrhunderts häufig an Schlossbauten (zum Beispiel Köngen, Urbach) zu beobachten ist, findet eine noch weitergehende Trennung von Dach und Unterbau statt: Hier ist das Dachwerk als dreieckiger Aufbau mit eigener Binnengliederung und ohne jegliche Vertikalverbindung auf das obere Stockwerk gesetzt. Bezeichnenderweise ist das Giebelrähm des ersten Oberstockes gedoppelt (und profiliert) ausgebildet, um den Dachfuß zu stabilisieren.

Als Dachdeckung kann überwiegend Stroh, eventuell mit Lehmschlag versehen, angenommen werden, da diese Deckungsart in der Bauordnung von 1567/68 doch immerhin noch am wenigsten reglementiert wird. Eine im 16. Jahrhundert in Linsenhofen archivalisch nachweisbare Ziegelei lässt es denkbar erscheinen, dass der relativ große Dosterhof aus Beuren mit Biberschwänzen, wohl in Einfachdeckung, gedeckt war.

Gefüge
Bei den Gefügeformen gewinnt nun die Wandaussteifung, die bereits im 15. Jahrhundert vor allem bei Innenwänden angewendet wurde, auch bei den Außenwänden zunehmend an Verbreitung. Dabei kann wieder festgestellt werden, dass die Entwicklung auf der Schwäbischen Alb mit einer Verzögerung von einigen Jahrzehnten erfolgte. So sind bei allen drei Beispielen von der Alb die Gerüstständer des Unterbaus mit angeblatteten Kopf-, Fuß- und Steigbändern ausgesteift. Bei dem Beispiel aus Rechberghausen ist von B. Lohrum[80] sogar allein eine kopfzonige Aussteifung an Unterbau und Dach nachgewiesen worden. Dagegen zeigen alle Beispiele aus dem Albvorland und dem Neckarland wenigstens teilweise Wandaussteifungen mit Schwelle-Rähm-Streben. Im Falle der Dosterscheuer aus Beuren sind zwar nur die beiden Traufwände wandweise oben mit direkt neben die Bundständer gezapften Schräghölzern verstrebt, im Fall des Hauses aus Aichelau sind solche Streben im Inneren der Scheune oben angeblattet und unten gezapft (siehe auch das Beispiel der Scheune aus Gärtringen vom Ende des 15. Jahrhunderts).

Diese Form der oben direkt neben den Bundständern befestigten wandhohen Streben kann einerseits als Übergangs- und Zwischenform zwischen der Ständer- und der Wandaussteifung und andererseits als signifikant für die erste Hälfte des 16. Jahrhunderts angesehen werden.

Bei den Beispielen des Schlegel- und des Dosterhauses aus Beuren finden sich angeblattete Ständeraussteifungen am Unterbau nur noch am Stubeneckständer und im Dach an den Knotenpunkten zwischen Stuhlpfetten und Giebelständern. So auch beim Beispiel aus Poltringen: Hier sind auch noch die Kehlbalken an die Sparren angeblattet.

Am Beispiel aus Strümpfelbach (1594 [i]) sind keine verblatteten Ständerverstrebungen mehr zu finden. Geblattete Verbindungen kommen hier – und von nun an nur noch – bei der Firstverbindung von Sparren, der Verbindung von Streben und Riegeln untereinander sowie an bündig gearbeiteten Schwellen- beziehungsweise Rähmkränzen vor.

Allerdings hat der Schaugiebel mit dem symmetrisch angeordneten Wechsel von hohen, das heißt bis zum Kopfriegel reichenden, und niedrigen, das heißt bei Wandständern nur am Brustriegel angesetzten, gezapften Fußstreben verzierenden Charakter erhalten. Diese Grundform liegt von nun an bei nahezu allen Schaugiebeln des 17. und 18. Jahrhunderts vor, wobei der rückwärtige Giebel, wie auch das Beispiel des Freitagshofs um 1600 (17. Jahrhundert) zeigt, häufig deutlich schlichter mit allerdings ebenfalls symmetrisch angeordneten Schwelle-Rähm-Streben ausgestattet ist. Ein ähnliches Bild zeigen die Schaugiebel der älteren Beispiele von Schlegel- und Dosterhaus aus Beuren sowie des Hauses aus Poltringen.

Dieses einfache, in der zweiten Hälfte des 16. Jahrhunderts entwickelte Ziergiebelfachwerk tritt im Neckarbecken bald mit reichem Schnitzdekor und besonders engmaschigen, statisch eigentlich nicht notwendigen

Andreaskreuz- und Rautenformen in den Brüstungs- und Giebelspitzenfeldern auf (siehe Abb. 38-41).

Wandbildung

Hinsichtlich der Wandbildung zeigt sich im Laufe des 16. Jahrhunderts eine Tendenz zur Verdoppelung der Riegel und der Einstellung mittiger Wandständer zwischen die Bundständer. Diese werden von beidseitig zwischen den Riegeln angeordneten Fenstern flankiert, wie man es gut am Beispiel aus Poltringen sehen kann. Diese Fensterbildung entspricht Form 3 der Matrix – aus der aber auch hervorgeht, dass daneben Form 2 noch häufig angewendet wurde.

Für das Dosterhaus aus Beuren ist ein Fenstererker mit vor die Brüstung gehängten Vertikal-Ziehläden anhand im Dach gefundener Reste nachgewiesen und rekonstruiert. Bei den anderen Wohnhäusern ist das ursprüngliche Fachwerk der Stubenecken durchgehend so verändert, dass für den ersten Bauzustand ähnliche Erker angenommen werden können.

Insgesamt entwickelt sich mit der Wandaussteifung, der Riegelverdoppelung, den Wandständern und paarigen Fenstern eine Verdichtung des Fachwerknetzes. Aber trotz dieser Engmaschigkeit wurde die damit schwieriger werdende Ausfachungstechnik mit Lehmstrohgeflecht (zunächst) noch überwiegend weiter angewendet. Nur das Beispiel Poltringen bildet mit seinen farbig gefassten Tuffsteinausfachungen für diese Zeit sehr wahrscheinlich eine Ausnahme.

Ausbau

Feuerstellen und Rauchabzüge

Originale Feuerstellen des 16. Jahrhunderts sind leider im Untersuchungsgebiet nicht mehr erhalten. Es kann jedoch nach Ausweis der durchweg verrußten Wohnhausdächer davon ausgegangen werden, dass in jeder Küche ein gemauerter Herdblock mit offenem Feuer vorhanden war, von dem aus ein Hinterladerofen in der Stube beheizt werden konnte. Dabei hatte die im 16. Jahrhundert nachweisbar noch in Lehmflechtwerk gefertigte Herdwand gegen die Kammer (Dosterhof Beuren) auch dort eine leichte Heizwirkung. Hinweise auf mit Hinterladerofen heizbare Stubenkammern liegen nicht vor. Dies kann aber für die so genannten Ausdingstuben angenommen werden (siehe den Grundriss des Obergeschosses in dem Haus aus Strümpfelbach).

Unterschiede zwischen Neckarland und Schwäbischer Alb können nur bezüglich des Rauchabzugs festgestellt werden: Während auf der Schwäbischen Alb noch für das 16. Jahrhundert anzunehmen ist, dass der Rauch durch offene Rauchgaden über der Küche abzog, sind die Küchendecken in den Häusern der tiefgelegenen Landschaften des Untersuchungsgebiets jetzt geschlossen. Der Rauch wurde durch einen Rauchfang in das Dach geleitet und zog von dort durch die Dachhaut ab. Durch diese Entwicklung konnten die Küchen leichter geheizt werden, gleichzeitig wurde im Dach Stauraum gewonnen. Unklar bleibt die Frage des notwendigen Schutzes gegen Funkenflug: Da auch die ersten Dachgeschosse im Küchenbereich starken Glanzrußbesatz zeigen (Dosterhaus Beuren, Poltringen und Wernau [17. Jahrhundert]), ist anzunehmen, dass der Herdrauch sich im Dachraum frei verteilen konnte. Das heißt, dass der Rauch – wegen der leichten Brennbarkeit des Dachgebälks und der häufig vorkommenden Strohdeckungen – keine Funken mehr mitführen durfte. Daraus kann man schließen, dass der vom Herd aufsteigende Rauch zunächst mit Hilfe eines Funkenschirms abgekühlt wurde, bevor er durch das Abzugsloch ins Dach geleitet wurde. Dieser Funkenschirm bestand im Falle des Doster- und des Freitagshofes (17. Jahrhundert) – und wohl bei allen Häusern mit Grundrissauslegung nach Form 3 (Flurküche mit gegen die Kammer um ein Balkenfeld verschobener Herdwand) – aus einer am Bundbalken aufgehängten, etwa 50 Zentimeter hohen Rauchschürze. Diese ging über die gesamte Küchenbreite und leitete den Herdrauch entlang dem mit Lehm verstrichenen Deckenfeld zwischen sich und der Herdwand in das etwa mittig angeordnete Rauchabzugsloch ein. Funkenschirme aus reinen Flurküchen (Form 2) oder mit der Stube in gemeinsamer Querzone gelegenen Küchen (Grundrissform 1) konnten nicht mehr belegt werden, dürften jedoch ähnlich konstruiert gewesen sein. Diese Funkenschutzvorrichtungen waren aber anscheinend nicht sicher genug. Denn schon bald darauf wurde beim Dosterhaus aus Beuren ein Kaminschlot – wahrscheinlich aus Lehmflechtwerk – über das Abzugsloch gesetzt, der den Herdrauch durch das erste Dachgeschoss hindurch in den oberen Dachraum führte. Allerdings wurden solche brandgefährdeten „gekleybeten Kemmeter" in der Bauordnung von 1567/68 ausdrücklich untersagt und eine gemauerte Ausführung angeordnet.

Wasser

Zum Umgang mit Wasser ist, gleich wie im 15. Jahrhundert, nur ein Hinweis vorhanden: Im Erdgeschoss des Schlegelhauses aus Beuren fand sich unter dem Zementestrich ein runder, etwa 4,5 Meter tiefer aus Feldsteinen gemauerter Brunnen, der unter der Verfüllung noch Wasser führte.

Aborte

Auch über die Aborte des 16. Jahrhunderts liegen nur karge Angaben vor: Beim Dosterhaus aus Beuren war wohl schon im Erbauungszustand an der hinteren Traufwand der Stubenkammer ein Aborterker mit Grube angebaut. An den anderen Beispielen fanden sich keinerlei Hinweise auf Aborte-Gelasse während des ersten Bauzustandes. Die vorhandenen Aborte waren durchweg erst im 19. Jahrhundert als Erker angesetzt worden.

So kann angenommen werden, dass der Umgang mit Fäkalien im 16. Jahrhundert sehr individuell war, eventuell davon abhängig, welcher Schicht man sich zugehörig fühlte. – Dies würde auch den bei Norbert Elias[81] aufgezeigten Entwicklungslinien entsprechen.

Treppen

Auch zu Treppen liegen für das 16. Jahrhundert kaum gesicherte Befunde vor. In den Beispielen aus Aichelau und Beuren (Dosterhof) fanden sich relativ unregelmäßig gearbeitete und stark verrußte, auf zwei Kanthölzer aufgesattelte Keilstufentreppen. Sie könnten durchaus aus dem 16. Jahrhundert stammen.

Interessant ist der Befund am Beispiel aus Poltringen, der für den ersten Bauzustand 1558 f. eine Außentreppe als einzige Erschließung der im ersten Oberstock befindlichen Wohnung belegt. Details der Treppe fehlen allerdings.

Außentreppen können als eine Bauform angesehen werden, die im frühen und hohen Mittelalter – zusammen mit der Mauer-, Wölbe- und Fachwerktechnik – aus Italien über die Schweiz quasi „importiert" worden ist. Sie ließ sich bis vor etwa zehn Jahren im Reutlinger Raum noch häufiger finden: am so genannten „Betzinger Haus" (siehe das Beispiel aus Ohmenhausen, 18. Jahrhundert).

So stellt sich die Frage, ob auch die zweistöckigen Beurener Firstständerhäuser mit einer ähnlichen Außentreppe erschlossen waren.

Türen

Befunde zu Türen sind besonders von dem genau aufgenommenen Dosterhof aus Beuren vorhanden. Hier konnten drei verschiedene Arten von Türen und Toren nachgewiesen werden:
1. Holzangel-Konstruktionen mit Drehzapfen, die in Schwelle und Sturzriegel liefen. Deren Beplankung war mit Holznägeln an Gratleisten, das heißt in die Wendebohle eingeblatteten, leicht schrägen Kanthölzern, befestigt. Belege für solche Türen fanden sich am Stall und der älteren Scheune.
2. Einfache Brettertüren, die über schmiedeeiserne Langbänder am Fachwerk angeschlagen waren und in dort eingearbeitete Fälze einschlugen. Diese Türen führten zu „dienenden" Räumen wie Küchen und Kammern.
3. Ein mit einer Kassettierung aufgedoppeltes Bretterblatt der ehemaligen Stubentür. Es war ebenfalls mit eisernen Langbändern angeschlagen und möglicherweise an der Stubenseite mit einem einfachen Renaissance-Futter und einer schlichten Supraporte ausgestattet. Die Ecken der Türständer im Hausflur sind gefast.

Fenster

Wie auch schon für das 15. Jahrhundert, so lassen sich auch an den Häusern des 16. Jahrhunderts verschiedene Fensterformate und Ausführungen für Stuben-, Kammer-, Stall- und Scheunenfenster feststellen, wie das Beispiel des Dosterhofes aus Beuren zeigt:
– Die Stube war mit einem um Balkenstärke vorgesetzten „Eck-Erker" hervorgehoben und nach außen durch einen verzierten Vertikal-Ziehladen mit seitlichen Futterbrettern und oberem Profilgesims verschließbar (Abb. 37). Ähnliche Fenstererker sind für die Mehrzahl der anderen Wohnhaus-Beispiele belegbar, bei den Übrigen dürfen sie angenommen werden. Im Stubeninneren ließen sich – analog zu einem Parallelbeispiel aus Lienzingen am westlichen Rand des Untersuchungsbereichs – reich profilierte Backenhölzer rekonstruieren. Als Witterungsverschluss der Horizontal-Schiebefenster werden kleinformatige Flachgläser oder die teureren Butzenscheiben in Holz- oder Bleiprossierung angenommen.
– Daneben finden sich in den Kammern deutlich kleinere Fensteröffnungen. Sie ließen sich durch innere Horizontal-Schiebeläden schließen, welche in Fälzen der Brust- und Sturzriegel von Brettern gesichert liefen. An den Gratleisten der Brettschieber waren Ziehgriffe angearbeitet. Solche Horizontal-Schiebeläden sind auch für die Beispiele aus Aichelau, Beuren (Schlegelhaus) und Poltringen belegt. Der ursprüngliche Witterungsverschluss dieser kleineren Fenster ist unklar.

In Stall und Scheune waren die Fensteröffnungen nur durch Holzklappläden verschließbar.

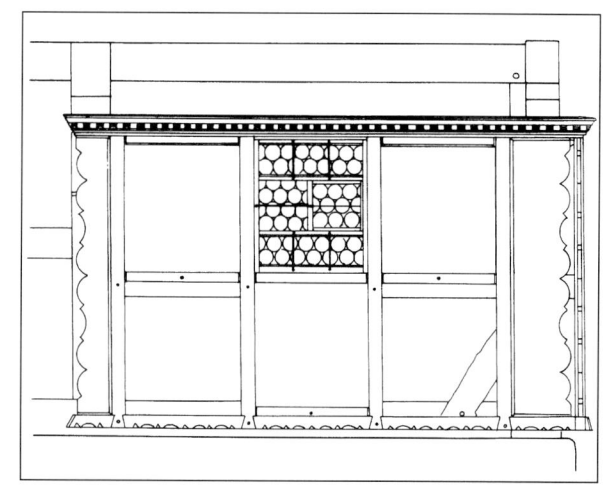

Abb. 37 Rekonstruktionszeichnung des Stubenfenstererkers am Dosterhof aus Beuren (Umzeichnung nach R. Hekeler)

Ausstattung und Dekor

Stubenausstattung

Zur Innenausstattung der Stube liegen folgende Befunde vor:

– Der Dosterhof aus Beuren zeigt eine konstruktiv eingebaute, das heißt nicht separat untergehängte, flache Bohlenbalkendecke in Höhe des Dachgebälks. Dieses ist hier – wie auch das Deckengebälk über der Kammer und damit in der gesamten ersten Querzone – in Firstrichtung verlegt! Vielleicht kann darin ein Experiment mit der noch nicht zu gänzlicher Reife gediehenen Stockwerksbauweise gesehen werden, das in dieser Form zu mancherlei bautechnischen Schwierigkeiten führte.

– Das Beispiel aus Poltringen zeigt dagegen eine quer zum First konstruierte Bohlenbalken-Unterhangdecke auf segmentbogenförmig gebogenen Riegeln in den Längswänden, aber sonst dem Frickenhäuser Typ entsprechend.

Bei den Stuben der übrigen Häuser fanden sich nur noch Belege für flache Balkendecken mit Lehmwickelausfachungen.

Hinweise auf Wandtäferung fanden sich in Form von Fälzen an Rähmen und Bundständern in der Stube des Dosterhofes aus Beuren. Sie sparte – aus Brandschutzgründen – das Ofeneck zwischen Stuben- und Kammertür aus.

Beim Beispiel aus Tomerdingen sind Wände und Decke der Stube noch jetzt mit einer Vertäferung versehen, die aus Paneelen mit profilierten Deckleisten besteht. Diese Täferung kann allerdings nicht mit Sicherheit dem ersten Bauzustand von 1546 zugewiesen werden, obwohl im städtischen Bereich solche Täferungen zu dieser Zeit schon vorkommen.[82] Das Beispiel Tomerdingen stammt jedoch von der Schwäbischen Alb, wo, wie schon erwähnt, mit einer zeitlichen Verzögerung gegenüber der Entwicklung im Unterland zu rechnen ist.

Als Fußböden kann in den Erdgeschosswohnungen Stampflehm angenommen werden – möglicherweise wie in manchen von Grimms Märchen geschildert – mit Binsen bestreut.

Bei den zweistöckigen Bauten sind Dielenböden die Regel. Doch wird auch hier in der Bauordnung 1567/ 68 zur Brandverhütung eine Lehmauflage empfohlen. Ein belegtes Beispiel für einen solchen Lehmschlag im ersten Oberstock ist mir allerdings nur aus dem südlichen Odenwald bekannt.

Dekor

Die Befunde von Dekorformen an den hier erfassten Bauernhäusern der ersten Hälfte des 16. Jahrhunderts sind etwas zahlreicher als noch im 15. Jahrhundert:

Neben den in die Werkstein-Türgewände des Erdgeschosses eingemeißelten Baudaten (Poltringen, Dosterscheune in Beuren) sind hier die Verzierungen der profilierten Leisten und Gesimse an den Ziehläden des Fenstererkers und an der Stubentäferung des Dosterhauses zu erwähnen.

Auch erste Farbfassungen werden greifbar: So finden sich bei dem Beispiel aus Poltringen auf der mit Tuffstein ausgefachten Mittellängswand des ersten Dachgeschosses gelbe verbreiterte Balkenfassungen, die mit schwarzen Strichen gegen die weiß getünchten Gefache abgegrenzt sind. Dabei ist sogar eine konstruktiv nicht vorhandene Strebe aufgemalt.

Gelbe Farbfassungen kommen an Schlössern und Bürgerhäusern dieser Zeit häufig vor, nachdem zu Anfang des 16. Jahrhunderts bei Amberg ergiebige Gelberdevorkommen entdeckt und ausgebeutet wurden.

An einem ehemaligen Außengiebel des frühen 16. Jahrhunderts im Haus Stocknachstraße 9 in Beuren – dessen Farbfassung sich nur deshalb erhalten hat, weil das Haus schon im 17. Jahrhundert an dieser Stelle verlängert wurde – zeigen sich zwei schwarze Balkenbegleiter auf weißem Gefachputz, die sich an den Ecken überschneiden. Die Farbigkeit der Balken ist hier allerdings unklar.

Auch über die ursprüngliche Außenfassung des Dosterhofes weiß man nichts, weil es zur Zeit seiner Abtragung um 1980 noch nicht üblich beziehungsweise durchsetzbar war, Bauernhäuser restauratorisch gründlich zu untersuchen. – Immerhin belegt ein geborgenes Oberflächenschichtenpaket des Dosterhauses eine frühe Strukturierung der Gefachfelder mit einem Nagelbrett, wobei die Balkenverbreiterung und das Holz selbst glatt bleiben und alles weiß getüncht ist. Diese weiße Farbfassung kann jedoch nicht gesichert dem 16. Jahrhundert zugewiesen werden.

Nachdem sich in der ersten Hälfte des Jahrhunderts die frühneuzeitliche Technik des weitgehend gezapften, stockwerksweise abgebundenen Fachwerkbaus durchgesetzt hat, beginnt gegen Ende des Jahrhunderts vor allem in den Weinbaugebieten um Stuttgart eine „BauMode". Sie zeichnet sich dadurch aus, dass zunächst an den symmetrisch angeordneten Hölzern der Fachwerkgiebel Schnitzornamente angebracht werden, die konstruktiv keinerlei Bedeutung haben (siehe das Beispiel aus Strümpfelbach).

So finden sich hier – beschrieben von A. Schahl:

„1. geschuppte oder gewundene Stäbe vor den Hauskanten, die oft in seltsam geformten Spitzen oder Knäufen enden;

2. Doppelspiralen, häufig in Verbindung mit 1.;

3. Räder, deren Speichen an einem Haus von 1587 in Strümpfelbach in hammerartige Gebilde verwandelt

sind, während die Felgen einen Taustab und einen Scheibenkranz tragen;
4. Rosetten, teilweise in Reifen mit fortlaufenden geometrischen Ornamenten;
5. Palmetten, auch Muscheln;
6. Sechssterne;
7. Wirbelmotive verschiedner Arten;
8. Gitter- und Netzmotive;
9. Schlingenmotive, überwiegend in Form von doppelt verflochtenen Wellenbändern, die knopfartige Erhöhungen einschließen, auch gepaarte, doppelt verflochtene Wellenbänder, die durch Segmentscheiben verbunden sind und ebenfalls jene Erhöhungen haben;
10. Drudenfüße und Davidsterne;
11. Köpfe mit Schrecken erregendem Ausdruck (Neidköpfe)
12. bärtige Männerköpfe mit meist geteiltem Bart, mitunter auch ganze Figuren – am ehesten Baumeister oder Bauherr."[83]

Daneben finden sich aber auch statisch-konstruktiv nicht begründbare, besonders engmaschige und ornamentale Anordnungen kurzer Fachwerkhölzer in Brüstungs- und Giebelfeldern: einfache, gedoppelte oder gereihte Andreaskreuze, geschwungene und an den Kreuzungspunkten genaste Andreaskreuze – so genannte „Feuerböcke" –, Rauten und von Andreaskreuzen überschnittene Rauten sowie kurze geschwungene Streben.

Schahl weist in seinen Aufsätzen[84] sicherlich zu Recht auf einen Zusammenhang zwischen den hier vorkommenden Symbolen wie Sonne, Schlange, Sterne, Netz oder Gitter und (Neid-)Kopf – um nur die wichtigsten zu nennen – und der Mythologie beziehungsweise dem Aberglauben der Bevölkerung hin. Die Bevölkerung war in dieser Phase der beginnenden Neuzeit verunsichert – nach dem Bauernkrieg, nach Reformation und Gegenreformation und durch die zunehmende Polarisierung wegen des heraufziehenden dreißigjährigen Konfessionskriegs. Als Beleg dafür, dass es solchen Aberglauben in dieser Zeit gab, sei auf die Tatsache verwiesen, dass gleichzeitig die unselige Praxis der Hexenprozesse schauerliche Blüten getrieben hat.

Die Fassadenabwicklungen auf der Ostseite der Hauptstraße und der Westseite der Hindenburgstraße des Weingärtnerdorfes Strümpfelbach verdeutlichen anhand der Baudaten die Entwicklung von der Mitte bis zum Ende des 16. Jahrhunderts. Zugleich geben sie Vergleichsbeispiele für die weitere Entwicklung im 18. Jahrhundert (Abb. 38 bis 41).

Seit der zweiten Hälfte des 16. Jahrhunderts scheint man mit der Vermarktung von Strümpfelbacher Wein besonders erfolgreich gewesen zu sein: Allein in den beiden Fassadenzügen der Dorfstraße wurden in etwa

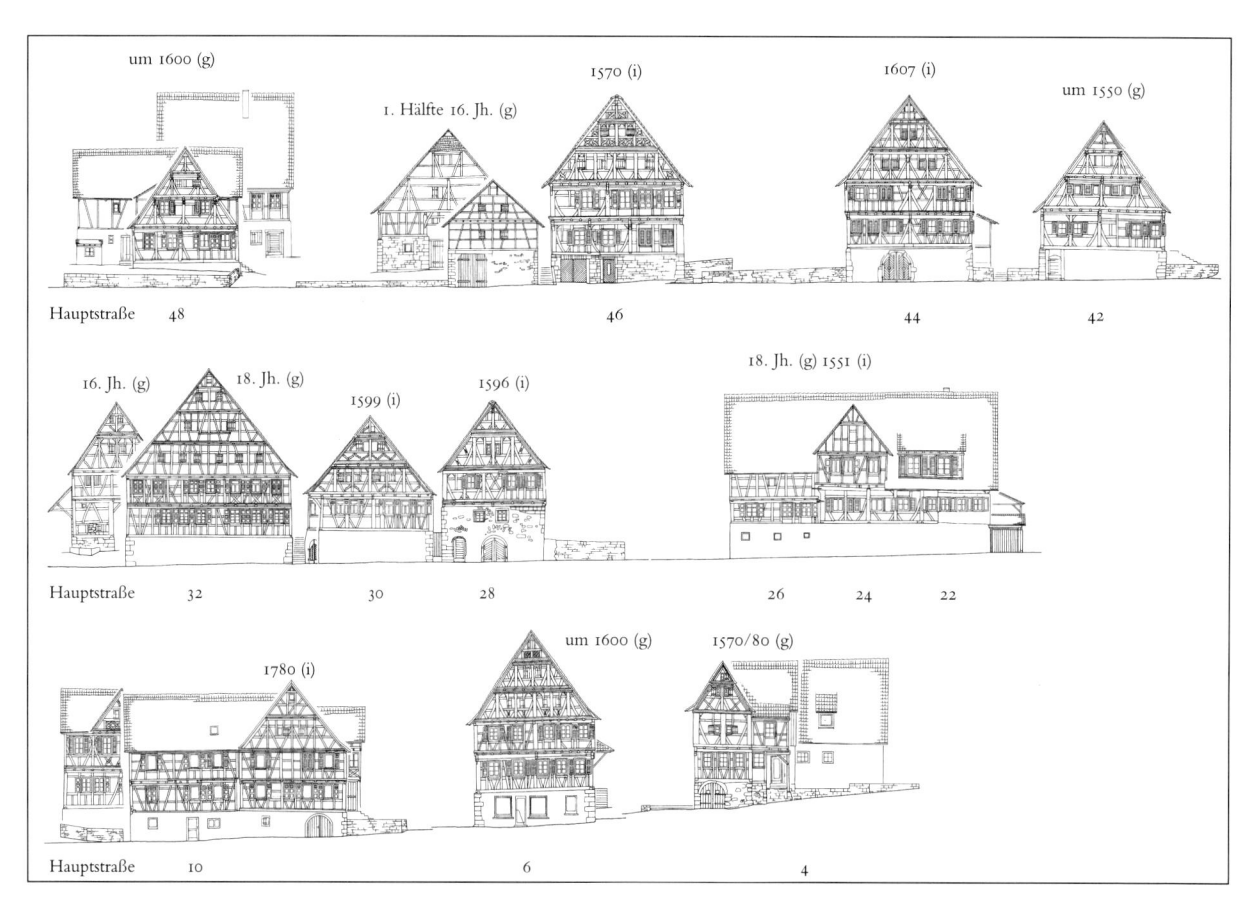

Abb. 38 Strümpfelbach, Abwicklung Hauptstraße 4 bis 48, Nordseite (aus: SCHAHL, Rems-Murr-Kreis, S. 1418)

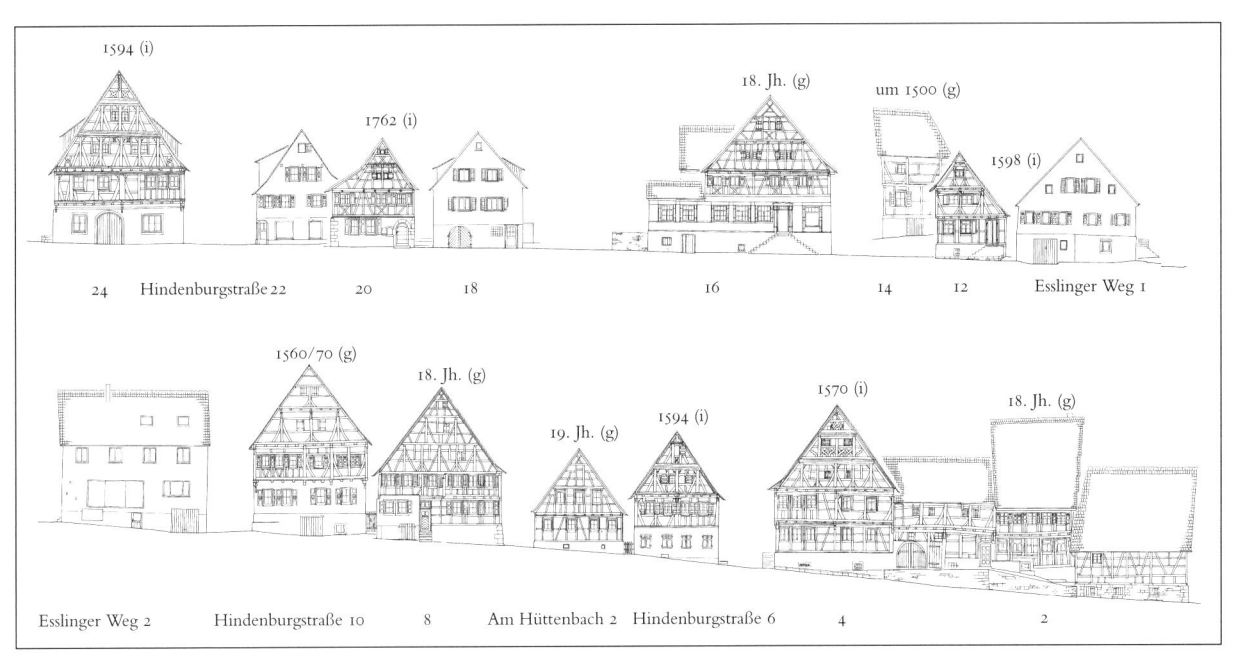

Abb. 39 Strümpfelbach, Abwicklung Hindenburgstraße 2 bis 28, Südseite (aus: SCHAHL, Rems-Murr-Kreis, S. 1418)

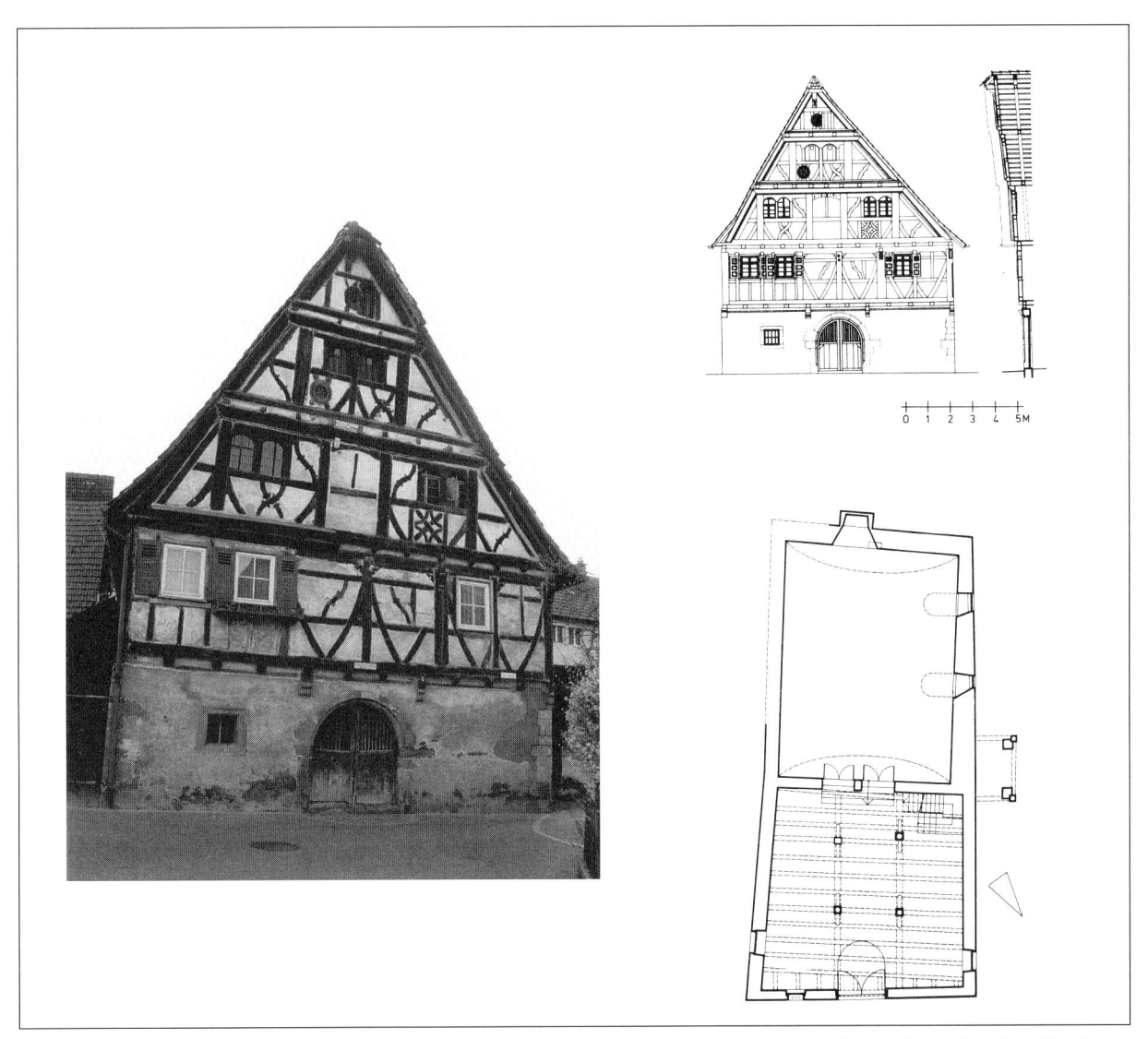

Abb. 40 Strümpfelbach, Haus Hauptstraße 65; links: Foto von 1996 (Gromer), rechts: Ansicht, Fassadenschnitt und Grundriss des Erdgeschosses (aus: SCHAHL, Rems-Murr-Kreis, S. 1420)

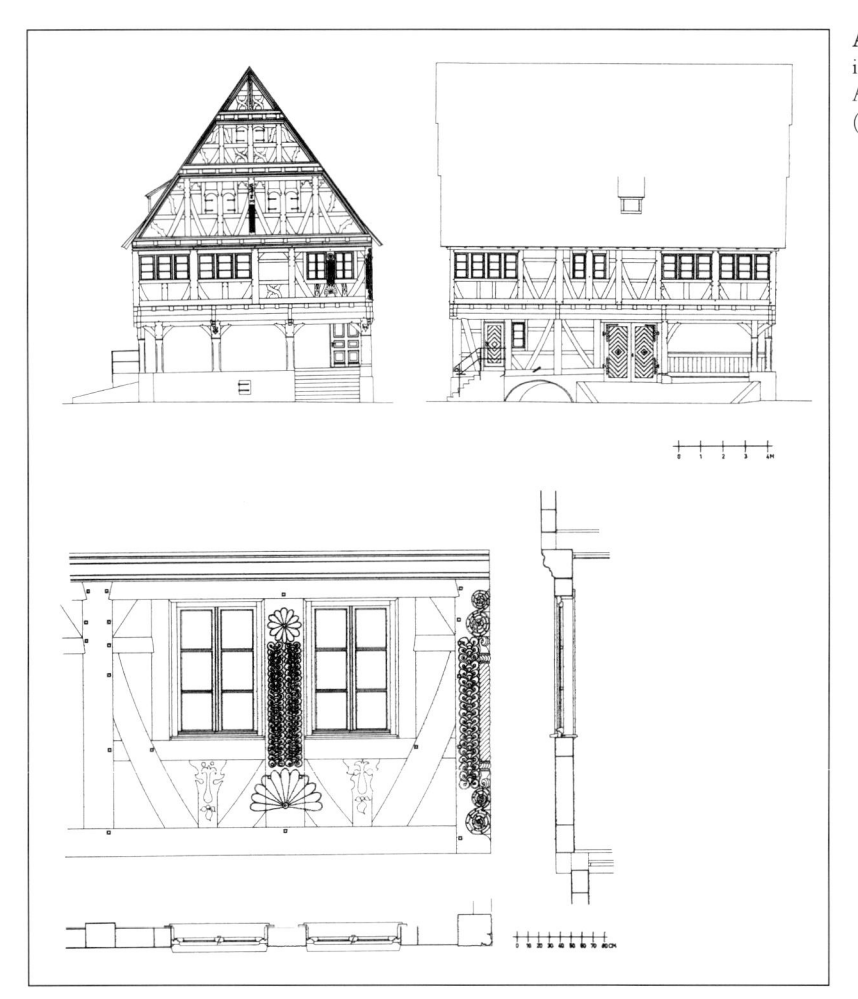

Abb. 41 Strümpfelbach, Rathaus, inschriftlich datiert 1591, Ansicht der Giebel- und Langseite, Detail (aus: SCHAHL, Rems-Murr-Kreis, S. 1409)

dreißig Jahren elf neue, zum Teil große und prächtige Weingärtner-Häuser sowie ein neues, ebenso beeindruckendes Rathaus errichtet. Fast alle Gebäude sind, wohl dem städtischen Vorbild folgend, giebelständig zur Straße angeordnet und wenigstens im Untergeschoss auch von dort erschlossen. Zahlreiche Häuser sind – entgegen den Vorgaben der Landesordnung von 1495 – drei Stockwerke hoch und durch zusätzliche traufseitige Außentreppen im ersten Obergeschoss erschlossen.

Drei Altersgruppen der Strümpfelbacher Häuser heben sich bei genauerer Betrachtung voneinander ab:

1. Das relativ schmucklose Gebäude Hauptstraße 42 und die Scheune Hauptstraße 46 können anhand ihrer relativ weiten Ständerstellung und der nicht vorhandenen Wandständer und Kopfwinkelhölzer noch in die erste Hälfte des 16. Jahrhunderts datiert werden. Bei Gebäude Nr. 42 findet sich eine erste Aufdoppelung des Rähms am Dachfuß.

2. Die Gebäude Hauptstraße 4, 6, 28, 30, 44, 46 und 65 sowie Hindenburgstraße 4, 6, 10, 12, 24 und das Rathaus – alle aus den Jahren zwischen 1570 und 1600 – haben ein gemeinsames Grundmotiv in ihrem Zierfachwerk: die „Mann"-Figur[85], das heißt von hohen, gezapften und meist geschwungenen Fußstreben flankierte Bundständer mit Kopfwinkelhölzern im Wechsel mit Wandständern. Diese sind mit kurzen Fußstreben bis zum Brustriegel ausgesteift, und ihnen sind paarige Fenster zugeordnet.

Alle bis hier genannten Gerüst- und Gefügehölzer erfüllen eine statische oder funktionale Aufgabe. Sie sind in dem beschriebenen Zierverband angeordnet, wobei eine weitgehende Axialsymmetrie erst gegen 1600 erreicht wird.

Zusätzlich zu diesen konstruktiv notwendigen Hölzern kommen folgende, reine Schmuckelemente hinzu:

– Vorwiegend in Brüstungsfeldern geschweifte und noppenbesetzte Andreaskreuze, geschwungene und gekreuzte Rautenformen sowie kurze geschweifte und noppenbesetzte Streben.

– Profilierte oder figural beschnitzte Giebelkonsolen.

– Zum Teil Aufdoppelung und Profilierung der Giebelrähme.

– Vorstöße zur Giebel- und Traufseite.

– Vorwiegend an den erst um 1590 bis 1600 errichteten Gebäuden finden sich die in die Fachwerkhölzer geschnitzten Schmuckformen mit den Inhalten, wie Schahl sie beschrieben hat (siehe S. 57/58).

– Farbfassungen, auch wenn diese hier nicht im Einzelnen belegt sind.

Abb. 42 Haus des 16. Jahrhunderts aus Ödenwaldstetten

An nahezu allen Gebäuden des 16. Jahrhunderts weisen Fachwerkveränderungen des 18./19. Jahrhunderts auf die Entfernung der ursprünglich vorhandenen Fenstererker hin. In den meisten Fällen fand gleichzeitig eine Vergrößerung der bis dahin kleineren Kammerfenster statt.

Das vollständige Fehlen von Häusern des 17. Jahrhunderts in diesen beiden Straßenzügen deutet auf das Erliegen der Bautätigkeit im Zusammenhang mit dem Dreißigjährigen Krieg hin (siehe Kap. 3.4).

3. In das 18. Jahrhundert datieren lassen sich die Gebäude Hauptstraße 10, 26, 32 sowie Hindenburgstraße 2, 8, 20 – und entgegen Schahls Datierung wohl auch Nr. 16 – anhand ihrer schlankeren und durchweg gleichbreiten Hölzer sowie der gleich großen, ohne Störung mit durchgehenden Ständern eingebauten Fenster.

Eine weitere Schmuckform des 16. Jahrhunderts, die sich häufiger im südlichen Bereich der Schwäbischen Alb findet, soll hier nicht unerwähnt bleiben: Es handelt sich um sowohl geschwungene als auch geknickte kurze Fußbänder, die in dieser formalen Ausprägung statisch sicherlich nicht benötigt wurden (Abb. 42). Es handelt sich um einen – dort gehäuft auftretenden – Einfluss aus Oberschwaben und dem Bodenseeraum.

3.3.5 Bezug zu geltenden Bauordnungen

Eine erste württembergische Bauordnung, verfasst durch Herzog Christoph, erschien in den Jahren 1567/68.[86] Die Beispiele aus der tiefer und näher bei Stuttgart gelegenen Region innerhalb des Untersuchungsbereiches zeigen, dass ein großer Teil der in dieser ersten Bauordnung erlassenen Regelungen schon vor der gesetzlichen Sanktionierung angewendet wurde – und zwar besonders da, wo es offen zu sehen war, also an den Fassaden und im Wohnteil. Hier findet man in den um die Jahrhundertmitte errichteten Beispielen, dem Schlegelhaus und dem Dosterhof aus Beuren sowie dem Haus aus Poltringen, kaum noch eine Verblattung und nur noch 15 bis 20 Zentimeter ausladende Stockwerksvorsprünge – so, wie es 1568 verordnet worden war. Das heißt, die Bauordnung sanktionierte eine bereits vollzogene Entwicklung und verlieh ihr damit eine allgemeine Verbindlichkeit.

Auch Schahl schreibt, dass es sich beim Verbot von Verblattungen nicht um „dirigistische Maßnahmen handelte, sondern [dass] damit nur der behördliche Stempel auf eine von der Zunft gut geheißene Umbildung der Form gesetzt wurde".[87]

Im Einzelnen wurden inhaltlich zusammengefasst folgende Regelungen getroffen, wobei der Bezug Stadt – Land unerwähnt bleibt:

1. „Darzu keine Seul, Rigel, Büg, Sparren oder Rechen anplatten, sonder sollichs alles oben und unden gezäpfft, eingesetzt und vernagelt. Unnd soll also in allen Gebewen alles Blattwerk fürohin gäntzlich vermitten bleiben".[88]

2. Fußmauern sollen nur noch drei Schuh hoch sein, da sie sonst, laut Schahl, „offenbar dem auf ihnen lastenden Druck"[89] wichen.

3. „sonder die alle mit Rigeln, Bügen und Seulen in die Rigel zu mauren, stellen und richten".[90] Statt gezäuntem Lehm werden hier also Steinausfachungen gefordert – auch bei den Innenwänden!

4. An allen öffentlichen Straßen und Plätzen sollen „zur Erspahrung deß Holtz um auch Feuersgefahr zu verhüten, und Langwürigkeit zu erhalten, zum wenigsten der unter Stock und die zwo Nebenseiten biß unter das Dach gemauret" werden „nach Vermögen des Bauers"[91].

5. Scheunenbauten wurden 1568 und 1655 an öffentlichen städtischen Wegen verboten.

6. Stockwerks- und Geschossvorstöße werden auf 15 bis 20 Zentimeter begrenzt.
7. „Ercker, Fürschöpff oder andere Ausstöße und außladungen"[92] werden 1568 verboten, 1655 aber unter Vorbehalt wieder erlaubt.
8. Baulinien werden in Städten verbindlich.
9. Für die Städte werden Biberschwänze gegenüber der Mönch-und-Nonnen-Deckung empfohlen.
10. In den Städten werden „höltzine, gestückte und gegleibte Kemmeter und Rauchfäng"[93] verboten. – „Gleicher Gestalt soll es auch in den Dörffern und Flecken auff dem Land, mit den Feuer- und Herdstätten, Kemmetern und Rauchfängen in den Häusern, die mit Ziegeln, Schifer und Schindeln gedäckt seyen, gehalten und versehen werden, und fürthin die Räuch nicht mehr durch die offene Zimmer oder Dächer, ohne eingefäßt, sondern durch gemauerte Kemmeter außgeführt werden. Doch in alten Häusern, so viel müglich, und dieselben Lasts halber ertragen mögen."[94]
Für Strohdächer soll die Einrichtung so getroffen werden „daß darauß nicht leichtlich Feuers-Gefahr zu besorgen sei"[95] (Lehmstroh?).
11. „Aber da einer von einem sondern Gemach, nit stracks übersich, besonder überzwerchs den rauch in ein ander Camin und Rauchfang zwingen und füren wolt, und darauß fewrshalb schaden und gefahr, nach erkanntnuß Vogts, Burgermeisters, Gerichts, unnd der verordneten, zubesorgen unnd zugewarten, solle solliches abgeschafft werden. Alles und jedes bey vermeidung obgemelter Straff, und Rügung, auch eins abtrags des schadens, so hierwider, darauß gevolgt were"[96].
12. „Wa die Badstüblen, mitten oder oben in den Heüsern, Fewrs, auch am Holtzwerck faulens halber nit notturfftiglich versehen, unnd derowegen gefährlich, schädlich und nachtheilig weren, sollen dieselbigen der gestalt zu bawen nit zugelassen, auch die jenigen, so jetzt dermassen beschaffen, hinweg und abgethon werden. Und wa einer bedacht und vorhabens, ein Badstüblin, in oder an sein Hauß, oder auff sein Hofraitin zubawen, soll er dasselbig unden auff dem boden, oder aber an unschädlichen ortten, nach bescheid unnd erkanntnuß Vogts, Burgermeisters, und der verordneten Baw und Fewrbeschawer also bawen, oder die jetzigen zurichten und erhalten, darmit fewr und faulens halb, die gebürende notturfft versehen seie.
Doch sollen sollicher Badtstüblen Rauchfäng, mit steinenen Kemmetern gefäßt, und in keine Winckel oder Wand, da schaden und nachtheil zubefahren, auch seine Nachbawren dessen billiche einred hetten, gericht, sonder über das Tach, gleich andern Kemmetern auffgeführt. Es möchte dann sollicher rauch in ein Kuchin, ander Kemmet, oder in solliche ort, da fewrs wegen nit schaden zugewarten, füglich unnd ohne nachtheil, nach erachtung der verordneten, als ob, gefäßt werden."[97]
13. „Es sollen auch die Böden in Gemachen, für fewrsgefahr, mit gegossenen, gepflösterten, geblatneten, oder mit laimen geschlagnen Estrichen, der gelegenheit sollicher Heüser, und vermögen der innhaber nach, mit bescheid der verordneten gemacht, und versehen werden, bey vermeidung hierumb auffgesetzter straff".[98]
14. „Von Cloac und heimlichen Gemachen" heißt es: „Nachdem die gelegenheit ettlicher ortten wol erleiden kan, das die Cloacen eingegraben werden mögen. Wa man dann fürthin newe Gebew, auff gantz new Hoffstetten volnfürt, so soll in allen Unsern Stetten, die endtlich fürsehung beschehen, das man sie nit, wie bißher, in die Winckel richte, sonder under die Erden eingrabe. Wa es aber der alten hievor gemachten Keller halb, nit sein mag, sollen doch die Winckel, darein sie gehen, mit angehenckten Türlin und Brittern, also verschlagen, verschlossen unnd verwart werden, das man von den gemeinen Gassen, und Strassen nit darein sehen, auch kein Thier, Schwein oder anders, so den gestanck erweckt, darein möge. Bey Straff drey Pfund heller, halb in armen Kasten, unnd halb der Statt für ir Rügung, so offt das Gebott ungehorsamlich übertretten würdt."[99]
15. „Wa Wasserstein, in gemeine, oder eigne Winckel, von alters gericht worden, oder noch gericht werden, so sollen sie doch also mit Schleuchen verwart und versehen sein, darmit dem Nachbawrn sein daran gelegene Wand, nit gefeult, oder ime sonst einicher unlust, und schaden zugefügt werde."[100]

Fazit zum bäuerlichen Hausbau des 16. Jahrhunderts

In der ersten Hälfte des 16. Jahrhunderts löst die Stockwerksbauweise, die schon im 15. Jahrhundert neben den beiden älteren Gerüsttypen der Firstständer- und Geschossständer-Tragsysteme vorgekommen war, diese beiden Konstruktionsformen ab. Diese hatten sich im Kern noch von den archaischen Hausformen der Vor- und Frühgeschichte hergeleitet.

Die neue Bauweise versteht die „Stock-Werke" zunehmend als eigenständige, kistenartige Tragelemente, die mit gemeinsamem Stützenraster übereinander gestapelt sind, einschließlich der Dachkonstruktion. Der Ausdruck „Stock" gibt dabei wohl die Höhe dieser „Kisten" an – bei Wohnstockwerken beträgt sie im Durchschnitt um 2,25 Meter im Lichten.

Der Anstoß zu dieser Entwicklung kann in dem seit spätestens 1495 erkannten Holzmangel und den daraus resultierenden Bauvorschriften zur besseren Holzausnutzung gesehen werden: Bei der neuen Bauweise wurden weniger lange Hölzer gebraucht. – Man bedenke, dass allein für das Kerngerüst der Gärtringer Scheune etwa 40 bis zu 10 Meter lange, gerade Eichen mit Querschnitten bis 40 auf 40 Zentimeter nötig waren!

Man nimmt jetzt kürzere „Stöcke", die auch deutlich kleinere Querschnitte erlauben, und stellt sie – im Laufe der Zeit – näher aneinander. Das heißt, das Netz der Fachwerkhölzer wird mit fortschreitender Entwicklung zunehmend engmaschiger. Durch den Stockwerksbau wurde nicht nur Holz gespart, sondern auch das Aufrichten von Gebäuden und das Trennen des Aufschlagens in einzelne Arbeitsabschnitte erfuhr eine wesentliche Erleichterung.

Eine weitere Neuerung besteht in der fast völligen Ablösung der verblatteten Gefüge- beziehungsweise Aussteifungshölzer durch gezapfte. Verblattungen, sogar teilweise noch sehr komplizierte, kommen vom 17. Jahrhundert an nur noch bei der horizontalen Verbindung der jetzt auf gleichem Niveau verlegten Schwellen beziehungsweise Rähme und zwischen Riegeln und Streben vor – sowie in den Dachwerken der abgelegeneren Gebiete der Albhochfläche.

Mit der Landesbauordnung Herzog Christophs von 1568 wird diese Entwicklung, die sich im städtischen Bereich schon seit dem 14. Jahrhundert angebahnt hatte,[101] von Regierungsseite gesetzlich sanktioniert. Der Grund hierfür wird im Wesentlichen darin bestanden haben, dass geblattete Verbindungen doch sehr witterungsanfällig sind und bei Überlastung seitlich leicht ausbrechen können – Gefahren für die Steifigkeit des Gesamtbaus, die bei gezapften Streben und Bändern weniger gegeben sind. Dafür ist zwar die Zugbelastbarkeit auf die Stärke des Holznagels beschränkt, aber die Druckbelastung erheblich erhöht worden.

Nota bene: Die eintretende Veränderung besteht nicht, wie häufig falsch formuliert wird, in der Ablösung des „älteren" Blattes durch den „jüngeren" Zapfen, sondern lediglich in der Aufgabe der im Mittelalter entwickelten Verblattungstechnik an Aussteifungshölzern. Schließlich waren Zapfen und Zapfenlöcher schon in der Jungsteinzeit bekannt!

3.4 Zur Entwicklung im 17. Jahrhundert

3.4.1 Merkmalsmatrix

	17. Jahrhundert Die Angaben beziehen sich, wenn nicht anders erwähnt, auf den Erbauungszustand	73249 Wernau Freitagshof 11	72660 Beuren Kelterstraße 9 Krohmer-Haus	73266 Bissingen an der Teck Vordere Str. 30	71737 Kirchberg an der Murr Alte Straße 17	73344 Gruibingen Amtgasse 15	70771 Leinfelden-Echterdingen Waldhornstr. 10	71394 Kernen-Stetten Mühlstraße 4/1	89150 Laichingen Mohrengasse 53
Belegbasis	Gehöftform	Wohnhaus mit Ausding eines Hakengehöfts	Einhaus	Wohnstallhaus mit Scheune, Streckgehöft	Weingärtnerhaus	Wohnstallhaus	Wohnhaus	Wohnstallhaus eines Weingärtners	Zwiegehöft in Parallelstellung
	Naturraum	Neckarland	Albvorland	Albvorland	Neckarland	Alb	Neckarland	Neckarland	Alb
	Baujahr Umbauten Vorgängerbebauung	um 1600 (g)	um 1600 (g) 19. Jahrhundert 15. Jahrhundert	Anfang 17. Jahrhundert (g)	1609 (i) 19. Jahrhundert	1612/13 (d) 19. Jahrhundert	1668–71 (d) Vorgänger in Pfostenbauweise, 10. Jahrhundert	1673–77 (d) Vorgängerbau 15. Jahrhundert	1677 (d) 1785/86 (d)
Außengestalt	Grundfläche	140 m²	88,5 m²	184 m²	167 m²	93 m²	92 m²	85,5 m²	90 m²
	Stubenfläche	30 m²	15 m²	31 m²	29 m²	20 m²	16 m²	16 m²	18 m²
	Stockwerkszahl	1	2	2	2	1	1	1 und UG	1
	Stockwerkszahl Dach	3	2	3	3	2	2	2	2
	Stockwerksvorstöße	1 giebelseitiger Vorstoß	–	3 giebelseitige Vorstöße	–	2 giebelseitige Vorstöße	2 giebelseitige Vorstöße	2 giebelseitige Vorstöße	–
	Dachform	Satteldach	Satteldach	Satteldach	Satteldach	Satteldach	Satteldach	Satteldach	Satteldach
	Dachneigung	ca. 54 Grad	?	ca. 55 Grad	ca. 54 Grad	ca. 54 Grad	ca. 53 Grad	ca. 56 Grad	ca. 54 Grad
	Orientierung zur Straße	traufständig	giebelständig	giebel- und traufständig (Ecklage)	giebelständig	giebelständig	traufständig	giebelständig	giebelständig
	Erschließung	trauf- und giebelseitig	traufseitig Außentreppe	giebelseitig Außentreppe	giebelseitig	giebelseitig	traufseitig	traufseitig Außentreppe	traufseitig
Innenstruktur	Grundrissform Wohnung o = Stubenofen x = Küchenherd ▭ = Treppe	Form 3	Form 1	Form 5	Form 5	Sonderform, verwandt mit Form 5	Form 2	Form 2	Form 3
	Anzahl der Schiffe (Längszonen)	2	2	3	3	3	2	2	2
	Anzahl der Joche (Querzonen)	3	3	5	4	2	3	3	3
	Keller (Unterkellerung in %)	15 %	35 %	35 %	90 %	–	10 %	100 %	15 %
Rohbau	Konstruktive Längsachsen	3	3	3 + 1	4	4	3	3	3
	Konstruktive Querachsen	4	4	6	6	3	4	4	4
	Fundament	Balkenkeller	älterer Gewölbekeller	Gewölbekeller	Gewölbekeller	–	Keller mit Flachdecke	Mauerwerk im UG	Balkenkeller
	Erdgeschoss	Fachwerk auf Grundmauer	Fachwerk auf Grundmauer	Fachwerk auf Grundmauer	Fachwerk auf Grundmauer/Mauerwerk	Fachwerk auf Grundmauer/Mauerwerk	Fachwerk auf Grundmauer	Fachwerk	Fachwerk auf Grundmauer
	Schwellen	Längsschwellen unten	Längsschwellen unten	Schwellriegel im Obergeschoss Längs- und Querschwellen bündig	Längs- und Querschwellen bündig	Querschwellen unten	Querschwellen unten	–	Längs- und Querschwellen bündig
	Abbund	stockwerksweiser Abbund	stockwerksweiser Abbund	stockwerksweiser Abbund Dielenboden durchlaufend	stockwerksweiser Abbund	stockwerksweiser Abbund	stockwerksweiser Abbund	stockwerksweiser Abbund	stockwerksweiser Abbund
	Konstruktive Verbindung senkrechter Teil und Dach	keine Verbindung	keine Verbindung	keine Verbindung	keine Verbindung	keine Verbindung	keine Verbindung	keine Verbindung	keine Verbindung
	Maximale Abmessung der Bundständer (Holzart)	25 x 25 x 225 cm Aspenholz	–	28 x 28 x 250 cm Eiche und Nadelholz	?	28 x 28 x 210 cm	22 x 22 x 175 cm Eiche und Nadelholz	27 x 20 x 195 cm Eiche und Nadelholz	25 x 25 x 225 cm Eiche und Nadelholz
	Maximaler Ständerabstand	bis 280 cm	bis 250 cm	bis 400 cm	?	bis 200 cm	bis 200 cm	bis 200 cm	bis 250 cm
	Rähmkranz	einfach	doppelt (traufseitig in der Tenne)	einfach	einfach	einfach	einfach	einfach	einfach
	Dachkonstruktion	Sparrendach	Sparrendach	Sparrendach	Sparrendach	Sparrendach	Sparrendach	Sparrendach	Sparrendach

Merkmalsmatrix

		73249 Wernau Freitagshof 11	72660 Beuren Kelterstraße 9 Krohmer-Haus	73266 Bissingen an der Teck Vordere Str. 30	71737 Kirchberg an der Murr Alte Straße 17	73344 Gruibingen Amtgasse 15	70771 Leinfelden-Echterdingen Waldhornstr. 10	71394 Kernen-Stetten Mühlstraße 1/1	89150 Laichingen Mohrengasse 53
Rohbau	Dachstuhl	stehend 3-fach im 1. DG 2-fach im 2. DG	2-fach stehend und liegend (Scheune)	liegend im 1. DG stehend im 2. DG (verblattet)	liegend und stehend im 1. und 2. DG	3-fach stehend	3-fach stehend	liegend und stehend	stehend 3-fach im 1. DG 1-fach im 2. DG
	Dachdeckung	Strohdach ?	Strohdach	Biberschwanzziegel	Biberschwanzziegel	Strohdach	Strohdach ?	Biberschwanzziegel	Strohdach
	Gefügesystem	Wand- und Ständeraussteifung	Wand- und Ständeraussteifung	Wand- und Ständeraussteifung	Wand- und Ständeraussteifung	Wand- und Ständeraussteifung	Wand- und Ständeraussteifung	Wand- und Ständeraussteifung	Wandaussteifung
	Gefügehölzer	Schwelle-Rähm-Streben Kopfbänder lange und kurze Fußbänder Andreaskreuze	Schwelle-Rähm-Streben	Schwelle-Rähm-Streben lange und kurze Fußbänder	Schwelle-Rähm-Streben	Schwelle-Rähm-Streben Fußbänder Andreaskreuze	Schwelle-Rähm-Streben	Schwelle-Rähm-Streben lange Fußbänder	Schwelle-Rähm-Streben lange und kurze Fußbänder Andreaskreuze
	Holzverbindung Gefüge	gezapft	gezapft	gezapft und geblattet (2. DG)	gezapft	gezapft	gezapft	gezapft	gezapft
	Anzahl der Riegel in den Hauptstockwerken	1–2	?	2	2	2	2	2	1
	Ausfachungsmaterial	Lehmstroh	Lehmstroh	Lehmstroh	Bruchstein ?	Bruchstein ?	Lehmstroh	Lehmstroh	Lehmstroh
	Fensterbildung	Form 3; Form 2 Fenstererker	Form 3 Fenstererker ?	Form 3 Fenstererker	Form 3 Fenstererker	Form 3 Fenstererker ?	Form 3 Fenstererker	Form 3 Fenstererker ?	Form 2 Fenstererker
Ausbau	Feuerstellen	1 Küchenherd 2 Hinterladeröfen 1 Backofen	1 Küchenherd 1 Hinterladerofen	1 Küchenherd 2 Hinterladeröfen	1 Küchenherd 2 Hinterladeröfen ?	1 Küchenherd 1 Hinterladerofen	1 Küchenherd 1 Hinterladerofen	1 Küchenherd 1 Hinterladerofen	1 Küchenherd 1 Hinterladerofen
	Rauchabzug	Rußbesatz Rauchfang Schlot ?	Rußbesatz Rauchfang	Rußbesatz Rauchfang	Rußbesatz Rauchfang	Rauchgaden	Rußbesatz Rauchfang	Kamin	Rußbesatz Rauchgaden
	Wasser	Schüttstein	–	–	–	Brunnen in der Küche	Brunnen hinterm Haus	–	–
	Abort	–	–	innen liegender Abort	außen liegender Abort ?	–	–	–	–
	Treppen	–	Keilstufentreppe	Keilstufentreppe	Keilstufentreppe	–	–	–	–
	Türen	Schmiedebänder Türfalz an Ständer	Türfalz an Ständer	Türfalz an Ständer	Türfalz an Ständer	Türfalz an Ständer	Türfalz an Ständer	Türfalz an Ständer	Türfalz an Ständer
	Türblätter	Brettertür	–	–	–	–	–	–	–
	Fenstergröße Stube – Küche – Kammer	verschieden	verschieden	verschieden	verschieden	verschieden	verschieden	verschieden	verschieden
	Fensterverschluss	Klappladen Vertikal-Ziehladen ?	Horizontal-Schiebeladen Vertikal-Ziehladen ?	Horizontal-Schiebeladen Vertikal-Ziehladen ? Klappladen	Horizontal-Schiebeladen Vertikal-Ziehladen ?	Horizontal-Schiebeladen Vertikal-Ziehladen ?	Vertikal-Ziehladen ?	Vertikal-Ziehladen ? Klappladen	Horizontal-Schiebeladen Vertikal-Ziehladen ? Klappladen
	Stubenausstattung	Balkendecke	Balkendecke ?	Täferdecke ?	Täferdecke ?	Balkendecke ?	Balkendecke ?	Balkendecke ?	Bohlenbalkendecke auf Dachbalkenniveau
	Fußboden Stube	Lehmfußboden ?	Holz- und Lehmfußboden ?	Holz- und Lehmfußboden ?	Holz- und Lehmfußboden ?	Lehmfußboden ?	Lehmfußboden ?	Holz- und Lehmfußboden ?	Lehmfußboden ?
	Dekor	Zierfachwerk	?	gelbe Außenfassung Zierfachwerk	gelbe Innen- und Außenfassung plastischer Dekor an Steinteilen Zierfachwerk	Zierfachwerk	Zierfachwerk	Zierfachwerk	Farbfassung „Weißes Fachwerk" Zierfachwerk
	Bezug zu Bauordnungen	1567/68	1567/68	1567/68	1567/68	zur Bauzeit nicht württembergisch	1655	1655	1655 ulmisch
	Besonderheiten	Weberdunken	Aufschieblinge auf Rähm aufgeblattet	Fenstererker mit Horizontal-Schiebeladen dreischiffig Mittelflur	Erdgeschoss mit Durchfahrt dreischiffig	dreischiffig	Vorgängerbau des 10. Jahrhunderts Pfostenbau Doppelhaus		Weberdunken

3.4.2 Zur Belegbasis

Nur eines der acht analysierten Beispiele des 17. Jahrhunderts stellt ein bäuerliches Einhaus dar, das Krohmerhaus aus Beuren. Sechs Beispiele zeigen Wohnstallhäuser, dazu kommt ein einziges Beispiel eines reinen (Doppel-)Wohnhauses (Echterdingen).

Die überwiegende Mehrzahl der Häuser ist demnach in baulichem und funktionalem Zusammenhang mit einer nicht zeitgleichen Gehöftanlage errichtet worden. Ein Scheunenbau ist nicht gesondert aufgeführt. Allerdings stammt die Scheuer, die in Form eines Streckgehöfts an das Beispiel aus Bissingen angebaut ist, aus dem späteren 17. Jahrhundert und mag als Anhaltspunkt gelten.

Die Belegbeispiele sind in etwa gleichmäßig im Untersuchungsgebiet verteilt: Vier Häuser kommen aus dem Unterland, zwei aus dem Vorland und zwei von der Schwäbischen Alb.

Hinsichtlich der Baujahre bilden sich zwei Gruppen: Die ersten fünf Beispiele stammen aus dem ersten Jahrzehnt des 17. Jahrhunderts, die drei übrigen aus den siebziger Jahren. Möglicherweise spiegelt sich in dem Zwischenraum das Ereignis des Dreißigjährigen Krieges. Währenddessen kann ein Erliegen der Bautätigkeit in ländlichen Gebieten vermutet werden (vgl. auch die Fassadenfronten in Strümpfelbach).

3.4.3 Gestaltmerkmale

Zur äußeren Hausgestalt

Auch hinsichtlich der Größe bilden sich zwei Gruppen:

Zu Beginn des Jahrhunderts finden sich drei große, zweistöckige Häuser mit Grundflächen von etwa 170 Quadratmetern und Stubenflächen mit zirka 30 Quadratmetern. Die Wohnräume liegen hier im Oberstock. In den Erdgeschossen sind Ställe und Wirtschaftsräume untergebracht.

Daneben kommen aber um 1600 und dann in den siebziger Jahren auch kleine ein- bis eineinhalbstöckige Gebäude mit Grundflächen von etwa 90 Quadratmetern und Stuben mit zirka 15 Quadratmetern vor.

Ein Vergleich mit den Grund- und Stubenflächen der Beispiele des 16. Jahrhunderts zeigt, dass in der Zeit vor dem Dreißigjährigen Krieg die Zahl der großen Gebäude zunahm, und dass daneben aber vor und nach diesem Krieg kleinere Gebäude mit fast der gleichen Größe von Grund- und Stubenflächen vorkamen wie im 16. Jahrhundert. Eine Sonderstellung nimmt der hinsichtlich der Grund- und Stubenfläche mittelgroße einstöckige Freitagshof ein, sein Funktionsprogramm beinhaltete neben der üblichen Wohneinheit noch eine Ausdingstube und einen großen Wirtschaftsraum.

Über den großen Häusern sind dreistöckige, über den kleinen Gebäuden zweistöckige Satteldächer errichtet, die in fünf Fällen an den Giebeln mehrere Vorsprünge von 15 bis 20 Zentimetern zeigen. Die Dachneigung liegt überwiegend bei etwa 55 Grad.

Mit Ausnahme des Beispiels aus Echterdingen sind alle Häuser giebelständig zur Straße angeordnet – anders als im 16. Jahrhundert, wo die meisten Beispiele traufständig zur Straße orientiert sind.

Fünf Gebäude sind traufseitig erschlossen, drei giebelseitig. Bei dem Beispiel aus Stetten findet sich eine stockhohe, traufseitige Außentreppe. Bei dem Beispiel aus Bissingen ist der giebelseitige Haupteingang durch eine siebenstufige Distanztreppe betont.

Zur inneren Hausstruktur

Nur eines der erfassten Gebäude war im ersten Bauzustand voll unterkellert, und nur eines hatte gar keinen Keller. Bei den Übrigen sind etwa 10 bis 33 Prozent der Grundflächen unterkellert. Die Keller sind teils gewölbt, teils mit einer Balkendecke versehen.

Die Grundrisse der Gebäude sind in fünf Fällen zweischiffig und bei drei Beispielen im Erdgeschoss dreischiffig gegliedert, wobei die mittlere Längszone in zwei Fällen schmaler ist (Bissingen und Gruibingen) als die außen liegenden Zonen und sich mit ihrer geringen Breite nicht als Tenne eignet. Im dritten Fall (Kirchberg) handelt es sich um eine Durchfahrt zum hinter dem Haus liegenden Hof mit angrenzender Scheune. In den Obergeschossen der beiden zweistöckigen dreischiffigen Häuser zeigen die Grundrisse wenigstens in Wohnteil und Dach wieder die gewohnte Zweischiffigkeit.

Die Anzahl der Querzonen differiert je nach Nutzungsprogramm zwischen zwei und fünf Jochen, wobei in fünf von acht Fällen die Dreiteilung der Hauslänge vorkommt.

Die Dreischiffigkeit der Häuser in Bissingen und Gruibingen kann verschiedene Ursachen haben: Beide Dörfer lagen zur Bauzeit nicht auf württembergischem Gebiet. Möglicherweise finden sich bei dem Beispiel aus Bissingen Einflüsse von Vorderösterreich aus dem Gebiet des Klosters St. Georgen und im Falle des Gruibinger Mittelflurhauses auf wiesensteigischem Gebiet von Bayern.

Bei dem Beispiel aus Kirchberg – das Dorf gehörte zum Stift Oberstenfeld – scheint dagegen eher eine Beeinflussung durch das städtische Ackerbürgerhaus vorzuliegen.

Die Grundrissauslegung der Wohnbereiche folgt in drei Fällen der Form 5 (Bissingen, Kirchberg und Gruibingen) und in einem Fall der Form 1 (Krohmerhaus Beuren). Diese Flächenanordnungen haben den Nachteil, dass die Kammer nicht neben der Küche liegt und deshalb nicht durch die Herdwand erwärmt werden kann.

Zwei Wohnungsgrundrisse (Freitagshof und Laichingen) sind entsprechend der Form 3 mit einer aus der Bundebene gegen die Stubenkammer verschobenen Herdwand ausgelegt, und zwei weitere entsprechen Form 2 mit Küchenflur (Echterdingen und Stetten). Die Tatsache, dass die Hälfte der Stubenkammern nicht erwärmbar war, erstaunt besonders angesichts der jüngsten Ergebnisse der historischen Wetterforschung: Für das 17. Jahrhundert wurde ein Zurückgehen der mittleren Jahrestemperaturen und der Beginn der so genannten kleinen Eiszeit ermittelt.[102]

Allerdings zeigen die entsprechenden Forschungsergebnisse, dass auch die beiden vorhergehenden Jahrhunderte deutlich kälter waren als gegenwärtige Temperaturen – und auch in dieser Zeit überwogen nicht erwärmbare Kammern.

3.4.4 Konstruktionsmerkmale

Rohbau

Tragwerk
Entsprechend den zwei- bis dreischiffigen und zwei- bis fünfzonigen Grundrissen finden sich Fachwerkgerüste mit konstruktiven Grundrastern von drei bis vier Längs- und drei bis sechs Querachsen. Während allein das Kirchberger Haus auf einen fast die ganze Grundfläche einnehmenden Keller mit einem 8,5 Meter überspannenden Stichtonnengewölbe gegründet ist, sind die übrigen Traggerüste größtenteils auf flachgegründete Fundamentmauern aufgesetzt. Nur das aufwendige Kirchberger Beispiel hatte schon im ersten Bauzustand ein Erdgeschoss mit gemauerten Umfassungswänden. Die ebenerdigen Stockwerke der übrigen Häuser waren bei der Erbauung in Fachwerk konstruiert.

Die Stockwerksbauweise hat sich im 17. Jahrhundert überall durchgesetzt: Alle acht Beispiele von Wohnhäusern sind auf diese Weise abgebunden. Ständerlängen von mehr als Stock(werks-)höhe kommen damit nur noch – und dies bis ins 20. Jahrhundert – bei Scheunenbauten vor.

Im Falle des Beispiels aus Bissingen läuft sogar der Dielenboden noch bis zum Hausgrund durch. Eine Verbindung zwischen Unterbau und Dachwerk besteht in keinem der dokumentierten Beispiele mehr.

Für die Grundschwellenkränze liegen mehrere Lösungen vor: So finden sich in Bissingen zwischen die Ständer gezapfte Schwellriegel, in Beuren wurden die Querschwellen auf die sehr kräftigen Längsschwellen aufgekämmt, in Gruibingen dagegen geschah dies genau umgekehrt. In Kirchberg und Laichingen sind die Schwellenkränze in gleicher Höhe verlegt und bündig verblattet.

Die Rähmkränze sind durchgehend einfach ausgelegt. Lediglich im Bereich der Tenne des Beurener Einhauses sind die Traufrähme im Bereich des fehlenden Deckengebälks als Sparrenauflager aufgedoppelt. Da man aber auch hier auf Aufschieblinge nicht verzichten konnte, musste eine bemerkenswerte Hilfskonstruktion geschaffen werden: Die Aufschieblinge finden ihr Auflager auf kurzen, schrägen Horizontalhölzern, die diesen aufgedoppelten Rähmen zwischen den Sparrenfüßen aufgeblattet sind (Abb. 43).

Vier der dokumentierten Dachstühle sind rein stehend ausgeführt, im ersten Dachgeschoss dreifach mit mittlerer Unterstützung. Zwei Beispiele zeigen auch im zweiten Dachstock einen Stuhl: Im Freitagshof ist dieser zweifach stehend und in dem Laichinger Haus nur einfach. Die Längsaussteifung erfolgt hier über Kopfbüge.

Die übrigen Stühle sind im ersten Dachgeschoss liegend ausgebildet, allerdings nur in den innen liegenden Bundebenen. An den Giebeln kommen keine liegenden Stühle vor.

Zur Längsaussteifung des liegenden Stuhls wurde im Beispiel aus Bissingen ein Mittelriegel hinzugefügt. Zusammen mit den sich kreuzenden, tief heruntergezogenen Kopfstreben zwischen Stuhlstrebe und Stuhlpfette wurde damit eine flächige Dachaussteifung erreicht.

Hinsichtlich der ursprünglichen Dachdeckungen liegt bei den kleineren Häusern die Vermutung von Strohschaubendeckung – eventuell mit Lehmschlag – nahe. Die größeren und repräsentativeren Gebäude des 17. Jahrhunderts (Bissingen und Kirchberg) könnten aber auch schon eine Dachhaut aus Biberschwänzen besessen haben.

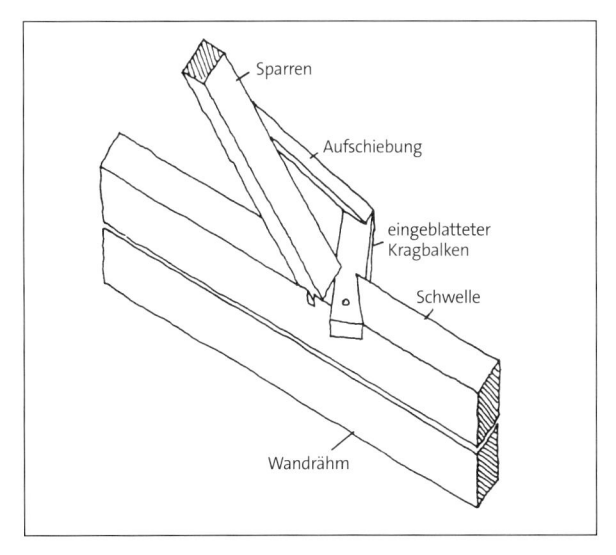

Abb. 43 Beuren, Keltergasse 9, Konstruktion des Dachüberstandes an der südwestlichen Traufseite. Schematische Darstellung (Zeichnung: C. Homolka)

Gefüge

Beide möglichen Systeme, das Traggerüst gegen horizontale Verschiebung zu sichern, nämlich die Einzelständeraussteifung und die Wandflächenaussteifung, kommen nebeneinander an allen erfassten Häusern vor: Allerdings überwiegt die flächige Wandaussteifung durch Schwelle-Rähm-Streben generell an den Trauf- und Innenwänden.

Die motivisch ältere Ständeraussteifung taucht dagegen im Wesentlichen nur noch an den Schaugiebeln der erfassten Häuser auf. Dort werden die Dachdreiecke mit dem oben beschriebenen Zierverband aus wechselnd mit hohen und niedrigen Fußstreben ausgesteiften Bund- und Wandständern hervorgehoben. Daneben findet sich dieses Prinzip der Einzelholzaussteifung auch fast durchgehend bei der Längsaussteifung der Dachstühle.

Doch schon unterhalb der Dachdreiecke zeigen sogar die Schau-Giebelwände wie auch die rückwärtigen Giebel fast ohne Ausnahme Wandaussteifungsfelder mit Schwelle-Rähm-Streben.

Mehrfach kommen kleinere Andreaskreuze – in Gruibingen sogar gedoppelt – und kurze schräge Einzelstrebchen als schlichte Zierelemente, insbesondere in den Spitzen der Giebelfassaden, vor.

Wandbildung

Wie schon an den prächtig ausgeführten Strümpfelbacher Häusern des 16. Jahrhunderts findet sich auch an dem ursprünglich reicheren Kirchberger Bau ein Erdgeschoss mit massiv in Bruchstein-Mauerwerk errichteten Außenwänden, deren Ecken und Öffnungen mit Werkstein gefasst sind.

Die Erdgeschosswände aller übrigen erfassten Häuser waren in Fachwerk ausgeführt. Dabei überwiegt das Vorkommen von zwei Riegeln, die asymmetrisch nach oben aus den Drittelspunkten der Stockwerkshöhe verschoben sind. In Laichingen auf der Schwäbischen Alb kommt auch noch in der zweiten Hälfte des 17. Jahrhunderts nur ein Riegel zur Anwendung.

Die Fensterbildung der Kammern und Nebenräume der untersuchten Beispiele folgt überwiegend der Form 3 mit mittigem Wandständer und zwei flankierenden Fensterstielen, die auf dem Brustriegel stehen und den Sturzriegel überblatten.

Am Freitagshof und den Häusern aus Bissingen, Kirchberg, Laichingen und Echterdingen sind Stubenfenstererker belegt, für die übrigen Häuser dürfen sie vermutet werden.

Der in den Umrissen noch erhaltene Erker am Rückgiebel des Bissinger Hauses gibt einerseits eine Vorstellung, wie man sich die Erkerdetails um 1600 vorzustellen hat – einschließlich des Hinweises, dass hier auch Horizontal-Schiebeläden vorkamen. Andererseits belegt der Erker an dieser Stelle, dass dieses Haus an der Südostecke eine zweite Stube hatte, die von der an gleicher Stelle ursprünglich wohl größeren Küche aus beheizt werden konnte. Diese Anordnung einer weiteren Stube im Zusammenhang mit Mittelflurgrundrissen kommt auch im 18. und 19. Jahrhundert vor (siehe dazu das Beispiel Bietigheim-Bissingen, 18. Jahrhundert).

Zahlreiche Stakungslöcher an den untersuchten Innen- und Außenwänden belegen, dass hier als Ausfachung immer noch lehmbeworfenes Rutengeflecht verwendet wurde anstelle der in der Landbauordnung von 1567/68 vorgeschriebenen Bruchstein-Ausriegelungen.

Ausbau

Feuerstellen und Rauchabzüge

Ähnlich wie bei den Ausfachungen verhält es sich bei der Rauchableitung: Entgegen den Bauordnungen von 1567/68 und 1655, die gemauerte „Kemmeter" vorschreiben, sind fast alle Dächer bis ins erste Dachgeschoss stark verrußt. Daraus kann geschlossen werden, dass der Rauch frei durchs Dach abziehen konnte oder dass die in den Bauordnungen untersagten „gekleibeten Kemmeter" nach einigen Jahren so undicht wurden, dass der Rauch sich trotzdem frei ausbreiten konnte.

Bei den Beispielen aus Laichingen und Gruibingen gibt es Belege, dass die Küche noch, wie bei den Firstständerhäusern des 15. Jahrhunderts vermutet, zum Dachraum hin offen war. Dort war durch Lehmgeflechtwände ein Rauchgaden ausgegrenzt, der wohl zum Räuchern genutzt wurde. Über dem Herd hat man sich auch hier einen Funkenschirm vorzustellen.

Die vorhandene Dachverrußung erlaubt in jedem dieser Häuser den ursprünglichen Platz der Herdstelle genau zu bestimmen und damit auch den der Hinterladeröfen in den Stuben.

Nur am Beispiel aus Stetten ist im Dach des 17. Jahrhunderts kein Rußbesatz zu finden. Dies belegt, dass schon mit dem Neubau ein wohl auf der Küchendecke aufgesetzter Kamin über Dach installiert worden war.

In drei Fällen waren die Küchen von zwei heizbaren Räumen flankiert (Freitagshof, Bissingen, Kirchberg). Vielleicht ist es nur ein Zufall, dass alle drei Fälle vom Beginn des Jahrhunderts stammen.

In einem Fall, beim Freitagshof, konnte ein an die Küchenaußenwand angebauter, von innen gefeuerter Backofen nachgewiesen werden. Dessen Rauch zog – wie der von Herd und Stubenofen – in einen von einer Rauchschürze aus der übrigen Küche ausgeschiedenen Rauchfang ab. Diese Rauchschürze war mit einem an zwei kurzen, verblatteten Hängehölzern am Dach aufgehängten Balken konstruiert (siehe Plansammlung,

Querschnitt und Grundriss). Etwa mittig darüber markierte eine etwa quadratische Auswechslung im Deckengebälk das Rauchabzugsloch. Im darüberliegenden Dachbereich fand sich zentimeterdicker Glanzruß.

Wasser
Zum Umgang mit Wasser gibt es wieder nur spärliche Hinweise: Beim Beispiel Gruibingen konnte B. Lohrum einen runden Brunnenschacht im Küchenbereich nachweisen, und im Bereich des rückwärtigen Giebels des Echterdinger Hauses fand sich ein ebenfalls runder, quadergemauerter Brunnen, der sogar noch Wasser führte.

Der 87-jährige letzte Besitzer des Freitagshofs in Wernau erzählte, er selbst habe den „Schüttstein" in den zwanziger Jahren entfernt, als das „fließende Wasser kam". Er beschrieb ihn als rechteckigen Sandsteintrog mit die Wand durchstoßendem Wasserspeier ins Freie (siehe Plansammlung, Grundriss).

Aborte
Über die Aborte lässt sich wiederum wenig sagen: Fast alle vorgefundenen Aborte unserer Beispiele stammten aus dem 19. Jahrhundert. Allein am Beispiel Bissingen belegt das originale Fachwerk an der rückwärtigen Traufe mit einer türartigen Öffnung, dass der hier noch vorhandene Abtritt schon im 17. Jahrhundert, in den Obergeschossgrundriss integriert, vorhanden war.

Treppen
Gesicherte Hinweise auf Treppen des 17. Jahrhunderts finden sich in Beuren und Kirchberg mit auf Kanthölzer aufgesattelten Keilstufentreppen. Alle anderen vorgefundenen Stiegen waren mit in die tragenden Wangen eingeschobenen Trittstufen konstruiert, teils mit, teils ohne Setzstufe. Es fand sich aber nirgends ein zwingendes Argument, eine dieser eingeschobenen Treppen dem 17. Jahrhundert zuzuweisen.

Türen
In fast allen Häusern belegen die in Türständer und -stürze eingearbeiteten Fälze, dass die Türen der Bauernhäuser im 17. Jahrhundert noch direkt an die Fachwerkkonstruktion angeschlagen wurden. Hinweise auf Futter und Bekleidungen fanden sich nicht.

Genauso wenig wurden aber auch Angellöcher für Wendebohlen beobachtet, was jedoch nicht heißt, dass Holzangeltüren schon endgültig „aus der Mode" gewesen wären.

Zum einen waren in der Zwischenzeit die älteren und tieferliegenden Sturzriegel sehr häufig entfernt worden, um die Durchgangshöhe zu vergrößern. Zum anderen sind solche altertümlichen Türmodelle sogar noch bis ins 19. Jahrhundert hinein belegt (siehe Beispiel aus Weissach-Flacht).

Allein im Dach des Freitagshofs hatte ein – jedenfalls relativ altes – Türblatt den Ausbau in späteren Zeiten überstanden: Es handelte sich um ein Blatt aus zwei gehobelten, etwa drei Zentimeter starken Brettern, die verleimt und durch waagerechte Gratleisten miteinander verbunden waren. Direkt daneben waren auf dem einen Brett zwei kurze, schmiedeeiserne Langbänder aufgenagelt, die an den Kloben im Türständer eingehängt waren. Auf dem anderen Brett befand sich ein einfaches Federschloss mit Klinke als Verschluss (Abb. 44). Auf der Raumseite war mit aufgenagelten, einfach profilierten Brettern eine zweifache Kassettierung gestaltet. Möglicherweise handelte es sich dabei um die frühere Stubentür des Freitagshofs.

Ein altes Foto des Kirchberger Hauses zeigt ein mit senkrechten Staketen vergittertes, zweiflügliges Kellertor (Abb. 45).

Fenster
Leider liegen keine konkreten Befunde von Fenstern vor, die zweifelsfrei dem 17. Jahrhundert zugewiesen werden könnten. Bei fünf Beispielen kann anhand nachgewiesener Stubenfenstererker belegt werden, dass die Größen von Stuben-, Kammer- und Küchenfenstern noch im 17. Jahrhundert – wie schon in den vergangenen Jahrhunderten – verschieden waren: Den großen, querrechteckigen und meist über das Stubeneck laufenden Lichtöffnungen der Stuben standen die kleineren (etwa 45 auf 70 Zentimeter), meist paarig um einen Wandständer angeordneten Fenster der Nebenräume gegenüber. Da diese „Regel" noch in der ersten Hälfte des 18. Jahrhunderts durchweg angewendet wurde, kann

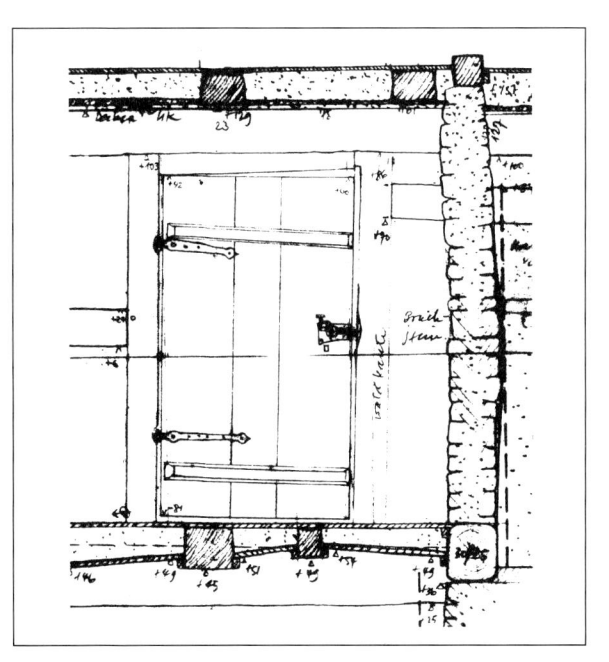

Abb. 44 Wernau, Haus Freitagshof 11, Türblatt des 17. Jahrhunderts, Ausschnitt aus dem Längsschnitt der Bauaufnahme (Büro Gromer)

Abb. 45 Kirchberg an der Murr, Haus Alte Straße 17, Fassadendetail mit Gittertor und Klappläden des 17. Jahrhunderts (aus: SCHAHL, Rems-Murr-Kreis, S. 501)

davon ausgegangen werden, dass sie auch zum Standard des 17. Jahrhunderts gehörte.

Für die Stubenfenster kann, wie schon im 16. Jahrhundert, ein Verschluss mit kleinen Glasscheiben angenommen werden: entweder in Blei gefasst oder auch als Steckscheiben in eng sprossierten Holzrahmen ohne Kittfalz.

Für die Fensterläden liegt anhand von Nuten im Brust- beziehungsweise Sturzriegel in fünf Fällen der Beleg von inneren Horizontalschiebern vor, darunter am Bissinger Beispiel, das auch außen an einem Fenstererker waagerecht verschiebbare Läden zeigt. Unklar ist, ob dies die Regel war. Da Vertikal-Ziehläden aber zuletzt für das Jahr 1808 belegt und erst danach endgültig verboten worden sind, ist anzunehmen, dass sie auch im 17. Jahrhundert vorgekommen sind.

Bei den vier übrigen Beispielen handelt es sich um innere Horizontal-Schiebeläden an Kammer- und Bühnenfenstern. In drei Fällen belegen umlaufende Außenfälze an Fensterhölzern des 17. Jahrhunderts, dass es aber auch Klappläden gegeben hat. Das Kirchberger Beispiel zeigt im Erdgeschoss sowohl horizontale wie vertikale, nach oben und unten aufgehende Klappläden, Letztere zu einem Kaufladen der Erbauungszeit gehörig.

Ausstattung und Dekor

Stubenausstattung

Zur Ausstattung der Stuben liegen für das 17. Jahrhundert nur vereinzelte Befunde vor: So konnte durch die Bauuntersuchung des um 1600 erbauten Freitagshofs anhand der genuteten Deckenbalken nachgewiesen werden, dass die Stube im ersten Bauzustand der einzige Raum des Hauses war, dessen Decke eine Lehmwickelisolierung besessen hat. Alle anderen Räumen waren nur durch Bretterdecken vom Dachraum getrennt – auch die Küche.

Das späte Vorkommen einer Bretterbalkendecke um 1677 in Laichingen ist wohl mit der verzögerten Entwicklung auf der Albhochfläche erklärbar. Die Decke war wie die des Dosterhofs nicht untergehängt, sondern auf einem Niveau mit dem Deckengebälk durch Verdichtung der Balkenlage quer zur Firstrichtung eingezogen.

Ein Beispiel einer vertäferten Stubendecke findet sich in der Genkinger Talmühle: Sie besteht aus Kassettenfeldern, die durch reich profilierte, unter die Stöße genagelte Leisten eingefasst werden (Abb. 46).

Befunde über Wandvertäferungen des 17. Jahrhunderts liegen nicht vor. Doch muss es auch im 17. Jahrhundert vertäfte Stuben gegeben haben, wie andernorts dokumentierte Beispiele zeigen.

Die Selbstverständlichkeit, mit der die Bauordnungen von 1567/68 und 1655 über Bodenbeläge aus geschlagenem Lehm, Estrich und Steinplatten ohne speziellen Hinweis auf Küchen sprechen, lässt die Annahme zu, dass auch Stubenböden im Erdgeschoss und im ersten Obergeschoss mit einer Estrichauflage aus Lehm oder einer Kalk-/Ziegelsplitt-Auflage versehen gewesen sein könnten.

Dekor

Dekor spielt an den Häusern des 17. Jahrhunderts nicht mehr die gleiche Rolle wie am Ende des 16. Jahrhunderts: Zwar zeigt jedes Haus am Schaugiebel den beschriebenen Zierverband mit rhythmischem Wechsel

Abb. 46 Genkingen, Gemeinde Sonnenbühl, Kreis Reutlingen, Talmühle 1, Kassettenfelderdecke der Stube aus dem 17. Jahrhundert

von hohen und niederen Fußstreben. Schnitzereien wurden aber nicht mehr beobachtet.

Als Ausnahme mag ein giebelseitig erschlossenes Haus aus Neckarwestheim gelten, das laut Inschrift am Fachwerk in das Jahr 1673 datiert ist. Allerdings deuten die Werksteindetails des Erdgeschosses und die Details des Schnitzdekors darauf hin, dass es sich 1673 lediglich um eine Reparatur gehandelt haben wird: mit Erneuerung der beiden mit Weinlaub beschnitzten Eckständer im ersten Obergeschoss sowie der Stuhlständer im zweiten Dachgeschoss (Abb. 47).

Die beiden großen Häuser aus Bissingen und Kirchberg geben Belege für Farbfassungen der Fassaden mit gelben Balkenverbreiterungen und schwarzen Begleitstrichen zu weißen Gefachfeldern. Dazu zeigt das Kirchberger Haus am gemauerten Erdgeschoss seiner Schaufassade eine schwarze Rollwerkfassung (Abb. 45). Ergänzt wird diese Malerei durch die Eckquaderung und die Werksteingewände des Erdgeschossmauerwerks, wobei am Türgewände des Verkaufsladens eine Kartusche mit dem Baudatum 1609 eingemeißelt ist.

Dagegen belegen die drei Beispiele aus der zweiten Jahrhunderthälfte eine deutliche Zurückhaltung beim Dekor: Trotzdem zeigen die Schaugiebel noch Elemente des beschriebenen Zierfachwerks. Ein Beispiel für Farbfassung in dieser Zeit fand sich in Laichingen, als erstes Beispiel des so genannten „weißen Fachwerks". Hier wurde als unterste Farbschicht eine dicke, Balken und Gefache überziehende Kalkschlämme dokumentiert.

3.4.5 Bezug zu geltenden Bauordnungen

Aus den beiden Verordnungen unter Herzog Eberhard von 1621 und 1655[103] lassen sich – verglichen mit der in Aufmachung und Wortlaut nahezu identischen ersten Landesbauordnung von 1567/68 des Herzogs Christoph – wenig neue Schlüsse ziehen. Außer dem, dass die damaligen Anordnungen hinsichtlich der Feuerschutzmaßnahmen (Einbau von Kaminen, Ausriegelung des Fachwerks mit Bruchsteinmauerwerk) nur so zögerlich befolgt wurden, dass weiterer öffentlicher Druck notwendig wurde. Der Befund fast durchweg immer noch verrußter Dachwerke sowie zahlreicher „gestickter und gekleybeter" Wandausfachungen bestätigt diese Vermutung. So beschäftigen sich die hinzugefügten Textpassagen mit genaueren Regelungen für den Einsatz der „Undergänger", das heißt von Baukontrolleuren, die zweimal jährlich Begehungen durchzuführen hatten,[104] sowie mit einer Verschärfung der Strafandrohung, wenn die Bauordnung nicht befolgt wurde. Beispielsweise drohte dem Eigentümer eines Hauses, von dem ein Feuer auf ein Nachbarhaus übergegangen war, eine Strafe von 10 Gulden.

Allerdings enthält die Bauordnung von 1655 – im Wortlaut unverändert – immer noch das 1567 formulierte Verbot von Verblattungen und großen Stockwerksvorstößen. Doch zeigt der erfasste Baubestand, dass diese Bautechniken schon seit der zweiten Hälfte des 16. Jahrhunderts kaum mehr angewandt wurden.

Zum Schluss befasst sich die neue Bauordnung von 1655 mit der Festlegung neuer Akkordpreise in einer neuen Währung.

Fazit zum bäuerlichen Hausbau des 17. Jahrhunderts

Bis zum Beginn des Dreißigjährigen Krieges konsolidiert sich die Fachwerktechnik mit stockwerksweisem Abbund und gezapftem Gefüge, die im 16. Jahrhundert zur Blüte gekommen war. Die Zierfreudigkeit des späten 16. Jahrhunderts geht auch bei großen und reicheren Bauten deutlich zurück.

Der Dreißigjährige Krieg brachte die bäuerliche Bautätigkeit anscheinend weitgehend zum Erliegen. Nach dieser Zäsur wurden im letzten Drittel des 17. Jahrhunderts deutlich schlichtere Bauten erfasst, die die schwierigen Zeitläufte in dem ausgebluteten Land widerspiegeln.

Abb. 47 Neckarwestheim, Hauptstraße 30, 1673 inschriftlich datierter Straßengiebel: „ES LEBT KEIN HANTWERCKS MAN AUF DER WELT DER BAUWEN KAN DAS IEDER MAN GEFELT JACOB BUSSED ZIMMERGESELE VON BASEL ANNO 1673" (Zeichnung: Landesdenkmalamt)

3.5 Zur Entwicklung im 18. Jahrhundert

3.5.1 Merkmalsmatrix

18. Jahrhundert Die Angaben beziehen sich, wenn nicht anders erwähnt, auf den Erbauungszustand		74321 Bietigheim-Bissingen Ludwigsburger Straße 22	71254 Heimerdingen Schafhof 6	89197 Weidenstetten Geislinger Str. 42	73669 Lichtenwald-Thomashardt Schlichtener Weg 1	72667 Schlaitdorf Häslacher Str. 5	72770 Ohmenhausen Auf der Lind 3	71404 Korb Winnender Straße 26	73110 Hattenhofen Hauptstraße 32
Belegbasis	Gehöftform	Vierseithof mit Doppelscheune und Ausding	Einhaus	Selde, Einhaus	unklar Wohnstallhaus mit Ausding ?	Schafscheuer	Streckgehöft Einhaus	Einhaus mit Nebengebäude, Weinbau	Ackerbürgertyp Einhaus
	Naturraum	Neckarland	Neckarland	Alb	Alb	Albvorland	Albvorland	Neckarland	Albvorland
	Baujahr Umbauten Vorgängerbebauung	1715 (i) 19. Jahrhundert	1715 (d) 19. Jahrhundert	1733/34 (d) 19. Jahrhundert	1764/65 (d)	1764/65 (d)	1763 (d) 1778 (a) 1810 (d+i) um 1924	um 1775 (g) 19. Jahrhundert	Ende 18. Jahrhundert (g)
Außengestalt	Grundfläche	170 m²	165 m²	52 m²	130 m²	150 m²	210 m²	135 m²	175 m²
	Stubenfläche	27,5 m²	23,8 m²	14 m²	27 m²		20 m²	25 m²	20 m²
	Stockwerkszahl	2,5	2,5	1,5	2	1	2	2	2,5
	Stockwerkszahl Dach	3	3	2	3	2	2	2	2
	Stockwerksvorstöße	4 giebelseitige Vorstöße	3 giebelseitige Vorstöße	–	2 giebelseitige Vorstöße	–	1 giebelseitiger Vorstoß	–	–
	Dachform	Satteldach	Satteldach	Satteldach	Satteldach	Halbwalmdach	Satteldach	Krüppelwalmdach	Satteldach
	Dachneigung	ca. 54 Grad	ca. 52 Grad	ca. 54 Grad	ca. 55 Grad	ca. 54 Grad	ca. 52 Grad	ca. 55 Grad	ca. 56 Grad
	Orientierung zur Straße	giebelständig	traufständig	traufständig	giebelständig	traufständig	traufständig	traufständig	giebelständig
	Erschließung	giebel- und traufseitig, Außentreppe	traufseitig, Außentreppe	giebel- und traufseitig	giebelseitig	giebelseitig	traufseitig, Außentreppe	traufseitig	giebelseitig
Innenstruktur	Grundrissform Wohnung o = Stubenofen x = Küchenherd ▭ = Treppe	Form 2	Form 2	Sonderform (Selde) Form 2	Sonderform (Stallscheune)	Form 3	Form 3	Sonderform, verwandt mit Form 2
	Anzahl der Schiffe (Längszonen)	2	2	2	EG 3 OG 2	2	2	2	EG + ZG 3 OG 2
	Anzahl der Joche (Querzonen)	4 Scheune 4	4	2	3	4	3 + 1 + 2	4 Dach 3	5
	Keller (Unterkellerung in %)	75 %	45 %	70 %	–	–	75 %	33 %	10 %
Rohbau	Konstruktive Längsachsen	3	3	3	4/3	3	3	3	4/3
	Konstruktive Querachsen	5	5	3	4	5	4 + 1 + 3	5 Dach 4	6
	Fundament	Gewölbekeller	Balkenkeller	Balken- und Gewölbekeller	–	–	Balkenkeller	Gewölbekeller	Gewölbekeller
	Erdgeschoss	Mauerwerk	Fachwerk auf Grundmauer	Mauerwerk	Mauerwerk	Fachwerk auf Grundmauer	Mauerwerk, urspr. Fachwerk auf Grundmauer	EG: Mauerwerk	EG: Mauerwerk ZG + OG: Fachwerk
	Schwellen	Längs- und Querschwellen bündig	Längs- und Querschwellen bündig	Längs- und Querschwellen bündig	Längs- und Querschwellen bündig	Längs- und Querschwellen bündig	Längs- und Querschwellen bündig	Längs- und Querschwellen bündig	Längs- und Querschwellen bündig
	Abbund	stockwerksweiser Abbund; Scheune Geschossständerbau	stockwerksweiser Abbund	stockwerksweiser Abbund	stockwerksweiser Abbund	stockwerksweiser Abbund	stockwerksweiser Abbund	stockwerksweiser Abbund	stockwerksweiser Abbund
	Konstruktive Verbindung senkrechter Teil und Dach	keine Verbindung	keine Verbindung	keine Verbindung	keine Verbindung	keine Verbindung	keine Verbindung	keine Verbindung	keine Verbindung
	Maximale Abmessung der Bundständer (Holzart)	35 x 35 x 250 cm Nadelholz	25 x 25 x 440 cm Eiche und Nadelholz	17 x 17 x 190 cm Nadelholz	20 x 20 x 210 cm	30 x 40 x 250 cm Eiche und Nadelholz	20 x 20 x 220 cm 20 x 20 x 1000 cm (Scheune) Eiche und Nadelholz	20 x 20 x 225 cm Eiche und Nadelholz ?	22 x 22 x 250 cm
	Maximaler Ständerabstand	200 cm	350 cm	250 cm	160 cm	200 cm	200 cm	180 cm	200 cm
	Rähmkranz	einfach	einfach	einfach	einfach	einfach	einfach	einfach	einfach
	Dachkonstruktion	Sparrendach	Sparrendach	Sparrendach	Sparrendach	Sparrendach	Sparrendach	Sparrendach	Sparrendach
	Dachstuhl	stehend und liegend	stehend und liegend	liegend	liegend	liegend	stehend	liegend	stehend in Querwand integriert

Merkmalsmatrix

		74321 Bietig-heim-Bissingen Ludwigsburger Straße 22	71254 Heimer-dingen Schafhof 6	89197 Weiden-stetten Geislinger Str. 42	73669 Lichten-wald-Thomas-hardt Schlichtener Weg 1	72667 Schlait-dorf Häslacher Str. 5	72770 Ohmen-hausen Auf der Lind 3	71404 Korb Winnender Straße 26	73110 Hatten-hofen Hauptstraße 32
Rohbau	Dachdeckung	Biberschwanz-ziegel?	Stroh	Stroh?	Stroh?	Stroh?	Biberschwanz-ziegel?	Biberschwanz-ziegel?	Biberschwanz-ziegel?
	Gefügesystem	Wandaussteifung, Giebel Ständeraus-steifung	Wandaussteifung, Giebel Ständeraus-steifung	Wandaussteifung	Wandaussteifung	Wandaussteifung	Wandaussteifung, Giebel Ständeraus-steifung	Wandaussteifung, Giebel Ständeraus-steifung	Wandaussteifung
	Gefügehölzer	Andreaskreuze Schwelle-Rähm-Streben K-Streben Fußbänder	Schwelle-Rähm-Streben Fußbänder	Schwelle-Rähm-Streben	Schwelle-Rähm-Streben	Schwelle-Rähm-Streben	Schwelle-Rähm-Streben Fußbänder	Schwelle-Rähm-Streben	Schwelle-Rähm-Streben Fußbänder
	Holzverbindung Gefüge	gezapft, Strebe und Riegel verblattet	gezapft, Strebe und Riegel verblattet	gezapft, Strebe und Riegel verblattet	gezapft, Strebe und Riegel verblattet	gezapft, Strebe und Riegel verblattet	gezapft, Strebe und Riegel verblattet	gezapft, Strebe und Riegel verblattet	gezapft, Strebe und Riegel verblattet
	Anzahl der Riegel in den Hauptstock-werken	2	2	2	1	2	1–2	1	1–2
	Ausfachungs-material	Bruchstein	Lehmstroh und Bruchstein	Bruchstein	Lehmstroh und Bruchstein	Bruchstein	Lehmstroh und Bruchstein	Bruchstein	Bruchstein
	Fensterbildung	Form 3 Fenstererker	Form 3 Fenstererker	EG: Blockrahmen-fenster Form 3 (Giebel)	Form 4 Fenstererker?	Form 3	Form 4	Form 3 Fenstererker?	Form 4
Ausbau	Feuerstellen	Küchenherd 2 Hinterladeröfen	2? Küchenherde 2 Hinterladeröfen	Küchenherd Hinterladerofen	Küchenherd Hinterladerofen	–	1 Küchenherd 2 Hinterladeröfen	1 Küchenherd 1 Hinterladerofen	1 Küchenherd 1 Hinterladerofen
	Rauchabzug	2 Kamine im Dach Rauchfang	Kamin im Dach Rauchfang?	Kamin im Dach Rauchfang	Kamin im Dach Rauchfang?	–	Kamin im Dach Rauchfang	Kamin im Dach Rauchfang?	Kamin Rauchfang?
	Wasser	–							
	Abort	innen liegend Anbau	Aborterker an Küche	außen angebaut	Aborterker am Obergeschossflur	–	innen liegend	innen liegend?	Aborterker
	Treppen	eingeschobene Stufen Balustergeländer Leitern	Keilstufen eingeschobene Stufen	eingeschobene Stufen	?	Leitern	eingeschobene Stufen	eingeschobene Stufen	?
	Türen	Schmiedebänder	Schmiedebänder	Schmiedebänder	?	Schmiedebänder	Schmiedebänder Holzangeltor (1810)	Schmiedebänder	?
	Türblätter	Brettertür, Tür mit eingeschobenen Kassetten	Brettertür, Tür mit eingeschobenen Kassetten?	Brettertür, Tür mit eingeschobenen Kassetten		Brettertür	Brettertür, Tür mit eingeschobenen Kassetten	Brettertür, Tür mit eingeschobenen Kassetten	?
	Fenstergröße Stube – Küche – Kammer	verschieden	verschieden	gleich groß?	verschieden?	gleich groß	gleich groß	gleich groß?	gleich groß
	Fenster-verschluss	Vertikal-Ziehladen Klappladen Glasfenster	Vertikal-Ziehladen? Klappladen Glasfenster	Klappladen Glasfenster	Vertikal-Ziehladen? Klappladen Glasfenster	Horizontal-Schiebeladen	Vertikal-Ziehladen? Klappladen Glasfenster	Vertikal-Ziehladen? Klappladen Glasfenster	Vertikal-Ziehladen? Klappladen Glasfenster
	Stuben-ausstattung	Täferdecke? Wandtäfer?	Balkendecke Täferdecke?	Balkendecke Holzwand gegen Alkoven	Balkendecke?	–	Täferdecke Wandtäfer	Balkendecke	Balkendecke?
	Fußboden Stube	Holzfußboden	Holzfußboden	Holzfußboden	Holzfußboden	Lehmfußboden	Holzfußboden	Holzfußboden	Holzfußboden
	Dekor	Farbfassung außen und innen Zierfachwerk plastischer Dekor an Stein- und Holzteilen	weißes Fachwerk Graufassung innen Zierfachwerk	Farbfassung außen und innen?	? Außenputz?	–	Farbfassung außen und innen? Zierfachwerk Scheunentor (1810)	Farbfassung außen? Außenputz?	Außenputz?
	Bezug zu Bauordnungen	1655	1655	1655?	1752		1752	1752	1785
	Besonderheiten	groß siehe Freilicht-museum Beuren, Hof Wyrich aus Tamm siehe Bissingen/Teck, Vordere Straße 30, 2. Stube		klein Selde	Erdgeschoss drei-schiffig	Schafscheuer	in drei Bauphasen entstanden	Bundebenen-wechsel im Dach	Ackerbürgertyp dreischiffig im Erdgeschoss

3.5.2 Zur Belegbasis

Auch die für das 18. Jahrhundert ausgewählten Beispiele sind etwa gleichmäßig über den Untersuchungsbereich verteilt: Drei Gebäude stammen aus dem Neckarland beziehungsweise dem Gäu (Bietigheim-Bissingen, Heimerdingen und Korb). Drei Gebäude stammen aus dem Vorland der Schwäbischen Alb (Schlaitdorf, Ohmenhausen und Hattenhofen). Zwei Gebäude stammen von der Alb (Weidenstetten bei Ulm) und dem Ausläufer der Alb, dem Schurwald (Thomashardt).

Unter diesen acht erfassten Beispielen finden sich zwei Wohnstallhäuser von Gehöftanlagen und fünf Eindachhöfe, darunter eine nur 52 Quadratmeter große Selde, die aber ebenfalls Wohnung, Stall und Bergeraum unter einem Dach vereinigt. Mit der Vielzahl der Einhäuser zeigt sich hier ein gegensätzliches Bild zum 17. Jahrhundert, wo nur ein einziges Einhaus erfasst war. Außerdem wurde eine früher einzeln vor dem Ortsrand von Schlaitdorf stehende Schafscheune mit aufgenommen.

Auch die Baudaten sind etwa gleichmäßig über das Jahrhundert verteilt. Leider liegen für zwei Beispiele keine Dendrodaten vor, sondern nur Schätzungen anhand der Rohbaudetails von Tragwerk, Gefüge und Wandbildung.

3.5.3 Gestaltmerkmale

Zur äußeren Hausgestalt

Die bebauten Grundflächen je Wohneinheit differieren sehr stark: Während Wohnstallhaus und Scheune des Bissinger Gehöfts etwa 350 Quadratmeter einnehmen, kommt die Weidenstettener Selde – ebenfalls mit dem Grundprogramm von Wohn-, Stall- und Speicherflächen – mit einer Grundfläche von 52 Quadratmetern, also rund einem Siebtel, aus.

Bei den Stubenflächen beträgt der Unterschied von der kleinsten mit 14 Quadratmetern bis zur größten mit 30 Quadratmetern wie schon früher etwa 100%.

Insgesamt ergibt sich ein ähnliches Bild wie im 17. Jahrhundert: Die Häuser der dörflichen Oberschicht besitzen Wohnflächen von 130 bis 170 Quadratmetern, die der Mittelschicht 90 bis 100 Quadratmetern und die der Unterschicht 50 bis 70 Quadratmetern.

Die großen Grundflächen der dörflichen Oberschicht kommen allerdings auch durch ein größeres Raumprogramm zustande: durch weitere Stuben (Beispiele aus Bietigheim-Bissingen und Thomashardt) und zusätzliche Gesindekammern.

Sechs Beispiele haben zwei- bis zweieinhalb Stockwerke, nur zwei sind ein- bis eineinhalbstöckig. Darüber sitzen je nach Gebäudebreite zwei- bis dreistöckige Satteldächer mit Neigungen von etwa 55 Grad. Die wetterempfindlichen Giebelspitzen sind bei zwei Beispielen durch einen Halb- beziehungsweise Krüppelwalm geschützt. In vier Fällen kommen Giebelvorsprünge vor – mit abnehmender Tendenz gegen Ende des Jahrhunderts.

Zwei Gebäude besitzen überhaupt keinen Keller, und nur eines steht fast vollständig auf einem älteren Gewölbekeller. Bei den übrigen fünf sind zwischen 25 und 75 Prozent der Grundflächen unterkellert, wobei sich Gewölbe und Balkendecken die Waage halten.

Zur inneren Hausstruktur

Fünf Gebäude sind traufständig, drei giebelständig zur Straße angeordnet, drei sind giebelseitig und vier traufseitig erschlossen, drei davon über stockhohe Außentreppen.

Die Anordnung von Küche, Stube und Stubenkammer um den Treppenflur herum folgt in zwei Fällen der Form 3, bei der die aus der Bundebene gegen die Stubenkammer verschobene Feuerungswand der Küche die Erwärmung von Stube und Stubenkammer erlaubt.

Dagegen kommt Form 2 mit Flurküche und nicht heizbarer Kammer viermal vor. Das Beispiel aus Heimerdingen zeigt eine Variante, in dem die Flurwand der Flurküche so weit in den Bereich der Stube verschoben wird, dass eine Heizverbindung zur Stube entsteht.

Weil die Selde aus Weidenstetten so klein ist, findet sich bei diesem Grundriss eine Sonderform. Hier nimmt die Stube mit einem nur durch eine Bretterwand abgetrennten Alkoven die südliche Längszone ein. Damit entsteht hinter der Küche eine gefangene, allerdings ebenfalls heizbare Kammer.

Der Schlaitdorfer Schafstall zeigt die Sonderform einer an beiden Giebeln erschlossenen, vierjochigen Scheunenhalle.

Die Grundrisse sind in sechs Fällen durchgehend zweischiffig ausgelegt. Bei zwei Beispielen (Thomashardt und Hattenhofen) finden sich im Erdgeschoss drei Längszonen: In Thomashardt handelt es sich jedoch nur um einen Mittellängsflur des giebelseitig erschlossenen Wohnstallhauses, dessen geringe Breite und Stockhöhe eine Tennenfunktion nicht erlaubt. In Hattenhofen läuft die firstparallele Mitteltenne nur im Erdgeschoss über die volle Hauslänge durch, im Zwischengeschoss nur noch über die halbe Länge. In den Obergeschossen findet sich dann auch bei diesen Häusern wieder eine reine Zweischiffigkeit.

Die Zahl der Querzonen differiert je nach Nutzungsprogramm zwischen zwei und sechs Querzonen: Auf vier bis sechs Joche ausgelegt sind die fünf Einhäuser, das große Wohnstallhaus aus Bietigheim-Bissingen mit seiner ebenso großen Scheune und die Schafscheune aus Schlaitdorf. Das Wohnstallhaus aus Thomashardt zeigt nur drei, die Selde aus Weidenstetten sogar nur zwei Joche.

Insgesamt kann festgestellt werden, dass sich die Außengestalt und die innere Struktur der Bauernhäuser im 18. Jahrhundert, verglichen mit dem 17. Jahrhundert nur wenig verändert hat. Als gravierendster Unterschied erscheint die deutliche Entwicklung im 18. Jahrhundert hin zum Einhaus, während im 17. Jahrhundert fast nur Gehöftanlagen erfasst worden waren.

3.5.4 Konstruktionsmerkmale

Rohbau

Tragwerk
Entsprechend der Flächenauslegung in den Längs- und Querzonen finden sich überwiegend Konstruktionsraster von drei Längs- und drei bis sieben Querachsen. Die vorhandenen Ansätze zu vier Längsachsen beschränken sich jeweils auf nur das untere Stockwerk und bilden so keine durchgehenden Längsbundebenen. In der zweiten Jahrhunderthälfte kommen weitere Abweichungen vom strengen Bundebenenraster vor:
– Im Dachwerk des Beispiels aus Korb werden die beiden Querachsen der Flurzone mittig über dieser zu einem einzigen Dachbund zusammengelegt – welcher inzwischen wegen Überlastung an beiden Auflagern völlig abgebrochen ist!
– Der Rhythmus der zehn Bund- und Wandständer in den Traufwänden der Schlaitdorfer Schafscheuer ist nicht in Einklang mit den drei Innenstützen und den darüberliegenden Dachbünden zu bringen.

Diese ersten Auflösungserscheinungen des althergebrachten Grundrasters lassen sich gleichzeitig auch im städtischen Hausbau des ausgehenden 18. Jahrhunderts beobachten. Man kann darin möglicherweise die ersten Äußerungen des noch in den Kinderschuhen steckenden Bauingenieurwesens sehen, das die Wandbildung im Fachwerk nur als Bildung eines verputzten Gitterträgers interpretieren konnte – wenn auch noch nicht immer ganz gekonnt, wie das Beispiel aus Korb zeigt.

Über die Fundamentierung der Häuser lässt sich nichts anderes sagen als im vorhergehenden 17. Jahrhundert: Mit Ausnahme der unterkellerten Partien finden sich in den teils gemauerten, teils in Fachwerk ausgeführten Erdgeschossen niedere oder stockhohe, etwa 50 bis 60 Zentimeter starke Grundmauern – allerdings ohne frostsichere Fundamenttiefe. Darauf sind durchgehend bündig abgezimmerte Mauerlatten- und Schwellenkränze verlegt.

Der stockwerksweise Abbund wird durchgehend und ohne Ausnahme angewendet. Zwischen Unterbau und Dach besteht außer der Lastabtragung keine konstruktive Verbindung mehr. Rähmaufdoppelungen kommen nicht mehr vor.

Die Dachwerke sind ohne Ausnahme als Sparrendächer konstruiert, wobei stehende und liegende Stühle vorkommen – in drei Fällen der größeren Häuser sogar kombiniert mit liegenden Stühlen im ersten Dachgeschoss und stehenden im zweiten Dachgeschoss.

Die Dachdeckung war in der Regel wohl entweder in Biberschwanz-Einfachdeckung mit Steckschindel-Dichtung oder als Strohschauben-Deckung mit Lehmschlag ausgeführt.[105]

Die konsequent holzsparende Anwendung der Stockwerksbauweise führt zu enger werdenden Fachwerkgittern und geringeren Holzquerschnitten: So nehmen die maximalen Abmessungen der Bundständer im Laufe des Jahrhunderts etwa von 35 mal 35 mal 250 Zentimetern auf 20 mal 20 mal 220 Zentimeter und die maximalen Ständerabstände von dreieinhalb auf unter zwei Meter ab.

Gefüge
Das Gefüge der Aussteifungshölzer ist überwiegend auf die Wandflächen und weniger auf die winkelrechte Fixierung von Einzelhölzern gerichtet. Ständeraussteifung kommt nur noch in den Dachdreiecken der Schaugiebel als Zierform vor. Alle übrigen Wände sind flächig durch Schwelle-Rähm-Streben und damit verblattete ein bis zwei Riegelketten ausgesteift.

Die Längsaussteifung im Dach erfolgt überwiegend auf die Fläche bezogen, wobei zunehmend auch die Mittellängswände miteinbezogen werden.

Wandbildung
Die Fensterbildung erfolgt in der zweiten Hälfte des Jahrhunderts in drei Fällen nach Form 4 mit flankierenden Fensterständern von Schwelle zu Rähm.

Bei zwei Beispielen vom Anfang des 18. Jahrhunderts (Bietigheim-Bissingen und Heimerdingen) können noch ursprüngliche Stubenfenstererker belegt werden und entsprechend kleinere gekuppelte Nebenraumfenster nach Form 3. Bei zwei weiteren kann für den ersten Bauzustand eine ähnliche Lösung vermutet werden.

Die Selde aus Weidenstetten besitzt als einziges Beispiel im Wohngeschoss etwa fünfzig Zentimeter dicke Natursteinmauern als Außenwände, in die querformatige Fenster als holznagelgesicherte Block-Rahmen eingesetzt sind. Allerdings weisen die Ziegelverwahrung am Fuß des westlichen Giebeldreiecks und Unebenheiten an der gleichen Partie des östlichen Eingangsgiebels

Abb. 48 Gebäude aus Bremelau bei Münsingen

darauf hin, dass es sich hier wahrscheinlich um eine nachträgliche Ummantelung des Fachwerks aus dem ersten Bauzustand handelt.

Dieses Phänomen ist auf der östlichen und südlichen Alb etwa von der Mitte des 18. Jahrhunderts an häufig zu beobachten. Wahrscheinlich spiegelt es einerseits das zunehmende Komfortbedürfnis und andererseits den – verglichen mit heute – damals deutlich niedrigeren Mittelwert der Jahrestemperaturen wider.

Ein weiteres Beispiel für eine Isolierungsmaßnahme durch Mauerwerk im Bereich der Stube im Erdgeschoss zeigt ein Haus aus Bremelau bei Münsingen (Abb. 48): Über der Traufseite der Stube überbrückt ein ziegelgedecktes und barock profiliertes Gesims die Krone der Vormauerung auf dem ursprünglichen Fachwerk. Am Fuß des Giebeldreiecks ist der gleiche Sachverhalt wie in Weidenstetten zu beobachten, ebenso bei dem Beispiel aus Tomerdingen (15. Jahrhundert).

Die von der Landbauordnung aus Feuerschutzgründen vorgeschriebenen Bruchsteinausfachungen sind im Hinblick auf ihre Wärmedämmfähigkeit völlig ungenügend. Aber die Befunde zeigen, dass sie sich nach 1665 offenbar durchgesetzt haben. Ausfachungen aus armiertem Lehm kommen nur noch bei Innenwänden im Dach und bei Scheunen vor.

Ausbau

Feuerstelle und Rauchabzug

Am Heiz- und Feuerungssystem hat sich während des 18. Jahrhunderts gegenüber früher wenig geändert: In den Küchen standen gemauerte Herdstellen, wo auf offenem Feuer gekocht und von wo aus der Hinterladerofen der Stube geschürt wurde. Bei zwei Beispielen ist die Küche jeweils von zwei durch Hinterladeröfen beheizbare Stuben flankiert.

Wie schon bei der Verwendung von Bruchsteinausfachungen zu sehen war, wurden die im Hinblick auf die Brandverhütung verschärften Bauvorschriften im 18. Jahrhundert nun tatsächlich beachtet. So zeigen die durchweg nicht mehr verrußten Dachwerke, dass sich auch beim Bau der Feuerstellen ein neues Sicherheitsbewusstsein gebildet hat. Über den Herdstellen wurden jetzt kleinere, sich nach oben konisch verjüngende Rauchfänge an schmiedeeisernen Bändern am Deckengebälk aufgehängt. Über dem Rauchabzugsloch saß ein ebenfalls nach oben leicht konisch zulaufender, gemauerter und häufig seitlich verzogener Schlot, der den Herd- und Ofenrauch übers Dach oder wenigstens in den Firstbereich ableitete. Leider sind solche Küchenessen aus dem 18. Jahrhundert nicht mehr erhalten, aber meist noch an den Deckenauswechslungen nachweisbar; sehr vereinzelte Beispiele gibt es noch aus dem frühen 19. Jahrhundert (siehe Beispiel Flacht, 19. Jahrhundert).

Diese auf die Decken aufgesetzten Schlote hatten jedoch den gravierenden Nachteil, dass ihr erhebliches Gewicht mit der Zeit zur stärkeren Durchbiegung der Deckenbalken führte. Es kam dann zum Absacken und zur Rissbildung an den Schloten – und damit stieg erneut die Gefahr von Bränden. Deshalb wurden diese Schlote fast alle im Laufe des späteren 19. Jahrhunderts entfernt und durch sich selbst tragende, vom Erdgeschoss bis über das Dach durchgemauerte Kamine ersetzt. Solche Kamine konnten wegen ihres geringen Platzbedarfs variabler im Grundriss angeordnet werden und erlaubten auch die Beheizung von bis dahin nicht erwärmbaren Räumen durch Vorderladeröfen, so genannte Windöfen, bei denen der Rauch durch Ofenrohre in den Kamin geleitet wurde.

Wasser

Zum Umgang mit Wasser liegen bei allen acht Beispielen keinerlei Baubefunde vor, leider auch nicht zu

Schüttsteinen, die mit Beginn der öffentlichen Versorgung mit fließendem Wasser im 20. Jahrhundert insgesamt ungebräuchlich und deshalb entfernt wurden.

Aborte

Dagegen mehren sich die Abortanlagen, die nachweislich aus dem ersten Bauzustand stammen: In drei Beispielen finden sich innen liegende Aborträume (Bietigheim-Bissingen, Ohmenhausen und Korb), in drei weiteren Fällen sind Aborterker noch vorhanden oder am „Donnerbalken" im Fachwerk nachweisbar (Heimerdingen – dort war der Aborterker durch die Küche zugänglich, Thomashardt und Hattenhofen). In Weidenstetten war außen neben der Haustür, etwas zurückgesetzt, ein frei stehendes Bretterhäuschen aufgeschlagen. Die Fäkalien wurden in ausschöpfbaren Werksteinträgen aufgefangen.

Treppen

Eine aufgesattelte Treppe der Bauzeit kommt nur noch in einem Fall (Heimerdingen) vor, und auch hier ist eine Zweitverwendung nicht auszuschließen.

In den übrigen Fällen finden sich im Bestand durchgehend eingeschobene und gestemmte Wangentreppen, von denen die eine oder andere durchaus noch aus dem 18. Jahrhundert stammen könnte. Der Querschnitt des Hauses aus Bietigheim-Bissingen zeigt zum Beispiel einen originalen Rest des aus Balusterbrettern gebildeten Geländers (siehe Plansammlung).

Grund für die Ablösung der vom Zimmermann auf einfache Art herstellbaren aufgesattelten Keilstufentreppen durch die gestemmten und eingeschobenen Stiegen könnte weniger die Materialersparnis sein, die mit diesen moderneren Treppen möglich war, sondern eher ein verstärktes Angebot an Schnitthölzern und der gewachsene Bedarf an feineren, veredelteren Produkten, die sich eine in wachsendem Wohlstand lebende Gesellschaft leichter leisten konnte.

Türen

Die Türen werden nach wie vor mit schmiedeeisernen Bändern und Kloben an Fachwerkständern direkt angeschlagen, zunehmend in Verbindung mit Blendrahmen-Verkleidungen der Laibungen. Zwei Formen von Blättern kommen vor:
– Brettblätter mit Gratleisten und geschmiedeten Langbändern
– gestemmte, „bessere" Türen, zwei- bis vierfach kassettiert, die häufig schlicht profiliert sind. Die Beschläge solcher Türen zeigen im früheren 18. Jahrhundert teilweise reich verzierte Doppel-S-Formen. Gegen Ende des Jahrhunderts kommen Plattenbeschläge mit halbrunden Verzierungen in Verbindungen mit Stützkloben auf.

Abb. 49 Hof Mannsperger aus Tamm, Innentüre des 18. Jahrhunderts, Bestandsaufnahme und Rekonstruktion (Skizze: R. Hekeler)

Abb. 50 Hof Mannsperger aus Tamm, Haustür des 18. Jahrhunderts

Blendrahmen kommen – zum Teil kräftig profiliert – auch schon zu Beginn des Jahrhunderts vor. Haustüren werden mit dekorativ aufgedoppelten Bretterlagen verstärkt. Beide Formen finden sich an dem im Freilichtmuseum Beuren wieder aufgebauten Hof Mannsperger aus Tamm (Abb. 49 und 50). Dessen Hoftor ist aber immer noch in der althergebrachten Holzangeltechnik angeschlagen.

Fenster

In zwei Fällen (Bietigheim-Bissingen und Heimerdingen) sind Stubenfenstererker belegt. Allerdings konnten hier die vermutlich zugehörigen Ziehladen-Vorrichtungen noch nicht sicher rekonstruiert werden. Die Rekonstruktion der Fassaden des Hauses Mannsperger aus Tamm zeigt aber entsprechend den Befunden, dass neben dem über Eck laufenden, großen Stubenerker auch zwei kleinere, erkerartige Fenster an der Stubenkammer und einem zweiten, heizbaren Raum jenseits der Küche vorhanden waren. Es entstand so ein lebhafter Wechsel von größeren und kleineren Fensteröffnungen. Auch bei vier weiteren Beispielen sind für den ersten Bauzustand große Stubenfenster und kleinere, gekuppelte Öffnungen der Nebenräume anzunehmen.

An der Weidenstettener Selde finden sich querrechteckige Blockrahmenfenster, die in das Erdgeschoss-Mauerwerk eingesetzt sind. Allerdings ist unklar, ob sie nicht schon den zweiten Bauzustand nach einer nachträglichen Ummantelung des älteren Fachwerks darstellen.

Bei Wohnräumen kann nun grundsätzlich von einem Wetterverschluss durch Glasscheiben ausgegangen werden. Die kleinformatigen, zum Teil getönten und noch unebenen Scheiben wurden in Nute der Flügelrahmen und -sprossen ohne Kittfalz eingesteckt. Die Flügel waren mit verzierten Eckwinkelbändern und Stützkloben an den Fensterrahmen angeschlagen. Der Verschluss erfolgte über Vorreiber. Anstelle der Holzsprossen wurden zum Teil auch Bleisprossen verwendet.

Neben den Drehflügeln kamen auch horizontale Schiebeflügel vor, teils integriert in die großen Stubenfenster, teils als Verschluss der kleineren Kammerfenster.

Das Beispiel eines mit Holzangeln an die gefalzten Fachwerkhölzer des 18. Jahrhunderts angeschlagenen Fensterflügels aus Langenau (Abb. 51) wird wohl ebenfalls mit der schon häufiger angesprochenen, verzögerten Entwicklung auf der Albhochfläche zu begründen sein. Es stellt aber zugleich die Frage, ob solche Holzangelfenster früher auch im Unterland verbreitet waren.

Zur Abdichtung gegen Zugluft finden im 18. Jahrhundert zunehmend äußere Blendrahmen Verwendung, die auf die Fachwerkhölzer gesetzt werden. Am Anbau des Mannsperger-Hauses aus Tamm sind diese Blend-

Abb. 51 Holzangelfenster des 18. Jahrhunderts aus Langenau

rahmen sogar nach barocker Mode mit Ohrungen versehen.

Der Verschluss der kleinen Fensteröffnungen am Schlaitdorfer Schafstall wurde nur durch eingespannte, kräftige Holzstangen und Klappläden bewerkstelligt.

Die Sicherung der Fenster durch Klappläden kommt auch an allen unbewohnten Räumen der anderen Beispiele vor. Die Blätter der Klappläden sind meist einfach aus Brettern mit Gratleisten gebildet, am Anbau des Mannsperger-Hauses aus Tamm kommen jedoch schon 1742 gestemmte und kassettierte Fensterläden vor.

Für die festgestellten großen Stubenfenstererker können eigentlich nur Vertikal-Ziehladen-Konstruktionen analog der am Beurener Dosterhof (16. Jahrhundert) in Frage kommen. Leider ist in Württemberg kein solcher Ziehladen des 18. Jahrhunderts mehr komplett erhalten. Diese Tatsache erklärt sich durch die Vehemenz, mit der diese Ziehladen-Erker 1808 zum endgültig letzten Mal bei sofortiger strenger Strafe verboten worden waren. Man ging wahrscheinlich davon aus, dass diese vor die Fassade gehängten Holztaschen im Brandfall die Übertragung des Feuers zwischen den Stockwerken verstärken könne.

In der Schweiz hat man dies offenbar anders gesehen. Deshalb sind die entsprechenden Konstruktionen des 18. und 19. Jahrhunderts dort noch zu besichtigen. Für den Schwarzwald wurden sie von Phleps[106] liebevoll dokumentiert. Auch eine Zeichnung von Schloss Köngen aus den ersten Jahrzehnten des 18. Jahrhunderts zeigt noch diese Form von Fensterläden (Abb. 52).

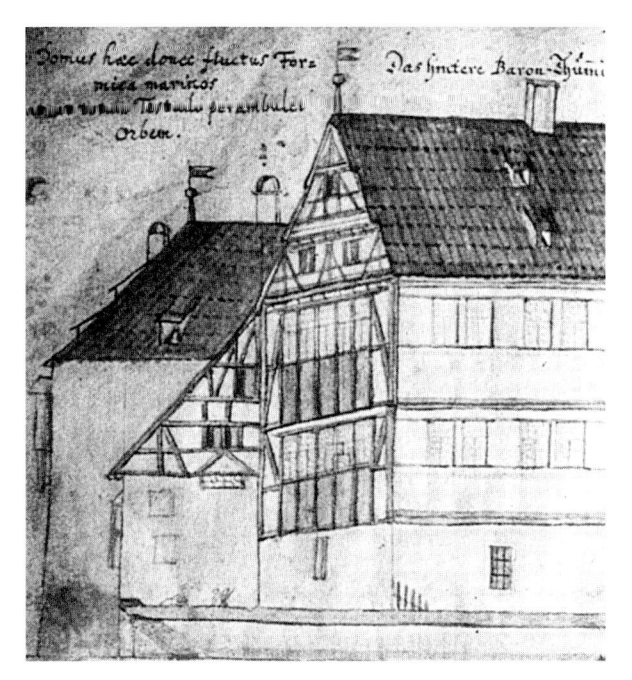

Abb. 52 Ziehläden an den Fenstern des Köngener Schlosses, Detail des „hinteren Schlosses", Federzeichnung von Daniel Pfisterer, Pfarrer zu Köngen, in seinem 1716 begonnenen Zeichenbuch (aus: HERGENRÖDER, Köngen, Geschichte einer Gemeinde, Köngen 1985, S. 184)

Gegen Ende des Jahrhunderts setzt sich zunehmend die – von der Verwaltung wegen des genannten Verbots geförderte – Tendenz durch, alle Räume mit gleich großen Fenstern auszustatten. Die konstruktive Bildung dieser Öffnungen geschieht nun durchgehend nach Form 4 mit beidseitigen Fensterständern und schlichten Stielen oder V-Verstrebungen in den Brüstungsfeldern.

Wahrscheinlich wurden diese letzteren Fachwerkformen schon von vornherein für flächigen Verputz vorgesehen. Fachwerk wurde zunehmend als Ingenieur-Konstruktion ohne Eigenwert verstanden. Mit dem flächigen Verputz von Fassaden und Innenräumen wurde die Einfassung der Öffnungen durch Futter und Blendrahmen unverzichtbar.

Ausstattung und Dekor

Stubenausstattung

Entsprechend den vorliegenden Befunden waren die Stuben auch im 18. Jahrhundert überwiegend recht schlicht ausgestattet.

Nur in zwei Fällen (Heimerdingen und Ohmenhausen) konnten Täferdecken nachgewiesen werden. Weiterhin in der Stube des Hofes Mannsperger aus Tamm (jetzt im Freilichtmuseum Beuren). Hier und ebenso beim Beispiel Ohmenhausen waren auch die Stubenwände vertäfert (Abb. 53).

Stuckdecken fanden sich in der hinteren Stube des Beispiels aus Bietigheim-Bissingen und im Anbau des Mannsperger-Hauses aus Tamm – und zwar in beiden Fällen sehr qualitätvolle, an das Ludwigsburger Schloss erinnernde Arbeiten. Das kann bei diesen beiden offensichtlich reichen Häusern allerdings mit der Nähe zur Residenz erklärt werden.

Die übrigen Stubendecken zeigten wahrscheinlich durchgehend offen stehendes Deckengebälk, dessen Felder mit Lehmwickeln ausgefacht waren. Dazu stand das Sichtfachwerk der Wände offen. In der Stube des Heimerdinger Hauses konnte trotz deckender weißer Außentünche eine graue Innen-Farbfassung der Stube nachgewiesen werden.

Die Fußböden der durchweg im ersten Obergeschoss gelegenen Stuben werden sicherlich als Grundlage eine Dielenlage gehabt haben. Unklar ist die Frage, ob sich darauf ein feuerhemmender Lehmestrich befunden hat.

Abb. 53 Ohmenhausen, Auf der Lind 3, Stube mit Täferdecke und Wandvertäferung

Diese Vermutung ist gar nicht so abwegig: einerseits im Hinblick auf die Selbstverständlichkeit, mit der die Bauordnung von 1665 von solchen feuerhemmenden Bodenbelägen spricht, und andererseits angesichts der schweren Natursteinplattenbeläge in Flur und Küche der Beispiele Heimerdingen und Ohmenhausen.

Der Schafstall von Schlaitdorf besaß als Fußboden nur gestampften Lehm auf einer drainierenden Schotterschicht. Markiert dies die unterste Fußbodenqualität, so kann der aus Hartholzfriesen und Weichholzfüllungen rekonstruierte Fußboden der Stube des Mannsperger-Hofs im Freilichtmuseum Beuren als oberste Qualitätsstufe gelten.

Dekor
Verglichen mit den Beispielen aus der Zeit direkt nach dem Dreißigjährigen Krieg, zeigen die aufgenommenen stattlichen Häuser aus der ersten Hälfte des 18. Jahrhunderts eine Wiedergesundung der wirtschaftlichen Verhältnisse und ein damit noch einmal gestiegenes, barockes Zier- und Repräsentationsbedürfnis:

Für das Beispiel aus Bietigheim-Bissingen ist eine Rotfassung der Fachwerkfassaden mit schwarzen Begleitstrichen belegt, das Beispiel aus Heimerdingen zeigt trotz der schlichten Außenfassung als „weißes Fachwerk" eine Graufassung der Fachwerkhölzer in Stube und Stubenkammer. Ebenso findet sich im zweiten Dachgeschoss des Beispieles aus Kirchberg (17. Jahrhundert) eine nachträgliche Graufassung des 18. Jahrhunderts mit mehreren schwarzen Begleitstrichen, die eine Kassettierung andeuten.

Auch der Museumshof Mannsperger im Freilichtmuseum Beuren ist außen und innen mit einer dunkelgrauen und mennigroten Farbfassung versehen. An den Erdgeschossfassaden kommt hier noch eine farbige Hervorhebung der sichtbar gelassenen Eckquaderungen und Werksteingewände vor. Weiterhin findet sich hier auch plastischer Dekor eines zweitverwendeten (?), in spätgotischen Formen profilierten rundbogigen Haustürgewändes (Abb. 50), und auch die übrigen Außentüren und Tore besitzen Rund- und Stichbögen. Das Stubeneck ist mit einer in Werkstein ausgeführten Konsolfigur betont. Zudem finden sich an dem Gebäude vier mit Inschriften versehene Schlusssteine.

Auch das Beispiel aus Bietigheim-Bissingen zeigt profilierte rund- bis korbbogige Türgewände im Erdgeschoss sowie zwei plastische Inschriftsteine. Dazu findet sich hier am zum Teil noch erhaltenen Fenstererker der hinteren Stube ein Blendrahmen aus kräftigen, etwa 20 Zentimeter breiten Brettern mit aufgesetzten rhombischen Verzierungen.

Die späteren Beispiele aus Ohmenhausen und Korb legen mit ihrem beschriebenen Giebel-Zierfachwerk aus symmetrisch angeordneten Ständeraussteifungen mit hohen Fußbändern (der Wechsel mit niederen Fußbändern ist jetzt entfallen) den Schluss nahe, dass die Häuser allenfalls – wenn das Zierfachwerk noch sichtbar bleiben sollte – einen durchgehenden weißen Tüncheanstrich besessen haben. Auch am Beispiel aus Hattenhofen lässt das über alle Fassaden, besonders aber am Straßengiebel axialsymmetrisch angeordnete Fachwerk darauf schließen, dass es zur Bauzeit noch sichtbar gelassen wurde. So ergibt sich, dass doch alle erfassten Bauernhäuser des 18. Jahrhunderts noch in Sichtfachwerk ausgeführt worden sind.

Allerdings legen die fehlenden Giebelvorsprünge an den drei jüngeren Gebäuden den Gedanken an den besser wärmedämmenden und feuersichereren flächigen Außenputz doch schon nahe, der sich auf dem Land aber erst im 19. Jahrhundert verbreitet hat.

3.5.5 Bezug zu geltenden Bauordnungen

In den Jahren 1703, 1716 und 1730 wurden von Herzog Ludwig Eberhardt für Stuttgart und Ludwigsburg Feuerordnungen erlassen, die laut Reyscher von Herzog Carl Eugen im Jahr 1752 zur Land-Feuerordnung zusammengefasst und ergänzt wurden.[107] Die vier Hauptabteilungen der Feuerordnung von 1752 befassen sich mit folgendem Inhalt:[108]

I. Brandverhütungsvorschriften, die hier Punkt für Punkt referiert werden sollen, weil sie einen deutlichen Blick auf den Stand der Haustechnik zur Mitte des 18. Jahrhunderts erlauben:[109]

Punkt I.3 Aufgabenbeschreibung für Nachtwächter, Schaarwächter, Bau- und Feuerstellen-Beschauer; verweist auf die bestehende Bauordnung (wohl von 1655).

Punkt I.4 Anweisung, feuergefährliche Werkstätten, Back-, Brenn- und Dörrhäuser außerhalb des Ortes „auf gemeine Kosten" „und ums Geld verliehen" einzurichten.

Punkt I.5 Bestätigung der Generalverordnung, Kamine, Schornsteine und Rauchfänge vierteljährlich zu fegen. Wöchentliches Entfernen des Rußes an Ofenlöchern und Kaminen.

Punkt I.6 Sanierungsgebot, wenn Kamine zu eng oder von hölzernen Balken durchzogen sind. Gebot, neue Kamine sicher zu verwahren und in „Wirths-, Becken- und dergleichen Häusern" einschiebbare Sturzbleche oder Falldeckel zur Unterbrechung der Sogwirkung im Brandfall einzubauen.

Punkt I.7 Auch auf den Dörfern gibt es in den meisten Häusern besondere Feuerstätten „zu denen Bauch- und Saiffen-Wäschen". Verbot dieser „Wäschen" in Häusern und Küchen sowie Verweis auf die Nutzung und Instandhaltung der öffentlichen Waschhäuser.

Punkt I.8 Verwahrung der Herdasche in einem mit Steinen gepflasterten „Aschen-Haus".

Punkt I.9 Gebot, Ofenlöcher mit eisernen Türen, Rauchkästen und Kamintürchen inwendig mit Blechverkleidung zu versehen und „Wie dann der Boden an denen Rauch-Thürlen mit Blättlen zu belegen ist".

Punkt I.10 Lagervorschrift für feuergefährliche Stoffe.

Punkt I.11 Empfehlung zum vorsichtigen Umgang mit offenem Licht und bei der Benutzung von Laternen. Gebot, das „so gefährliche Spähnbrennen bey denen Nacht-Kärzen und Spinn-Stuben" abzuschaffen.

Punkt I.12 Verbot von Nachtarbeit in Scheunen.

Punkt I.13 Kein Gebrauch von Fackeln in Keltern.

Punkt I.14 Keine Verwendung von Fackeln bei Botengängen.

Punkt I.15 Verbot von „Schweinbrennen" in Häusern und Höfen.

Punkt I.16 Sorgfalt beim Umgang mit ungelöschtem Kalk.

Punkt I.17 Entzug von Tabakspfeifen bei Gefängnisinsassen – wegen des vielen Strohs.

Punkt I.18 Hinweis auf die bereits 1729 „emanirte Verordnung, krafft welcher die an denen Häusern befindliche Zug-Läden wegen ihrer Gefährlichkeit gänzlich abgeschaft werden sollen", und zwar innerhalb eines Jahres. Gebot von Klappläden an Dachgaupen.

Punkt I.19 Verbot von Stroh- und Schindeldächern sowie von verbretterten Giebeln. Gebot von Ziegeldächern.

Punkt I.20 Genehmigungsgebot für so genannte „Windöfen", das heißt Vorderladeröfen.

Punkt I.21 Grundsätzliches Verbot, Feuerwerk zu veranstalten.

Punkt I.22 Vorsichtsgebot für Holz verarbeitende Betriebe.

Punkt I.23 Vorsichtsgebot für „Werk-Reiben", Verbot von Hanf- und Flachs-Dörren im Backofen.

Punkt I.24 Vorsichtsgebot bei der Oehmd-Einlagerung.

Punkt I.25 Vorsicht mit „liederlichem Gesindel".

Punkt I.26 Beherbergungsverbot für alle Nichtgastwirte.

Punkt I.27 Gebot der Anzeige bei fahrlässigem Umgang mit offenem Feuer.

Punkt I.28 Gebot, für den Brandfall ständig einen Wasservorrat von wenigstens einem „Ihmi" „oben auf der Bühne" stehen zu haben und ständig wieder aufzufüllen.

Punkt I.29 Gebot, Brunnen und Zisternen für den Brandfall instand zu halten.

II. Brandbekämpfungsmaßnahmen
– Einrichten von Feuerwehren mit vierteljährlichen Feuerwehrübungen.
– Möglichkeit, der Brandstätte benachbarte Gebäude abzureißen, um eine Ausbreitung von Feuer zu verhindern. Zusicherung von Schadensersatz.
– In Städten müssen wenigstens sechs Metzger verfügbar sein, um die Brandmeldung sofort an den Herzog und die umliegenden Amtsstädte zu bringen.

III. Personalanweisung im Brandfall

IV. Brandnachsorge-Vorschriften
– Bestrafung derjenigen, die einen Brand nicht unverzüglich melden (schon 1716) oder an der Brandursache schuldig sind.
– Vierteljährliche Feuerschauprotokolle mit Sanierungsgebot innerhalb von vier Wochen.

In den gesamten Vorschriften finden sich keinerlei Aussagen über die Verwendung von Außenputz an den Gebäuden.

Im Jahr 1772 führt Carl Eugen eine erste Brandschadensversicherungs-Anstalt ein und erneuert 1785 die Feuerordnung von 1752, weil insbesondere die Brandverhütungsvorschriften aus Abteilung I bis dahin offensichtlich nicht durchgesetzt werden konnten.[110] Zusätzlich wird unter Punkt 17 empfohlen: „Um willen auch bekanntlich den Gebäuden allemal eine weit mehrere Sicherheit gegen das Feuer verschafft wird, wann solche, so viel möglich von Steinen erbaut werden […] allen bauenden Unterthanen, bei jeder Gelegenheit, mit Nachdruk anzurathen, zum wenigsten die untere Stöke von Stein zu erbauen."[111] Und unter Punkt 20 steht die „gnädigste Erlaubnis, die öffentliche Gebäude nach und nach mit Wetter-Ableitern zu versehen".[112]

Auch 1785 findet sich kein Wort über die insbesondere von Heinitz leider ohne Beleg „gegen die Mitte des 18. Jahrhundert" überlieferte Anordnung des Herzogs, „alte und neue Fachwerkhäuser" zu verblenden.[113] A. Schahl berichtet unter Berufung auf W. Fleischhauer lediglich, dass „Herzog Karl Eugen erstmals 1744 den Wunsch nach Verblendung der Häuser, vorab der herrschaftlichen" ausgesprochen habe, „nachdem ‚Private … den guten Anfang gemacht haben'".[114]

Gleich im Anschluss an die Ordnung in Sachen Feuerpolizei von 1785 findet sich bei Reyscher ein Generalreskript des gleichen Jahres, in dem unter Punkt 6 der Befehl „auf die successive Abschaffung dergleichen feuergefährlicher Stroh- und Schindel-Dächer auch, zu dessen Erleichterung und Beförderung, auf die Anlegung mehrerer Ziegelhütten" gegeben wird – bei gleichzeitigem Verbot neuer Stroh- und Schindeldächer.[115]

1789 wird für den Schadensfall bei der Beheizung von Wasserstuben in Mühlen der Entzug der Brandversicherungsleistungen angedroht und 1792 eine Meldepflicht für Wasser und Uferbauten zur Verhinderung von Überschwemmungen angeordnet.[116]

3.6 Zur Entwicklung im 19. Jahrhundert

3.6.1 Merkmalsmatrix

	19. Jahrhundert Die Angaben beziehen sich, wenn nicht anders erwähnt, auf den Erbauungszustand	71126 Gäufelden-Öschelbronn Stuttgarter Straße 6	71287 Weissach-Flacht Weissacher Straße 2	72666 Neckartailfingen Nürtinger Str. 8	71522 Backnang-Maubach Wiener Str. 41	71522 Backnang Seehof 11 und 12	73252 Lenningen-Gutenberg Mühlstraße	72531 Hohenstein-Ödenwaldstetten Jahnweg 3	73117 Wangen (Kr. Göppingen) Rechberghäuser Straße 2
Belegbasis	Gehöftform	Doppel-Zwiegehöft	Wohnhaus eines Zwiegehöfts	Selde	Einhaus und Scheune	Wohnstallhaus Zwiegehöft	Kellerscheune eines Zwiegehöfts	Einhaus	Einhaus
	Naturraum	Neckarland	Neckarland	Albvorland	Neckarland	Neckarland	Alb	Alb	Albvorland
	Baujahr Umbauten Vorgängerbebauung	1799 (i + d)	um 1800 (g)	um 1800 (g)	um 1825 (g)	1835 (i)	um 1838 (i)	um 1859 (a) Keller älter	1885 (d und a) Umbau 1914
Außengestalt	Grundfläche	210 m²	107 m²	46,5 m²	326 m²	143 m²	184 m²	250 m²	170 m²
	Stubenfläche	2 x 30 m²	23 m²	9 m²	2 x 40 m²	2 x 14 m²		20 m²	
	Stockwerkszahl	2	2	1,5	2	2	2	1,5	2
	Stockwerkszahl Dach	3	3	2	2	2	3	3	2
	Stockwerksvorstöße	–	3 giebelseitige Vorstöße	–	–	–	3 giebelseitige Vorstöße mit Klebdach	–	–
	Dachform	Satteldach	Satteldach	Satteldach	Satteldach Scheune mit Mansarddach	Satteldach	Satteldach	Satteldach	Satteldach
	Dachneigung	ca. 56 Grad	ca. 53 Grad	ca. 55 (?) Grad	ca. 54 Grad (Wohnhaus)	ca. 53 Grad (Wohnstallhaus) ca. 50 Grad (Scheune)	ca. 53 Grad	ca. 53 (?) Grad	ca. 51 Grad
	Orientierung zur Straße	giebelständig	giebel- und traufständig (Ecke)	traufständig	traufständig	giebelständig	traufständig	giebelständig	giebelständig
	Erschließung	trauf- und giebelseitig	traufseitig	traufseitig	traufseitig	traufseitig	traufseitig	traufseitig	traufseitig
Innenstruktur	Grundrissform Wohnung o = Stubenofen x = Küchenherd ▭ = Treppe	Form 1	Form 2	Form 3	Form 3	Form 3	Mitteltennenscheune	Form 3	Form 4
	Anzahl der Schiffe (Längszonen)	2	2	2	2 Scheune 3	2 Scheune 3	3	2	2
	Anzahl der Joche (Querzonen)	4	3	3	5	3 Scheune 4	3	6	5
	Keller (Unterkellerung in %)	50 %	–	60 % Scheune	100 %	66 %	100 %	50 %	30 %
Rohbau	Konstruktive Längsachsen	3	3	3	3–4	3 Scheune 4	4	3	3
	Konstruktive Querachsen	5	4 Scheune 2. DG	4	6	4 Scheune 5	4	7	6
	Fundament Erdgeschoss	Gewölbekeller Mauerwerk	Fachwerk auf Grundmauer	Balkenkeller Fachwerk auf Grundmauer	Scheune Gewölbekeller Fachwerk auf Grundmauer	Gewölbekeller Mauerwerk	Gewölbekeller (Tuff) Fachwerk auf Grundmauer	Gewölbekeller Mauerwerk	Gewölbekeller Mauerwerk und Fachwerk auf Grundmauer
	Schwellen	Längs- und Querschwellen bündig Eckeverbindung mit Gehrung	Längs- und Querschwellen bündig	Längs- und Querschwellen bündig ?	Längs- und Querschwellen bündig ?	Längs- und Querschwellen bündig ?	Längs- und Querschwellen bündig	Mauerwerk	Längs- und Querschwellen bündig
	Abbund	stockwerksweiser Abbund	stockwerksweiser Abbund	stockwerksweiser Abbund	stockwerksweiser Abbund, Scheune Geschossständerbau	stockwerksweiser Abbund, Scheune Geschossständerbau	stockwerksweiser Abbund, Scheune Geschossständerbau	Mauerwerk	stockwerksweiser Abbund, Scheune Geschossständerbau
	Konstruktive Verbindung senkrechter Teil und Dach	keine Verbindung	keine Verbindung	keine Verbindung	keine Verbindung	keine Verbindung	keine Verbindung	Mauerwerksgiebel bis First	keine Verbindung
	Maximale Abmessung der Bundständer (Holzart)	35 x 25 x 240 cm Nadelholz	20 x 20 x 220 cm Nadelholz	?	25 x 25 x 315 cm Scheune Eiche und Nadelholz	22 x 22 x 480 cm Scheune Nadelholz	20 x 20 x 420 cm Eiche und Nadelholz		20 x 20 x 500 cm Scheune Eiche
	Maximaler Ständerabstand	150 cm	220 cm	?	150 cm	Scheune 150 cm	180 cm		170 cm 150–180 cm
	Rähmkranz	einfach	einfach	einfach	einfach	einfach	einfach		einfach
	Dachkonstruktion	Sparrendach	Sparrendach	Sparrendach	Sparren- und Mansarddach	Sparrendach	Sparrendach großer Dachvorstand traufseitig	Sparrendach	Sparrendach

Merkmalsmatrix

		71126 Gäufelden-Öschelbronn Stuttgarter Straße 6	71287 Weissach-Flacht Weissacher Straße 2	72666 Neckartailfingen Nürtinger Str. 8	71522 Backnang-Maubach Wiener Str. 41	71522 Backnang Seehof 11 und 12	73252 Lenningen-Gutenberg Mühlstraße	72531 Hohenstein-Ödenwaldstetten Jahnweg 3	73117 Wangen (Kr. Göppingen) Rechberghäuser Straße 2
Rohbau	Dachstuhl	liegend im 1. und 2. DG, integriert in Bundwand	stehend, integriert in Bundwand	stehend, integriert in Bundwand	liegend Scheune Mansarddach	stehend, in Bundwand integriert Scheune liegend	1. DG liegend, 2. DG stehend	stehend	stehend Scheune liegend keine Aufschieblinge
	Dachdeckung	Biberschwanzziegel	Biberschwanzziegel	Biberschwanzziegel ? Stroh	Biberschwanzziegel	Biberschwanzziegel	Stroh Biberschwanzziegel ?	Biberschwanzziegel	Schiefer, Zierverband
	Gefügesystem	Wandaussteifung, Giebel Ständeraussteifung	Wandaussteifung, Giebel Ständeraussteifung	Wandaussteifung?	Wandaussteifung	Wandaussteifung	Wandaussteifung	Innenwände mit Wandaussteifung	Wandaussteifung
	Gefügehölzer	Schwelle-Rähm-Streben Fußstreben halbhohe Streben	Schwelle-Rähm-Streben 2. DG Fußstreben	Schwelle-Rähm-Streben Andreaskreuze	Schwelle-Rähm-Streben doppelte Andreaskreuze im Giebel	Schwelle-Rähm-Streben	Schwelle-Rähm-Streben	Schwelle-Rähm-Streben (Innenwände)	Schwelle-Rähm-Streben
	Holzverbindung Gefüge	gezapft Strebe und Riegel verblattet	gezapft Strebe und Riegel verblattet	gezapft	gezapft Strebe und Riegel verblattet Vordach geblattet	gezapft am Dachstuhl geblattete Büge	gezapft Strebe und Riegel verblattet	gezapft (Innenwände)	gezapft
	Anzahl der Riegel in den Hauptstockwerken	3	2	2	2	Scheune 2	4	2	2 Scheune 5
	Ausfachungsmaterial	Bruchstein	Bruchstein Dach Lehmstroh	Bruchstein Dach Lehmstroh	Bruchstein	Bruchstein	Bruchstein	Mauerwerk	Bruchstein ? zum Teil Ziegelsteine
	Fensterbildung	Form 4 / Form 3 (Giebel)	Form 4 / Form 3 (Giebel)	Form 4	Form 4 (auch Giebel)	Form 4 ?		Mauerwerksbau	Form 4
Ausbau	Feuerstellen	2 Küchenherde 2 Hinterladeröfen	Küchenherd Hinterladerofen	Küchenherd Hinterladerofen	2 Küchenherde 4–6 Hinterladeröfen	2 Küchenherde 2 Hinterladeröfen	–	1 Küchenherd 1 Hinterladerofen ?	1 Küchenherd 2 Hinterladeröfen 1 Vorderladerofen
	Rauchabzug	Rauchfang Schlot über Dach	Rauchfang Schlot endet unter First	Rauchfang Schlot über Dach	Kamin Rauchkammer	Rauchfang Schlot über Dach Rauchkammer	–	Kamin Rauchkammer	Kamin Rauchkammer
	Wasser	?	?	?	?	?	–	?	?
	Abort	Aborterker an Flur	Aborterker und -raum an Flur	Aborterker an Küche	Aborterker an Küche	innen liegender Abort	–	Aborterker an Küche	Aborterker an Flur
	Treppen	gestemmte, eingeschobene Stufen	gestemmte, eingeschobene Stufen	gestemmte, eingeschobene Stufen	eingeschobene Stufen	eingeschobene Stufen	Leitern	eingeschobene und gestemmte Stufen	eingeschobene Stufen
	Türen	schmiedeeiserne Plattenbeschläge	? im Dach Holzangeln	Schmiedebänder	schmiedeeiserne Plattenbeschläge	schmiedeeiserne Plattenbeschläge	–	Schmiedebänder, Fitschbänder	Schmiedebänder, Fitschbänder
	Türblätter	2- bis 4-fach kassettierte Türen Brettertüren	Tür mit eingeschobenen Kassetten ? Brettertüren	Brettertüren	4-fach kassettierte Türen Brettertüren	4-fach kassettierte Türen Brettertüren	–	4-fach kassettierte Türen	6-fach kassettierte Türen
	Fenstergröße Stube – Küche – Kammer	gleich groß	gleich groß	gleich groß	gleich groß axial	gleich groß	–	gleich groß axial	gleich groß axial
	Fensterverschluss	Klappladen	Klappladen	Klappladen	Klappladen	Klappladen	Klappladen	Klappladen	Klappladen
	Stubenausstattung	Täferdecke Wandtäfer	Balkendecke ?	Balkendecke ?	Lamberie Deckenrosette Gips, flach	Lamberie Balkendecke ?	–	gerähmte Balkendecke	Gips, flach mit Rau-Profil
	Fußboden Stube	Holzfußboden Keramikplatten in Küche und Flur	Holzfußboden	Holzfußboden Lehmestrich	Zierboden Hartholzfriese	Holzfußboden	–	Zierboden, Hartholzfriese	Holzfußboden
	Dekor	weiße Farbfassung Zierfachwerk Stubentäfer Ziergitter profilierte Werkstein-Türgewände, bemalte Fensterläden	weiße Außenfassung ? Zierfachwerk im 2. DG Ofenstein	weiße Außenfassung ?	weiße Außenfassung ? Andreaskreuz im Giebel	weiße Außenfassung ? plastischer Dekor an Steinteilen: Profil Haustürgewände Andreaskreuze	weiße Außenfassung ?	Putz	gelbe Außenfassung; Farbfassung innen ?; plastischer Dekor an Steinteilen; Zierschieferdeckung; Zierboden im Hof
	Bezug zu Bauordnungen	1752	1752	1808 ?	1808	1808	1808	1808	1872
	Besonderheiten	großes Doppelhaus	Holzangeltüren Rauchfang mit Schlot erhalten	klein	sehr groß ! Gasthaus	Dachstuhl geblattet ! Ohne Ruß !	Kellerscheune mit großem Dachvorstand	Mauerwerksbau	Gründerzeit

3.6.2 Zur Belegbasis

Für das 19. Jahrhundert liegt ein leichtes Übergewicht der Beispiele aus dem Neckarland vor: Je zwei stammen aus dem Gäu (Öschelbronn und Flacht) und zwei aus der Backnanger Bucht (Maubach und Backnang). Je zwei weitere Beispiele kommen aus dem Vorland der Schwäbischen Alb (Neckartailfingen und Wangen) und von der Alb selbst (Ödenwaldstetten und Gutenberg).

Darunter sind drei Einhäuser (Maubach, Ödenwaldstetten, Wangen) und vier Zwiehofanlagen (Öschelbronn, Flacht, Backnang, Gutenberg), alle in Parallelstellung. Bei zwei Gehöften verläuft zwischen Wohnhaus und Scheuer eine Straße. Beim achten Beispiel (Neckartailfingen) handelt es sich um ein Seldnerhaus mit Kleinviehwirtschaft im Halbkeller.

Die Baudaten der erfassten Beispiele sind gleichmäßig über das Jahrhundert verteilt: Drei Häuser stammen vom Jahrhundertanfang. (Da die Dendrodatierung für das Öschelbronner Haus ein Fälldatum von 1799 ergeben hat, kann davon ausgegangen werden, dass seine Fertigstellung frühestens im Jahr 1800 stattgefunden hat.) Drei Häuser wurden bis zur Mitte und zwei Gebäude in der zweiten Hälfte des 19. Jahrhunderts errichtet.

3.6.3 Gestaltmerkmale

Zur äußeren Hausgestalt

Drei Gebäude fallen wegen ihrer Größe auf:
- das prächtige, zweistöckige Doppel-Wohnstallhaus aus Öschelbronn mit einer Grund- und Wohnfläche von 210 Quadratmetern und zwei Stuben mit je 30 Quadratmetern,
- das Fuhrmanns-Gasthaus aus Maubach, ein zweistöckiges Einhaus mit Platzbedarf zur Beherbergung von Reisenden und Zugvieh, mit einer Grundfläche von 362 Quadratmetern, darin zwei Gaststuben mit je 40 Quadratmetern,
- das vollständig gemauerte Einhaus aus Ödenwaldstetten mit einer Grundfläche von 250 Quadratmetern und einer Stube mit nur 21 Quadratmetern.

Im mittleren Bereich finden sich zwei Einhäuser mit 170 bis 175 Quadratmetern (Stuben mit 24 und 25 Quadratmetern) und zwei Wohnstallhäuser mit 107 Quadratmeter beziehungsweise 143 Quadratmeter Grundfläche und Stuben von 24 Quadratmetern und zwei mal 14 Quadratmetern.

Am unteren Rand der Skala steht die eineinhalbstöckige Selde (Neckartailfingen) auf nur 46,5 Quadratmeter Grundfläche mit einer 9 Quadratmeter kleinen Stube.

Die Kellerscheune der Reichen Mühle aus Gutenberg ist auf einer Grundfläche von 184 Quadratmetern errichtet.

Sechs Gebäude sind zweistöckig, zwei sind nur anderthalb Stockwerke hoch. Die Dächer sind in vier Fällen zweistöckig, in vier dreistöckig. Mit Ausnahme des Mansarddachwerks der Maubacher Scheune finden sich durchweg reine Satteldächer.

Stockwerksvorsprünge kommen nur noch in Flacht (um 1800) vor, ansonsten sind die Giebelfronten ohne Auskragungen konstruiert.

Die erfassten Beispiele zeigen keinerlei Walme, wenngleich in dieser Zeit durchaus noch ab und zu ein Krüppelwalm zum Schutz der besonders empfindlichen Giebelspitzen an den Wetterseiten vorkommt. Ein neues Phänomen tritt auf, wie am Haus aus Öschelbronn zu sehen ist: ein großes, bauzeitliches Zwerchhaus über der zum Hof gewandten Traufseite, das sogar noch etwa 15 Zentimeter über die Traufwand vorkragt.

Zahlreiche ältere Häuser bekamen im Laufe des 19. Jahrhunderts ähnliche Zwerchhäuser aufgesetzt, um zusätzlichen Wohnraum im Dach zu schaffen.

Zur inneren Hausstruktur

Fünf Gebäude sind giebelständig zur Straße angeordnet, nur drei weisen mit ihrer Traufseite zur Erschließungsstraße. In allen acht Fällen sind die Häuser von der Traufseite her erschlossen, bei dem Beispiel aus Öschelbronn sind an den Giebelseiten zusätzliche Erdgeschoss-Türen in die Ställe vorhanden.

Der Grundriss der Kernwohnung orientiert sich viermal an der Form 3 mit Flurküche und der aus der Bundebene gegen die Kammerwand verschobenen Feuerstellenwand. Einmal kommt Form 1 und einmal Form 2 vor. Das Beispiel aus Wangen vom Ende des Jahrhunderts zeigt zum ersten und einzigen Mal in dieser Untersuchung die Grundrissform 4, die im späteren 18. und 19. Jahrhundert manchmal in Obergeschossen zweistöckiger Häuser vorkommt: Ähnlich wie beim so genannten „Kinzigtäler"-Haus des Schwarzwaldes gesellt sich in der ersten Querzone neben die Küche an der der Stube gegenüberliegenden Traufseite ein „Stüble" für den Alltagsgebrauch. Die durch Hinterladeofen beheizbare Stube, die auch die Flurzone einbegreift, wird zur „guten Stube". In der dritten Querzone sind die Schlafkammern angeordnet. Die Stubenkammer ist nur über die Tür von der Stube her erwärmbar, die zweite Schlafkammer wird durch einen Vorderladeofen („Windofen") separat geheizt.

Alle Wohnhaus-Beispiele für das 19. Jahrhundert sind zweischiffig. Die in den vorhergehenden Jahrhunderten beobachteten Ansätze zur Dreischiffigkeit im senkrechten Teil sind nur an den beiden Scheunen aus der Backnanger Gegend zu sehen.

Je nach Funktionsprogramm schließen sich an die Wohnflächen ein bis vier Querzonen an: Vier Gebäude sind dreijochig, zwei weitere vierjochig (darunter eine der Scheunen aus Backnang). Die drei Einhäuser zeigen zweimal fünf und einmal sogar sechs Querzonen.

Sechs der acht Häuser sind unterkellert, wobei der Prozentsatz der Kellerfläche zwischen 30 und 100 Prozent differiert und die größeren leicht überwiegen. Zwei Balkenkellern stehen fünf Gewölbekeller gegenüber. Alle fünf Gewölbe waren aus wenigstens hammerrechten Natursteinquadern aufgesetzt.

3.6.4 Konstruktionsmerkmale

Rohbau

Tragwerk
Entsprechend der Gliederung der Schiffe und der Joche sind die erfassten Bauernhäuser des 19. Jahrhunderts auf Rastern von drei konstruktiven Längs- und vier bis sieben Querachsen errichtet.

Die tragenden Wände in den Erdgeschossen bestehen in vier Fällen aus Natursteinmauerwerk, welches in zwei Fällen (Öschelbronn und die Scheune aus Backnang) sorgfältig gequadert und unverputzt ist. Das Beispiel aus Wangen vom Ende des Jahrhunderts zeigt an den beiden Schaufassaden (Straßengiebel und Traufseite zum Hof) im Erdgeschoss Quadermauerwerk mit plastischem Dekor, im übrigen Erdgeschoss, wie auch am gesamten Oberbau, Sichtfachwerk mit Backsteinausfachungen. Das Einhaus aus Ödenwaldstetten ist überwiegend massiv gemauert und flächig verputzt.

In fünf Fällen bestanden die Erdgeschosswände des ersten Bauzustands durchgehend aus Fachwerk auf Grundmauern, die möglicherweise durchweg nicht frostsicher gegründet sind.

Bei der Abtragung des Gebäudes aus Öschelbronn hat sich gezeigt, dass dies sogar bei gequaderten Erdgeschosswänden der Fall ist: Die Fundamentsohle lag hier nur etwa 15 bis 20 Zentimeter unter der Oberkante des Fußbodens und bestand lediglich aus einer dünnen Schicht zerstoßenen Bauschutts. Ein ähnliches Bild ist für die Scheuer des Backnanger Seehofs belegt.

Auf den Grundmauern ist in allen Beispielen, außer dem Mauerwerksbau aus Ödenwaldstetten, stockwerksweise abgebundenes Fachwerk mit bündigen Schwellenkränzen errichtet. Allein die Traufwand zum Hof im ersten Obergeschoss des Wangener Hauses (1885) ist auch durchgehend in Sichtbackstein-Mauerwerk ausgeführt.

Bei den Scheunen mag man von geschossweisem Abbund sprechen, man sollte dabei aber sehen, dass durchgehende Zwischendecken im Sinne von „zweistockhohen" Wohn-Stall-Häusern hier nicht vorkommen. Eine verklammernde Verbindung der Hölzer zwischen Unterbau und Dachwerk findet – abgesehen von der Übertragung der Dachlast – in keinem Fall mehr statt.

Obwohl sich die Abmessungen der Einzelbalken nur noch unwesentlich verringern, werden die einzelnen Fachwerkfelder durch Näherrücken der Ständer und die zunehmende Riegelzahl noch engmaschiger als im 18. Jahrhundert.

Die Schwellen und Rähmkränze sind durchweg einfach ausgelegt und in fast allen Fällen bündig konstruiert: Sie sind entweder verblattet (Scheune aus Maubach) oder stumpf auf Gehrung gestoßen (Öschelbronn).

Obwohl nur noch in zwei Fällen Giebelvorsprünge vorkommen (Flacht und Gutenberg), bleibt man bis gegen Ende des Jahrhunderts dabei, die Giebelwände auf Stichgebälke zu setzen. Erst bei dem Beispiel aus Wangen liegen die Giebelschwellen wie die Deckenbalken auf Niveau der Traufrähme.

Auf diesen Fachwerkgerüsten sitzen durchgehend Sparrendächer auf. Eine Ausnahme bilden im südlichen Untersuchungsgebiet einzelne Pfettendach-Scheunen mit Scherenstuhl auf der Zwiefalter Alb, bei denen man einen oberschwäbischen Einfluss vermuten darf (Abb. 54).

Die Dachstühle sind in fünf Fällen stehend konstruiert, wobei die Ständer in den meisten Fällen in die Querbundwände integriert sind. Ebenso ist die mittlere Längsbundebene dieser Dachwerke wenigstens in den außen liegenden Querzonen als steife Wandscheibe ausgebildet und trägt damit erheblich zur Längsaussteifung der Dachwerke bei.

In vier Fällen kommen aber auch liegende Stühle vor. Im Fall der Gutenberger Scheune erscheint wieder die Kombination von liegendem Stuhl im ersten Dachgeschoss und stehendem Stuhl im zweiten Dachgeschoss. Die Scheune des Maubacher Gehöfts zeigt ein Beispiel der zu Anfang des 19. Jahrhunderts in Mode gekommenen Mansarddächer, die häufig mit rhombischen Zierfachwerkformen und, nach hohenlohischem Vorbild, mit Schnitzdekor verzierten Eckständern auftreten.

Auffallend sind die fehlenden Aufschieblinge an den Scheunen aus Backnang, Maubach und Gutenberg – bei der Letzteren verbunden mit einem sehr breiten Dachüberstand – sowie am Einhaus aus Wangen. Die Vorhölzer vor den Sparrenzapfenlöchern sind so gering gehalten, dass die Dachhaut über Traufkeil und gedoppelte Dachlatten in die Regenrinne geführt werden kann.

Die Dachdeckungen der ersten Bauzustände wird in den meisten Fällen je nach Finanzkraft des Bauherren aus Stroh oder den teureren Biberschwanzziegeln be-

Abb. 54 Scheune mit Pfettendach aus
Wittstaig bei Gundelfingen
(Foto: Gromer, 1996)

standen haben. Allein das späte Beispiel aus Wangen zeigt eine Dachdeckung aus Schiefer in deutscher Legart mit Zierverband.[117]

Gefüge
Die Aussteifung der Fachwerkgerüste geschieht im Wesentlichen wandweise durch Streben von Schwelle zu Rähm, wobei die Verbindung zwischen Riegel und Strebe auch noch bei dem Beispiel aus Wangen überblattet wird. Alle anderen Holzverbindungen sind gezapft und an den wichtigsten Knotenpunkten mit eckigen Holznägeln gesichert. Die Verwendung von Holznägeln nimmt im Laufe des Jahrhunderts ab.

Eine Ausnahme bilden die Dächer des Backnanger Seehofs: Der stehende Stuhl des Wohnhauses ist mit geblatteten Kopfbändern ausgesteift und auch die Andreaskreuze der Scheunenlängsaussteifung sind den liegenden Stuhlstreben aufgeblattet. Zimmermann und Bauherr haben sich anscheinend – der herrschenden Mode entsprechend – für das Mittelalter begeistert.

Ständeraussteifungen kommen nur noch zu Anfang des Jahrhunderts als rudimentäre Zierform bei den Giebeln des Öschelbronner und des Flachter Beispiels vor – hier nur noch im zweiten Dachstock. Im Beispiel aus Neckartailfingen und an einem innen liegenden Giebel des Maubacher Einhauses zeigen sich noch ein letztes Mal Andreaskreuze – in Maubach in gedoppelter Form.

Wandbildung
Ausfachungen aus Bruchstein haben sich jetzt gegenüber den alten „gezäunten" Lehmwänden fast vollständig durchgesetzt. Allein bei den frühen Beispielen aus Flacht und Neckartailfingen finden sich noch Gefachfelder aus Lehmflechtwerk.

Da Bruchsteinmauerwerk von nur etwa 15 Zentimeter Dicke keine große Biegesteifigkeit besitzt, erweist sich die oben erwähnte, weitergehende Tendenz zu noch engmaschigerem Fachwerk für die Stabilität der gesamten Konstruktion zuträglich.

Beim Beispiel aus Ödenwaldstetten von 1859 sind fast alle tragenden Wände massiv gemauert. Hier und beim 1885 erbauten Beispiel aus Wangen finden sich die ersten Fälle, wo die Traufwand des ersten Obergeschosses zum Hof nicht mehr in Fachwerk, sondern in drei Steine starkem Sichtbacksteinmauerwerk ausgeführt ist.

Bei der Fensterbildung hat sich die Form 4 fast vollständig durchgesetzt. Auch sind die Fenster der Stuben und der anderen Räume – mit Ausnahme der Stall-, Flur- und Abortfenster – nun gleich groß und bei den Beispielen aus Maubach, Ödenwaldstetten und Wangen auch axial übereinander angeordnet.

Lediglich die zwei frühen Beispiele aus Öschelbronn und Flacht zeigen in Zusammenhang mit den Resten des früher üblichen Giebelzierfachwerks auch noch paarig angeordnete Dachgiebelfensterchen mit einem leichten Stichbogen.

Ausbau

Feuerstellen und Rauchabzüge
Die zahlreichen aus den Feuerordnungen des 18. Jahrhunderts übernommenen Bestimmungen der Feuerpolizeigesetze von 1808 belegen, dass Herzog Carl Eugens intensive Bemühungen um mehr Feuersicherheit auch zu Beginn des 19. Jahrhunderts noch nicht durchgängig erfolgreich gewesen waren. Sie zeigen gleichzeitig, dass in der Technik der Feuerung und Rauchentsorgung wenigstens zu Beginn des 19. Jahrhunderts noch keine Änderung eingetreten ist: Nach wie vor wird in der Küche auf offenen Herdstellen gekocht und von hier aus auch der Hinterladerofen der Stube geheizt. Bei Lohss sind zahlreiche Beispiele solcher Herde und gusseiserner Plattenöfen abgebildet.[118]

Der von beiden Feuerstellen aufsteigende Rauch wurde in einem „Kaminschoß" aufgefangen: einem konisch zulaufenden Rauchfang, der unter das im Deckengebälk der Küche ausgewechselte Rauchabzugsloch gehängt war. Von dort wurde der Rauch über klinkergemauerte, mit dem Decken- und Kehlgebälk verklammerte Kamine über Dach geführt.

Für die „Schläuche oder Trichter", das heißt die lichten Kaminzüge, war ein Mindestmaß von etwa 40 Zentimetern vorgeschrieben und ebenso, dass sie zirka 50 Zentimeter über den First hinaufzuführen waren. Weiterhin wurde das „Schleifen", das heißt das seitliche Verziehen der Kamine, welches im 18. Jahrhundert häufig angewendet wurde, stark eingeschränkt und für „Häuser, wo stark gefeuert" wird, der Einbau von Verschlussschiebern oder -klappen gefordert.

Die Gefahr der Rissbildung an Kaminen wegen Absinkens des Basisgebälks bei gleichzeitiger Verklammerung mit den Kehlgebälken wurde bereits erwähnt. Die Tatsache, dass gegen Ende des 19. Jahrhunderts vom Erdgeschoss bis über Dach durchgehend gemauerte, selbsttragende Kamine zunehmen, zeigt, dass im Laufe des Jahrhunderts diese Gefahr erkannt und ihr begegnet wurde. Mit diesen durchgehenden Kaminen ergab sich vermehrt die Möglichkeit einer Rauchentsorgung der Herdstellen über Ofenrohre aus Blech, auch fielen die althergebrachten Kaminschöße weg. Sie wurden so selten, dass mir in mehreren Jahrzehnten nur zwei oder drei Exemplare begegnet sind. Das eine stammt mit dem darüber errichteten Kaminschlot aus dem Haus aus Flacht und belegt dort den nachträglichen Einbau einer zweiten Wohneinheit (Abb. 55).

Die Einführung durchgehender Kamine mit Ofenrohren führte mit der Abschaffung der Rauchschöße auch zum Verschwinden der offenen Feuerstellen. Es wurden zunächst gemauerte, später dann eiserne geschlossene Herde entwickelt. Zunehmend wurden auch die schon in der Feuerordnung von 1752 erwähnten „Windöfen" verwendet, also frei in der Nähe der Kaminzüge aufstellbare Vorderladeröfen. Die Variabilität ihrer Anordnungsmöglichkeiten erlaubte von nun an zunehmend neben der Stube auch solche Räume zu beheizen, die der Küche nicht direkt benachbart sind. Allerdings zeigt die im 19. Jahrhundert noch starke Verrußung der Küchenwände, dass der Umrüstungsprozess auf durchgehende Kaminzüge das ganze Jahrhundert über gedauert hat.

Als Ersatz für die abgeschafften Herdessen, in denen ja auch an eingelegten Stangen Fleisch und Wurst zum Räuchern aufgehängt werden konnten, wurden im Dachraum Räucherkammern eingerichtet, durch die der Kaminrauch hindurchgeleitet wurde (siehe die Beispiele aus Maubach, Ödenwaldstetten und Wangen).

Wasser

Auch im 19. Jahrhundert liegen nahezu keine Baubefunde zum Umgang mit Brauchwasser im Haus vor. Das einzige Beispiel stammt wieder aus Flacht: Es handelt sich um ein werksteinernes Schüttsteinbecken mit einer die Außenwand durchstoßenden Abflussschnaube. Leider konnte es nur noch dokumentiert werden, danach wurde es – wohl von einem „Antiquitätenliebhaber" – entwendet (Abb. 55).

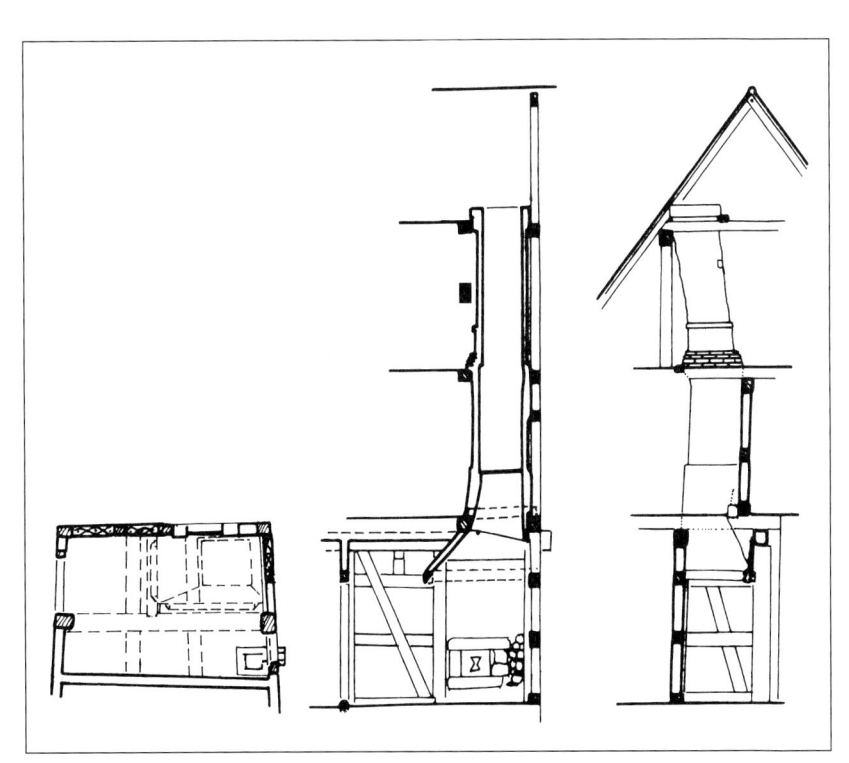

Abb. 55 Flacht, Weissacher Straße 2, Grundriss, Schnitt und Ansicht der Herdstelle in der Ausdingküche (Büro Gromer)

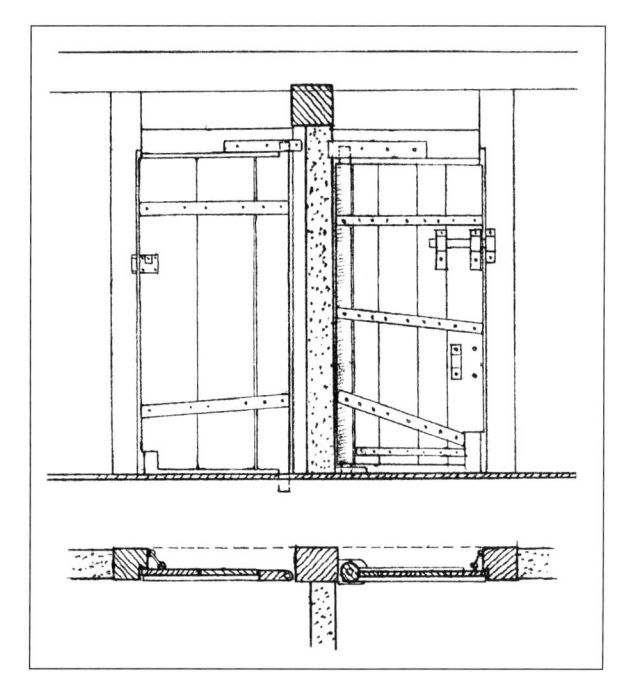

Abb. 56 Flacht, Weissacher Straße 2,
Holzangeltüren aus der Zeit um 1800 im ersten Dachgeschoss,
Ansicht und Grundriss (Büro Gromer)

Aborte

Aborte scheinen im 19. Jahrhundert auch in Bauernhäusern allgemeiner Wohnstandard zu sein: So findet sich bei allen Beispielen entweder ein innen liegender, schmaler Raum, von dem aus eine Entsorgung der Fäkalien in den Stallbereich möglich war, oder ein vom Flur – oder immer noch von der Küche! – aus zugänglicher Erker, der an eine Grube mit Trog außerhalb des Hausgrundes angeschlossen wurde.

Treppen

Keilstufentreppen kommen, wohl auch wegen des großen Holzverbrauchs, nicht mehr vor. In den Hauptgeschossen finden sich gestemmte Wangentreppen mit Tritt- und Setzstufen, im Dach und teilweise im Keller sind es eingeschobene Stiegen.

Die Geländer an Treppenläufen und -löchern bestehen aus profilierten Händläufen und Staketen, die zu Anfang des Jahrhunderts häufig aus diagonal gestellten Vierkantstäben, gegen Ende aus gedrechselten, zunehmend profilierten Rundstäben gebildet werden. Häufig findet sich an den Treppenpfosten einfacher Dekor in Form von Profilierungen oder aufgesetzen Kugeln.

Türen

Neben den Brettertüren der Nebenräume, die mit geschmiedeten Langbändern auf Gratleisten an Türständern oder Gewänden angeschlagen sind, kommen im Wohnbereich zwei- bis sechsfach kassettierte Türblätter mit gestemmten Füllungen vor. Die Anzahl der Kassetten nimmt im Laufe des Jahrhunderts zu, wobei die Türen mit vier hochrechteckigen Kassetten neben solchen mit vier oder fünf querrechteckig untereinander angeordneten Kassetten vorkommen.

Eine Variante mit sechs Kassettenfeldern besteht aus vier kleineren quadratischen Flächen gegen die Türecken und zwei hochrechteckigen im mittleren Bereich.

Diese Blätter sind mit – zu Beginn des Jahrhunderts noch verzierten – Plattenbändern an Stützkloben angeschlagen, die auf den Blendrahmen gesetzt sind. Anstelle der Federschlösser des 18. Jahrhunderts finden sich jetzt aufgesetzte Kastenschlösser mit kurzen Klinken und Bartschlüssel.

Haustüren kommen zum Teil in der gleichen, kassettierten Art vor (Öschelbronn und Maubach). Sie sind jedoch kräftiger gearbeitet oder besitzen verschiedenste Bretteraufdoppelungen.

Die Haustür des Beispiels aus Maubach zeigt eine Variante mit fünf Kassettenfeldern. Im Dach des Hauses in Flacht fand sich das singuläre Relikt von vier noch benutzten, funktionstüchtigen Holzangeltüren in der Zeit um 1800 (Abb. 56).

Auch bei Scheunentoren ist immer noch die Holzangeltechnik neben den Eisenbeschlägen zu finden, wie das außen mit netzartigen Verzierungen bemalte Tor der Scheune aus Ohmenhausen zeigt (Abb. 57).

Abb. 57 Ohmenhausen, Auf der Lind 3, Holzangeltor aus der Bauzeit der Scheune (1810)

Abb. 58 und 59 Öschelbronn, Stuttgarter Straße 6, Klappladen des 19. Jahrhunderts, mit Malerei verziert
(aus: HELGET und WUNDERLICH, Öschelbronn, Haus Bühler, Bericht über die restauratorische Voruntersuchung, S. 31)

Fenster

Der Witterungsverschluss wurde gleich konstruiert wie schon im 18. Jahrhundert: Rahmen mit Kämpfer, Drehflügel mit Eckwinkelbändern, Stützkloben und Vorreiber-Verschluss. Die gesteckten, langsam größer werdenden Scheiben sind in Holz- oder Bleisprossen gefasst. Im Laufe des Jahrhunderts werden die Beschlagsteile zunehmend seriell gefertigt und entsprechend banaler im Design. In der zweiten Hälfte des Jahrhunderts tauchen die ersten Maschinen-Nägel auf.

Die bis dahin am Fachwerk angeschlagenen Fensterrahmen erhalten dabei durch äußere und zunehmend auch innere Blendrahmen eine bessere Abdichtung gegen Zugluft.

Daneben kommen in der ersten Jahrhunderthälfte immer noch Schiebefensterchen vor, vorzugsweise eingebaut in Werksteingewänden im Erdgeschoss.

Der Sicherheitsverschluss der Fenster wird nun ausschließlich mit Klappläden bewerkstelligt, die in den Wohngeschossen meist mit gestemmten Kassettierungen und einem mittigen Lichtlamellenfeld ausgestattet sind. Ein besonders schönes Beispiel sind die mit Dekormalereien versehenen Klappläden des Hauses aus Öschelbronn (Abb. 58 und 59). Das rigorose Verbot der alten Vertikal-Ziehläden wurde nun offenbar zügig in die Tat umgesetzt: Sie kommen im 19. Jahrhundert nicht mehr vor.

Ausstattung und Dekor

Stubenausstattung

Mit Ausnahme des prächtigen Hauses aus Öschelbronn, dessen Erbauer allerdings am Hausbau Bankrott gegangen ist, sind die Stuben recht schlicht ausgestattet. Wände und Decken der Öschelbronner Stube (1800) waren dagegen mit reich kassettierten, profilierten und farbig gefassten Täferungen verkleidet (Abb. 60 und 61).

In den Stuben der übrigen Beispiele findet sich kaum noch ein schmückendes Element: In zwei Stuben waren umlaufende, kassettierte Lambrien vorhanden, in zwei weiteren am Deckenrand umlaufende Stuckprofile. In der Hauptstube des Wirtshauses in Maubach war in der Mitte der Decke eine aus Keramik gefertigte Deckenrosette mit Lampenhaken angebracht.

Der nachträgliche Stubenausbau eines Hauses aus dem 18. Jahrhundert aus Altenriet zeigt neben einfachster Lambrie und Leistendecken-Täfer eine so genannte Kammerstiege, das heißt eine direkte Verbindung zwischen der Stube und der darüber gelegenen Dachkammer (Abb. 62). Diese sonst in keinem Fall beobachtete Kombination von Stube und Kammer übereinander (ein zum Beispiel bei Schwarzwaldhäusern verbreitetes Phänomen) kommt im Bereich der ehemaligen Stuben-

Abb. 60 und **61** Öschelbronn, Stuttgarter Straße 6, Stubenausstattung des 19. Jahrhunderts

kammer ein weiteres Mal – mit jüngerer Stiege – vor. Sie ist dort wahrscheinlich im Zusammenhang mit dem Einbau einer zweiten Wohneinheit, also einer Hausteilung im 19. Jahrhundert, zu verstehen.

Die Stubenböden bestanden überwiegend aus breiten Nadelholzdielen. In zwei Fällen (Öschelbronn und Maubach) zeigten sie eine Gliederung aus Hartholzfriesen und quadratischen Weichholzfüllungen. Hinweise auf Estriche liegen nicht vor. Leider fehlen die alten Hinterladeröfen fast immer, wahrscheinlich, weil mit dem Einbau der Kamine Vorderladeröfen angeschafft wurden. Die Standorte der alten Öfen lassen sich jedoch häufig noch an den Auswechslungen der Fußbodenbretter bestimmen. Ebenso an den vereinzelt noch vorhandenen, von der Decke herabhängenden Trockengestellen („Stängle").

Flure und Küchen sind in einigen Fällen mit auf den Bretterböden verlegten, schweren Natursteinplatten ausgestattet. Dies entspricht einer Forderung der Feuerpolizeigesetze von 1808. In Kellern und Scheunen finden sich überwiegend noch Stampflehmböden.

Dekor

Insgesamt zeigt sich der Außenbau im 19. Jahrhundert spürbar schlichter und nüchterner als im vorhergehenden Zeitraum: Bei sechs Beispielen kann eine durchgehende, weiße Farblasur als belegt gelten, beim letzten Beispiel aus Wangen 1885 waren die Fachwerkhölzer der beiden Giebel im ersten Bauzustand gelb gefasst.

In zwei Fällen vom Anfang des Jahrhunderts findet sich in der Giebelspitze noch die symmetrische Zieranordnung der Ständeraussteifung mit hohen Fußstreben – beim Beispiel aus Flacht jedoch nur noch im zweiten Dachgeschoss! Aber auch bei den übrigen Beispielen legen schlichte Zierformen wie Andreaskreuze, V-Streben in den Brüstungsfeldern und die streng axialsymmetrische Anordnung der Hölzer die Vermutung nahe, dass die Fachwerkstruktur sichtbar gewesen sein dürfte. Allein das gemauerte Haus aus Ödenwaldstetten war schon seit seiner Bauzeit um die Mitte des Jahrhunderts flächig verputzt. Möglicherweise erhielten auch einige der anderen Häuser noch im Laufe des 19. Jahrhunderts ebenfalls einen flächigen Außenputz.

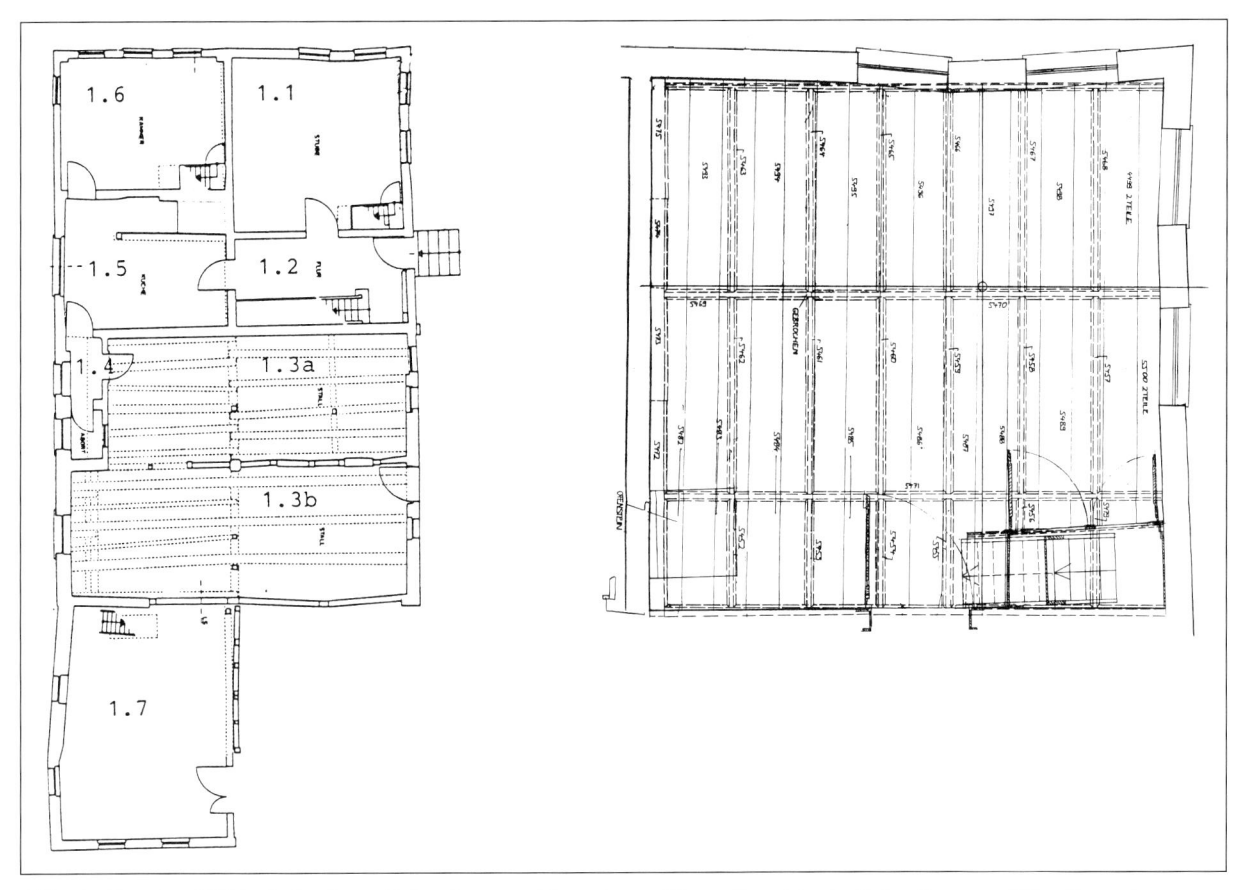

Abb. 62 Altenriet, Walddorfer Straße 23, Erdgeschossgrundriss und vergrößerter Grundriss der Stube, Raum 1.1 (Büro Gromer)

An dem Beispiel aus Ohmenhausen (18. Jahrhundert) findet sich außen auf dem Holzangeltor der 1810 angebauten Scheune eine Farbfassung aus diagonal sich kreuzenden, dunkel gefärbten Linien.[119]

Weitere Schmuckelemente finden sich an dem Beispiel aus Öschelbronn: profilierte Werksteingewände mit Datumskartuschen, Ziergitter an den Oberlichtern der beiden Haustüren und eine Bemalung der Fensterläden mit farbigen Vignetten.

Auch das Beispiel aus Maubach zeigt ein profiliertes Haustürgewände aus Werkstein, ebenso das Wangener Haus. Bei diesem wird die Haustür von einer figürlich-plastischen Werksteinplatte bekrönt, und die Schieferdeckung des Satteldaches zeigt einen Zierverband aus rhombischen Formen.

Sogar das Hofpflaster vor der Traufseite bildet einen Zierverband aus hellen und dunklen Steinen (Abb. 63).

Auf die zierreiche Innenausstattung in der getäferten Stube des Öschelbronner Beispiels wurde bereits im Zusammenhang mit der Stubenausstattung hingewiesen.

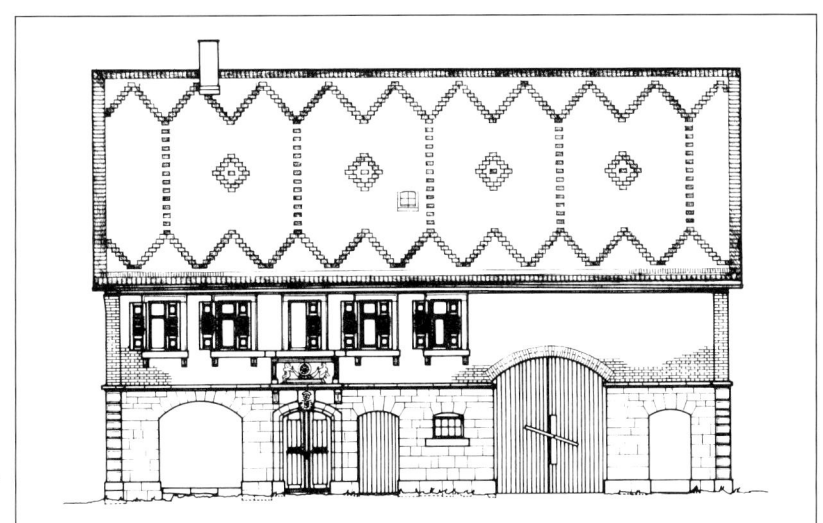

Abb. 63 Wangen, Rechberghäuser Straße 2, Westansicht mit Zier-Schieferdeckung (Büro Gromer)

3.6.5 Umbauten

Aus bislang noch ungeklärten Gründen scheint die Bevölkerungsdichte während der ersten Hälfte des 19. Jahrhunderts im Untersuchungsgebiet stark zugenommen zu haben. Der größte Teil der erhaltenen älteren Häuser wurde deswegen mit dem Ziel umgebaut, in der vorhandenen Bausubstanz eine größere Anzahl von selbstständigen Wohneinheiten mit Stube, Küche und Stubenkammer unterzubringen als bisher. Die Häuser wurden also geteilt oder ausgebaut.

Dieser Befund erstaunt umso mehr, als ja gerade für die Zeit nach den Missernten von 1815 und 1848 bis nach der Jahrhundertmitte klare Belege für die Auswanderung großer Bevölkerungsteile donauabwärts und nach Amerika vorhanden sind. Trotzdem hat sich beispielsweise das Dorf Beuren, nach Angaben des Heimatforschers Dietrich Braun, von 700 Einwohnern im Jahr 1750 auf 1791 Einwohner im Jahr 1850 vergrößert, besser gesagt verdichtet,[120] denn eine entsprechende Anzahl von Neubauten konnte bei einer bauhistorischen Untersuchung des historischen Ortskerns nicht erkannt werden.[121]

Doch die Fragen nach der Ursache für den zahlenmäßig gestiegenen Wohnungsbedarf richten sich an die sozialgeschichtlichen, landeskundlichen und kulturwissenschaftlichen Disziplinen[122] – hier ist nur von Bedeutung, dass die Mehrzahl der untersuchten alten Häuser im Laufe des 19. Jahrhunderts umgebaut worden sind. Exemplarisch hierfür mögen die Veränderungen an den bereits vorgestellten Beispielen stehen: dem 1464 (d) erbauten Geschossständerhaus aus Frickenhausen, dem um 1600 errichteten Freitagshof bei Wernau und dem Haus aus Laichingen von der Schwäbischen Alb aus dem Jahr 1677 (d), welches als Wohnung für einen bäuerlichen Familienbetrieb entstanden ist.

Im Einzelnen wurden an den Gebäuden folgende Veränderungen vorgenommen:

1. *Frickenhausen, Hauptstraße 25, 1464 (d)* (Abb. 64 und 65)
– Teilung des ersten Obergeschosses in zwei selbstständige Wohneinheiten mit Küche, Stube, Stubenkammer und separaten Aborterkern, die jeweils von den Küchen aus zugänglich waren.
– Einbau eines Kamins je Wohneinheit und einer Herd- beziehungsweise Heizstelle. Verlegung des Feuerungsbereichs in die mittlere Querzone.
– Ausbau des ersten Dachgeschosses zu weiterem Wohnraum (ohne Küche) durch Aufsetzen eines Zwerchhauses auf die zur Straße gelegene Hälfte der dritten Querzone. Dieser war durch den neuen, vom ersten Obergeschoss heraufführenden Kamin ebenfalls heizbar. Der rückwärtige Teil im Dach wurde zur Kammer ausgebaut, die mit Hilfe von Lehmwickeln isoliert wurde und die ihr Licht von einer Dachgaupe erhielt.

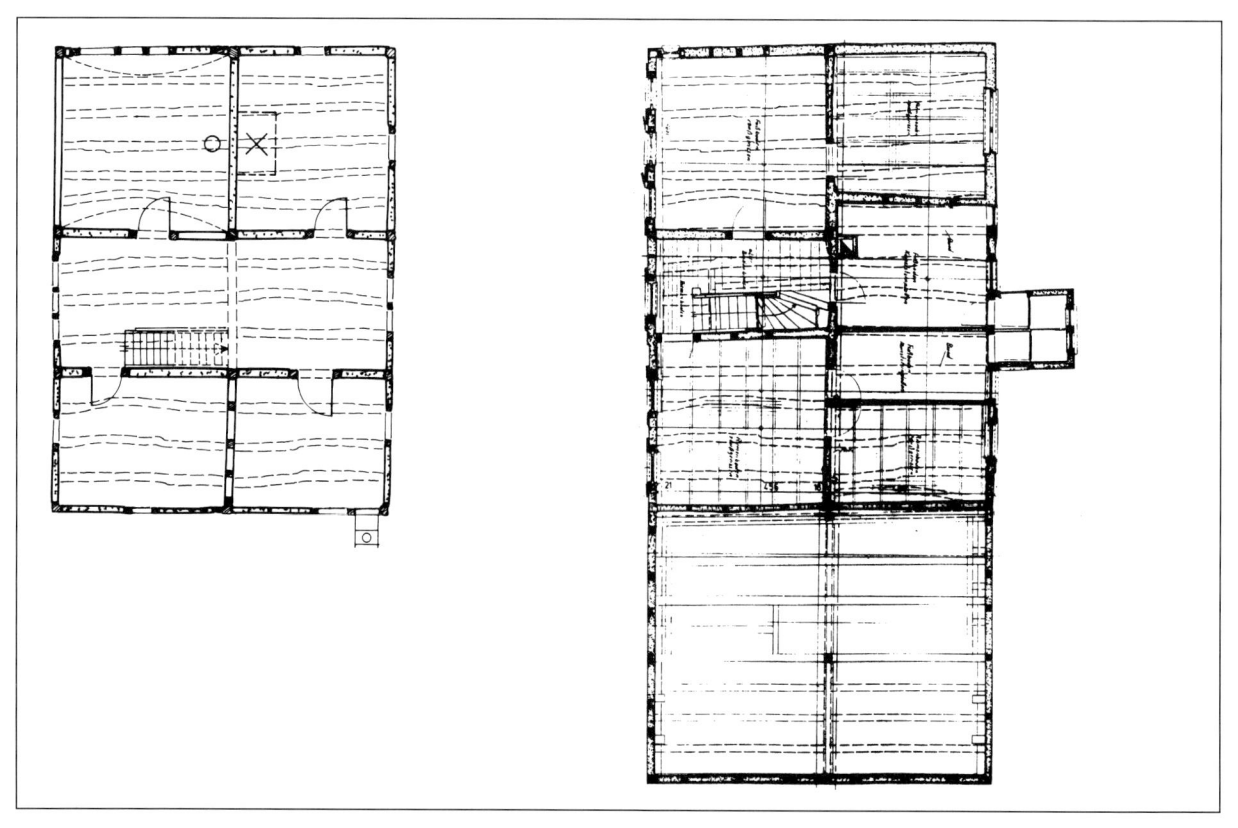

Abb. 64 Frickenhausen, Hauptstraße 25, Grundriss des ersten Obergeschosses, links der rekonstruierte Bauzustand des Jahres 1464 (d), rechts der Umbauzustand des 19. Jahrhunderts (Büro Gromer)

Abb. 65 Frickenhausen, Hauptstraße 25, Giebel- und Traufansicht, links jeweils der rekonstruierte Bauzustand des Jahres 1464 (d), rechts der Umbauzustand des 19. Jahrhunderts (Büro Gromer)

- Ausgraben und Aufmauern eines mit Balkenlage gedeckten Kellers unter der ersten Querzone. Die Kellertreppe wurde außerhalb der rückwärtigen Traufseite angeordnet.
- Ersetzen beziehungsweise Ummauern des Erdgeschossfachwerks mit Natursteinmauerwerk.
- Ersetzen der alten, verschieden großen und gekuppelten Fenster im Obergeschoss, die noch aus dem Spätmittelalter stammten, durch gleich große, etwa zwei Quadratmeter umfassende Einzelfenster entsprechend Form 4 der Matrix. Die dadurch entstandene Verunstaltung des bisherigen spätmittelalterlichen Sichtfachwerks legt die Vermutung nahe, dass damit das Auftragen eines flächigen Außen- und Innenputzes verbunden wurde.
- Entfernen des alten Ziehladen-Erkers der ursprünglichen Stube und Anbringen von Klappläden.
- Anbau einer Scheuer mit Tenne und unterkellertem Barn in Streckstellung an die rückwärtige Giebelseite des alten Hauses unter Aufnahme der First- und Traufhöhe.
- Neueindecken des Daches mit Biberschwänzen in Einfachdeckung mit Schindeldichtung. Entfernen der Schopfwalme an den alten Giebelspitzen.
- Die alten Mönch- und Nonnen-Ziegel sowie die Balken der alten Bohlenbalkendecke der ursprünglichen Stube wurden als Wandausfachung weiterverwendet. Dabei wurden die Türen durch Entfernung der alten Sturzriegel erhöht.
- Allein in der ersten Querzone des Daches wurden, abgesehen von der Entfernung des Schopfwalmes und der Erhöhung der Giebelspitze, keine weiteren Veränderungen vorgenommen.

Unklar ist bislang, ob alle diese Veränderungen zum gleichen Zeitpunkt erfolgt sind oder erst nach und nach jeweils entsprechend dem Bedarf. Einen Anhaltspunkt für die Umbauzeit mag die vermutete Datierung des Scheunenbaus in das frühere 19. Jahrhundert geben.

2. Freitagshof aus Wernau (Abb. 66)
Auch hier belegen die Veränderungen an dem um 1600 für eine Familie samt Großeltern erbauten Wohnhaus eine Teilung der Erdgeschossfläche in zwei separate Wohneinheiten. Das Umbaudatum lässt sich hier anhand der Ausbaudetails, vor allem der Türen, ungefähr auf die Mitte des 19. Jahrhunderts festlegen. Mit der Hausteilung wurde zumindest unter der neu entstandenen Wohnung ein Webkeller eingebaut, und es wurde südwestlich der alten Behausung ein neues, zweistöckiges Ausdinghäuschen mit Stall im Erdgeschoss eingerichtet.[123]

Im Einzelnen wurden an dem alten Hakenflur-Haus folgende bauliche Veränderungen vorgenommen:
– Entfernen aller ursprünglichen Querbundwände und des Hakenflures. Nur die mittlere Längsbundwand und die Flurwand des ersten Bauzustandes blieben an der alten Stelle. Die neuen Querwände wurden danach allein den funktionalen Erfordernissen entsprechend eingezogen – unter Missachtung der konstruktiven Gegebenheiten, zum Teil sogar ohne direkte Anbindung an das Deckengebälk.
– Die Herd- und Heizungsanlagen wurden, wie die Ofenlöcher zwischen den neuen Küchen und Stuben belegen, noch nach herkömmlicher Manier mit offenem Rauchabzug in einen Kaminschoß und darüber vom Dachfuß an errichteten Kaminschlot eingebaut.
Erst mit den bis ins Erdgeschoss hinunterreichenden Kaminen in der Küche musste der offene Rauchfang und damit wahrscheinlich auch die Hinterladerheizung des Stubenofens aufgegeben werden.
– Einbau von zwei neuen Treppen.
– Veränderung der Fassaden durch Einbau neuer, etwa gleich großer Einzelfenster und zweier Haustüren. Gleichzeitig kam wohl ein flächiger Außenputz auf die fast durchgehend in Backstein – anstelle des alten Lehmgeflechts – ausgeführten Ausfachungen. Entfernen des Ziehladen-Erkers der Stube und Anbringen von Klappläden.
– Anbau eines zweiten Backofens an der neuen nördlichen Küche.
– Lehmwickelisolierung der gesamten Erdgeschossdecke. Bis dahin war allein die Decke im Bereich der alten Stube geschliert.
– Im Dach wurden kaum Änderungen vorgenommen, abgesehen vom Einbau der beiden Kamine und einer etwa mittigen, querlaufenden Trennwand aus Brettern im ersten Dachgeschoss.
Das Haus war auch 1980 noch nicht mit einer Abortanlage ausgestattet! Der letzte Besitzer, der allerdings im Neubau daneben wohnte, berichtete vom Gebrauch eines an wechselnden Orten im Garten über Gruben aufgestellten „Heimle".

3. Beispiel Laichingen (Abb. 67)
Um zu belegen, dass diese Hausteilungen nicht nur ein Phänomen des Neckarlandes darstellen, folgt an dieser Stelle noch ein Beispiel von der Schwäbischen Alb: Auch hier wurde, den Ausbaudetails und der Dendrodatierung zufolge, in der ersten Hälfte des 19. Jahrhunderts das Haus einer bäuerlichen Familie in zwei separate Wohneinheiten umgebaut. Man ging dabei sehr sparsam und geschickt vor, sodass im Erdgeschoss nur die alte Feuerungswand zwischen Küche und Stubenkammer in die Querbundebene versetzt werden musste. Der Ausbau der neuen, nach Nordosten gelegenen Stube erfolgte mit zweitverwendeten Täferelementen.

Mit der Hausteilung waren gleichzeitig folgende Baumaßnahmen verbunden:
– Entfernen des alten Gewölbekellers unter der Stubenkammer und seiner Zugangstreppe im Bereich der alten Küche. Ausgraben und Einbau von Balkenkellern als „Weber-Dunken" unter der gesamten südlichen und östlichen Haushälfte sowie eines Rübenkellers im Bereich der Nordwestecke.
– Aufgeben des alten Rauchgadens durch Einziehen einer Decke über der alten Küche. Damit verbunden war der Einbau von zwei Rauchfängen mit darüber stehenden Kaminen in den zwei neuen Küchen und der Einbau von Hinterladeröfen in den neuen Stuben. Die noch vorhandenen Auswechslungen der ehemaligen Rauchabzugslöcher belegen, dass die bis ins Erdgeschoss herabreichenden Backsteinkamine erst um die Wende zum 20. Jahrhundert eingezogen worden sind.
– Einbau von durchgehenden, mittigen Längstrennwänden aus Lehmflechtwerk im ersten und zweiten Dachstock.
– Ersetzen der alten, verschieden großen Fenster und des Ziehladen-Erkers der Stube durch ungefähr gleich große Einzelfenster mit Klappläden. Allein das über Eck laufende Fensterband und auch die ursprüngliche Bretterbalkendecke dieses Raumes blieben erhalten. Zusammen mit diesen Veränderungen an den Fassaden wurden die Wände des Erdgeschosses weitgehend mit Bruchsteinmauerwerk ausgefacht.
– Details an den beiden Aborte lassen darauf schließen, dass sie erst im 20. Jahrhundert eingerichtet wurden.

Wie erwähnt, finden sich Spuren solcher Wohnraum schaffenden Umbauten nicht nur an diesen drei Einzelbeispielen, sondern bei der Mehrzahl der untersuchten Häuser.

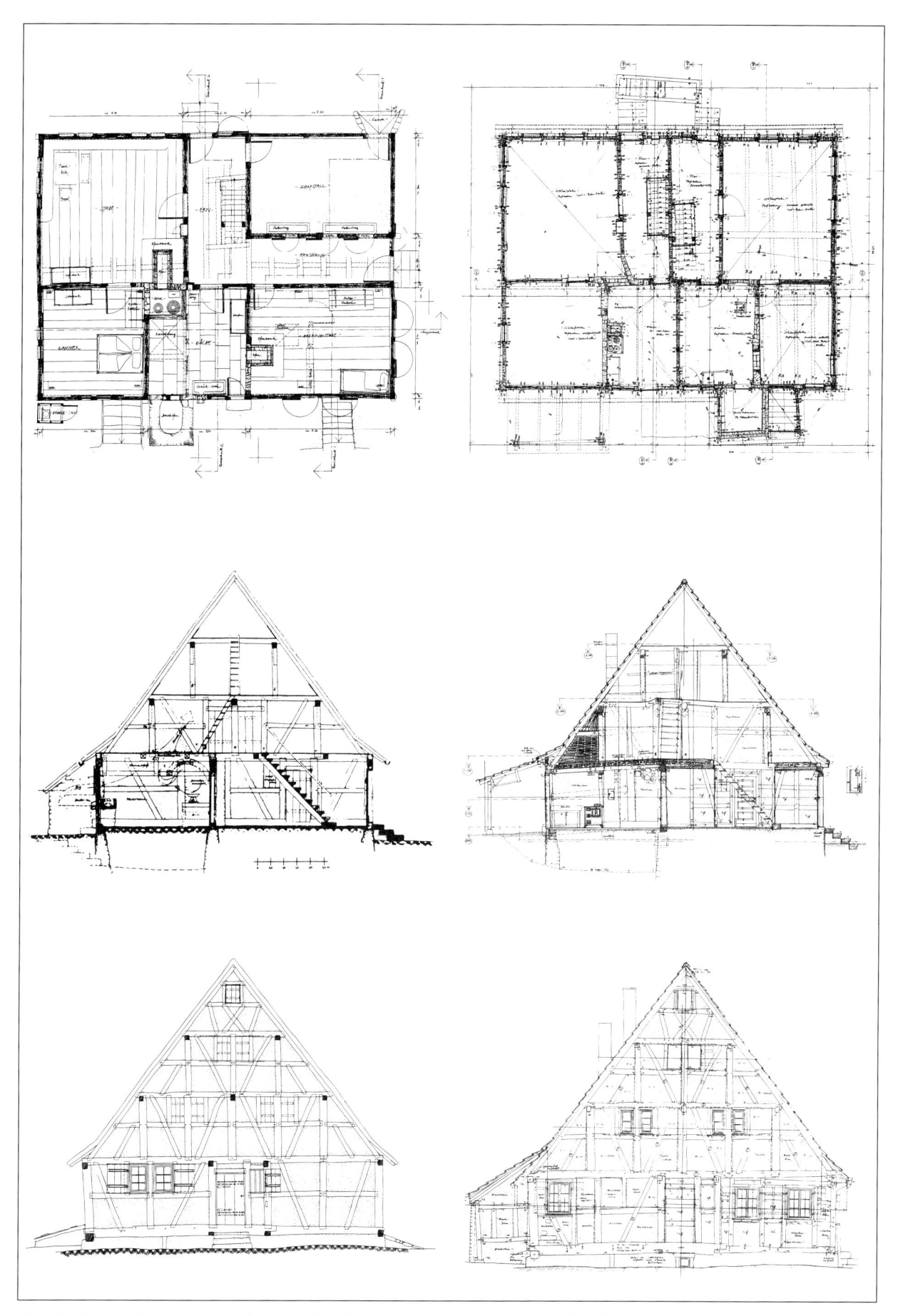

Abb. 66 Wernau, Freitagshof 11, Erdgeschoss-Grundriss, Querschnitt und rückwärtige Giebelansicht, links jeweils der rekonstruierte Bauzustand der Zeit um 1600, rechts der Umbauzustand des 19. Jahrhunderts (Büro Gromer)

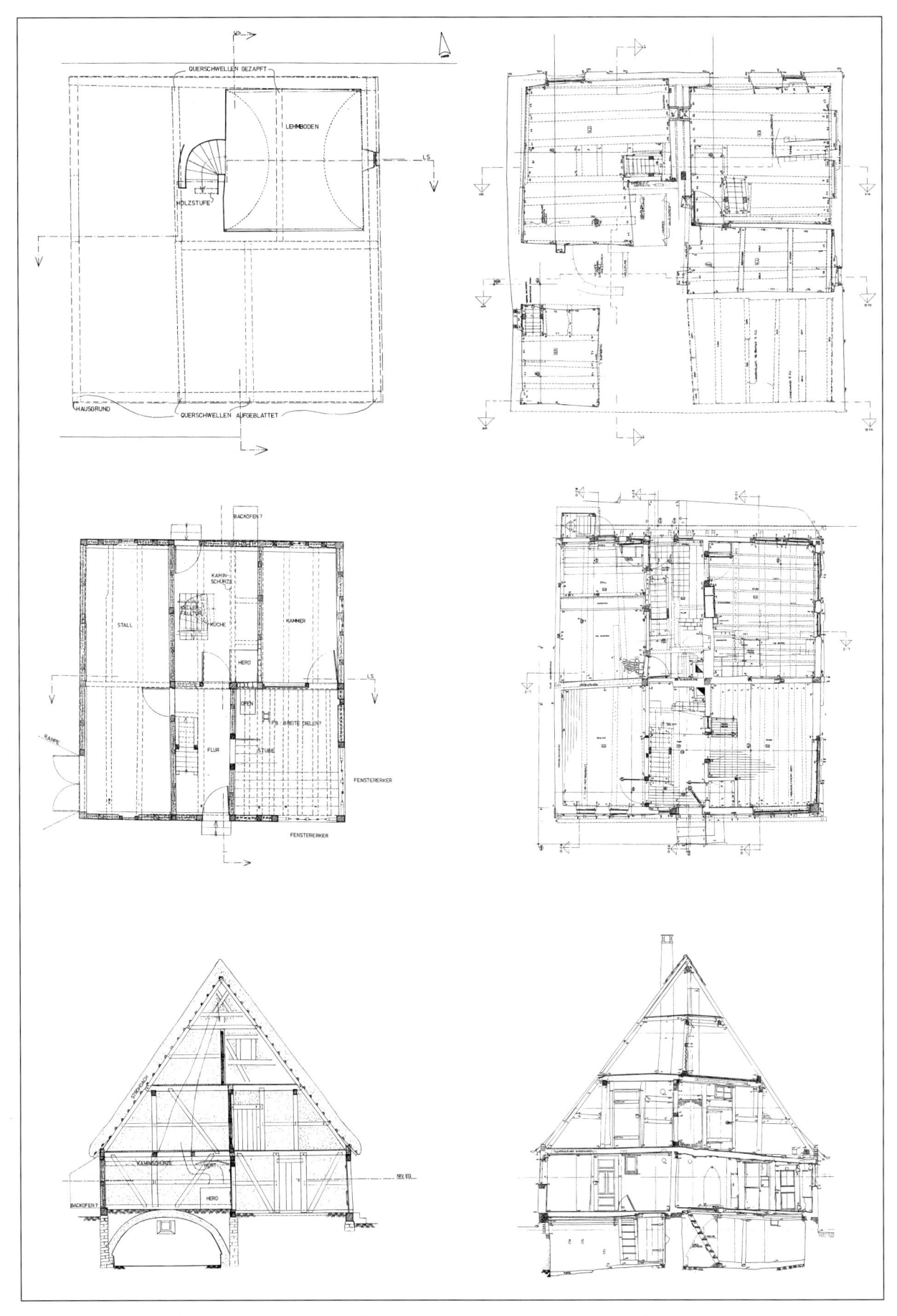

Abb. 67 Laichingen, Mohrengasse 53, Untergeschoss-Grundriss, Erdgeschoss-Grundriss und Querschnitt, links jeweils der rekonstruierte Bauzustand des Jahres 1677 (d), rechts der Umbauzustand des 19. Jahrhunderts (Büro Gromer)

3.6.6 Bezug zu geltenden Bauordnungen

Noch während der napoleonischen Besatzung erlässt der neue württembergische König 1808 neue „Feuer-Polizei-Gesetze", die sich mit folgenden Aspekten befassten:

A. Baueinrichtung, das heißt bauliche Brandschutzmaßnahmen mit 30 Artikeln,
B. Aufbewahrung leicht entzündbarer Materialien,
C. „Benehmen" mit Feuer und Licht,
D. Reinigung und Visitation der Feuerstätten und Rauchfänge,
E. Oberfeuerschau,
F. öffentliche Wächter,
G. Verlust der Brandkassen-Entschädigung.

Mit Ausnahme des umfangreichsten, ersten Kapitels wiederholt das Gesetzeswerk im Wesentlichen die seit 1655 (beziehungsweise schon 1568) formulierten und im 18. Jahrhundert besonders von Herzog Carl Eugen präzisierten und verschärften Brandschutzregelungen. Es führt sie an einigen Stellen noch weiter aus und bringt sie auf den neuesten Stand der Technik.

Ein direkter Bezug zu baulichen Maßnahmen wird jedoch nur in der Abteilung A erkennbar, die überschrieben ist: „In Ansehung der Bau-Einrichtung ist zu beobachten".[124]

Gleich zu Beginn findet sich unter Artikel 1 die wesentlichste Neuerung dieses Gesetzes, nämlich die Einführung der bis heute bestehenden Baugenehmigungs- beziehungsweise Baueingabepflicht.

Artikel 2 schreibt zukünftig einzuhaltende Straßenbreiten im Innenbereich mit etwa 15 Metern (50 Schuh) und ein Bauverbot an Straßen von weniger als 12 Meter Breite vor.

Artikel 3 wiederholt das Verbot von Riegelwänden, die „gestükt oder gezäunt" sind, bei einer Strafe von zehn Reichstalern.

Artikel 4 legt fest, dass Scheunen einen Mindestabstand von etwa neun Metern zu Wohnhäusern haben müssen. Für Einhäuser sind steinerne Brandmauern, die keinerlei Öffnung haben dürfen, zwischen Haus und Scheune vorgeschrieben. „Auch ist die äußere Gegenseite der Scheuer gleichfalls von Steinen bis an den Fürst aufzuführen." Das heißt nach meinem Verständnis, dass auch der zweite Giebel der Scheune gemauert werden mußte.

Artikel 5 schreibt vor, dass anstelle der Steilgiebel auf die „Errichtung von Walbendächern" zu dringen sei, oder darauf, „daß die Giebel, wo förmliche Brandmauern wegen ihrer Kostbarkeit nicht anwendbar sind, über die Riegelwandungen [also mit Bruchsteinen ausgefachte Fachwerkwände] hinaus bis auf 6 Zoll [etwa 15 Zentimeter] verblendet [verputzt] werden".[125]

In einem hierauf bezogenen Erlass vom 18. Mai 1829 wird die Verschindelung von solchen „ausgemauerten Riegelwandungen" nur unter der Voraussetzung genehmigt, dass sie „zuvor mit einem soliden durchlaufenden Verputz überzogen werden.[126]

Hier haben wir den ersten konkreten Hinweis auf die heute selbstverständliche Einsicht, dass flächiger Außenputz brandhemmend wirkt.

Artikel 6 wiederholt das Verbot von Stroh- und Schindeldächern und verbietet sogar bei einer Strafe von 10 Talern, diese zu reparieren.

Allerdings erteilt ein Erlass vom 5. März 1821 „Dispensation", wenn „1.) die hohe Lage des Orts den Gebrauch von Ziegel-Dächern unzureichend macht, wenn ferner 2.) die Häuser nicht allzu nahe auf einander stehen, und wenn 3.) das Dach [...] mit sogenanntem Lehmstroh, wo nemlich die unterste Strohlage dicht mit Lehm gedränkt ist, bedeckt wird."[127] Reine Strohdächer und Schindeldächer bleiben jedoch rigoros untersagt.

Artikel 7 schreibt Steinbeläge für „Küchen und Vorpläze (Oehrn)" in den oberen Stockwerken vor.

Artikel 8 und 9 gebieten die Lehmwickelisolierung aller Decken in Küchen, Stuben und Kammern oder eine „förmliche" Vertäferung.

Artikel 10 wiederholt die schon spätestens 1729 emanierte Verordnung: „Die an den Häusern hie und da noch befindlichen Zugläden (nemlich das an den Häußern bei den Fenstern angebrachte Getäfer nebst den dazu gehörigen Aufzugläden) sind sogleich hinwegzusprechen und nöthigenfalls obrigkeitlich hinwegnehmen zu lassen."

Artikel 11 verbietet hölzerne Gesimse um die Öfen, die nicht wenigstens 45 Zentimeter vom Ofen entfernt sind.

Artikel 12 bis 21 beschäftigen sich mit Kaminen: Sie müssen aus „Glukern oder Tauchsteinen, und zwar in dem ersten Stock mit liegenden, und dann erst mit aufrechten Glukern errichtet werden." Sie müssen im Lichten einen Querschnitt von etwa 55 Zentimetern besitzen und 45 Zentimeter über den „Fürst" hinausreichen. Kamine durften „nie ohne Noth und durchaus nicht auf liegenden hölzernen Pritschen und Lagen geschleift werden". Der Rauch „aus mehreren Feuerstätten, welche nicht unter ein Kaminschoß gebracht werden können", darf ohne Genehmigung nicht in einen Kamin zusammengeführt werden. Und zum Schluss: Kein Haus darf ohne Kamin gebaut werden.

Artikel 22 bis 24 beschäftigen sich mit gewerblichen Feuerstätten.

Artikel 25 legt fest, dass „Windöfen" ohne besondere Erlaubnis nur in steinernen Häusern eingerichtet werden dürfen.

Die Artikel 26 bis 28 beschäftigen sich mit der Sicherheit anderer Öfen und verschärfen die Bestimmungen,

Hausöfen zugunsten derer in öffentlichen Back-, Wasch- und Dörrhäusern aufzugeben.

Artikel 29 wiederholt die Forderung, die Erdgeschosse entweder ganz gemauert oder „doch wenigstens mit Riegelwandungen auf einem Sokel von Stein" zu erbauen. Dies wirft die Frage auf, ob selbst zu Anfang des 19. Jahrhunderts noch vereinzelte Pfostenbauten existiert haben.

Artikel 30 endlich legt fest, dass in den Städten vierteljährlich und auf den Dörfern halbjährlich Feuerschauen vorzunehmen und dabei erkannte Mängel innerhalb von vier Wochen zu beheben seien.

Am 12. Oktober 1872 erlässt König Karl von Württemberg als königliches Dekret eine „Neue allgemeine Bauordnung" mit folgenden Hauptkapiteln:[128]

1. Von der Bauberechtigung und den Bauvorschriften im Allgemeinen (Artikel 1 bis 3),
2. Von der Anlage der Orte und Ortsstraßen (Artikel 4 bis 15),
3. Von den für die einzelnen Bauten maßgebenden polizeilichen Bestimmungen
   3.1 Allgemeine Bestimmungen (Artikel 16 bis 20)
   3.2 Von der Stellung und Lage der Bauten und ihrem Verhältnis zu Straßen und benachbarten Gebäuden und Grundstücken (Artikel 21 bis 34)
   3.3 Von der Konstruktion der Bauten (Artikel 35 bis 55),
4. Nachbarrechtliche Bestimmungen (Artikel 56 bis 73),
5. Von der Zuständigkeit der Behörden und dem Verfahren in Bausachen (Artikel 74 bis 95, Artikel 82 Baugesuch, Artikel 85 Baugesuchspläne, Artikel 79 Baugenehmigung).

In Detailfragen wird die Entscheidung weitgehend den örtlichen Behörden überlassen. Die Bauordnung von 1872 kann als die Grundlage der heutigen baden-württembergischen Landesbauordnung angesehen werden.

Kapitel 4
Schlussfolgerungen

4.1 Summenmatrix

Summenmatrix 15. bis 19. Jahrhundert		15. Jahrhundert	16. Jahrhundert	17. Jahrhundert	18. Jahrhundert	19. Jahrhundert
Belegbasis	Naturraum	3 x Neckarland 4 x Albvorland 1 x Alb	2 x Neckarland 3 x Albvorland 3 x Alb	4 x Neckarland 2 x Albvorland 2 x Alb	3 x Neckarland 3 x Albvorland 2 x Alb	4 x Neckarland 2 x Albvorland 2 x Alb
	Gehöftform	2 x Einhaus 6 x Gehöft	2 x Einhaus 1 x Einhaus ? 5 x Gehöft	1 x Einhaus 7 x Gehöft	5 x Einhaus 3 x Gehöft	3 x Einhaus 4 x Gehöft 1 x Selde
Außengestalt	Grundfläche	90–240 m²	85–235 m²	88–184 m²	52–210 m²	47–326 m²
	Stubenfläche	16–25 m²	16–34 m²	15–31 m²	14–30 m²	9–40 m²
	Stockwerkszahl	3 x 1 1 x 1,5 3 x 2 1 x 2,5	3 x 1 5 x 2	5 x 1 3 x 2	1 x 1 1 x 1,5 3 x 2 3 x 2,5	2 x 1,5 6 x 2
	Stockwerkszahl Dach	5 x 2 1 x 2,5 2 x 3	3 x 2 5 x 3	5 x 2 3 x 3	5 x 2 3 x 3	4 x 2 4 x 3
	Stockwerksvorstöße	4 x giebelseitig 1 x traufseitig	11 x giebelseitig 2 x traufseitig	10 x giebelseitig	10 x giebelseitig	3 x giebelseitig
	Dachform	4 x Satteldach 4 x Schopfwalmdach	7 x Satteldach 1 x Schopfwalmdach	8 x Satteldach	6 x Satteldach 1 x Halbwalmdach 1 x Krüppelwalmdach	8 x Satteldach 1 x Mansarddach
	Dachneigung	ca. 53–62 Grad	ca. 49–58 Grad	ca. 54–56 Grad	ca. 52–56 Grad	ca. 50–56 Grad
	Orientierung zur Straße	5 x giebelständig 3 x traufständig	2 x giebelständig 6 x traufständig	5 x giebelständig 2 x traufständig 1 x giebel- und traufständig	3 x giebelständig 5 x traufständig	4 x giebelständig 3 x traufständig 1 x giebel- und traufständig
	Erschließung	1 x giebelseitig 7 x traufseitig 2 x Außentreppe	5 x traufseitig 3 x trauf- und giebelseitig 3 x Außentreppe	3 x giebelseitig 4 x traufseitig 1 x trauf- und giebelseitig 3 x Außentreppe	3 x giebelseitig 3 x traufseitig 2 x trauf- und giebelseitig 3 x Außentreppe	7 x traufseitig 1 x trauf- und giebelseitig
Innenstruktur	Grundrissform Wohnung o = Stubenofen x = Küchenherd ▭ = Treppe	1 x Form 1 3 x Form 2 1 x Form 3 1 x Form 5 2 Scheunen	3 x Form 1 2 x Form 2 1 x Form 3 1 x Form 5 2 Scheunen	1 x Form 1 2 x Form 2 2 x Form 3 3 x Form 5 1 Scheune	2 x Form 2 4 x Form 3 2 x Sonderform 2 Scheunen	1 x Form 1 1 x Form 2 4 x Form 3 1 x Form 4 3 Scheunen
	Anzahl der Schiffe (Längszonen)	7 x 2 1 x 3	7 x 2 1 x 3	5 x 2 3 x 3	6 x 2 2 x 2/3	7 x 2 3 x 3 (Scheunen)
	Anzahl der Joche (Querzonen)	2 x 2 4 x 3 1 x 4 1 x 5	1 x 2 4 x 3 1 x 5 1 x 6	1 x 2 5 x 3 1 x 4 1 x 5	1 x 2 1 x 3 4 x 4 1 x 5 1 x 6	4 x 3 2 x 4 2 x 5 1 x 6
	Keller (Unterkellerung in %)	4 x 15–25 %	7 x 10–50 %	7 x 10–100 %	6 x 10–75 %	7 x 30–100 %

Schlussfolgerungen

Summenmatrix 15. bis 19. Jahrhundert		15. Jahrhundert	16. Jahrhundert	17. Jahrhundert	18. Jahrhundert	19. Jahrhundert
Rohbau	Konstruktive Längsachsen	6 x 3 1 x 4 1 x ?	7 x 3 1 x 4	5 x 3 3 x 4	6 x 3 2 x 3/4	7 x 3 3 x 4
	Konstruktive Querachsen	2 x 3 4 x 4 1 x 5 1 x 6	1 x 3 3 x 4 2 x 6	2 x 3 5 x 4 2 x 6	1 x 3 1 x 4 4 x 5 1 x 6 1 x 7	4 x 4 2 x 5 2 x 6 1 x 7
	Fundament	2 x Balkenkeller 3 x Gewölbekeller	1 x Balkenkeller 6 x Gewölbekeller	4 x Balkenkeller 3 x Gewölbekeller	2 x Balkenkeller 3 x Gewölbekeller 1 x Balken- und Gewölbekeller	1 x Balkenkeller 6 x Gewölbekeller
	Erdgeschoß	6 x Fachwerk 2 x Mauerwerk	5 x Fachwerk 1 x Fach- und Mauerwerk 2 x Mauerwerk	5 x Fachwerk 2 x Fach- und Mauerwerk 1 x Mauerwerk	3 x Fachwerk 5 x Mauerwerk	4 x Fachwerk 1 x Fach- und Mauerwerk 3 x Mauerwerk
	Schwellen	2 x Schwellriegel 2 x Querschwellen unten	2 x Schwellriegel 1 x Längs- und Querschwellen bündig 2 x Querschwellen unten 1 x Längsschwellen unten	1 x Schwellriegel 3 x Längs- und Querschwellen bündig 2 x Querschwellen unten 2 x Längsschwellen unten	8 x Längs- und Querschwellen bündig	7 x Längs- und Querschwellen bündig
	Abbund	4 x Firstständerbau 3 x Geschossständerbau 3 x stockwerksweiser Abbund 2 x Dielenboden durchlaufend	3 x Geschossständerbau 5 x stockwerksweiser Abbund 2 x Dielenboden durchlaufend	8 x stockwerksweiser Abbund 1 x Dielenboden durchlaufend	8 x stockwerksweiser Abbund	4 x Geschossständerbau (Scheunen) 7 x stockwerksweiser Abbund
	Konstruktive Verbindung senkrechter Teil und Dach	4 x Einheit 3 x Verbindung 1 x ?	4 x Verbindung 4 x keine Verbindung	8 x keine Verbindung	8 x keine Verbindung	8 x keine Verbindung
	Maximale Abmessung der Bundständer (Holzart)	35 x 35 x 1000 cm 25 x 25 x 225 cm Eiche	30 x 30 x 380 cm 28 x 28 x 225 cm Eiche und Nadelholz	28 x 28 x 250 cm 22 x 22 x 175 cm Eiche und Nadelholz	30 x 40 x 250 cm Eiche und Nadelholz	35 x 25 x 240 cm 20 x 20 x 220 cm 20 x 20 x 500 cm (Scheunen) Eiche und Nadelholz
	Maximaler Ständerabstand	500–250 cm	400–175 cm	400–200 cm	350–160 cm	220–150 cm
	Rähmkranz	8 x einfacher Rähmkranz	7 x einfacher Rähmkranz 1 x doppelter Rähmkranz 3 x traufseitig doppeltes Rähm	7 x einfacher Rähmkranz 1 x doppelter Rähmkranz (Scheune)	8 x einfacher Rähmkranz	7 x einfacher Rähmkranz
	Dachkonstruktion	5 x Pfetten- und Sparrendach 3 x Sparrendach	8 x Sparrendach	8 x Sparrendach	8 x Sparrendach	8 x Sparrendach 1 x Mansarddach
	Dachstuhl	8 x stehender Stuhl	3 x stehender Stuhl 5 x liegender Stuhl	4 x stehender Stuhl 4 x liegender und stehender Stuhl	2 x stehender Stuhl 4 x liegender Stuhl 2 x liegender und stehender Stuhl	6 x stehender Stuhl 4 x liegender Stuhl 4 x in Bundwand integriert
	Dachdeckung	6 x Strohdach 1 x Biberschwanz ? 1 x Mönch- und Nonnen-Deckung	6 x Strohdach ? 2 x Biberschwanz	3 x Strohdach 2 x Strohdach ? 3 x Biberschwanz	4 x Strohdach 4 x Biberschwanz	2 x Strohdach ? 7 x Biberschwanz 1 x Schiefer
	Gefügesystem	6 x Ständeraussteifung 2 x Ständer- und Wandaussteifung	1 x Ständeraussteifung 7 x Ständer- und Wandaussteifung	1 x Wandaussteifung 7 x Ständer- und Wandaussteifung	4 x Wandaussteifung 4 x Ständer- und Wandaussteifung (Giebel)	8 x Wandaussteifung 2 x Ständeraussteifung (Giebel)
	Gefügehölzer	2 x Schwelle-Rähm-Streben 8 x Kopfbänder 3 x Fußbänder 8 x Steigbänder	7 x Schwelle-Rähm-Streben 7 x Kopfbänder 6 x Fußbänder 3 x Steigbänder 1 x Kopfwinkelhölzer	8 x Schwelle-Rähm-Streben 1 x Kopfbänder 6 x Fußbänder 4 x Andreaskreuze	8 x Schwelle-Rähm-Streben 4 x Fußbänder 1 x Andreaskreuze 1 x K-Streben	8 x Schwelle-Rähm-Streben 2 x Fußstreben 2 x Andreaskreuze
	Holzverbindung	6 x geblattet 2 x geblattet und gezapft	2 x geblattet 4 x geblattet und gezapft 2 x gezapft	1 x gezapft und geblattet 7 x gezapft (Strebe und Riegel verblattet)	8 x gezapft (Strebe und Riegel verblattet)	8 x gezapft (Strebe und Riegel verblattet)
	Anzahl der Riegel in den Hauptstockwerken	5 x 1 3 x 2	2 x 1 3 x 1–2 3 x 2	2 x 1 6 x 2	2 x 1 2 x 1–2 4 x 2	6 x 2 1 x 3 1 x 4
	Ausfachungsmaterial	7 x Lehmstroh 1 x Lehmstroh und Bruchstein	6 x Lehmstroh 2 x Bruchstein	6 x Lehmstroh 2 x Bruchstein ?	5 x Bruchstein 3 x Lehmstroh und Bruchstein	2 x Lehmstroh (Dach) 7 x Bruchstein

Summenmatrix

Summenmatrix 15. bis 19. Jahrhundert		15. Jahrhundert	16. Jahrhundert	17. Jahrhundert	18. Jahrhundert	19. Jahrhundert
Rohbau	Fensterbildung	2 x Form 1 1 x Form 2 3 x Form 3 1 x Fenstererker 4 x Fenstererker ?	1 x Form 1 2 x Form 2 3 x Form 3 3 x Fenstererker 4 x Fenstererker ?	2 x Form 2 7 x Form 3 5 x Fenstererker 3 x Fenstererker ?	5 x Form 3 3 x Form 4 2 x Fenstererker 2 x Fenstererker ?	2 x Form 3 (Giebel) 6 x Form 4
Ausbau	Feuerstellen	8 x Küchenherd 8 x Hinterladerofen	7 x Küchenherd 9 x Hinterladerofen 2 x Backofen	8 x Küchenherd 11 x Hinterladerofen 1 x Backofen	8 x Küchenherd 10 x Hinterladerofen	10 x Küchenherd 14 x Hinterladerofen 1 x Vorderladerofen
	Rauchabzug	3 x Rauchgaden ? 1 x Rauchfang 2 x Rauchfang ? 6 x Rußbesatz im Dach	1 x Rauchgaden 1 x Rauchgaden ? 3 x Rauchfang u. Schlot 6 x Rußbesatz im Dach	2 x Rauchgaden 5 x Rauchfang u. Schlot 6 x Rußbesatz im Dach	3 x Rauchfang 4 x Rauchfang ? 8 x Kamin	4 x Rauchfang u. Schlot 2 x Kamin bis Erdgeschoss und Rauchkammer
	Wasser	1 x Brunnen	1 x Brunnen	2 x Brunnen 1 x Schüttstein		1 x Schüttstein
	Abort	2 x außen liegender Abort	1 x Aborterker	1 x innen liegender Abort 1 x außen liegender Abort ?	2 x innen liegender Abort 1 x innen liegender Abort ? 1 x außen liegender Abort 3 x Aborterker	1 x innen liegender Abort 6 x Aborterker
	Treppen	2 x Leiter 4 x Keilstufen	1 x Leiter 3 x Keilstufen	3 x Keilstufen	2 x Leiter 1 x Keilstufen 5 x eingeschobene Stufen	1 x Leiter 7 x eingeschobene Stufen
	Türen	3 x Holzangeln 3 x Holzangeln ? 7 x Türfalz am Ständer	2 x Holzangeln 2 x Schmiedebänder 7 x Türfalz am Ständer	1 x Schmiedebänder 8 x Türfalz am Ständer	1 x Holzangeln 6 x Schmiedebänder	1 x Holzangeln 6 x Schmiedebänder 2 x Fitschbänder
	Türblätter	6 x Brettertür ?	2 x Brettertür 1 x aufgedoppelte Tür 1 x Tür mit aufgedoppelten Kassetten	1 x Brettertür mit aufgedoppelten Kassetten	6 x Brettertür 5 x Tür mit eingeschobenen Kassetten	5 x Brettertür 6 x Tür mit eingeschobenen Kassetten
	Fenstergröße Stube – Küche – Kammer	6 x verschieden groß	7 x verschieden groß	7 x verschieden groß 1 x verschieden groß ?	2 x verschieden groß 1 x verschieden groß ? 3 x gleich groß 2 x gleich groß ?	7 x gleich groß 3 x axial
	Fensterverschluss	1 x Vertikal-Ziehladen 2 x Klappladen	4 x Horizontal-Schiebeladen 5 x Vertikal-Ziehladen 3 x Klappladen	5 x Horizontal-Schiebeladen 8 x Vertikal-Ziehladen ? 4 x Klappladen	1 x Vertikal-Ziehladen 5 x Vertikal-Ziehladen ? 7 x Klappladen	8 x Klappladen
	Stubenausstattung	2 x Balkendecke ? 3 x Bohlenbalkendecke	2 x Balkendecke 2 x Balkendecke ? 2 x Bohlenbalkendecke 2 x Täferdecke ? 1 x Wandtäfer	5 x Balkendecke ? 2 x Balkendecke ? 2 x Täferdecke ?	3 x Balkendecke 2 x Balkendecke ? 1 x Täferdecke 2 x Täferdecke ? 1 x Wandtäfer 1 x Wandtäfer ?	4 x Balkendecke ? 1 x Täferdecke 1 x Wandtäfer 2 x Gipsprofile 2 x Lamberie
	Fußboden Stube		2 x Lehmfußboden 4 x Holzfußboden	4 x Lehm- u. Holzboden ? 4 x Lehmfußboden ?	1 x Lehmfußboden 7 x Holzfußboden	1 x Lehmfußboden ? 7 x Holzfußboden 1 x Keramikplatten (Küche und Flur) 2 x Zierboden
	Dekor	2 x plastischer Dekor an Holzteilen	2 x Farbfassung innen 2 x Farbfassung außen 1 x Zierfachwerk 2 x plastischer Dekor an Steinteilen 3 x plastischer Dekor an Holzteilen	1 x Farbfassung innen 1 x weiße Außenfassung 2 x gelbe Außenfassung 7 x Zierfachwerk 1 x plastischer Dekor an Steinteilen	2 x Farbfassung innen 2 x Farbfassung innen ? 2 x Farbfassung außen 3 x Farbfassung außen ? 3 x Außenputz 3 x Zierfachwerk 1 x plastischer Dekor an Steinteilen 1 x plastischer Dekor an Holzteilen	2 x Farbfassung innen 6 x weiße Außenfassung 1 x gelbe Außenfassung 1 x Außenputz 2 x Zierfachwerk 2 x plastischer Dekor an Steinteilen 1 x Ziergitter 1 x Hof-Pflastermusterung 1 x Zierschieferdeckung
	Bezug zu Bauordnungen	1495	1495, 1567/68	1655	1703, 1716, 1730, 1752, 1789	1808, 1872

4.2 Zusammenfassung

Hier sollen die für die einzelnen Merkmale und Jahrhunderte ermittelten Ergebnisse miteinander verglichen werden. Diese Zusammenschau wird als Darstellung der gesamten Entwicklung des untersuchten Hausbestandes verstanden. Daran anschließend sollen jene Merkmale herausgefiltert werden, die sich im Laufe der Jahrhunderte nicht oder nur wenig verändert haben. Nur diese können tatsächlich als „typisch" für die Hausformen des gesamten Untersuchungsbereichs oder auch nur für seine Teilflächen gelten.

Diese „typischen Merkmale" sollen dann im Folgenden mit den Hausformen der den Untersuchungsbereich umgebenden Landschaften verglichen und auf Ähnlichkeiten beziehungsweise Unterschiede hin abgefragt werden. So soll eine Einordnung der im Einzugsbereich des Freilichtmuseums Beuren vorkommenden Formen in das Hausformengefüge Oberdeutschlands erreicht werden.

4.2.1 Entwicklung der Außengestalt

Naturraum
Aus dem Neckarland liegen sechzehn erfasste Beispiele vor, vom Vorland der Schwäbischen Alb vierzehn und von der Schwäbischen Alb selbst zehn Einzelgebäude. Die Häuser von dort sind also mit nur 25 Prozent leicht unterrepräsentiert. Allerdings kann in ihrer geringeren Anzahl auch eine Spiegelung der geringeren Bevölkerungs- beziehungsweise Besiedlungsdichte der Alb gesehen werden.

Gehöftformen
25 Gehöftanlagen stehen 15 Einzelhäusern gegenüber, wobei auch schon von der Mitte des 15. Jahrhunderts an zwei verschiedene Formen von Einhäusern – zweischiffige, traufseitig erschlossene sowie auch dreischiffige, giebelseitig erschlossene – belegt sind. Zwar sind schon aus dem Neolithikum Einhausformen bekannt, aber nach der Lex Alamannorum sind für das Frühmittelalter ausschließlich Gehöftanlagen überliefert. Die Form des Eindachhofes hat sich also möglicherweise – als flächensparende Alternative zu den herkömmlichen, raumgreifenden Gehöftformen – erst im Laufe des Hoch- und Spätmittelalters entwickelt als Ackerbürgerhaus in den beengten Bauflächen der ja erst während des 12. und 13. Jahrhunderts neu entstandenen Städte. Während Einhäuser vom 15. bis zum 17. Jahrhundert in der Minderzahl sind, kann für das 18. und 19. Jahrhundert eine ungefähre Ausgewogenheit bei diesen beiden Gehöftformen angenommen werden.

Grund- und Stubenflächen
Die beiden Flächengrößen kommen entsprechend dem Funktionsprogramm und der sozialen Stellung der Bauherren während des 15. bis 17. Jahrhunderts in einer Bandbreite von etwa 85 bis 240 Quadratmetern für die Hausflächen und 15 bis 31 Quadratmetern für die Stubenflächen vor.

Im 18. und 19. Jahrhundert erweitert sich die Bandbreite wegen der neu hinzukommenden Selden nach unten auf 47 Quadratmeter Haus- und 9 Quadratmeter Stubenfläche, aber auch deutlich nach oben im Falle des besonders großen Einhauses aus Maubach. Da bislang keine älteren Beispiele bekannt sind, ist unklar, ob es die besonders kleinen Hausformen der sozialen Unterschicht auch im 15. bis 17. Jahrhundert gab. Ein Vergleich mit den ergrabenen Gebäudegrößen des Frühmittelalters zeigt allerdings, dass seit dieser Zeit bis zum Ende des 19. Jahrhunderts insgesamt eine deutliche Tendenz zu erkennen ist: Die Gebäude der sozialen Oberschicht werden größer, ihre Querschnitte breiter.

Anzahl der Stockwerke in Unterbau und Dach
Ein- und zweistöckige Unterbauten mit zwei- und dreistöckigen Dachwerken kommen seit dem 15. Jahrhundert nebeneinander vor. Dabei ist eine leicht zunehmende Tendenz zu Häusern mit zweistöckigem Unterbau und dreistöckigem Dachwerk zu erkennen.

Da bei den erfassten Häusern von der Schwäbischen Alb vier zweistöckige Häuser (darunter zwei aus dem 16. Jahrhundert) und bei denen des Unterlandes zehn einstöckige Gebäude vorkommen, kann die in der Karte der deutschen Hauslandschaften von T. Gebhard getroffene Unterscheidung zwischen rein einstöckigen Albhäusern und durchgehend zweistöckigen Häusern des Unterlandes hier nicht bestätigt werden.[129]

Das überwiegende Vorkommen älterer, einstöckiger Häuser auf der Ostalb wird eher durch Einflüsse vom benachbarten bayrisch-schwäbischen Ries und die Armut dieser rauen Landschaft mit ihrem Wassermangel und ihren steinigen Böden zu erklären sein, als mit der Annahme einer landschaftsspezifischen Hausform und eigener Genese, die sich aufgrund der vorliegenden Untersuchung nicht nachweisen lässt.

Dagegen kann der von Gebhard kartierte oberschwäbische Einfluss auf der Zwiefalter Alb anhand von Details wie Pfettendachwerken mit Scherenstuhl, geschwungenen und geknickten Fußstreben sowie Zapfenschlössern bestätigt werden.

Stockwerksvorstöße
Während die reine First- und Geschossständerbauweise keinerlei Auskragungen erlaubte, bot der Stockwerksbau, der sich spätestens seit der ersten Hälfte des 16. Jahrhunderts völlig durchgesetzt hat, sowohl die Möglich-

keit giebel- wie traufseitiger Vorstöße. So ist dieses Merkmal vom 16. bis zum 18. Jahrhundert sehr verbreitet, verliert jedoch bei den im 19. Jahrhundert vorkommenden, flächig verputzten Häusern, die zunehmend den Eindruck von Steinbauten zu erwecken suchen, an Bedeutung.

Dachform
Die vorherrschende Dachform ist das Satteldach mit Steilgiebeln, das von der reinen Firstpfostenbauweise vorgegeben war. Flach geneigte Dächer kommen überhaupt nicht vor.

Während des 15. und 16. Jahrhunderts kommen mit abnehmender Tendenz Schopfwalme mit dem so genannten Eulenloch vor. Auch für das 18. Jahrhundert sind einzelne Halb- und Krüppelwalme, allerdings ohne Öffnung unter dem First, belegt.

Orientierung zur Straße
Die für den städtischen Hausbau bedeutungsvolle Frage einer trauf- oder giebelständigen Anordnung der Häuser gegen den Straßenraum spielt offenbar bei den weniger beengten Verhältnissen auf den Dörfern eine geringere Rolle: So kommen beide Alternativen während des gesamten Untersuchungszeitraumes in wechselnder Anordnung nebeneinander vor.

Zusammenfassung zur Außengestalt

Insgesamt zeigt sich über den gesamten Untersuchungszeitraum die Grundform eines Hauses mit ein- bis dreistöckigem Unterbau und zwei- bis dreistöckigem, steilem Satteldach mit steilen Giebeln. Teilweise werden die der Witterung besonders ausgesetzten Giebelspitzen durch kleinere Abwalmungen geschützt. Stockwerksvorsprünge kommen vom 16. bis ins 18. Jahrhundert häufig vor, verlieren sich jedoch im Laufe des 19. Jahrhunderts.

Gehöfte mit mehreren Gebäuden und Einhäuser kommen vom 15. bis zum 19. Jahrhundert nebeneinander vor, wobei der Anteil der Einhäuser im Laufe der Entwicklung leicht zunimmt.

Eine durchgängige Ordnung, nach der die Häuser zur Straße hin orientiert sind, lässt sich nicht erkennen.

Die Größe der Grund- und Stubenflächen korreliert mit der sozialen Stellung der Bauherren.

4.2.2 Entwicklung der inneren Hausstruktur

Erschließung
Die Mehrzahl der Grundrisse ist traufseitig erschlossen, daneben kommen aber auch giebelseitige Hauseingänge vor, insbesondere in Verbindung mit dreischiffigen Flächenauslegungen. Vom 16. bis zum 18. Jahrhundert zeigt sich eine Tendenz zur Erschließung der Obergeschosse über Außentreppen, die sich jedoch im 19. Jahrhundert verliert.

Grundrissgliederung
Die überwiegende Mehrzahl der Grundrisse ist zweischiffig ausgelegt. Daneben kommen vereinzelt aber auch Grundraster mit drei Längszonen vor. – Allerdings ist hier anzumerken, dass mein besonderer Augenmerk auf die Vertreter dieser eher seltenen, die Mehrzahl kontrastierenden Fälle dazu geführt hat, dass sie hier – im Verhältnis zu ihrem tatsächlichen Vorkommen – eher überrepräsentiert sind.

Die Anzahl der Querzonen differiert je nach Funktionsprogramm von zwei bis sieben. Bei Wohnstallhäusern überwiegt jedoch eine Aufteilung in drei Joche.

Die Grundformen der Wohnungsgrundrisse lassen keine klare Präferenz erkennen: So kommen die Formen 1 bis 3 und 5 in verschiedener Streuung nebeneinander vor. Immerhin bilden die Formen mit Küchenflur (Form 2 und 3) knapp die Hälfte. Form 4 wird dagegen nur im späteren 19. Jahrhundert angetroffen.

Unterkellerung
Gewölbe- und Balkenkeller, überwiegend nur auf einem Teil der Grundflächen, kommen nebeneinander vor. Im Laufe der Entwicklung nehmen die Größe der unterkellerten Flächen und die Zahl der Gewölbe zu.

Zusammenfassung zur inneren Hausstruktur

Die übliche Flächenauslegung der Häuser ist überwiegend zweischiffig und dreijochig. Daneben kommen je nach Funktionsprogramm auch mehr Querzonen und vereinzelt auch dreischiffige Bauten vor.

Fast die Hälfte der Wohnungsgrundrisse sind Küchenflurgrundrisse, teilweise mit verschobener Herdwand. Daneben finden sich aber zwei- und dreischiffige Grundrissformen mit reinen Treppenfluren und Kammern, die separat von den in einer gemeinsamen Querzone angeordneten Stuben und Küchen jenseits des Flurs und damit damals ohne Heizmöglichkeit angeordnet sind.

Die Ställe in Wohnstallhäusern befinden sich überwiegend in der Nähe der Wohnungen, auch weil sie im Winter für zusätzliche Wärme sorgen. Bei zweistöckigen Häusern sind sie durchgehend unter der Wohnung im Erdgeschoss, bei einstöckigen Häusern additiv in der dritten oder vierten Querzone angeordnet.

Bei Einhäusern folgen jenseits der Stallzone eine die gesamte Hausbreite einnehmende Tenne sowie in vielen Fällen ein bis zwei Barenjoche, die als Bergeraum für Heu, Garben und Stroh dienen.

Die Grundrisse der Erdgeschosse beziehungsweise Souterrains von Weingärtnerhäusern werden durch die funktionalen Notwendigkeiten des Weinbaus bestimmt, das heißt durch gewölbte Tiefkeller und den häufig giebelseitig erschlossenen „Vorkearn" mit Balkendecke, wo der Ausbau des Weins betrieben wurde.

Bei der Unterkellerung der übrigen Bauernhäuser ist eine kontinuierlich zunehmende Tendenz hinsichtlich ihres Vorkommens überhaupt, ihrer Größe und Wölbung zu erkennen.

4.2.3 Entwicklung der Rohbaukonstruktion

Zur Entwicklung der Tragwerke

Achsraster
Die Anzahl der konstruktiven Achsen des Stützrasters beträgt entsprechend der Anzahl von Längs- und Querzonen in der Regel drei Längs- und vier oder mehr Querachsen. Vereinzelt finden sich vier Längs- und auch nur drei Querbundebenen. Eine Entwicklungstendenz ist hier nicht zu erkennen.

Während des 16. und 17. Jahrhunderts wird die Mittellängsebene zunehmend – um die Stube zu vergrößern – aus der Gebäudemitte gegen die Küche beziehungsweise die Stubenkammer verschoben. Dies verliert sich im 18. Jahrhundert jedoch wieder weitgehend. Auch die Querbundebenen zeigen nach Durchsetzung der Stockwerksbauweise im Laufe des 16. Jahrhunderts bis ins 18. Jahrhundert hinein vereinzelt eine Tendenz, von Stockwerk zu Stockwerk zu verspringen.

Tragwände im Erdgeschoss
Bei zweistöckigen Häusern ist folgende Entwicklung festzustellen: vom mehrheitlichen Vorkommen von Fachwerk auf Grundmauern im unteren Hausbereich während des 15. und auch noch 16. Jahrhunderts hin zu einem Überwiegen gemauerter Erdgeschoss-Tragwände im 18. und 19. Jahrhundert. Das Mauerwerk ist dabei ohne Fundamentverbreiterung nur wenig in das Erdreich eingetieft.

Parallel dazu ist die festgestellte Zunahme großflächiger Gewölbekeller zu sehen, was für eine sichere Gründung der darüberliegenden Partien günstig war.

Fachwerkschwellen
Bei den Basishölzern der Fachwerkwände zeichnet sich ebenfalls eine Entwicklung ab: von den auf verschiedenem Niveau miteinander verkämmten Quer- und Längsschwellen beziehungsweise den Schwellriegeln des 15. und 16. Jahrhunderts, die zwischen säulenartig auf dem Hirnholz stehenden Bundständern gezapft sind, hin zu den durchweg bündigen Schwellenkränzen des 18. und 19. Jahrhunderts. Diese sind später an den Ecken teilweise nur noch auf Gehrung gearbeitet, wie am Beispiel in Öschelbronn zu sehen ist.

Bei den älteren Stockwerksbauten des 15. und 16. Jahrhunderts finden sich als obere Abschlüsse der Einzelstockwerke bis zum Hausgrund durchlaufende Dielenfußböden, auf denen die Schwellen beziehungsweise die in Bundsäulen eingezapften Schwellriegel ohne weitere Verbindung nach unten aufgesetzt wurden.

Abbund
Hier zeichnet sich deutlich eine Entwicklung von der seit der Vorgeschichte bis ins frühe Spätmittelalter belegten Pfostenbauweise zu den First- und Geschossständergerüsten in der mauerwerksgegründeten Fachwerkbauweise ab. Diese ist vom Beginn des Untersuchungszeitraums an belegt und wurde zunehmend von der holzsparenderen Stockwerksbauweise abgelöst. Die Stockwerksbauweise setzte sich im Unterland während des früheren 16. Jahrhundert und auf der Schwäbischen Alb mit einer Zeitverzögerung von etwa fünfzig Jahren durch.

Der Wechsel von den älteren zu den jüngeren Gerüstformen wird begleitet von der Ablösung der Verblattungs- durch die Verzapfungstechnik beim Einfügen der schrägen Aussteifungshölzer.

Während die stockwerksweise abgebundenen Fachwerkgerüste des 16. und 17. Jahrhunderts noch überwiegend auf ein im Holzquerschnitt hervorgehobenes Stützraster der Eck- und Bundständer bezogen ist, treten diese im 18. und 19. Jahrhundert zunehmend in den Hintergrund – zugunsten von engermaschigen Wandtragwerken aus gleich starken Hölzern.

Verbindung Unterbau und Dach
Parallel zur Ablösung der Firstständerbauweise durch den stockwerksweisen Abbund über die Zwischenstufe des Geschossständerbaus verläuft auch die konstruktive Loslösung der Dachwerke vom Unterbau: Die Firstständer hatten die Quer- und die mittige Längsbundebene noch zu wandscheibenartigen, das Dachtragwerk in den Unterbau integrierenden Elementen verbunden. Mit dem oberen Abschluss der Geschossständergerüste am Dachfuß entstand notwendigerweise eine Zäsur, die noch etwa bis zum Verschwinden geblatteter Gefügehölzer durch verbindende „Spangen" überbrückt wird. Mit der Durchsetzung des gezapften Stockwerkbaus verschwindet auch diese letzte Verbindung, sodass die Dächer nun nur noch durch Reibung beziehungsweise durch ihre Last mit den Unterbauten verbunden sind.

Maximale Dimensionen und Abstände von Bundständern

Spätestens mit der Landesordnung von 1495 ist belegt, dass die Menschen das Problem der knapper werdenden Holzressourcen erkannt hatten. So kann der Siegeszug der Stockwerksbauweise direkt im Zusammenhang gesehen werden mit der effektiveren Holzausnutzung und den im Laufe der Entwicklung immer schlankeren Holzformaten. Parallel zur Verringerung der Balkenabmessungen ist die zunehmende Engmaschigkeit der Fachwerkwände zu sehen. Diese wurde jedoch auch durch die behördlich geforderte Notwendigkeit unterstützt, die alten gezäunten Lehmausfachungen aus Feuerschutzgründen durch Bruchstein zu ersetzen: Das Ausfachungsmauerwerk der nur etwa 15 Zentimeter starken Fachwerkwände ist umso stabiler, je kleinere Felder es zu schließen hat.

Rähme

Die Rähmkränze sind fast durchweg einfach gelegt. Allein bei den deutlich vom städtischen Hausbau beeinflussten, reichen Fachwerkhäusern der Weinbauern im Neckartal kommen um 1600 gedoppelte Rähme vor.

Eine weitere Ausnahme stellen die gedoppelten, untereinander verdübelten Traufrähme in den älteren, zum Dach hin deckenlosen Küchen und in Scheunen ohne durchlaufendes Gebälk am Dachfuß dar: Sie überbrücken den Niveauunterschied zu den übrigen, in Dachbalken eingespannten Sparrenfüßen.

Dachkonstruktion, Dachstühle und Dachdeckung

Alle vorgestellten Dachwerke – auch die Firstpfettenkonstruktionen – sind als von Stühlen getragene Sparrendächer ausgelegt. Deren Sparren sind unten paarweise am Basisbalken sowie im First miteinander verbunden und von Mittelpfetten sowie Kehlbalken unterstützt.

Die anzunehmende ältere Ausprägung der die Dachhaut tragenden Schräghölzer als Rafen – das heißt einzeln oder paarig an der Firstpfette aufgehängte und der Traufpfette nur aufgelegte Dachtraghölzer ohne weiteres Dach- und Stuhlgebälk – konnte in keinem Fall mehr belegt werden.

Wäre diese letztere Ausbildung bei den vorgestellten Firstpfettenbauten noch möglich gewesen, so wurde mit der Geschossständer- und Stockwerksbauweise das Sparren-Kehlbalkendach unabweisbar notwendig. Denn nun fehlte eine Auflagerpfette im First, und damit entstand die Notwendigkeit, die Sparrenfüße am Dachfuß einzuspannen.

Alle vorgestellten Dachwerke sind also von Stuhlkonstruktionen getragen, deren Mittelpfetten in den Bundachsen von stehenden oder liegenden Stuhlhölzern und Kehlbalken unterstützt werden. Stuhllose Dachwerke, wie sie die Beobachtungen A. Bedals für den Kraichgau andeuten, konnten also im Untersuchungsbereich bislang nicht nachgewiesen werden.[130] Liegende Stühle erscheinen erstmals im frühen 16. Jahrhundert und kommen von der Mitte des Jahrhunderts an etwa in gleicher Anzahl vor wie die älteren stehenden Stühle. Seit dem 17. Jahrhundert finden sich zunehmend Kombinationen beider Konstruktionsweisen. Im 19. Jahrhundert kommen einzelne Beispiele mit Mansarddachwerken vor.

Die Dachhaut wird im Spätmittelalter wohl fast durchgehend aus Stroh oder Holzschindeln (Landern) bestanden haben. Eine Ausnahme bildet das Frickenhäuser Beispiel (15. Jahrhundert) mit Befunden, die auf eine Mönch- und Nonnen-Deckung hindeuten.

Vom 16. Jahrhundert an setzt sich unter wachsendem behördlichen Druck zunehmend das Biberschwanzdach mit Schindeldichtung durch. Dazu datiert vom Ende des 19. Jahrhunderts ein einzelnes Beispiel mit Schieferdeckung. Aber auch die Lehmstrohdeckung kann sich mit behördlicher Billigung noch bis in die zweite Hälfte des 19. Jahrhunderts halten.

Zur Entwicklung des Gefüges

Aussteifungssystem

Die vor- und frühgeschichtlichen Pfosten benötigten mit ihren in den gewachsenen Boden eingespannten Hölzern keine Aussteifung. Aussteifungsgefüge werden also erst mit den Fachwerkkonstruktionen notwendig, um die nun auf Grundmauern und Schwellen gestellten Pendelstützen in ihrer gewünschten Position zu fixieren. Diese reine Ständeraussteifung nimmt vom 15. Jahrhundert an kontinuierlich ab, bis sie gegen Anfang des 19. Jahrhunderts als eine tradierte Zierform in den Schaugiebeln der letzten Sichtfachwerke der vollständigen Wandaussteifung weicht.

Gefügehölzer und ihre Holzverbindungen

Ständeraussteifung mit zum Teil doppelten, geblatteten Kopf- und Fußbändern sowie Steigbändern und Schwertungen werden in der ersten Hälfte des 16. Jahrhunderts ungebräuchlich und 1568 sogar untersagt. Jedoch sind schon vor 1450 gezapfte wandaussteifende Streben zwischen Schwelle und Rähm belegt, die nur noch die Wandriegel überblatten. Verblattungen an dieser Stelle hielten sich bis ins 19. Jahrhundert hinein.

Zunächst wird jedoch schon von der ersten Hälfte des 16. Jahrhunderts an die Verblattungstechnik durch eine gezapfte Einfügung der Aussteifungsstreben in das Gesamttragwerk abgelöst.

Die Möglichkeiten der neuen Gefügetechnik führen bald zu reichen Schmuck- und Zierformen. Dabei gerät die kopfzonige Aussteifung, die früher eine dominante Rolle gespielt hatte, zunehmend zur Zierform und wird durch Fußbänder beziehungsweise die Wand aussteifenden Schwelle-Rähm-Streben und Andreaskreuze ersetzt. Nach dem Dreißigjährigen Krieg kam es langsam zu einer kontinuierlichen Versachlichung der Fachwerkformen. Spätestens ab 1800 kann die Strebe von Schwelle zu Rähm oder Brustriegel als einzig verwendetes Aussteifungsholz angesehen werden.

Zur Entwicklung der Wandbildung

Anzahl der Riegel

Die Anzahl der Riegel verdoppelt sich von meist einem im 15. Jahrhundert auf meist zwei im 17. Jahrhundert. Danach findet kaum mehr eine Veränderung statt: Nur die Brust- und Sturzriegel zwischen den Ständern der Fenster wurden im späten 18. und im 19. Jahrhundert gegenüber den Wandriegeln leicht nach unten beziehungsweise nach oben verschoben.

Bei Scheunen verläuft die Entwicklung von zwei Riegeln im 15. Jahrhundert zu drei bis vier Riegeln im 19. Jahrhundert. Die Länge der zwischen die Ständer gezapften Riegel nimmt vom 15. bis zum 19. Jahrhundert kontinuierlich ab – entsprechend der zunehmenden Engmaschigkeit des Fachwerks.

Ausfachungsmaterial

Wand- und Deckenausfachungen aus Lehmstrohgemisch, das mit Stakung und Rutengeflecht armiert war, halten sich bei Außenwänden bis ins 17. Jahrhundert, bei Innenwänden sogar bis ins 18. Jahrhundert hinein. Im 15. Jahrhundert konnten die Staken, die etwa die Stärke von Bohnenstangen hatten, noch durchaus ohne Riegel von Schwelle zu Pfette laufen. Später nimmt die Länge der Staken entsprechend der Anzahl der eingezogenen Riegel und Streben ab.

Außer vereinzelten, untergezogenen beziehungsweise deckengleichen Bohlenbalkendecken und verbohlten Brüstungen fanden sich keine Belege für eine Anwendung der Bohlenständerbauweise wie in Oberschwaben und im Schwarzwald.

Neben den Lehmausfachungen gewinnen schon von der Mitte des 16. Jahrhunderts an die aus Gründen der Feuersicherheit zunehmend geforderten Steinausfachungen an Bedeutung. Vom Beginn des 19. Jahrhunderts an, insbesondere nach den Vorschriften der Landesbauordnung von 1808, werden die Außen- und Innenwände zunehmend flächig verputzt. Bis dahin waren die Fachwerkhölzer in der Regel innen und außen sichtbar gewesen.

Fensterbildung

Die Befunde zeigen folgende Entwicklung: In Kombination mit größeren Stubenfenstern kommen im 15. und 16. Jahrhundert bei den Nebenräumen die Formen 1 (ungefasste Öffnung) und 2 (Stiele zwischen Brustriegel und Pfette mit dazwischen gezapftem Kopfriegel) vor. Vom 16. Jahrhundert an gibt es auch Fenster von Nebenräumen, die paarweise zu beiden Seiten von Wandständern angeordnet sind (Form 3). Diese sind zum Teil mit Oberlichtern oberhalb des mit den Fensterstielen verblatteten Sturzriegels ausgestattet.

Mit dem Verbot der zum Verschluss der Stubenfenstererker notwendigen Vertikal-Ziehläden im 18./19. Jahrhundert finden sich zunehmend gleich große Fensteröffnungen an Stuben und „dienenden Räumen". Immer häufiger kommen diese auch in axialer Anordnung übereinander vor. Sie sind nach Form 4 wie die ehemaligen Fenstererker mit beidseitig angeordneten Fensterständern konstruiert.

Zusammenfassung zur Entwicklung der Rohbaukonstruktion

Die komplexe Entwicklung der Rohbaukonstruktion lässt sich in vier Schritte unterteilen:
1. Von der Vor- und Frühgeschichte an bis ins späte Mittelalter finden sich durchgehend Häuser mit Firstpfostengerüsten ohne gemauertes Fundament, Aussteifung, Stuhl und Gebälk am Dachfuß.
2. Im ausgehenden Hochmittelalter wurden diese ältesten, seit etwa 6000 Jahren tradierten Gerüstformen, vermutlich aus Gründen der längeren Haltbarkeit – und damit einer erheblichen Holzersparnis à la longue – durch Fachwerkkonstruktionen abgelöst. Diese unterscheiden sich von der älteren Bauweise im Wesentlichen durch ihre Gründung auf Grundmauern und die damit vom Erdreich abgehobenen Schwellen. Als Folge des neuen, nicht mehr im Erdreich eingespannten Fundaments wird es nötig, die Tragwerkskonstruktion darüber durch Streben auszusteifen. Um weiter Holz zu sparen, werden wahrscheinlich fast gleichzeitig mit der Einführung der Firstständerbauweise auch die mit kleineren Holzformaten auskommenden Geschossständergerüste und der Stockwerksbau erfunden. Damit verbunden ist die Loslösung des Dachwerks vom Unterbau, die zwingend zu stuhlgetragenen Sparrendächern führt.
3. Zusammen mit der Stockwerksbauweise setzt sich vom 16. Jahrhundert an der liegende Stuhl als gleichwertig mit der älteren, stehenden Konstruktion durch. Weiterhin fällt bei den untersuchten Bauernhäusern mit der alleinigen Durchsetzung der Stockwerksbau-

weise die Ablösung der Verblattungstechnik durch gezapfte Gefügehölzer zusammen.
4. Die Verwendung immer geringer dimensionierter Fachwerkhölzer führt im weiteren Verlauf bis zum 19. Jahrhundert zu immer engmaschigeren Wandfachwerkgefügen aus nahe beieinander stehenden Ständern und Streben, die zunehmend mit Bruchstein ausgefacht werden. Parallel hierzu setzt sich die reine Wandaussteifung gegen die noch bis ins frühe 19. Jahrhundert als Zierform tradierte Ständeraussteifung durch.

4.2.4 Entwicklung der Ausbauformen

Feuerstellen

Bis ins Spätmittelalter sind in den Häusern offene Herdstellen ohne geschlossene Decken am Dachfuß belegt. Vom Spätmittelalter an bis Anfang des 19. Jahrhunderts werden diese Herdstellen mit offenem Feuer beibehalten. Von ihnen aus wurden auch die Hinterladeröfen in den Stuben (zunächst Kachelöfen, später aus Gusseisen) beheizt und die anfallende Asche entsorgt.

Ab dem späten 18. Jahrhundert kommen erste Herde mit geschlossenem Feuer, in Ringen gesetzten Kochgefäßen und kanalisierter Rauchentsorgung vor. Im 19. Jahrhundert finden sich in Verbindung mit den erst jetzt bis ins Erdgeschoss heruntergezogenen Kaminzügen erste Vorderladeröfen, so genannte Windöfen.

Rauchabzug

Bis ins späte Mittelalter hinein zog der Rauch aus der Küche durch das offene Dach ab. Noch im 15. Jahrhundert zeigen die Küchen gegen das Dach keine Decke, über ihnen liegt nur ein vom übrigen Dach ausgegrenzter Rauchgaden. Ein Funkenschirm über den Herdstellen schützte das Dachwerk vor den Funken, die mit dem Rauch aufstiegen. Aber schon die Küchendecke in dem Beispiel aus Frickenhausen (15. Jahrhundert) ist mit einem Rauchabzugsloch und einem demnach anzunehmenden Rauchfang ausgestattet. Ab der Bauordnung 1568 finden sich zunehmend „Kemmeter", das heißt auf das Dachgebälk gesetzte Schlote aus Flechtwerk und Lehm über den Rauchfängen der Herdstellen. Diese werden im Folgenden zunehmend aus Backsteinen gemauert und entsprechend den Bauordnungen des 18. Jahrhunderts auch über Dach geführt. Ab der zweiten Hälfte des 19. Jahrhunderts setzen sich bis ins Erdgeschoss durchgehende Kamine und der Gebrauch von Vorderladeröfen durch. Man war damit beim Aufstellen der Öfen flexibler und konnte mehr Räume beheizen als früher.

Wasser

Zur Wasserversorgung sind kaum Aussagen möglich: Wasser wurde teilweise bis in die erste Hälfte des 20. Jahrhunderts vom Brunnen geholt, im Haus verbraucht und auf der Straße entsorgt. Im 19. Jahrhundert sind einzelne Schüttsteine belegt. Einzelne Hausbrunnen finden sich je nach den örtlichen Gegebenheiten.

Aborte

Vom 15. bis ins 17. Jahrhundert sind Aborte nur vereinzelt bei Häusern der Oberschicht belegt. Die einfachen Leute benutzten offenbar eher den Stall. Ab dem 18. Jahrhundert ist eine Zunahme von innen und außen liegenden Aborten zu erkennen. Im 19. Jahrhundert sind sie in jedem Haus vorhanden, häufig von der Küche, zunehmend aber auch vom Flur aus zugänglich.

Treppen

Für das 15. bis 17. Jahrhundert sind steile aufgesattelte Keilstufentreppen mit Stangengeländer und/oder Treppenverschlag belegt, außerdem Leitern im Dach und in den Scheunen. Ab dem 18. Jahrhundert finden sich zunehmend eingeschobene, gestemmte Wangentreppen mit Baluster-, Brett- oder Staketengeländer. Die Steigungen werden zunehmend bequemer. Verschläge kommen später nur noch bei Dachtreppen vor.

Türöffnungen und -blätter

Im 15. und 16. Jahrhundert finden sich fast nur Türfälze und Hinweise auf Holzangeltüren. Ab dem 16. Jahrhundert kommen einzelne Türblätter mit Schmiedebändern und zweifachen Kassettierungen mit Blendrahmen und Supraporten vor. Vom 18. Jahrhundert an mehren sich Türen mit Federschlössern, Vierfachkassettierungen, S-Band-Beschlägen oder verzierten Plattenbeschlägen an verzierten Stützkloben und zum Teil profilierten Blendrahmen sowie repräsentativ aufgedoppelte Haustüren.

Im 19. Jahrhundert finden sich häufig mehrfach liegende Kassettierungen sowie gestufte oder einfach profilierte Blendrahmen mit schlichten Plattenbeschlägen, Stützkloben und Kastenschlössern.

Fenster und Fensterverschluss

Erstes Fensterglas aus Butzenscheiben in Bleifassungen ist im 16. Jahrhundert am Stubenerker vom Dosterhaus in Beuren und wahrscheinlich auch schon im 15. Jahrhundert an Fenstern des Hauses aus Frickenhausen anzunehmen. Kammer- und Küchenfenster waren in dieser Zeit wohl eher mit Schweinsblasen, Stoff oder nur mit Holzschiebeläden verschlossen.

Ab dem 17. Jahrhundert ist Fensterglas in runden oder wabenförmigen, kleinen und später zunehmend auch größeren Tafeln allgemein verbreitet.

Die Fensterflügel des 18. Jahrhunderts sind mit überwiegend verzierten Eckwinkelbändern beschlagen, deren Angeln an Stützkloben auf den Rahmenhölzern laufen. Der Verschluss erfolgt über Vorreiber und Fensterknöpfe (Abb. 68). Im 18. und 19. Jahrhundert kommen auch Schiebeflügel vor. Daneben ist aber auch noch für das 18. Jahrhundert ein Fensterflügel eines Hauses aus Langenau erhalten, der sich mit hölzerner Angel in Löchern der die Fensteröffnung umrahmenden, gefalzten Fachwerkbalken drehen ließ (Abb. 51).

Der Sicherheits- und Lichtverschluss wurde bei den großen Öffnungen der Stubenfenstererker bis zu Beginn des 19. Jahrhunderts durch vorgehängte Vertikal-Ziehläden bewerkstelligt, bei den kleineren Fenstern der Nebenräume durch äußere Klappläden oder durch im Inneren in Nuten der Brust- und Sturzriegel laufende Schiebeläden. Vom 19. Jahrhundert an kommen nur noch Klappläden vor.

Stubenausstattung

Für das 15., 16. und 17. Jahrhundert liegen anhand der erfassten Bestände nur spärliche Informationen zu den Stubenausstattungen vor: So war die Stubendecke in fünf Fällen als Bohlen-Balken-Decke, darunter zweimal stichbogig gewölbt, ausgeführt. Die älteren Decken wurden freitragend unterhalb des Dachgebälks eingebaut, bei den jüngeren sind die Bohlen in Nuten zwischen die Deckenbalken eingeschoben. Das jüngste Beispiel stammt von der Schwäbischen Alb um 1670.

Allerdings konnte an keinem der untersuchten Stubenbundständer eine Nut nachgewiesen werden, die eine vollständige Bohlenwand belegt hätte. Der einzige Befund einer solchen Bohlen-Nut im gesamten Untersuchungsbereich fand sich bisher in ungeklärtem Zusammenhang im Erdgeschoss des Beispiels aus Frickenhausen. Daneben gibt es Hinweise auf eine Verbohlung von Brüstungs- oder Seitenfeldern der großen Stubenfenster sowie auf Decken- und Wandvertäfelungen anhand von entsprechenden Fälzen beziehungsweise Nagelspuren an den Innenseiten der die Stube begrenzenden Ständer, Schwellen und Rähme.

Allerdings waren nicht alle Stuben mit solch vergleichsweise reichem Ausbau versehen: Beim Freitagshof aus Wernau war zum Beispiel im ersten Bauzustand um 1600 die Stube der einzige Raum im Hause, dessen Decke überhaupt mit Lehmwickeln gegen das Dach hin isoliert war.

Auch für das 18. und 19. Jahrhundert können Wand- und Deckentäfelungen belegt werden. Vom 18. Jahrhundert an kommen in den reicher ausgestatteten Häusern teilweise hochwertige Stuckdecken vor. Daneben finden sich aber auch nur schlicht profilierte Deckenrandleisten aus Stuck, halbhohe Lambrien und bis zu dreißig Zentimeter hohe Sockelleisten sowie teilweise fest eingebaute, umlaufende Bänke.

Neben so reich dekorierten Stuben wie der aus Öschelbronn um 1800 finden sich auch so schlichte

Abb. 68 Fenster mit Dreh- und Kippflügel, zum Teil an zweitverwendeten Beschlägen angeschlagen, wohl 19. Jahrhundert (Büro Gromer)

Räume wie die Stube in Heimerdingen. Hier diente allein die Graufassung des Fachwerks von Decke und Wänden als Dekor.

Fußboden

Für die Zeit vom 15. bis zum 17. Jahrhundert liegen kaum konkrete Befunde vor. Belegt werden kann nur, dass die Ober- und Dachgeschossböden aus Dielen bestanden haben. Die erste Landbauordnung von 1568 spricht von Estrichbelägen in Stuben und Küchen. Erst im 18. und 19. Jahrhundert finden sich in Stuben Zierböden mit Hartholzfriesen und Weichholzfüllungen sowie in Küchen und Fluren Reste originaler Fußböden aus rechteckig behauenen Natursteinplatten – und gegen Ende des 19. Jahrhundert aus Keramikplättchen. In den Bauordnungen des 18. und 19. Jahrhunderts ist wegen der Feuersicherheit weiter von Fußbodenestrichen die Rede.

Dekor

Für das 15. Jahrhundert liegt außer dem Eselsrücken am Türsturz der Frickenhausener Haustür und einem geknickt geschnitzten Kopfband aus Rutesheim kein Befund vor. Weiterhin kann die etwa symmetrische Anordnung der Fachwerkhölzer als Dekorform angesehen werden. Für Farbfassungen liegen keine Befunde vor.

Dagegen mehren sich solche Details im 16. Jahrhundert insbesondere gegen Ende dieses Zeitraums und darüber hinaus bis zum Ausbruch des Dreißigjährigen

Krieges: Kurz nachdem sich das gezapfte Gefüge endgültig durchgesetzt hat, bricht eine wahre Flut von Zierformen aus, zunächst im Zusammenhang mit der Ständeraussteifung, wenig später aber auch bei der flächigen Wandaussteifung. Dazu kommen reich geschnitzte Schmuckelemente an den Fachwerkhölzern, farbige Wandfassungen der Außen- und Innenwände sowie Profilierungen an Werksteinen.

Nach dem Ende des Dreißigjährigen Krieges lässt sich bei den erfassten Beispielen eine spürbare Ernüchterung erkennen. Während der ersten Hälfte des 18. Jahrhunderts kam es jedoch zu einer zweiten Blüte des Baudekors: mit konstruktiv nicht notwendigen Fachwerkzierformen, farbigen Außen- und Innenfassungen der Hölzer in rot, gelb, grau und schwarz, Täferungen, Stuckdecken und kleineren Schmuckdetails. Daneben kommen aber an den einfacheren Häusern auch schlichtere Gestaltungen mit einer sowohl Hölzer wie Gefachfelder überlasierenden weißen Tünche vor.

Die napoleonischen Wirren und die mageren Jahre der darauf folgenden Restauration führten auf dem Land zu einer zweiten Vereinfachung des formalen Baugeschehens: Im frühen 19. Jahrhundert deuten Teilungen beziehungsweise An- und Aufbauten bei nahezu allen erfassten Häusern auf eine starke Zunahme der Bevölkerung hin. Schmuck wurde bei diesen Baumaßnahmen nur sehr zurückhaltend angebracht. Von nun an werden immer mehr Gebäude flächig verputzt.

Eine dritte Phase des Baudekors ist gegen Ende des 19. Jahrhunderts zu erkennen: Farbiges Sichtfachwerk wird noch einmal als gestalterisches Mittel aufgegriffen – in Kombination mit Ziegelmauerwerk, Werksteindekor und weiteren, zum Teil reichen Zierformen, etwa an Gittern, Dachdeckung und Hofpflaster.

Zusammenfassung zur Entwicklung der Ausbauformen

Insgesamt lässt sich im Laufe der fünf untersuchten Jahrhunderte eine zunehmende Optimierung und Differenzierung von Installationen wie Feuerstelle, Rauchfang und Abort sowie der Steinmetz-, Schreiner-, Glaser-, Maler- und Gipserarbeiten feststellen. Diese Entwicklung verlief in drei Schüben, die sich an den jeweils gegen 1600, 1700 und 1900 reicher werdenden Zier- und Schmuckformen ablesen lassen.

4.2.5 Entwicklung des gesetzgebenden Einflusses

Bezug zu geltenden Bauordnungen
Die im Laufe der Entwicklung immer öfter erlassenen und detaillierteren Bauordnungen der württembergischen Landesregierungen verfolgten im Wesentlichen drei Ziele: Minimierung des Bauholzverbrauchs durch möglichst hohe Effektivität bei der Ausnutzung des geschlagenen Materials, Optimierung der Brandverhütung und Ausbau des Bauschau- und Genehmigungswesens.

Als wesentliche Stationen dieser Entwicklung können die erste Landbauordnung von Herzog Christoph aus dem Jahr 1568, die Gründung der ersten „Brandversicherungs-Anstalt" im Jahr 1785 von Herzog Carl Eugen sowie die beiden Gesetzeswerke des 19. Jahrhunderts angesehen werden. Das nach der Reichsgründung 1872 entstandene Gesetz enthält schon die Grundzüge der heutigen Landesbauordnung.

4.2.6 Zum „Typischen" der untersuchten Häuser

Das Deutsche Wörterbuch von J. und W. Grimm definiert das Wort Typ als eine „in charakteristischen Zügen (bei allen vertretern der gleichen art mehr oder weniger typisch [...]) ausgeprägte grundform".[131] τύπτειν heißt schlagen oder prägen – das heißt die Frage nach dem Typischen hat hier den prägenden Gemeinsamkeiten des Hauses auf der Ebene der räumlichen und konstruktiven Systeme nachzugehen. Diese Systeme können aufgrund ihrer Detailausprägung und Zeitstellung unterschiedliche Strukturen besitzen.

Als solche Gemeinsamkeiten, die die Mehrzahl der erfassten Häuser verbinden, können am Ende dieser Untersuchung angesehen werden:

1. Die Entwicklungsgeschichte aus der Wurzel der frühgeschichtlichen Firstpfostenbauweise über die Zwischenformen der First- und Geschossständerbauweise zur Stockwerksbauweise.

2. Die Grundrisse mit zweischiffigen und dreijochigen Tragwerks- und Flächenauslegungen, die der überwiegenden Mehrzahl der Objekte zugrunde liegen. Bei den Wohnungsgrundrissen überwiegen diejenigen mit Küchenflur. Neben Gehöften aus Wohn-Stall-Häusern mit Scheunen und kleineren Nebengebäuden kommen vom Anfang des Untersuchungszeitraumes an und zunehmend gleichberechtigt auch Eindachhöfe, also Einhäuser, vor.

3. Die mit Lehmgeflecht geschlossenen tragenden Holzkonstruktionen der Wände, die erst seit Ende des Hochmittelalters als Fachwerk auf Grundmauern und Schwellen gegründet werden. Das Fehlen der Bohlenständerbauweise.

4. Die weichgedeckten, etwa 55 Grad geneigten Satteldächer mit steilen Giebeln. Im 15. Jahrhundert kommen zum Teil Schopfwalme vor, im 18. Jahrhundert Halb- oder Krüppelwalme. Die Weichdeckung wird zunehmend von einer harten (Ziegel-)Deckung abgelöst.

Diese vier typischen Merkmalskomplexe bilden den verbindenden Rahmen für eine Vielzahl von Erscheinungsformen der Einzelhäuser:
- Als ältere, spätmittelalterliche Form oder als jüngere, neuzeitliche Ausprägung der Gerüste und Gefüge mit ihren entwicklungsgeschichtlichen Zwischenformen.
- Als ein- und mehrstöckige Wohn- und Wohnstallhäuser.
- Als Gehöfte mit mehreren Gebäuden in verschiedenen Anordnungen und als Einhäuser.
- Als Ackerbauern-, Waldbauern- und Weingärtnerhäuser von reichen bis zu armen Leuten.
- Mit trauf- und giebelseitig erschlossenen 2- und 3-schiffigen Grundrissen.
- Die verschiedensten Finalformen auf Grund von Umbauten wie Teilungen, Anbauten, Aufstockungen und Umnutzungen im Verlauf der einzelnen Hausgeschichten.

Die genannten vier Kriterien Entwicklungsgeschichte, Grundriss, Fachwerkbauweise und steiles Weichdach bilden die aus den Befunden gemeinsam ableitbaren, typischen Merkmale der Bauernhäuser des Untersuchungsbereichs.

Die Befunde zu Gehöftform und Stockwerkszahl geben dabei ein ambivalentes Bild von Einhäusern neben Anlagen aus mehreren Gebäuden beziehungsweise ein- oder mehrstöckigen Wohn-, Wohn-Stall- und Einhäusern. Festgestellt werden kann nur: Im gesamten Untersuchungsbereich und -zeitraum kommen die verschiedenen Formen nebeneinander vor.

Ein Ausblick in das 20. Jahrhundert hat im Hinblick auf die geschilderte Entwicklung kaum mehr neue Erscheinungen zu benennen: Nach kurzfristigen Wiederbelebungsversuchen des Sichtfachwerks in der Zeit um 1900 und des gesamten Kanons der überkommenen bäuerlichen Gestalt-, Konstruktions- und Funktionsformen während der Zeit des Dritten Reiches ist von der Mitte des 20. Jahrhunderts an nur noch das Aussterben der rund 7500 Jahre alten Hausform mit den geschilderten Merkmalen zu vermerken. Die Gründe für diese Entwicklung in der Endphase sind wahrscheinlich weniger in der Bautechnik als in den politischen und ökonomischen Veränderungen des 20. Jahrhunderts zu suchen.

4.2.7 Antworten auf bauhistorische Fragen

Wie eingangs erwähnt, wurden von G. Eitzen, A. Schahl und A. Bedal Fragen zum bäuerlichen Hausbau im württembergischen Neckarland und auf der Schwäbischen Alb formuliert. Folgende Antworten hierauf ergeben sich aus den dargestellten Befunden:

1. Zum Übergang vom Geschossbau zum Stockwerksbau

Geschossbauten erscheinen im Untersuchungsgebiet schon zu Beginn des Untersuchungszeitraums neben der Firstständerbauweise und erstem, stockwerksweisem Abbund als routiniert ausgeführte Fachwerkkonstruktionen.[133] Deshalb kann angenommen werden, dass sich die drei Bauweisen beim Übergang von der Pfosten- zur Schwellengründung spätestens im frühen 14. Jahrhundert und wahrscheinlich durch den städtischen Fachwerkbau beeinflusst auf dem Lande nebeneinander entwickelt haben.

Die erste Landesordnung von 1495 legt nahe, dass schon damals ein gewisser Mangel an Holz herrschte. Man sah die Notwendigkeit zu sparsamerem und effektiverem Umgang mit der Ressource Holz ein. Folgerichtig setzte sich von 1500 an die Stockwerksbauweise zunehmend durch.

2. Zum Übergang vom Firstständer- zum Sparrendach

Stehende Stühle und am Dachfuß angeblattete Rafensparren finden sich schon bei der ältesten Firstständerkonstruktion der hier gezeigten Beispiele aus dem Jahr 1412 (d). Ein noch älterer, 1397 (d) datierter Geschossständerbau aus Beuren[134] belegt dazu, dass stuhlgetragene Sparrendächer auch schon am Ende des 14. Jahrhunderts vorkommen. Der Übergang von den Firstpfetten-Rafen-Dächern ohne Stuhl und Gebälk am Dachfuß zu Sparrendächern mit Dachbalkenlage und Stuhl hat sich im Untersuchungsbereich also wohl im früheren 14. Jahrhundert vollzogen.

3. Zu Einhaus und Gehöft

Ohne Frage bewohnten die Bauern unter der Lex Alamannorum Gehöftanlagen. Die ältesten erhaltenen Beispiele von bäuerlichen Einhäusern stammen dagegen aus der zweiten Hälfte des 15. Jahrhunderts, und sie besaßen völlig unterschiedliche Konstruktions- und Funktionsraster (siehe die Beispiele aus Lustnau und Rutesheim)! Da frühere Beispiele fehlen, bleibt der Beginn der Entwicklungsgeschichte der Eindachhöfe weiterhin unklar. Vermutet werden kann nur, dass die Form des Einhauses sich erst im Laufe des – späteren? – Hochmittelalters entwickelt hat, möglicherweise unter dem Einfluss des räumlich beengteren, städtischen Hausbaus.

4. Zu Mitterttennbau und Küchenflur

Die erfassten Beispiele zeigen die den Mitterttennbauten entsprechende Grundrissform 1 (Stube und Küche in gemeinsamer Querzone neben einer Flurzone über die gesamte Hausbreite) für das 15. Jahrhundert nur im Fall des Geschossständerbaus aus Frickenhausen, im 16. Jahrhundert in Tomerdingen – und nur hier erdgeschossig!

– im 17. Jahrhundert am Krohmerhaus Beuren und noch einmal um 1800 in Öschelbronn. Dagegen erscheinen Küchenflurgrundrisse der Formen 2 und 3 im gleichen Zeitraum insgesamt 19 Mal. So lässt sich zum einen feststellen, dass im Untersuchungsbereich zwar beide Formen während des gesamten behandelten Zeitraums nebeneinander vorkommen, zum anderen aber, dass die Küchenflurgrundrisse bei weitem in der Überzahl sind.

5. Soziale Schichten und deren Hausformen
Mit Ausnahme des Beispiels aus Weidenstetten (18. Jahrhundert) mit seiner besonderen Grundrissform zeigen die großen wie die kleinen Häuser weitgehend ähnliche Grundriss- und Schnittbilder. Sie unterscheiden sich lediglich in den Größen der Grund- und Stubenflächen, die deshalb als wesentliche Indikatoren für die soziale Einordnung der Einzelhäuser gesehen werden können. Dabei lässt sich bei abnehmender Hausgröße eine Tendenz zur Unterbringung aller Funktionen unter einem Dach – also zum Einhaus – beobachten. Damit kann hier die weitergehende Frage formuliert werden, ob möglicherweise ein entwicklungsgeschichtlicher Zusammenhang zwischen Einhäusern und der unteren Sozialschicht besteht.

4.3 Blick auf die umgebenden Hausformen

Das Untersuchungsgebiet stellt keine in sich geschlossene Landschaft dar, innerhalb deren Grenzen sich allein ein wie oben charakterisierter Haustyp findet, während sich „quasi extra muros" andersartige Formen tummeln. Unser topographischer Rahmen ist eher als zufälliger Kartenausschnitt entsprechend den regionalpolitischen Gegebenheiten bei der Festlegung des Museumseinzugsbereichs zu verstehen, wenn auch nicht übersehen werden sollte, dass das Gebiet sich im Wesentlichen mit der Fläche des Herzogtums Württemberg im 18. Jahrhundert deckt.[135]

Deshalb erscheint es sinnvoll, kurz einen Blick über die Grenzen des Untersuchungsgebietes hinaus zu werfen und die von dort bekannten Arbeitsergebnisse mit den hier formulierten Kriterien zu vergleichen, um dadurch auf die ungefähre Verbreitung der in dieser Arbeit vorgestellten Hausformen zu schließen.

Noch einmal grob zusammengefasst lassen sich an den untersuchten Häusern folgende gemeinsame, also „typische" Grundmerkmale feststellen: Entwicklungsgeschichte, Grundrissraster, Wandbildung und Dachform. Diese vier regionaltypischen Grundelemente gelten sowohl für die Häuser des Unterlandes wie für die bäuerlichen Anwesen auf der durch ihren nördlichen, etwa 200 bis 300 Meter hohen Steilabfall zäsurartig separierten Albhochfläche. Allerdings verlief die Entwicklung hier oben mit einer gewissen zeitlichen Verzögerung – auch zeichnen sich die Häuser hier, verglichen mit dem Unterland, durch größere Kargheit aus.

Der Untersuchungsbereich grenzt im Norden an den Schwäbisch-fränkischen Wald sowie die Hohenloher und die Haller Ebene jenseits davon, im Osten an Ries und Riesalb sowie den nördlichen Teil von Bayerisch-Schwaben, südlich der Donau an das Verbreitungsgebiet der altoberschwäbischen Häuser, im Südwesten an die Hohe Alb und ihr Vorland, die nach Westen hin in die Baar übergehen, im Westen an den östlichen Nordschwarzwald und im Nordwesten an den Kraichgau.

Bei einem Vergleich der untersuchten württembergischen Bauernhäuser mit den Hausformen der benachbarten Landschaften ergibt sich folgendes Bild:

Hohenlohe
Die Hausformen Hohenlohes zeigen ähnliche Grundmerkmale wie die des Untersuchungsbereichs, sodass hier keine Grenzbildung im übergreifenden Hausformengefüge zu erkennen ist. Unterschiede bestehen in der Grundrissauslegung der Wohnteile (häufigere Treppenflure), der Wandbildung (Bohlenstuben) und der Dachform (Walme).

Deutliche Unterschiede zu den hier erfassten Formen finden sich erst bei den sogenannten Schwedenhäusern im Nürnberger Raum mit ihren dreischiffigen, von einem Innengerüst bestimmten Grundrissen und den hohen Voll- beziehungsweise Halbwalm-Dächern.

Ries und Bayerisch-Schwaben
Auch die Hausformen der östlich angrenzenden Landschaften unterscheiden sich wenig von denen im Untersuchungsbereich, zumal sich auch hier im östlichen Teil während des 18. und 19. Jahrhunderts zunehmend Mauerwerk oder wenigstens mit Stein ummauertes Fachwerk durchsetzt. Östlich an Nordschwaben schließt sich das Altmühlgebiet an, dessen Bauernhäuser sich in Gestalt und Konstruktion erheblich von den hier behandelten unterscheiden: Es handelt sich um dreischiffige, giebelseitig erschlossene Wohnstallhäuser, die in Fachwerkbauweise errichtet sind und flach geneigte First-Pfettendächer mit Legschieferdeckung tragen. Sie deuten eine Zäsur im übergeordneten Hausformengefüge an.

Oberschwaben
Die oberschwäbischen Häuser sind dagegen denen des Untersuchungsbereiches wieder verwandter. Insbesondere fällt die Ähnlichkeit zwischen ihnen und den Beurener Firstständerhäusern ins Auge.

Unterschiede sind in der massiv hölzernen Wandbildung und den tief herabgezogenen Vollwalmen sowie in der Vierschiffigkeit der großen Einhäuser zu sehen.

Insgesamt bildet die Donau jedoch keine Grenze zwischen verschiedenen Hausformenlandschaften.

Eine solche zeigt sich erst südlich von Oberschwaben mit den flach gedeckten Landerndächern der Allgäuer Eindachhöfe, die an die Häuser des Altmühlgebiets erinnern, jedoch zweischiffig mit traufseitiger Erschließung angelegt und in Block- beziehungsweise Bohlenständer-Bauweise ausgeführt sind.

Südwestalb
Soweit anhand der spärlichen Unterlagen zu erkennen ist, zeigt sich auch im Bereich der Südwestalb und ihres Vorlandes am Oberlauf des Neckars keine Grenze gegenüber den für den Untersuchungsbereich beschriebenen Hausformen ab – sofern man die offenbar noch nicht erforschten Massivhäuser mit Staffelgiebel der Baar vernachlässigt. – Über diese sind jedoch ohne weiteren Befund keine Aussagen möglich.

Östlicher Nordschwarzwald
Insgesamt zeigen sich trotz der gemeinsamen Wurzel in der Firstpfostenbauweise doch erhebliche Unterschiede zu den Häusern des Untersuchungsgebietes. Angesichts der Tatsache, dass die vorgefundenen Hausgestalten auf einen obrigkeitlichen Eingriff während der frühen Neuzeit zurückzuführen sind, fallen sie jedoch in dieser Betrachtung weniger ins Gewicht.

Blickt man aber über den Schwarzwald hinaus auf die linke Seite des Rheins, in die Nordschweiz und das Elsaß, so zeigen sich wieder weniger geplante, genuin entstandene Fachwerkhäuser auf zwei bis vierschiffigen Grundrissen mit steilen und steilgiebeligen Satteldächern. Sie werden erst noch weiter südlich und westlich von den flach geneigten Pfettendächern des Schweizer Alpengebiets und Westfrankreichs abgelöst.

Kraichgau
Auch in der nordwestlich an den Untersuchungsbereich angrenzenden Landschaft des Kraichgaus finden sich Bauernhäuser, die in ihrer Entwicklungsgeschichte, Gestalt und Konstruktion den hier behandelten nahe verwandt sind.

Wesentliche Unterschiedlichkeiten finden sich in Details wie Kniestockdächern oder mit Flugsparren vorgehängten Lauben, die in den oberrheinischen Bereich verweisen.

Bei der Suche nach einer nordwestlichen Grenze für den Geltungsbereich der hier beschriebenen Häuser tut sich ein weites Feld auf: Das von Eitzen aufgenommene, 1962 abgebrochene Watterbacher Wohnstallhaus aus dem Odenwald zeigt – zwar sechsschiffig und mit einseitigem Kniestock – doch noch dieselbe Firstständerbauweise, die auch die Wurzel der württembergischen Häuser bildet. Und etwa 150 Kilometer weiter nordwestlich wurde von J. Bendermacher im Hohen Venn ein dem Watterbacher Haus in Grundriß und Querschnitt nahezu identisches Wohnstallhaus aufgenommen.[136]

Die nördliche Verbreitungsgrenze der aus der Wurzel der neolithischen Firstpfostenbauweise weiterentwickelten Bauernhäuser wird sich wohl erst im Bereich der dreischiffigen norddeutschen Hallenhäuser finden, deren Vorkommen bis in die Bronzezeit belegt ist. Eine erkennbare westliche Grenze zu völlig anderen Hausformen kann erst in den flacher gedeckten, reinen Mauerwerksbauten der holzärmeren Landschaften der Westpfalz, des Saarlandes und Lothringens erkannt werden.

Um das zentral gelegene Untersuchungsgebiet liegt also ein Kranz von Landschaften mit verwandten Hausformen, die fast alle ihren gemeinsamen Ursprung in der vor- und frühgeschichtlichen Firstpfostenbauweise haben.

Im Mittelalter entwickelten sich daraus Fachwerkbauten in First- und Geschossständerbauweise mit verblattetem Gefüge. Diese werden mit Beginn der Neuzeit im Laufe des 16. Jahrhunderts wegen zunehmenden Holzmangels von jüngeren Konstruktionen abgelöst, deren wesentliche Merkmale in stockwerksweise abgebundenem, gezapftem Fachwerk bestehen.

Die Mehrzahl der Grundrissraster ist, der ursprünglichen Firstpfettenbauweise folgend, in eine gerade Anzahl von Schiffen und zwei bis neun Joche – jeweils entsprechend dem Funktionsprogramm – gegliedert. Die überwiegende Anzahl der Häuser ist traufseitig erschlossen. Bei der Gliederung des eigentlichen Wohnbereichs kommen Küchenflurgrundrisse (Württemberg, Kraichgau und Oberschwaben) neben Stuben-Küchen-Gefachen mit flankierendem Treppenflur vor (Hohenlohe, Bayerisch-Schwaben).

Neben Gehöftanlagen, deren alleiniges Vorkommen für das frühe Mittelalter belegt ist, finden sich von der Mitte des 15. Jahrhunderts an auch Einhäuser, die im folgenden Entwicklungsverlauf in manchen Gegenden eine beherrschende (Oberschwaben und Schwarzwald), in anderen (Franken) eine eher unbedeutende Rolle einnehmen. Im Untersuchungsbereich bildete sich im Laufe der Zeit eine etwa paritätische Besetzung.

Die Wandbildung differiert – wahrscheinlich je nach Verfügbarkeit der knapper werdenden Ressource Holz.
– Der erste und wahrscheinlich wesentlichste Entwicklungsschritt auf dem Weg zu größerer Sparsamkeit mit dem Rohstoff kann in der Ablösung der relativ kurzlebigen Pfostenbauten durch die wesentlich langlebigeren, auf gemauerten Fundamenten gegründeten Fachwerkbauten gesehen werden.
– Der zweite Schritt bestand in der effektiveren Holzausnutzung, welche die neuzeitliche Stockwerksbauweise mit gezapftem Gefüge bot. Dagegen wurde in waldreichen Gegenden (zum Beispiel im Schwarz-

wald oder in Oberschwaben) die mittelalterliche Geschossbauweise mit Bohlenausfachung beibehalten, während in weniger mit Bauholz gesegneten Gebieten (Württemberg, Kraichgau, Hohenlohe und Bayerisch-Schwaben) auf die althergebrachte Wandbildung durch lehmbeworfenes Rutengeflecht zurückgegriffen wurde. In allen Gegenden setzen sich im Laufe der Entwicklung aus Gründen der Feuersicherheit steinerne Ausfachungen, zum Teil sogar reine Steinwände durch.

Die durchweg steil geneigten Dachwerke unterscheiden sich nur hinsichtlich des Vorhandenseins von Steilgiebeln oder Walmen. Während die Letzteren in den holzreichen Gegenden des Schwarzwaldes oder Oberschwabens dominieren, finden sich in den übrigen Gebieten Württembergs, Frankens und Bayerisch-Schwabens steile Giebel, deren Spitze zum Teil von reduzierten Walmen geschützt wird.

Die so umschriebenen Gebäude können somit trotz ihrer unterschiedlichen Erscheinungsbilder als die genuine und dominierende, das heißt „typische" Bauernhausform ganz Südwestdeutschlands angesehen werden, in dessen Mitte das hier untersuchte Gebiet liegt.

Kapitel 5

Plansammlung der Belegbeispiele

5.1 Alphabetisches Ortsverzeichnis
                                          Seite
Aichelau
    Hayinger Straße 3 (1509 d) 126
Ammerbuch (siehe Poltringen)
Backnang
    Seehof 11 und 12 (1835 i) 177–179
    (siehe auch Maubach)
Beuren
    Brühlstraße 1, Dosterhof (Scheune 1527/28 d,
    Haus um 1556/57 d) 127–130
    Hauptstraße 10/12, Pfänderhaus (1411/12 d) . . 115
    Hauptstraße 26, Haus Sanwald (um 1450 g) . . 118
    Kelterstraße 9, Krohmerhaus (um 1600 g) . . . 139
    Rathausstraße 11, Schlegelhof
    (Scheune 1446 d, Haus um 1535 g) 116, 131
Bietigheim-Bissingen
    Ludwigsburger Straße 22 (1715 i) 150–155
Bissingen an der Teck
    Vordere Straße 30
    (Anfang 17. Jahrhundert g) 140–142
Dornstadt (siehe Tomerdingen)
Echterdingen
    Waldhornstraße 10 (1668–71 d) 146, 147
Flacht
    Weissacher Straße 2 (um 1800 g) 171, 172
Frickenhausen
    Hauptstraße 25 (1464 d) 119, 120
Gärtringen
    Schmiedstraße 14a (1498 d) 125
Gäufelden (siehe Öschelbronn)
Gruibingen
    Amtgasse 15 (1612/13 d) 145
Gutenberg
    Mühlstraße (um 1850 g) 180
Hattenhofen
    Hauptstraße 32 (Ende 18. Jahrhundert g) 167
Heimerdingen
    Schafhof 6 (1715 d) 156
Hohenstein (siehe Ödenwaldstetten)
Kernen (siehe Stetten)
Kirchberg an der Murr
    Alte Straße 17 (1609 i) 143, 144
Korb
    Winnender Straße 26 (1775 g) 164–166

Laichingen
    Mohrengasse 53 (1677 d) 149
    Radstraße 42 (1446 d) 117
Leinfelden-Echterdingen (siehe Echterdingen)
Lenningen (siehe Gutenberg)
Lichtenwald (siehe Thomashardt)
Lustnau
    Dorfstraße 5/7 (um 1425/1475 g) 121–123
Maubach
    Wiener Straße 41 (um 1825 g) 174–176
Neckartailfingen
    Nürtinger Straße 8 (um 1800 g) 173
Ödenwaldstetten
    Jahnweg 3 (um 1859 a) 181, 182
Öschelbronn
    Stuttgarter Straße 6 (1799 i + d) 168-170
Ohmenhausen
    Auf der Lind 3 (Haus 1763 d,
    Scheune 1810 d) 158–160
Pfronstetten (siehe Aichelau)
Poltringen
    Brunnenstraße 1 (1558 i) 135
Rechberghausen
    Hauptstraße 43 (1551 d) 134
Rutesheim
    Schulstraße 8 (1476/77 d) 124
Schlaitdorf
    Häslacher Straße 5 (1764/65 d) 162
Stetten
    Mühlstraße 4/1 (1673–77 d) 148
Strümpfelbach
    Hindenburgstraße 24 (1594 i) 136, 137
Thomashardt
    Schlichtener Weg 1 (1764/65 d) 161
Tomerdingen
    Pfluggasse 5 (1546 d) 132, 133
Tübingen (siehe Lustnau)
Wangen
    Rechberghäuser Straße 2 (1885 d + a) . . . 183–185
Weidenstetten
    Geislinger Straße 42 (1733/34 d) 157
Weinstadt (siehe Strümpfelbach)
Weissach (siehe Flacht)
Wernau
    Freitagshof 11 (um 1600 g) 138

5.2 Die Belegbeispiele in chronologischer Ordnung[137]

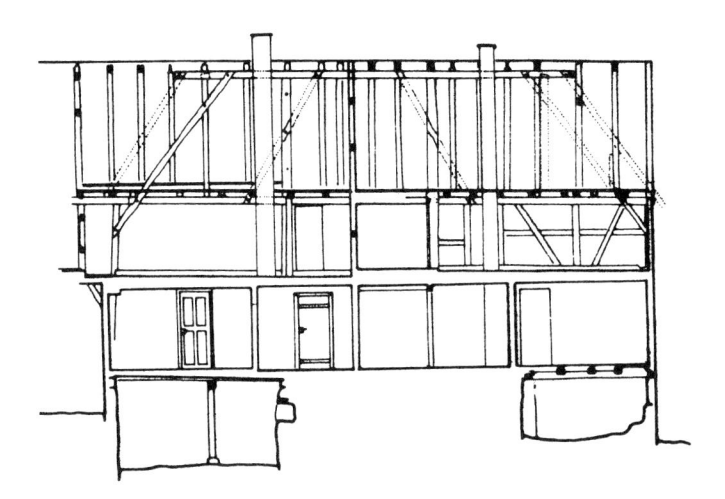

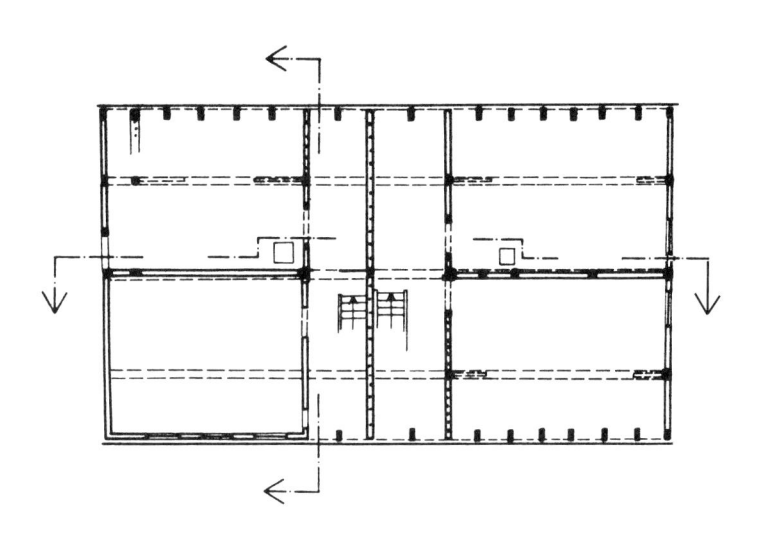

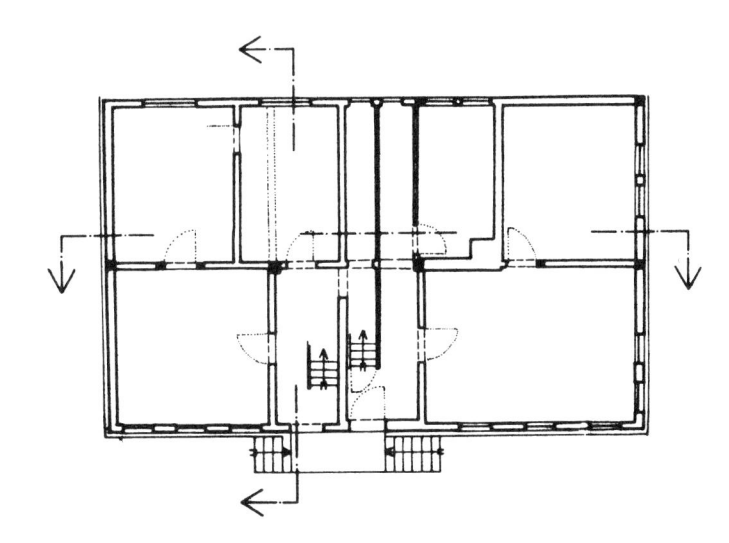

1411/12 (d) Beuren, Hauptstraße 10/12, Pfänderhaus; oben: Längs- und Querschnitt, Mitte: Dachgeschoss-Grundriss, unten: Erdgeschoss-Grundriss (Umzeichnung nach Burghard Lohrum, Ettenheimmünster)

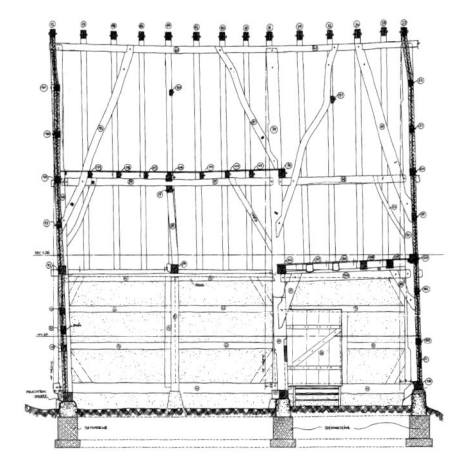

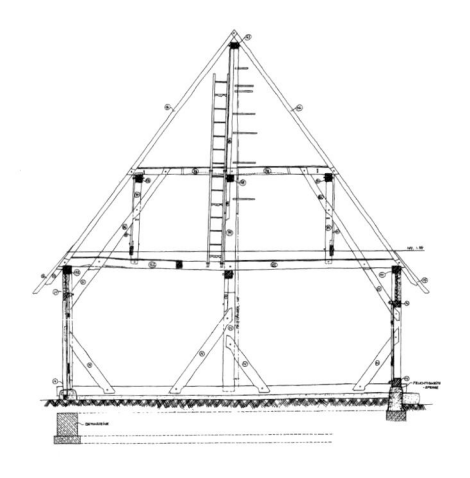

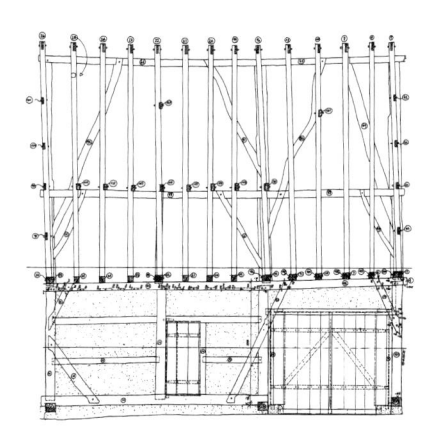

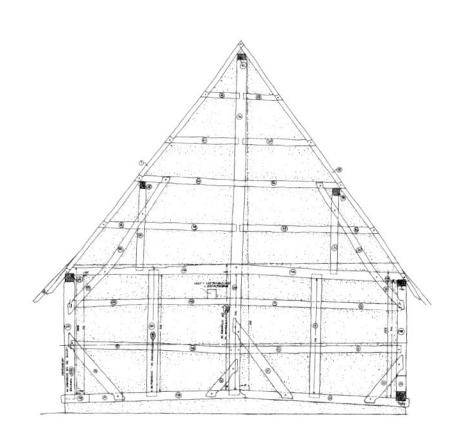

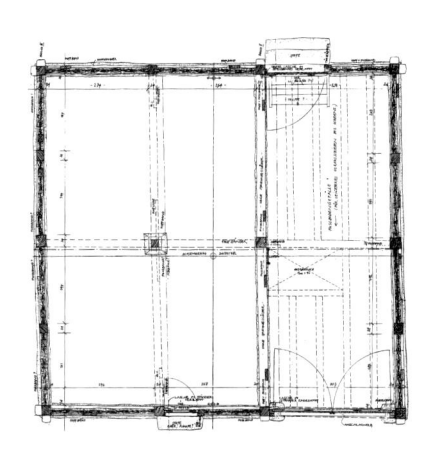

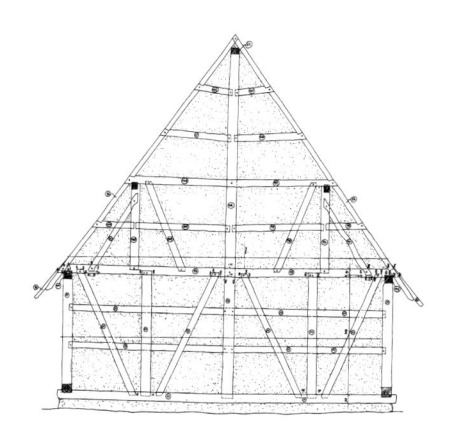

1446 (d) Beuren, Rathausstraße 11, Schlegelscheuer; oben: Längs- und Querschnitt,
Mitte: Trauf- und Giebelansicht, unten: Erdgeschoss-Grundriss und zweite Giebelansicht

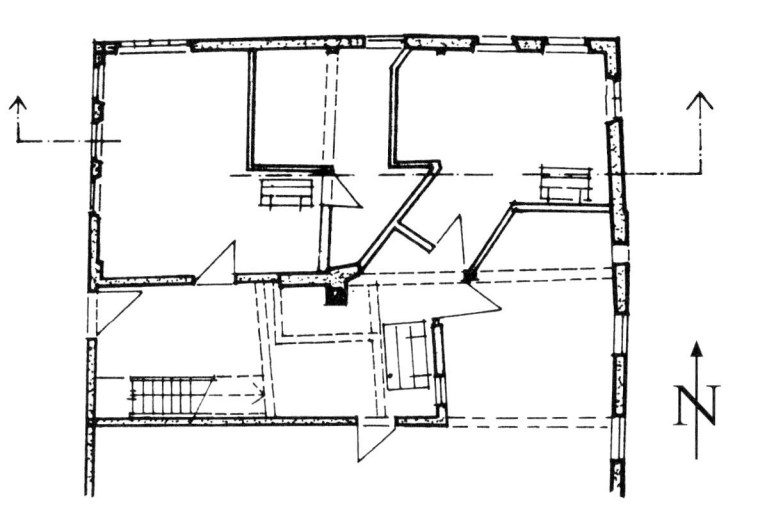

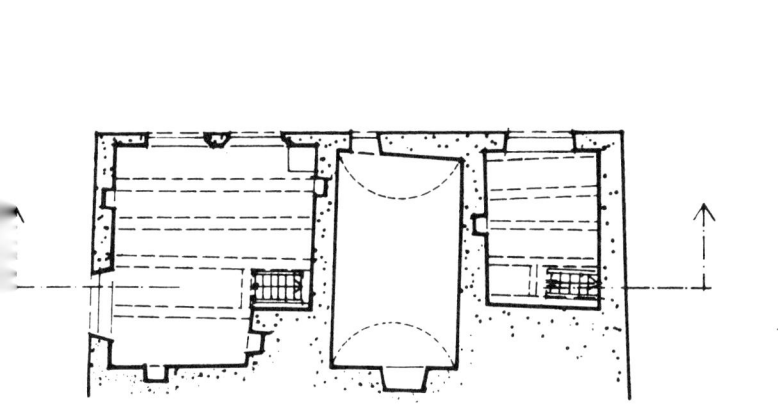

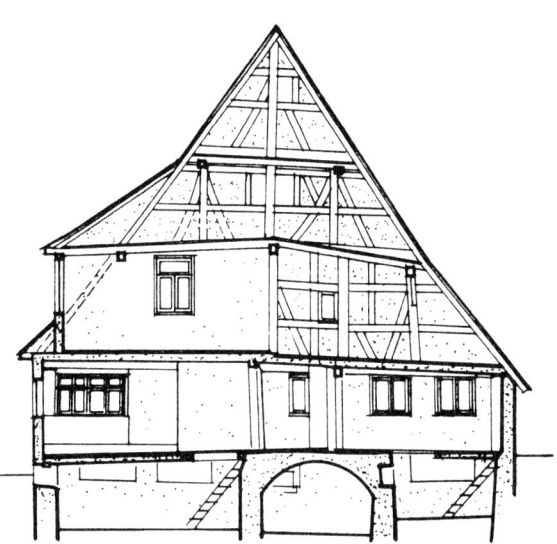

1446 (d) Laichingen, Radstraße 42;
 oben: Erdgeschoss-Grundriss,
 unten: Untergeschoss-Grundriss und Querschnitt
 (Umzeichnung nach Joachim Faitsch, Wolfach-Ippichen)

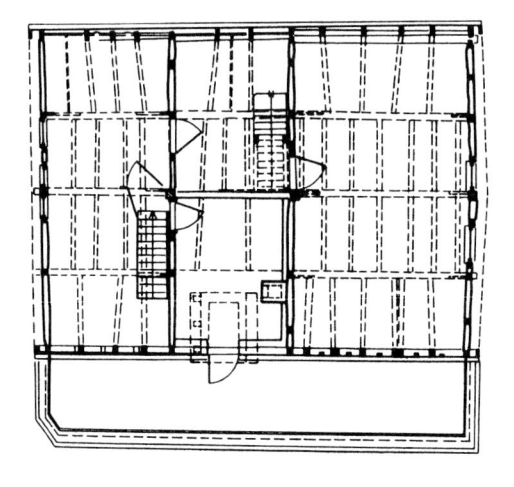

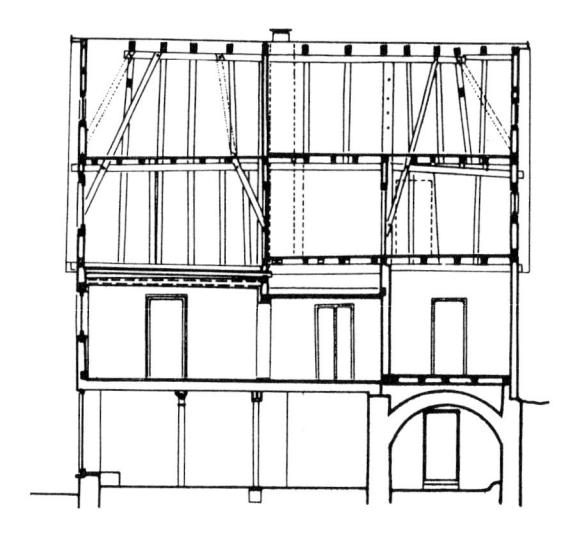

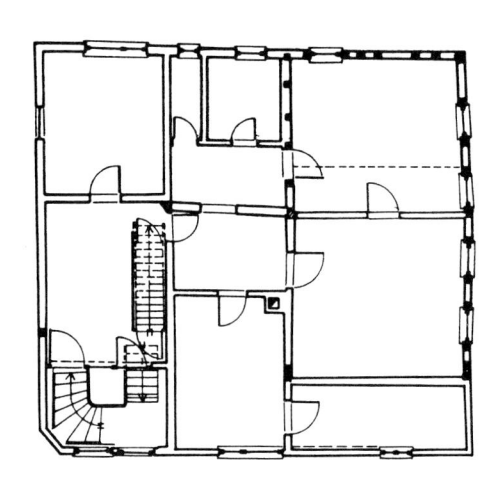

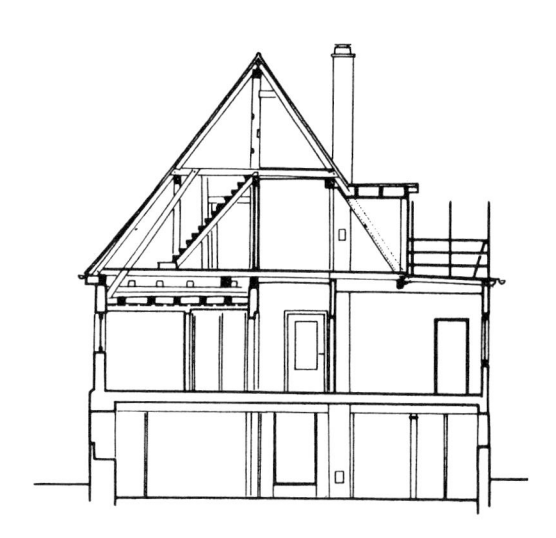

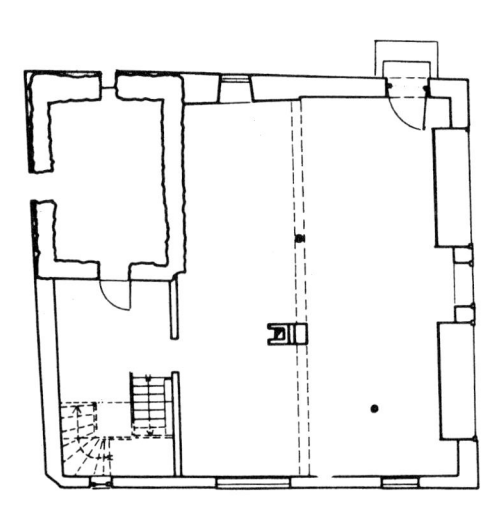

um 1450 (g) Beuren, Hauptstraße 26, Haus Sanwald; oben: Dachgeschoss-Grundriss und Längsschnitt, Mitte: Grundriss erstes Obergeschoss und Querschnitt, unten: Erdgeschoss-Grundriss (Umzeichnung nach Radegund Kahle, Stuttgart)

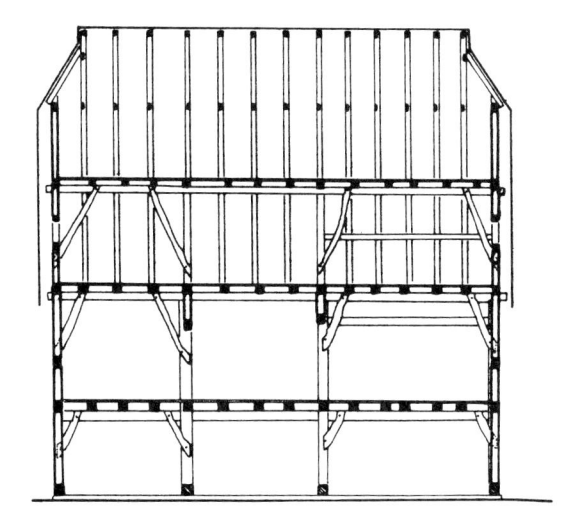

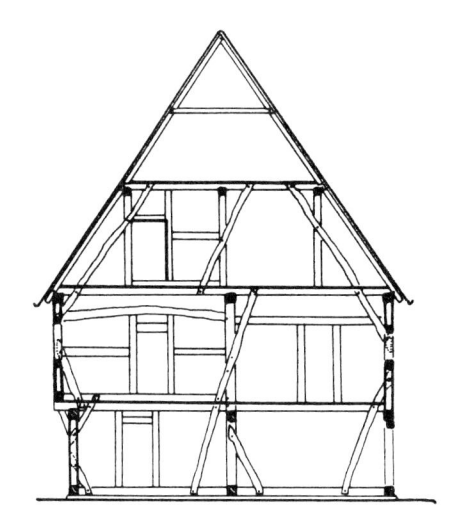

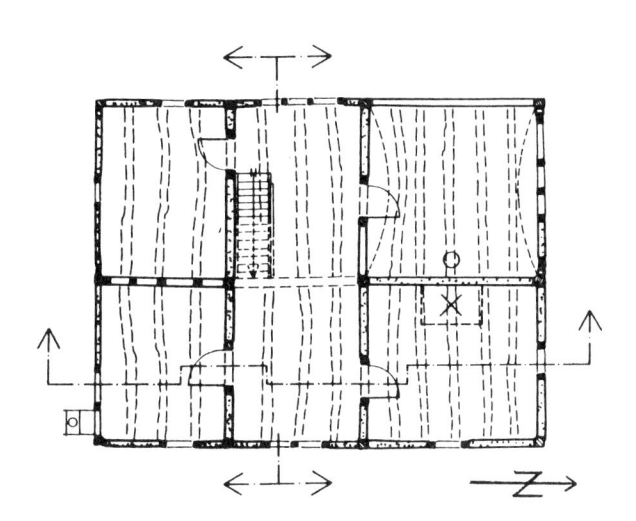

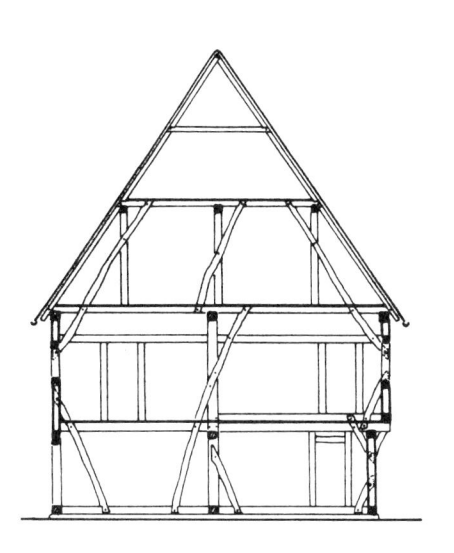

1464 (d) Frickenhausen, Hauptstraße 25, Rekonstruktion erster Bauzustand; oben: Längs- und Querschnitt, unten: Grundriss erstes Obergeschoss und Querschnitt

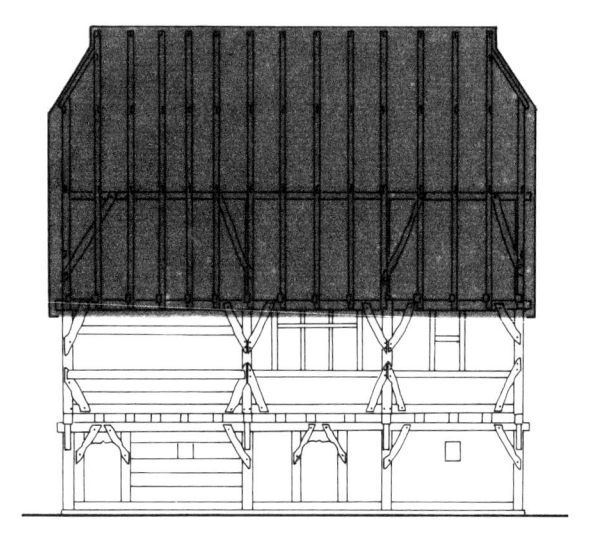

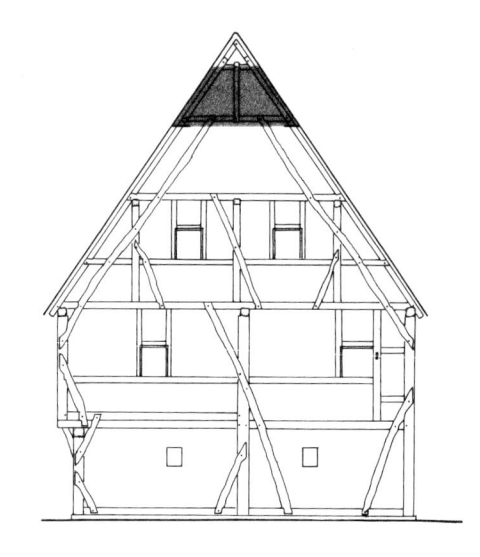

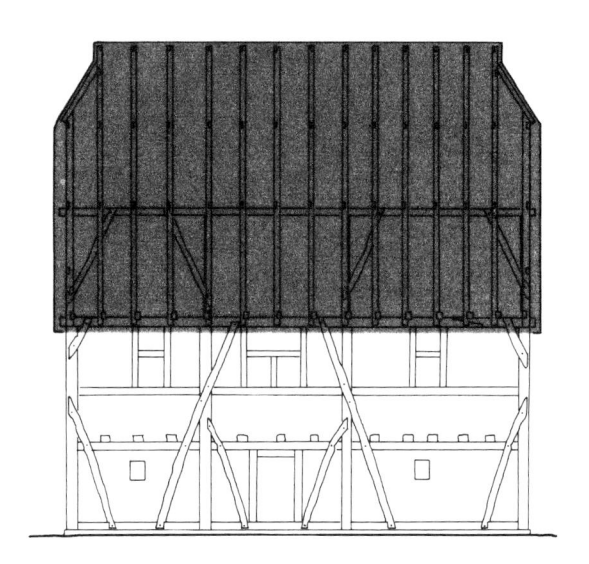

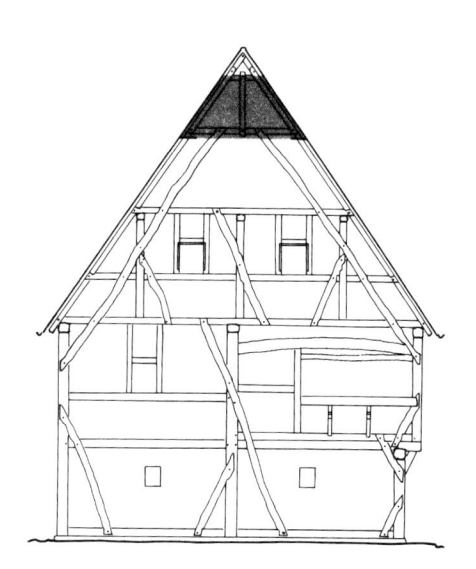

1464 (d) Frickenhausen, Hauptstraße 25, Rekonstruktion des ersten Bauzustandes, Ansichten

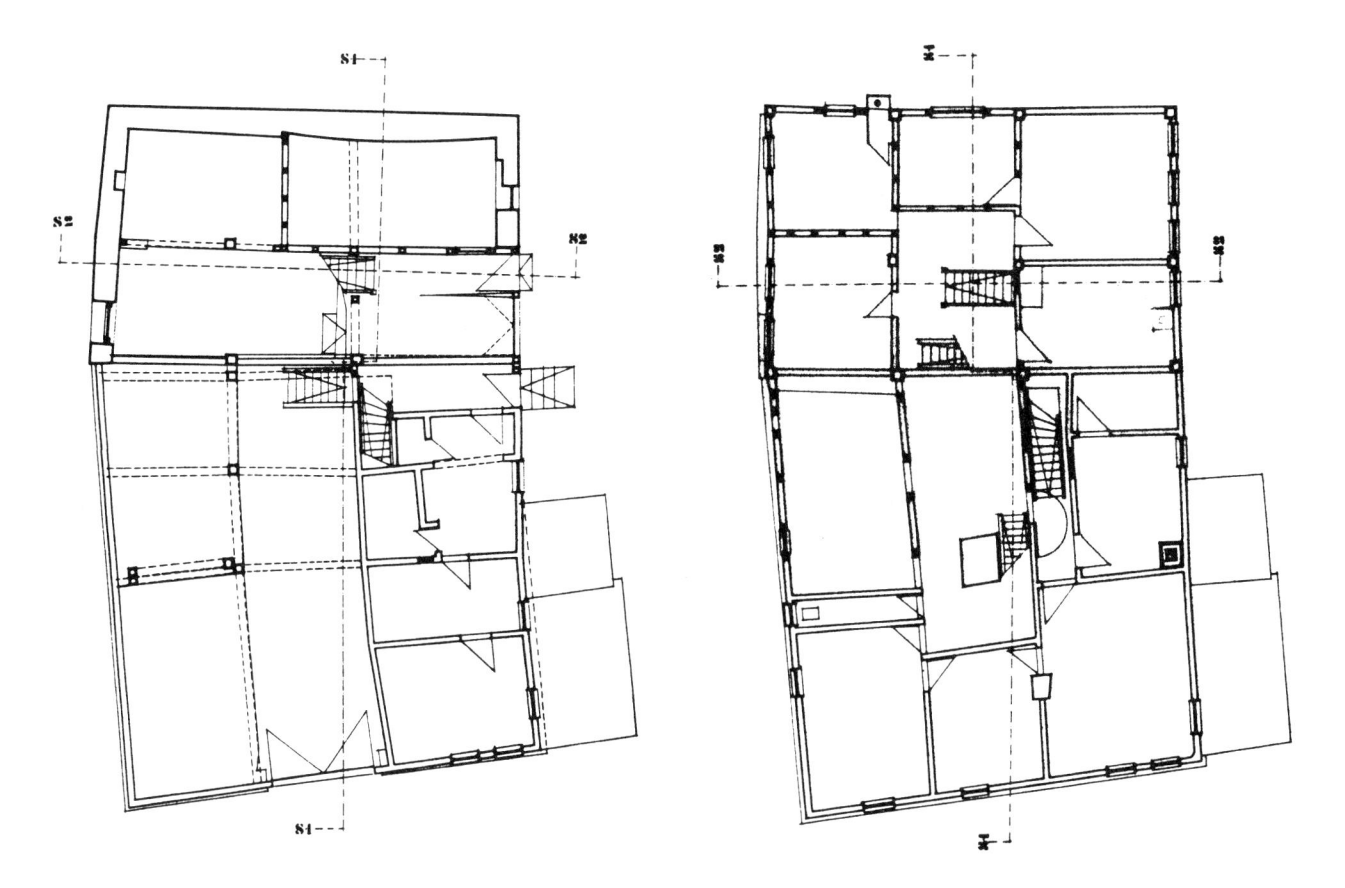

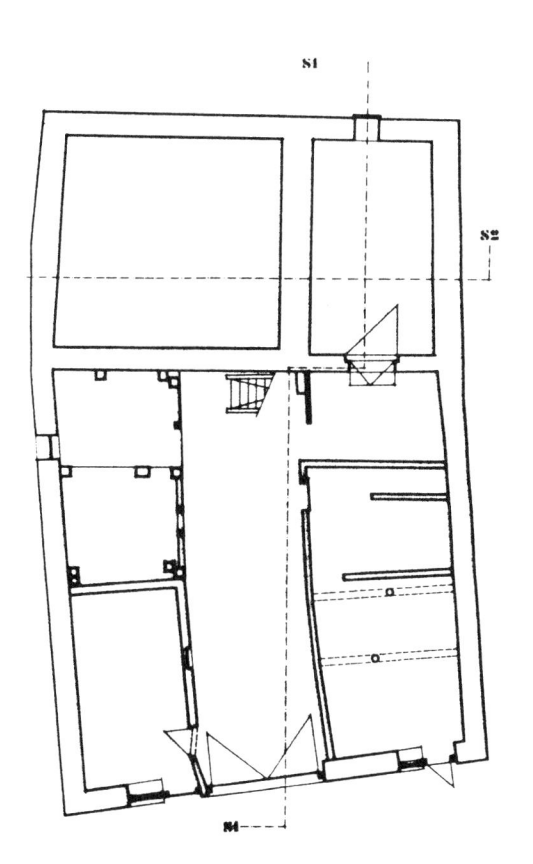

um 1425/1475 (g) Lustnau, Dorfstraße 5/7; oben: Grundriss Zwischengeschoss und erstes Obergeschoss, unten: Erdgeschoss-Grundriss

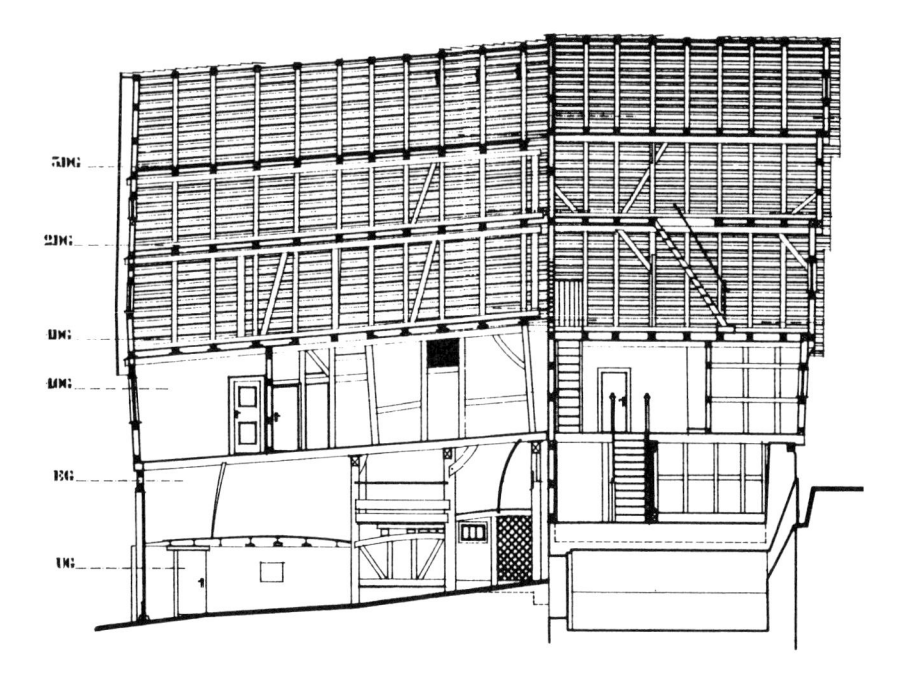

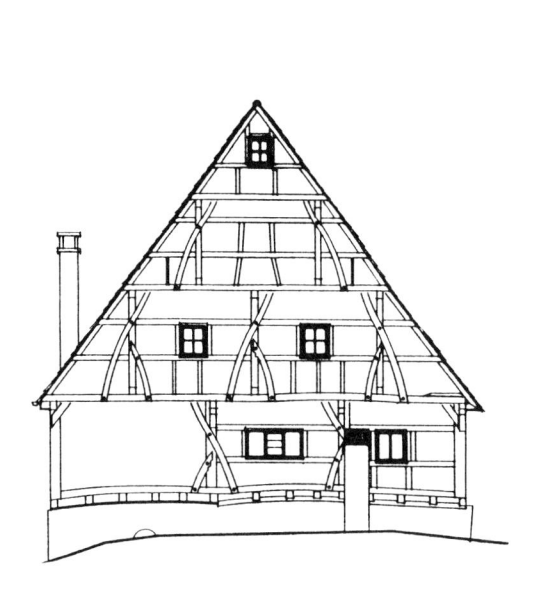

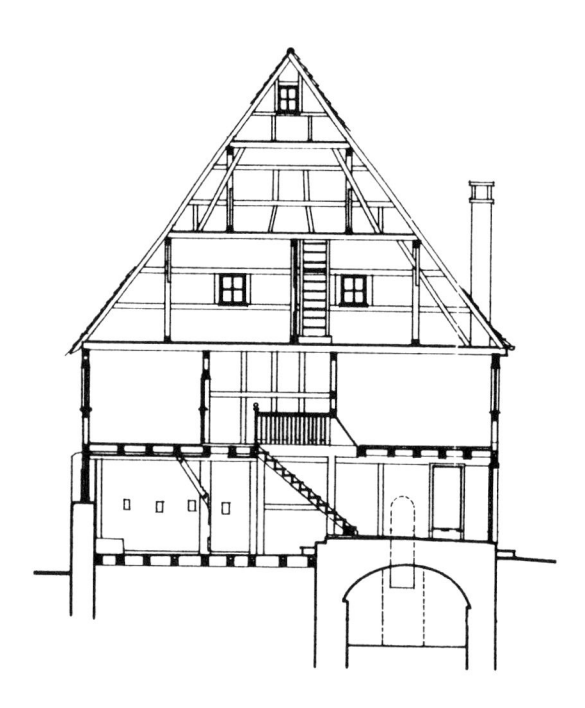

um 1425/1475 (g) Lustnau, Dorfstraße 5/7, oben: Längsschnitt, unten: rückwärtige Giebelansicht und Querschnitt durch den hinteren Bauteil

um 1425/1475 (g) Lustnau, Dorfstraße 5/7, Traufansichten und Straßengiebel

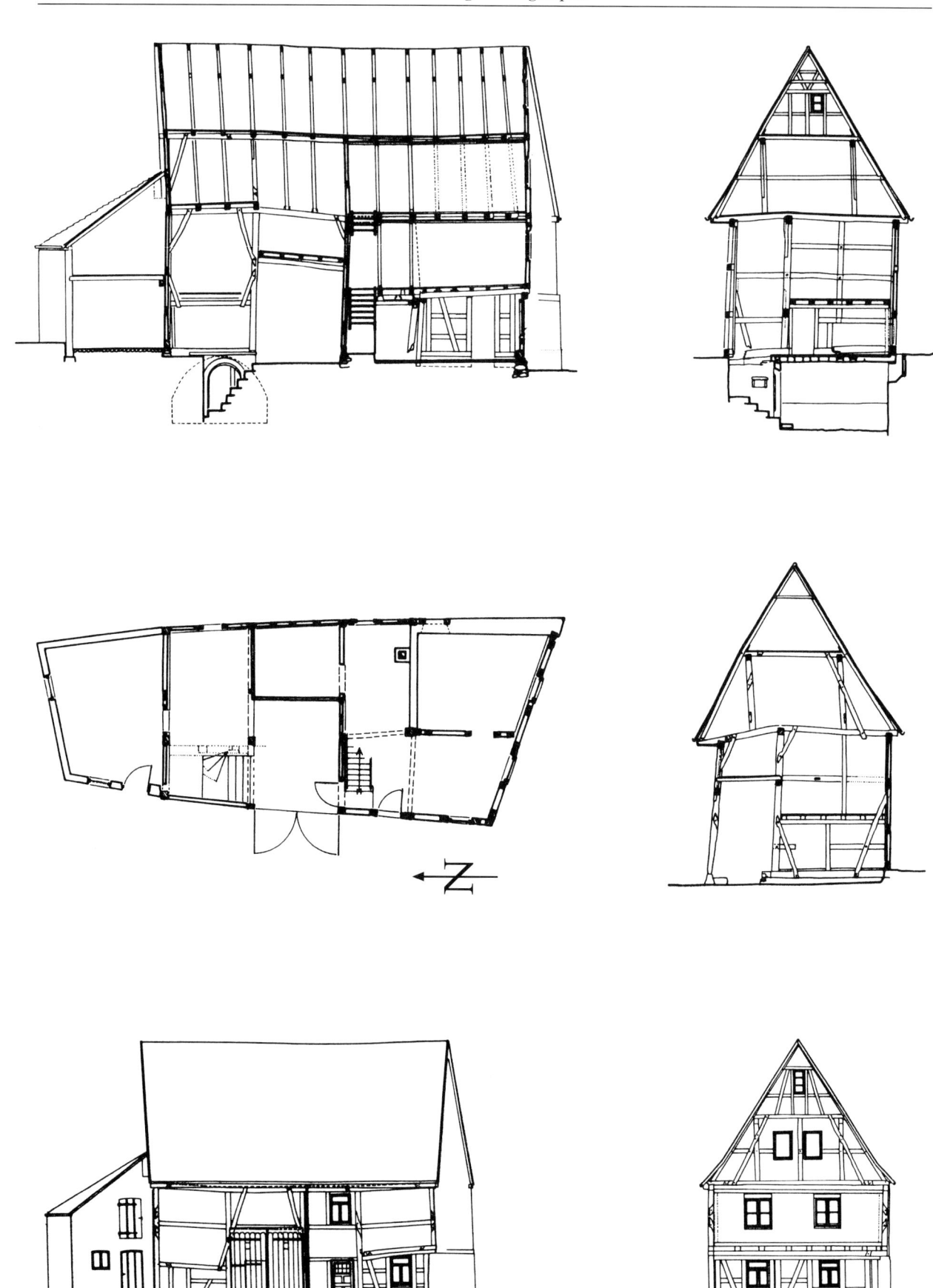

1476/77 (d) Rutesheim, Schulstraße 8; oben: Längs- und Querschnitt, Mitte: Erdgeschoss-Grundriss und Querschnitt 2, unten: Trauf- und Giebelansicht (Umzeichnung nach J. Bradatsch, Stuttgart)

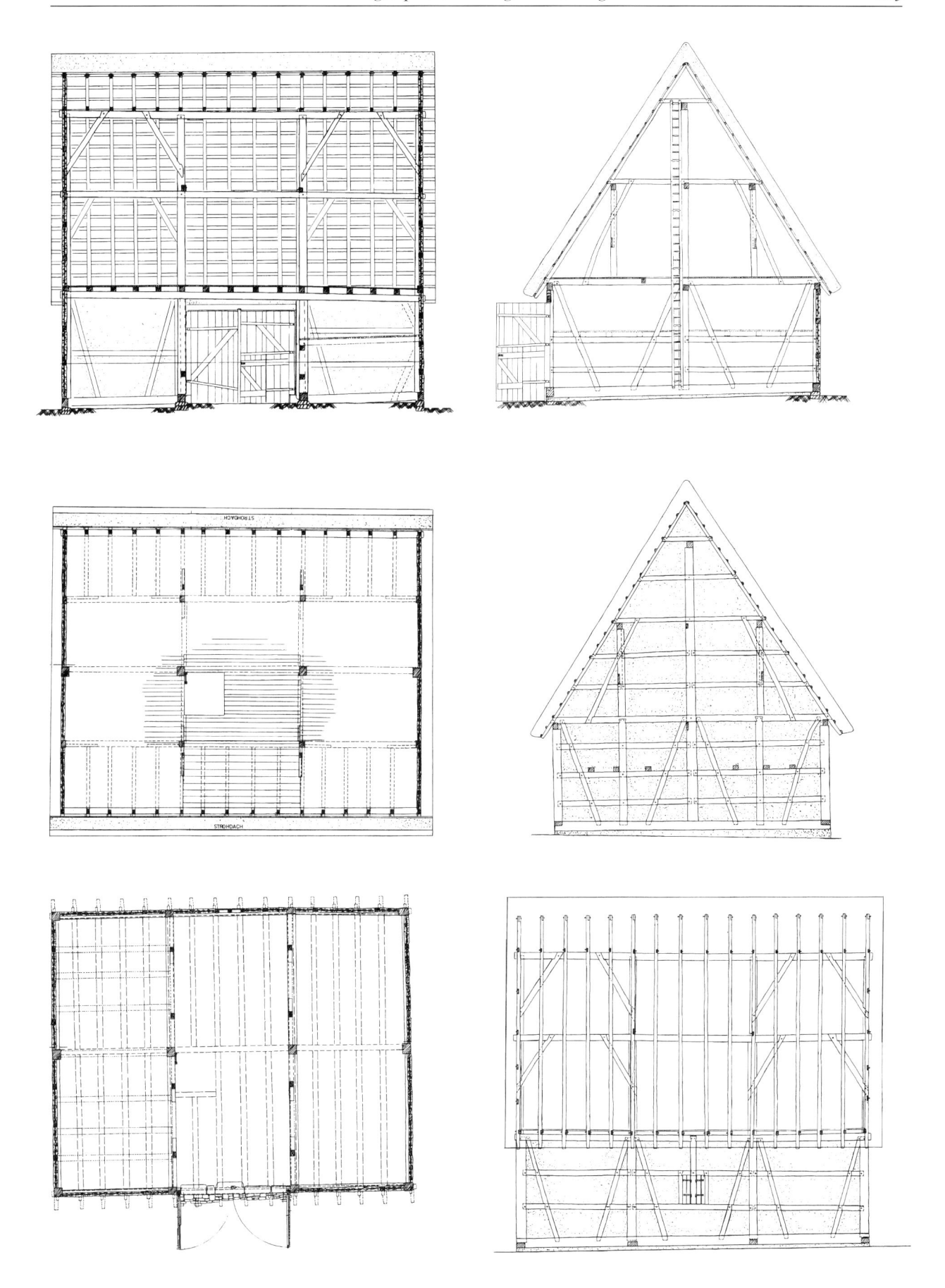

1498 (d) Gärtringen, Schmiedstraße 14a, Rekonstruktion erster Bauzustand; oben: Längs- und Querschnitt, Mitte: Dachgeschoss-Grundriss und Giebelansicht, unten: Erdgeschoss-Grundriss und Traufansicht

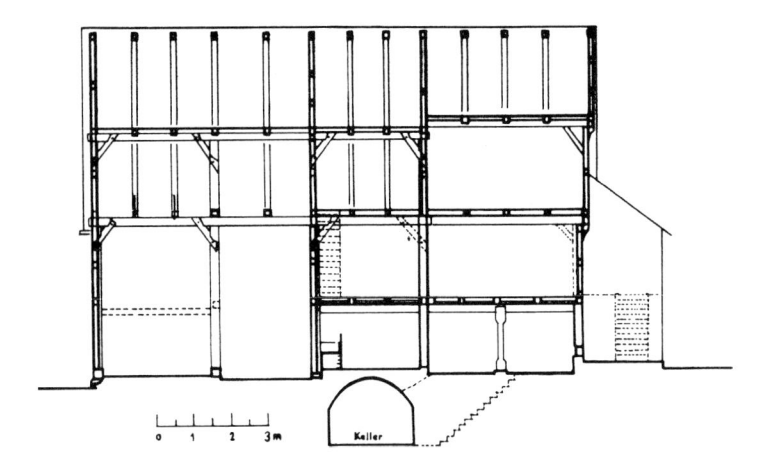

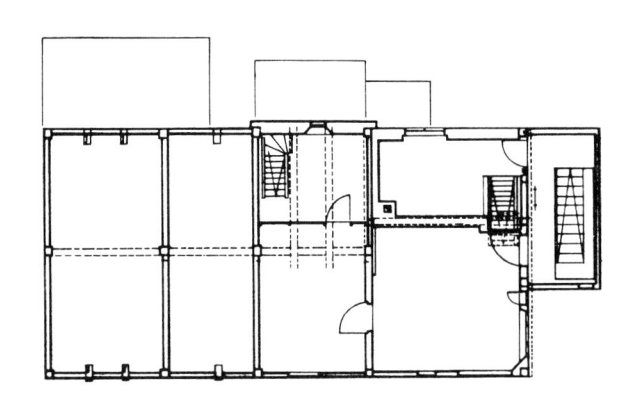

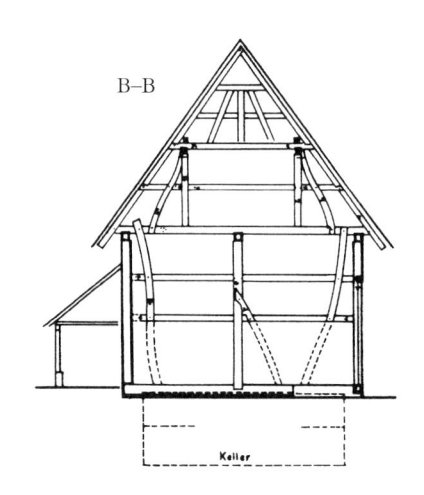

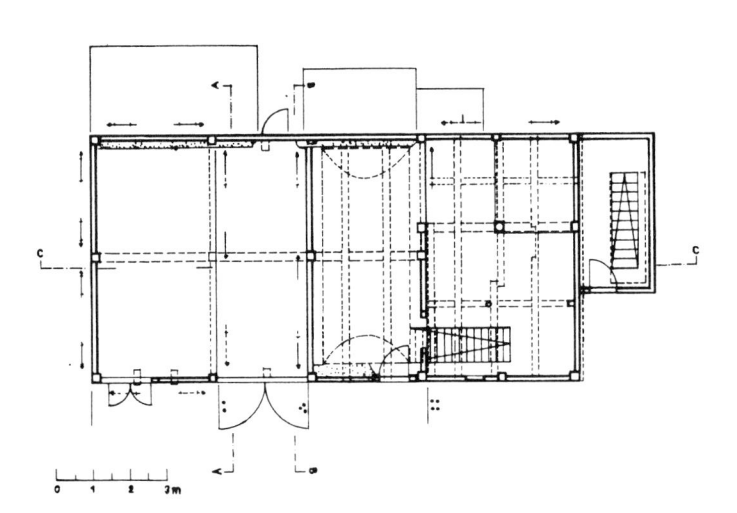

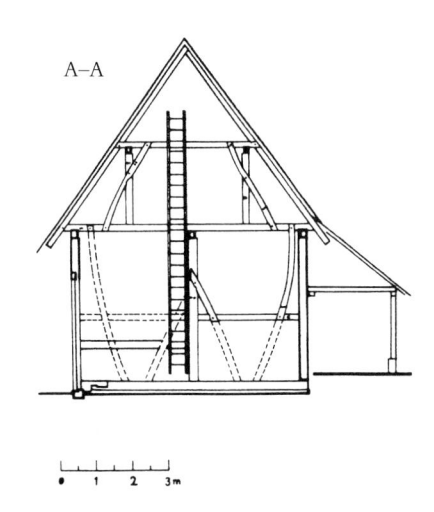

1509/11 (d) Aichelau, Hayinger Straße 3; oben: Längsschnitt, Mitte: Grundriss erstes Obergeschoss und Querschnitt B–B, unten: Erdgeschoss-Grundriss und Querschnitt A–A (Umzeichnung nach Hans-Jürgen Bleyer, Metzingen)

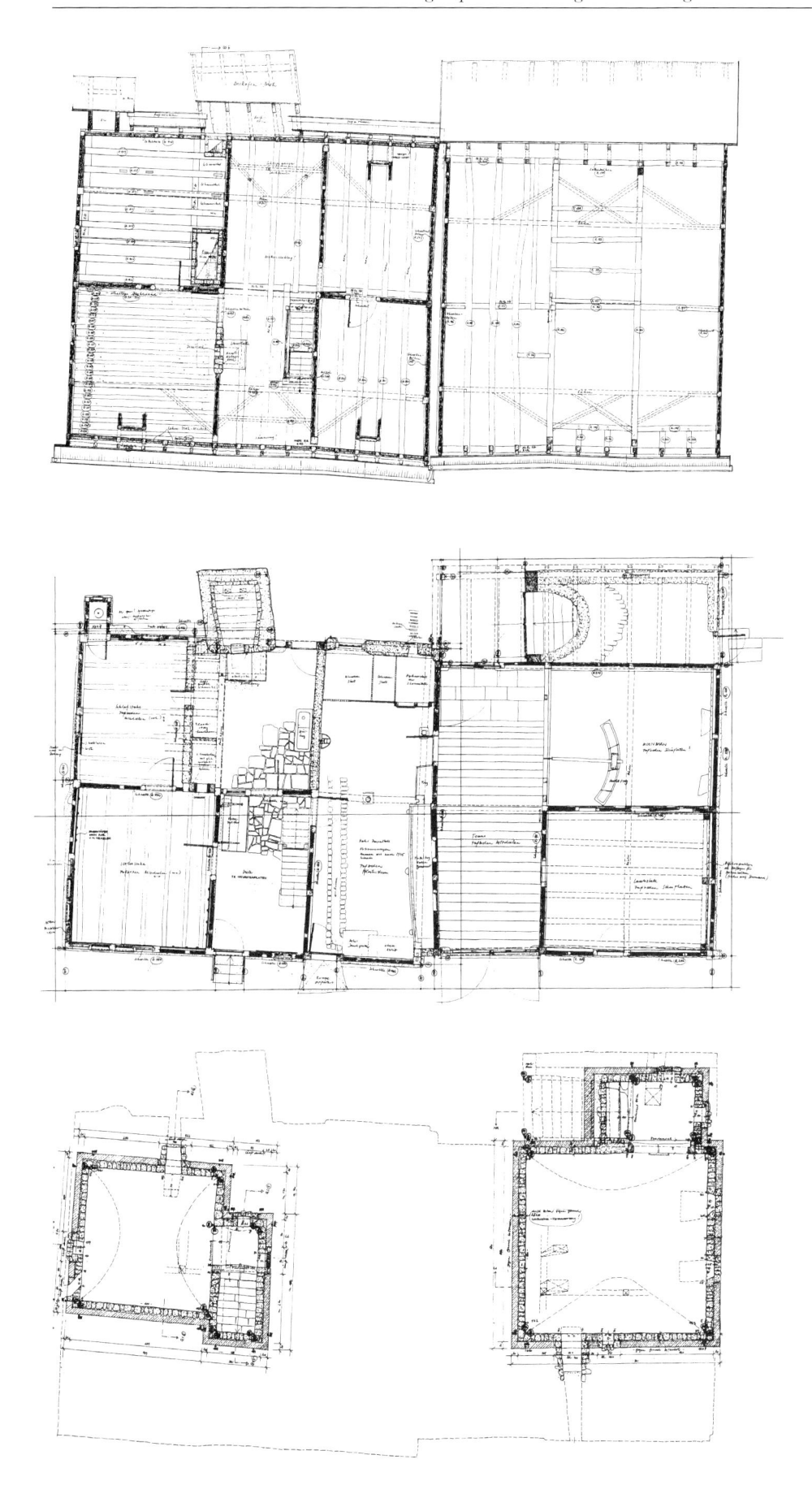

1527/28 (d) Beuren, Brühlstraße 1, Dosterscheuer und -wohnhaus;
um 1556/57 (d) oben: Dachgeschoss-Grundriss, Mitte: Erdgeschoss-Grundriss, unten: Keller-Grundriss

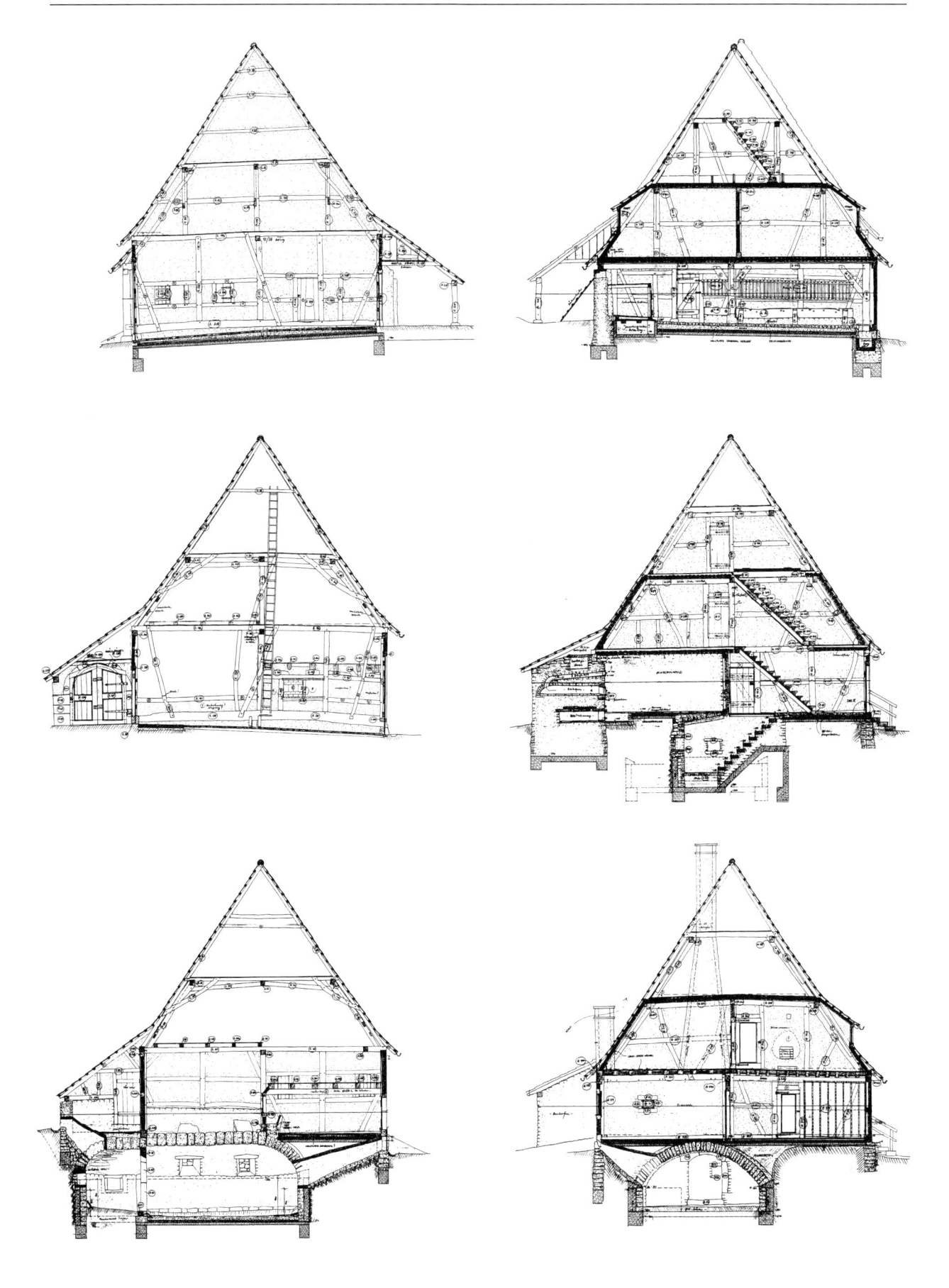

1527/28 (d) Beuren, Brühlstraße 1, Dosterwohnhaus und -scheuer, Rekonstruktion des ersten Bauzustandes;
um 1556/57 (d) Querschnitte (von links oben nach rechts unten): Tenne, Stall, Tenne, Küche, Barn, Kammer/Stube

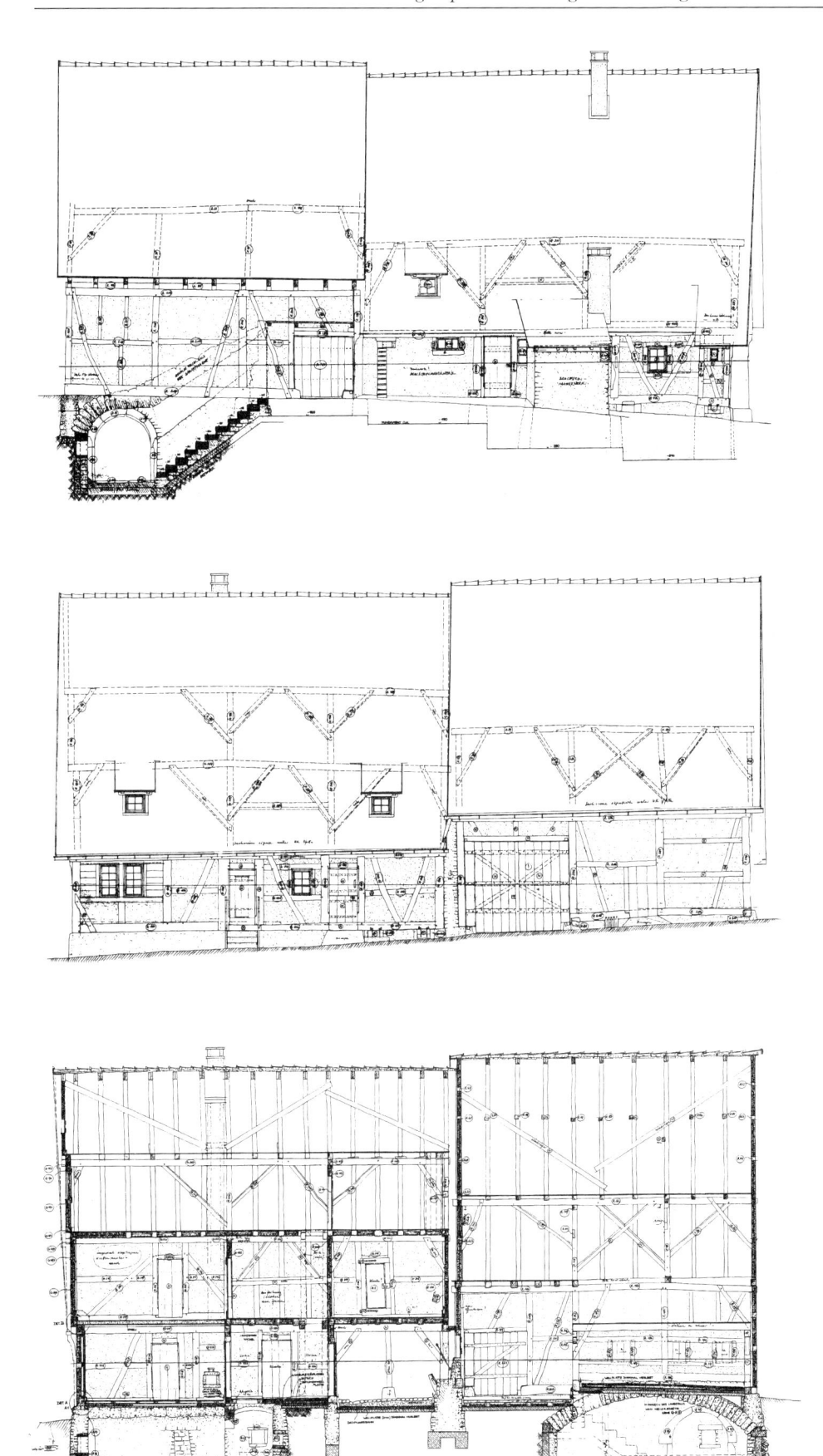

1527/28 (d) Beuren, Brühlstraße 1, Dosterwohnhaus und -scheuer, Rekonstruktion des ersten Bauzustandes;
um 1556/57 (d) Traufansichten und Längsschnitt

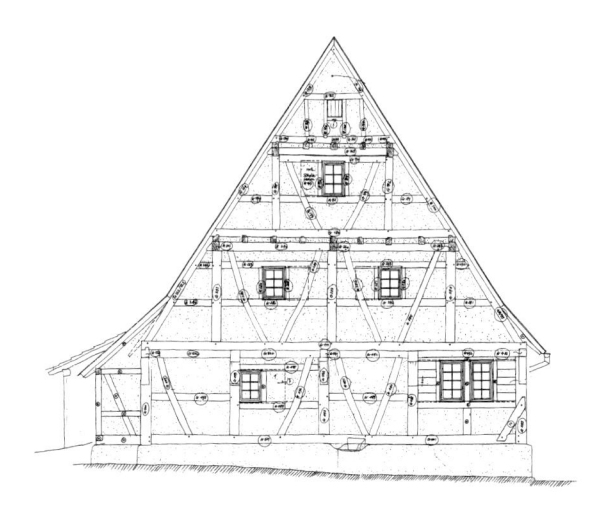

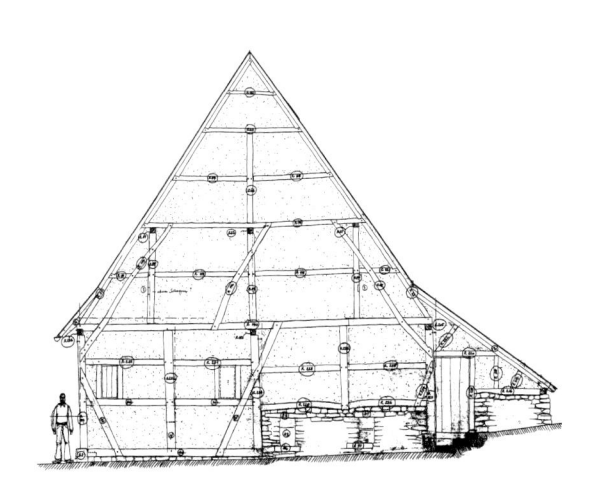

1527/28 (d) Beuren, Brühlstraße 1, Dosterwohnhaus und -scheuer, Rekonstruktion des ersten Bauzustandes;
um 1556/57 (d) oben: Giebelansicht vom Wohnhaus, unten: Giebelansicht der Scheune

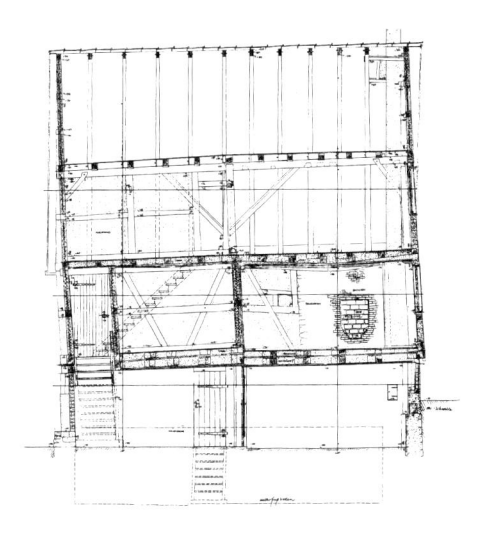

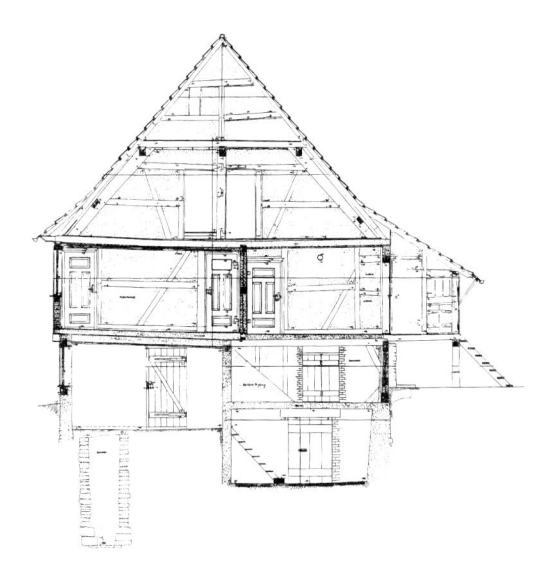

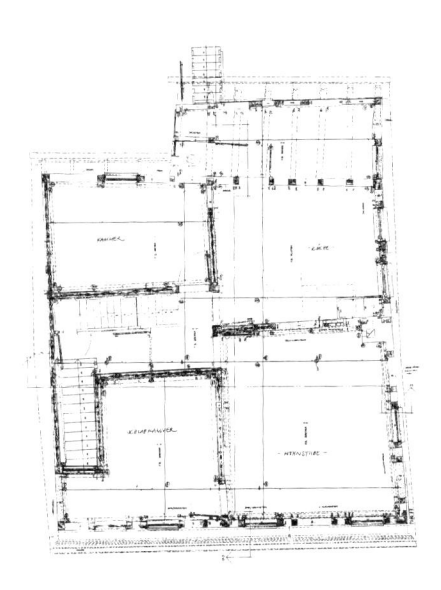

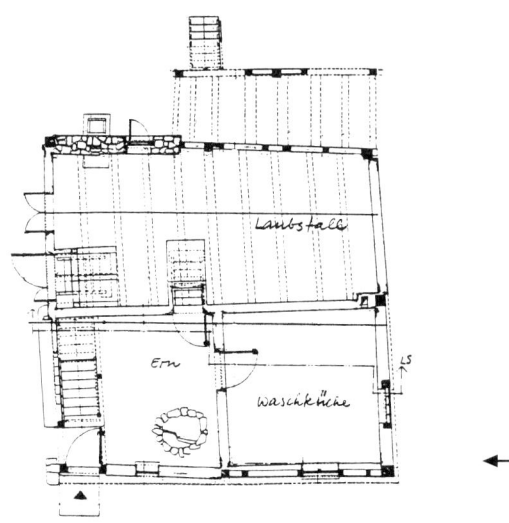

um 1535 (g) Beuren, Rathausstraße 11, Schlegelhaus; oben: Längs- und Querschnitt,
Mitte: Grundriss erstes Obergeschoss, unten: Erdgeschoss-Grundriss

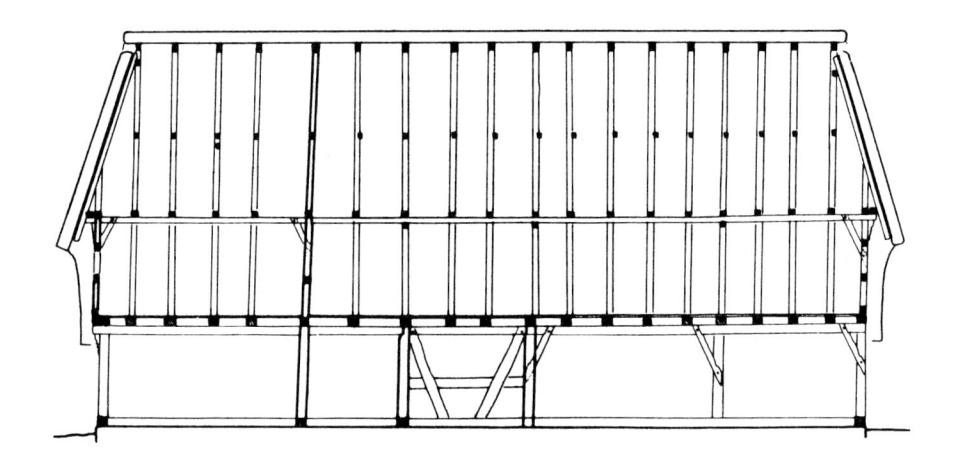

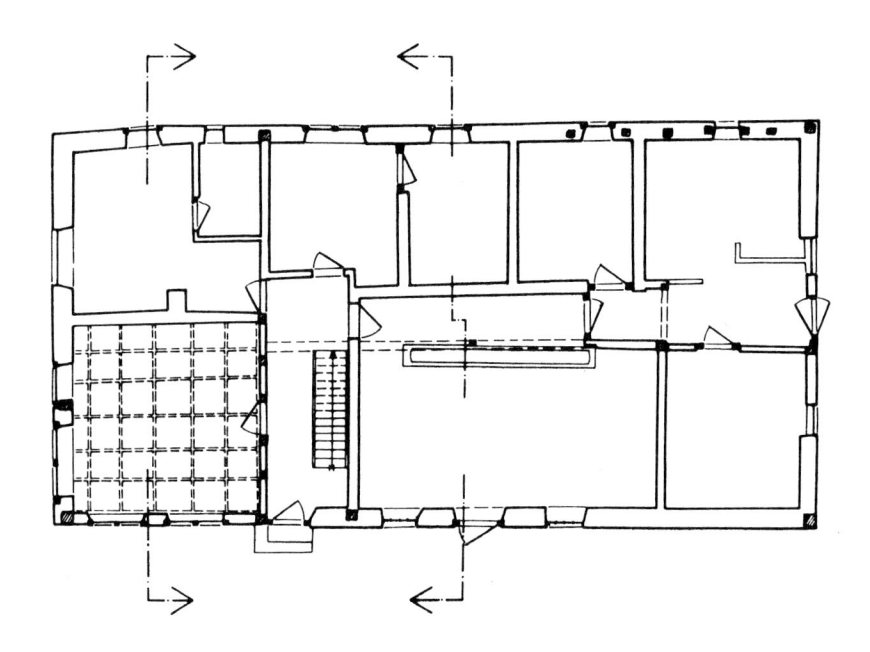

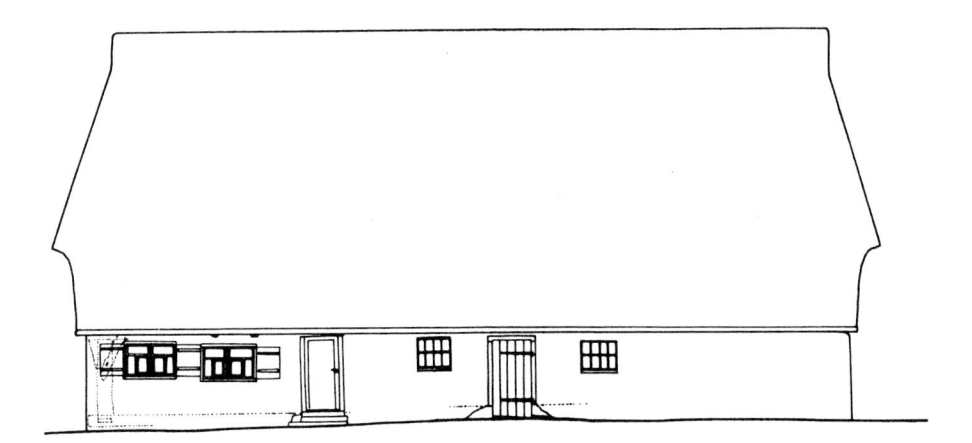

1546 (d) Tomerdingen, Pfluggasse 5, Teilrekonstruktion des ersten Bauzustandes;
oben: Längsschnitt, Mitte: Erdgeschoss-Grundriss, unten: Traufansicht
(Umzeichnung nach Albrecht Bedal, Schwäbisch Hall,
und Joachim Faitsch, Wolfach-Ippichen)

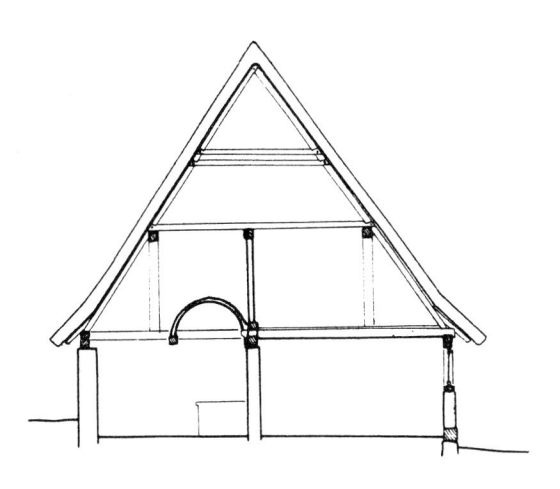

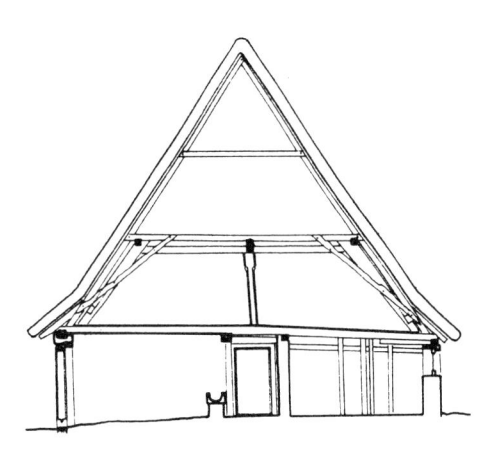

1546 (d) Tomerdingen, Pfluggasse 5, Teilrekonstruktion des ersten Bauzustandes;
oben: Querschnitt Küche mit Hurd, Mitte: Querschnitt Stall, unten: Giebelansicht
(Umzeichnung nach Albrecht Bedal, Schwäbisch Hall,
und Joachim Faitsch, Wolfach-Ippichen)

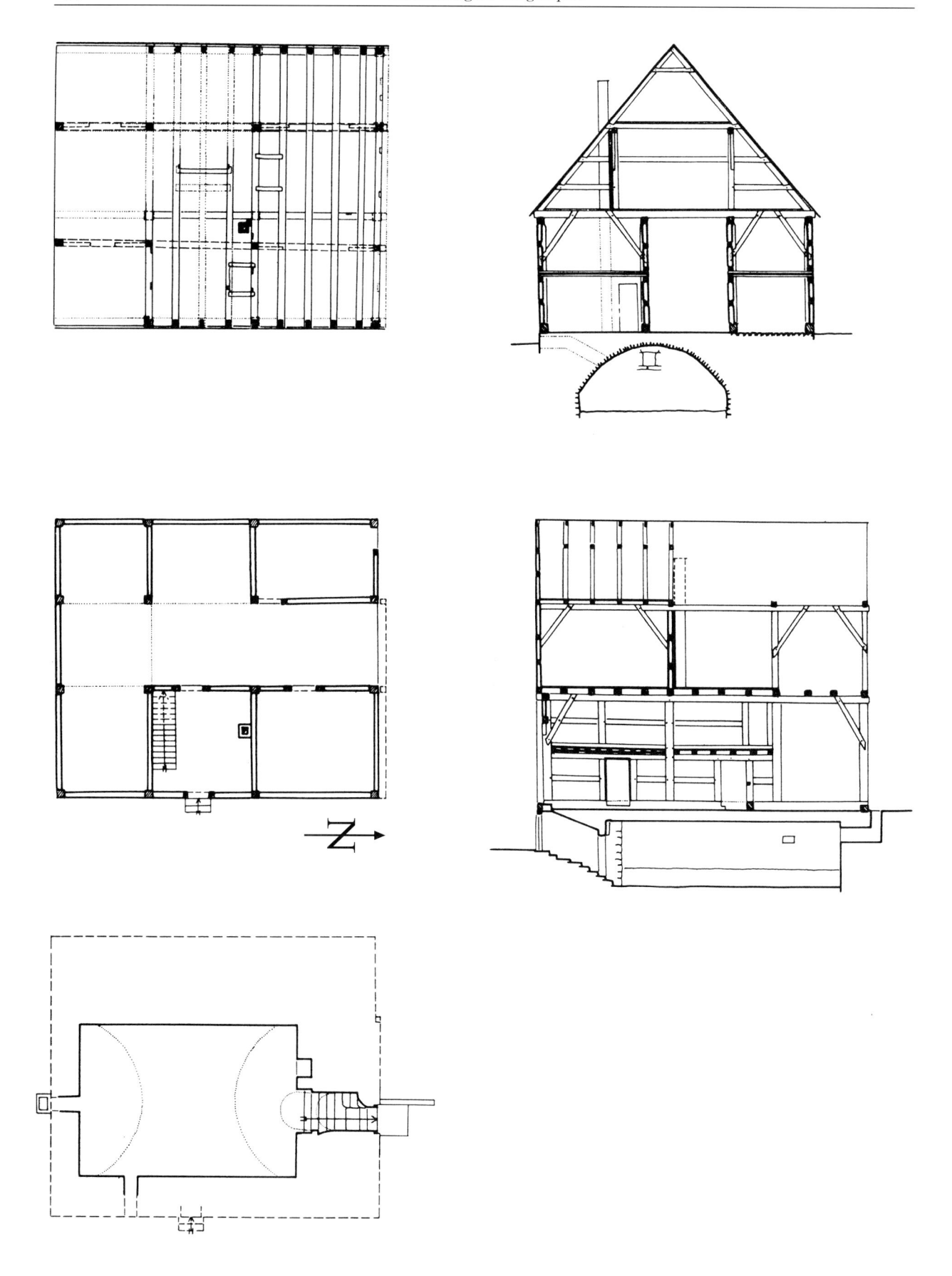

1551 (d) Rechberghausen, Hauptstraße 43; oben: Dachgeschoss-Grundriss und Querschnitt, Mitte: Erdgeschoss-Grundriss und Längsschnitt, unten: Untergeschoss-Grundriss (Umzeichnung nach Burghard Lohrum, Ettenheimmünster)

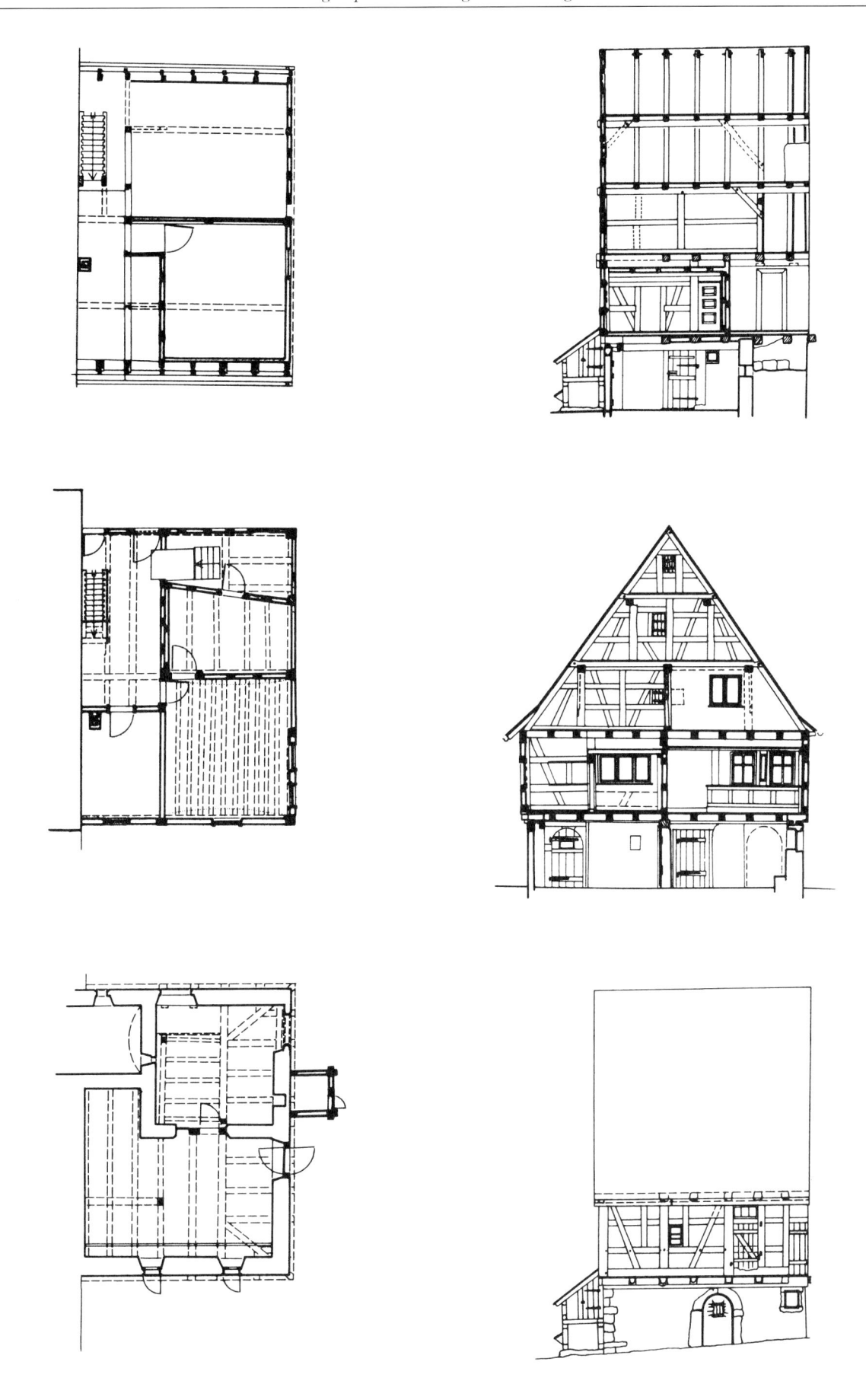

1558 (i) Poltringen, Brunnenstraße 1; oben: Dachgeschoss-Grundriss und Längsschnitt,
Mitte: Grundriss erstes Obergeschoss und Querschnitt, unten: Erdgeschoss-Grundriss und Traufansicht

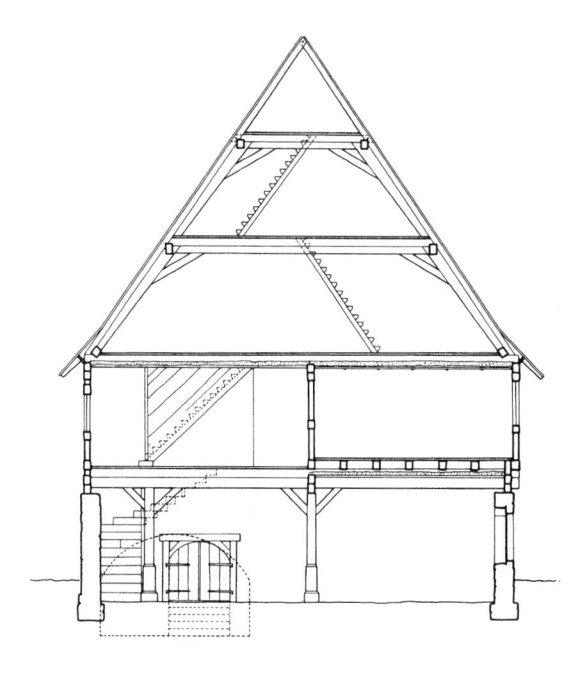

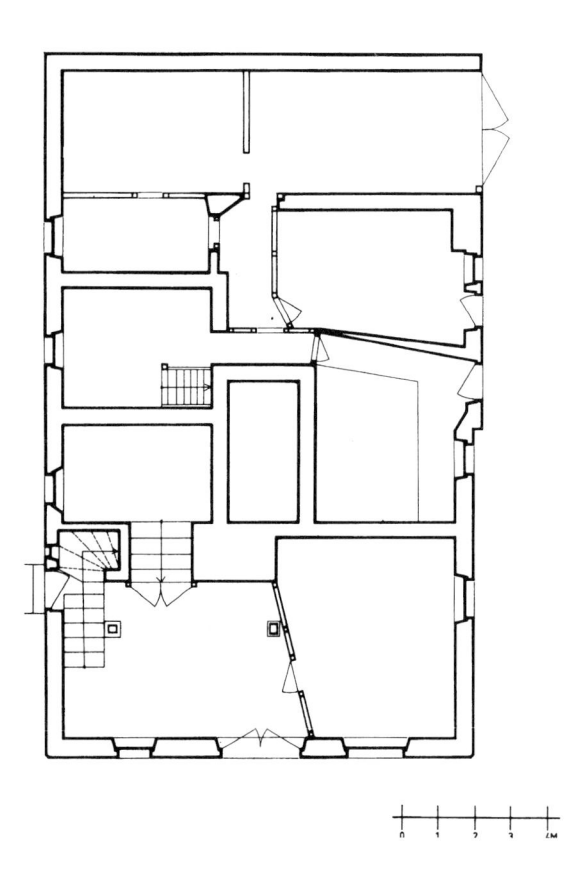

1594 (i) Strümpfelbach, Hindenburgstraße 24; oben: Querschnitt, unten: Erdgeschoss-Grundriss und Giebelansicht (aus: Schahl, Rems-Murr-Kreis, S. 1423)

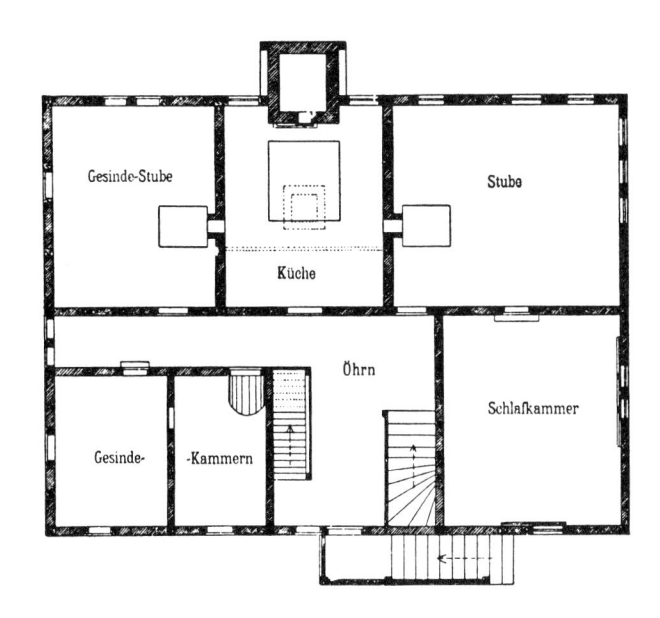

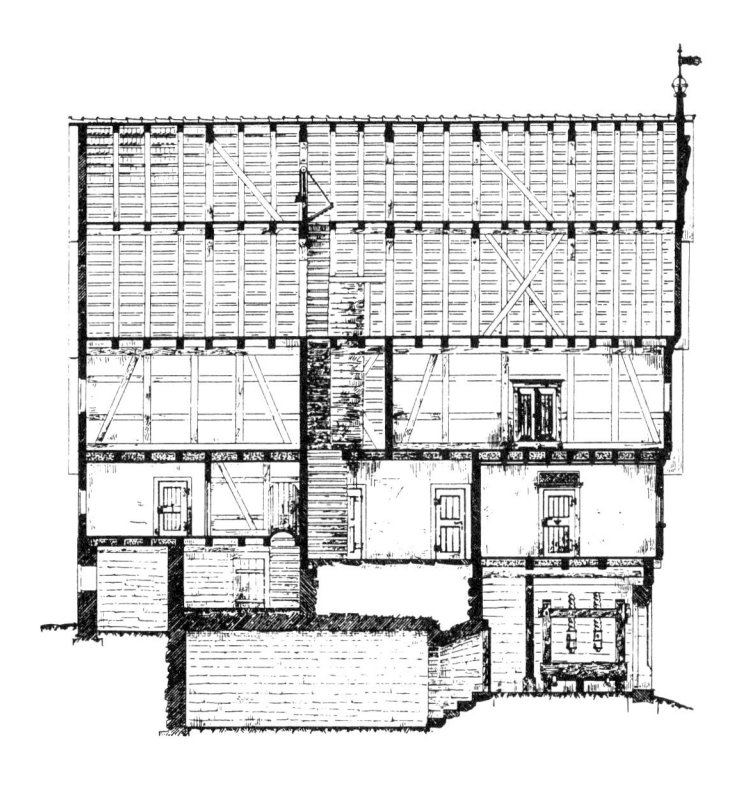

1594 (i) Strümpfelbach, Hindenburgstraße 24; oben: Grundriss erstes Obergeschoss, unten: Längsschnitt
(aus: Das Bauernhaus im Deutschen Reiche, Württemberg, Tafel 4)

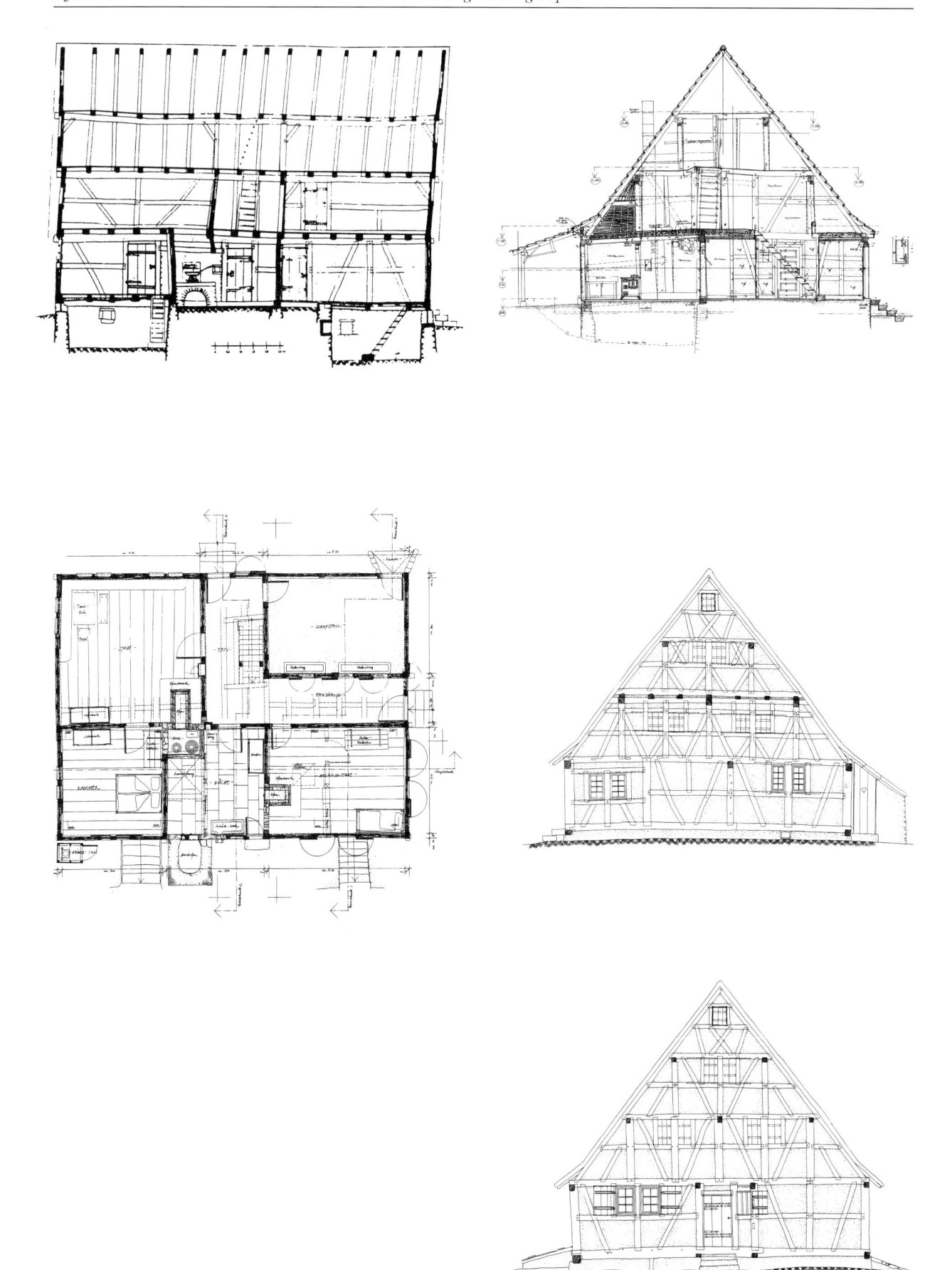

um 1600 (g) Wernau, Freitagshof 11, Rekonstruktion des ersten Bauzustandes; oben: Längs- und Querschnitt, Mitte: Erdgeschoss-Grundriss und Ansicht des Schaugiebels, unten: rückwärtige Giebelansicht

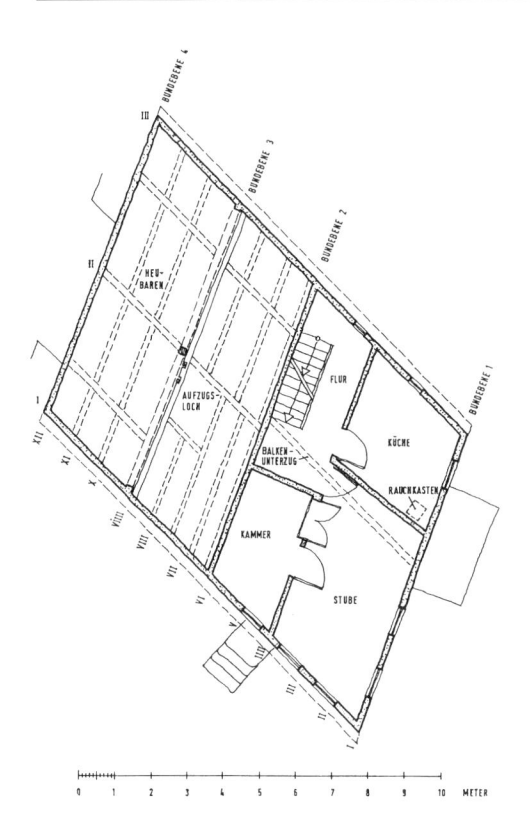

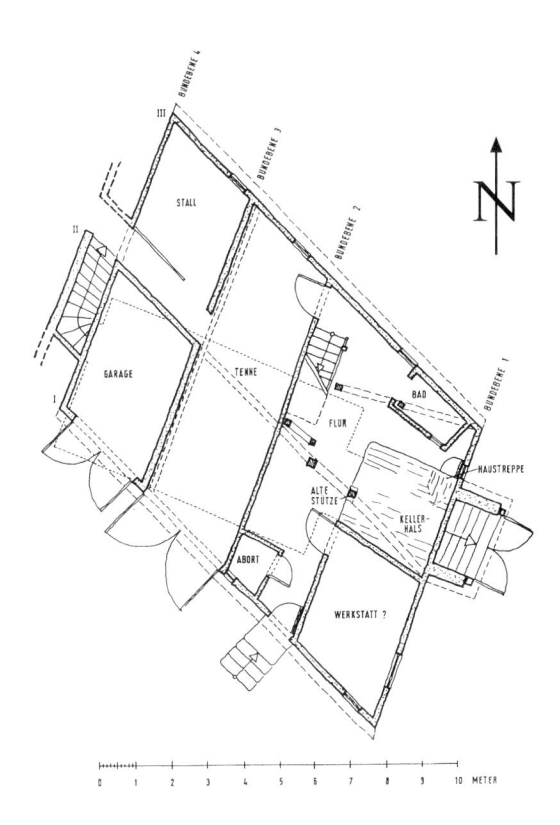

um 1600 (g) Beuren, Kelterstraße 9, Krohmerhaus; oben: Grundriss erstes Obergeschoss (links) und Erdgeschoss-Grundriss (rechts), unten: Ansicht

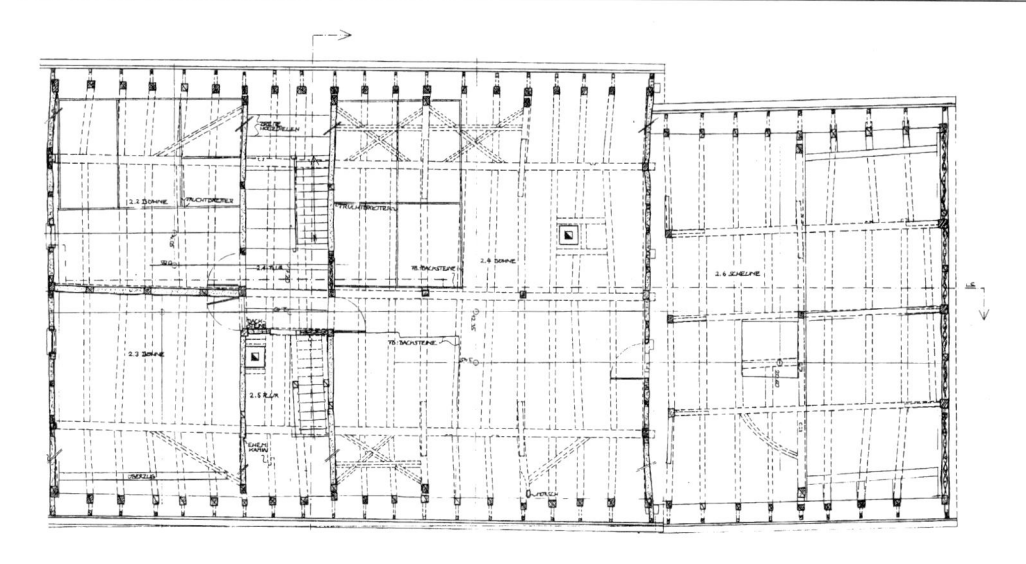

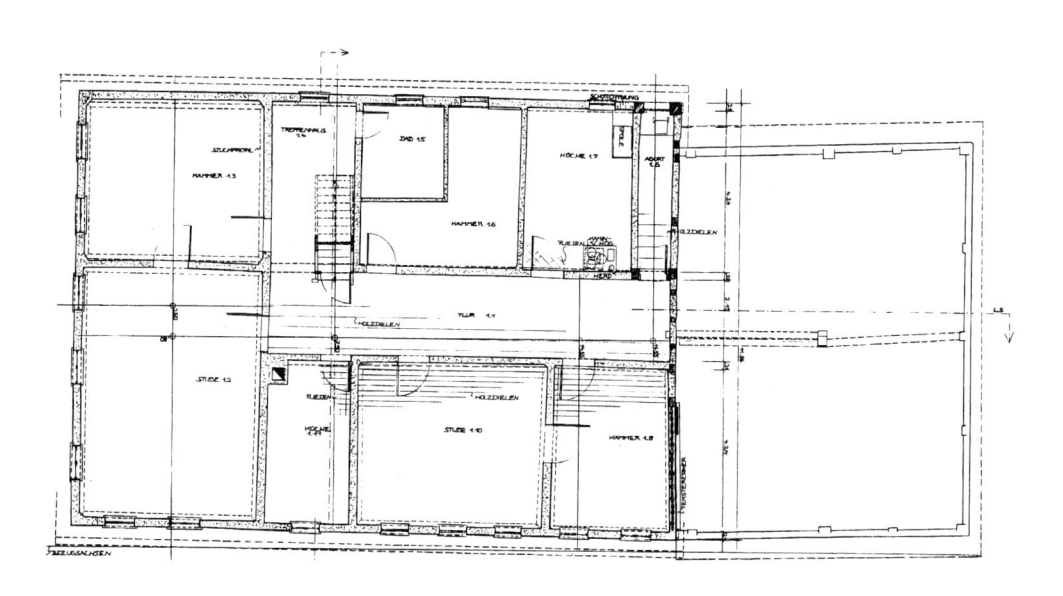

Anfang 17. Jh. (g) Bissingen an der Teck, Vordere Straße 30; oben: Dachgeschoss-Grundriss, Mitte: Grundriss erstes Obergeschoss, unten: Erdgeschoss-Grundriss

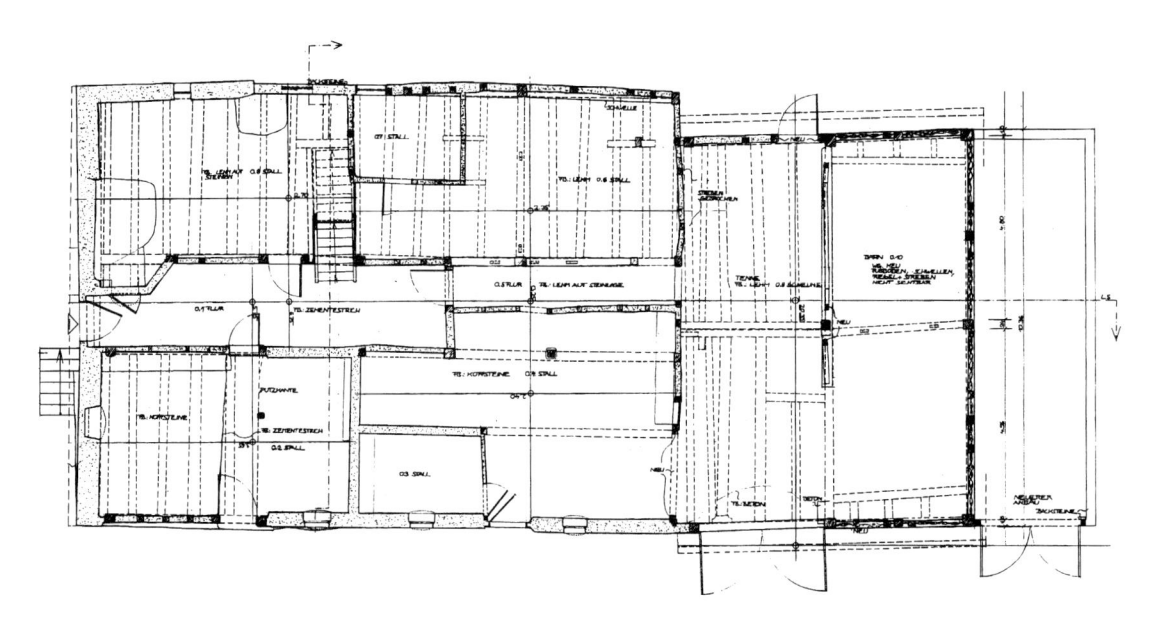

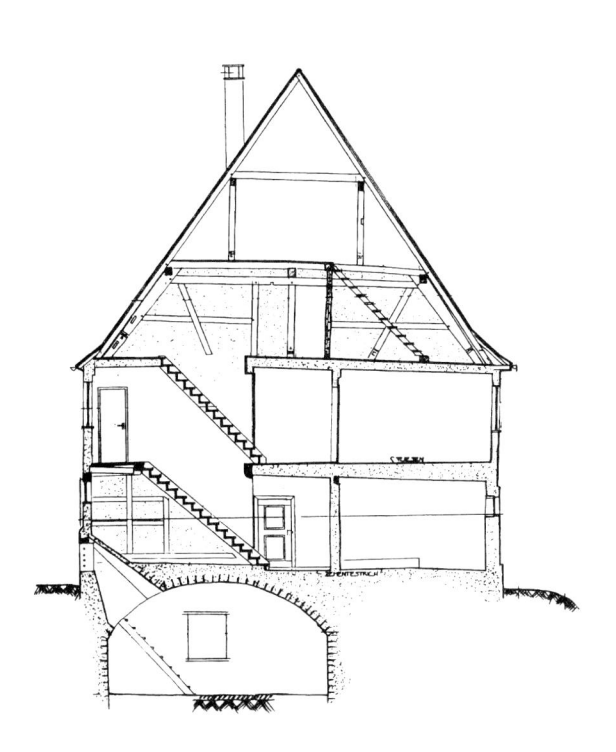

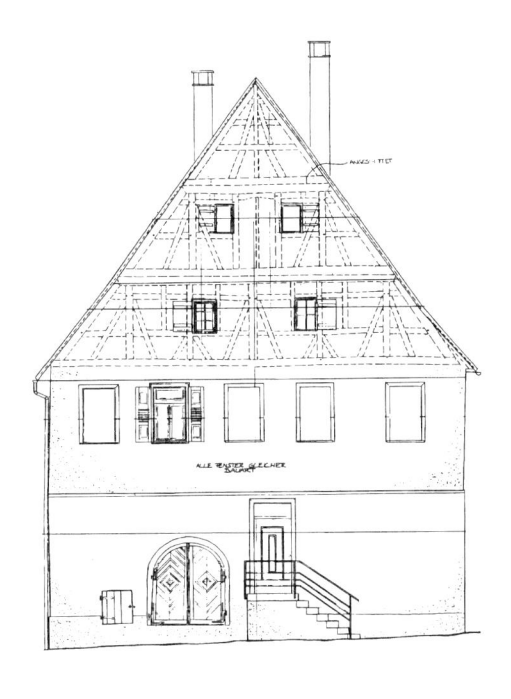

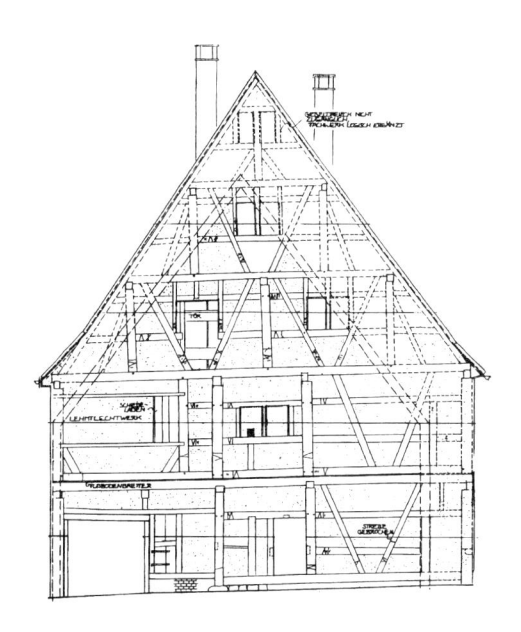

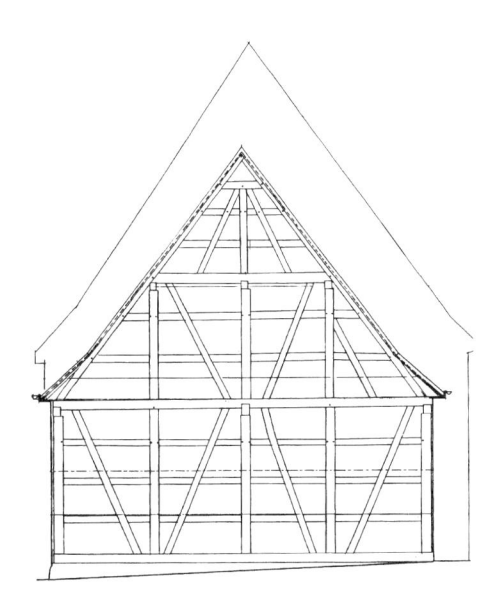

Anfang 17. Jh. (g) Bissingen an der Teck, Vordere Straße 30; oben: Querschnitt und Schaugiebelansicht, unten: rückwärtige Giebelansicht und Giebelansicht der Scheune

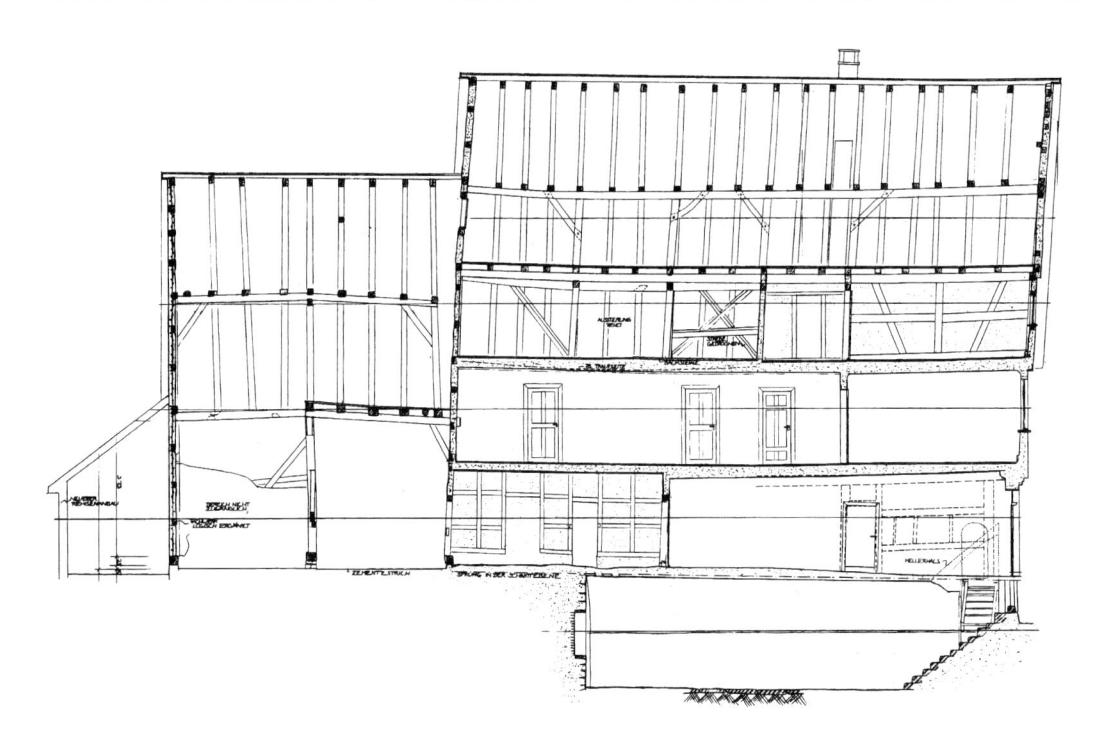

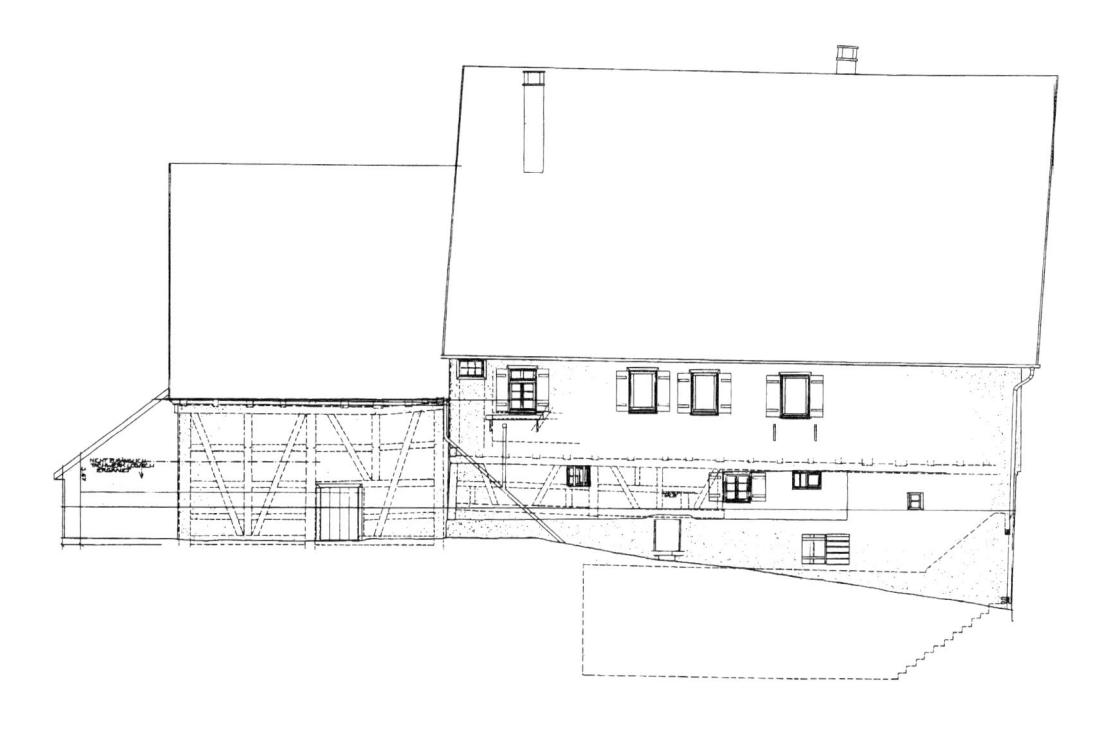

Anfang 17. Jh. (g) Bissingen an der Teck, Vordere Straße 30; oben: Längsschnitt, unten: rückwärtige Traufansicht

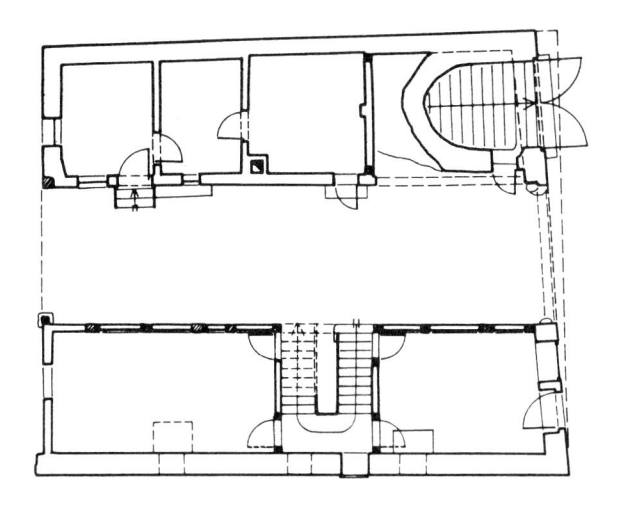

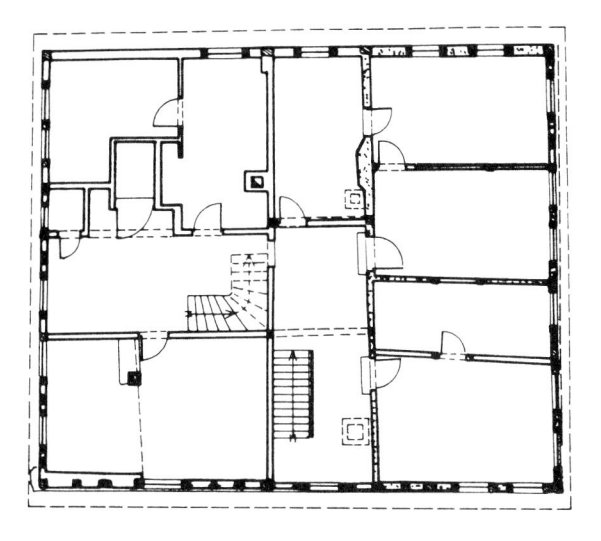

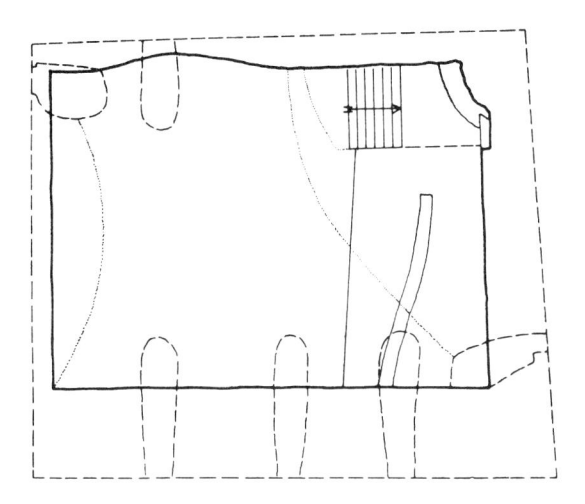

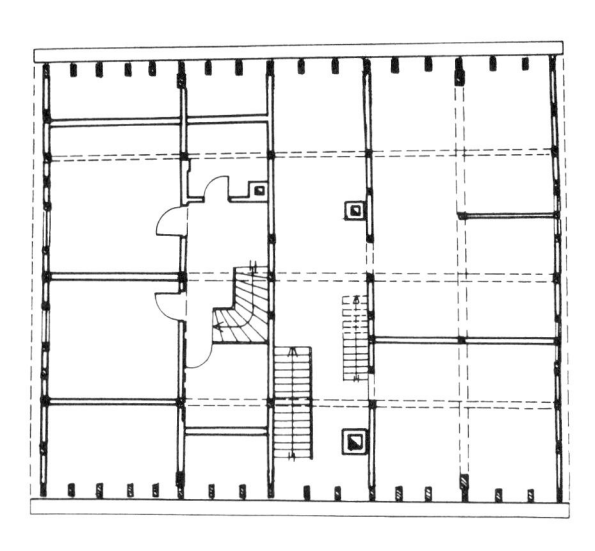

1609 (i) Kirchberg an der Murr, Alte Straße 17;
oben: Erdgeschoss-Grundriss und Grundriss erstes Obergeschoss,
unten: Grundrisse Keller und erstes Dachgeschoss
(Umzeichnung nach Büro Takach, Stuttgart)

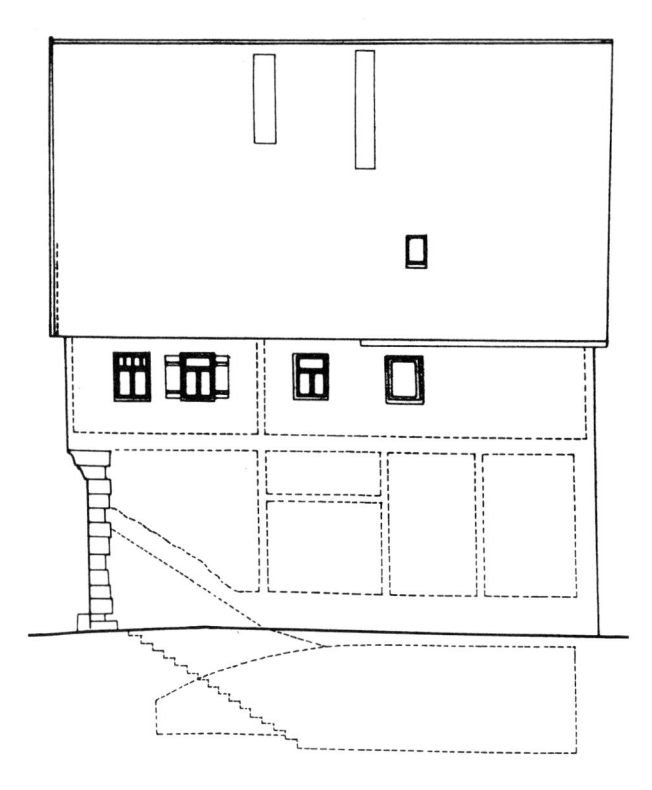

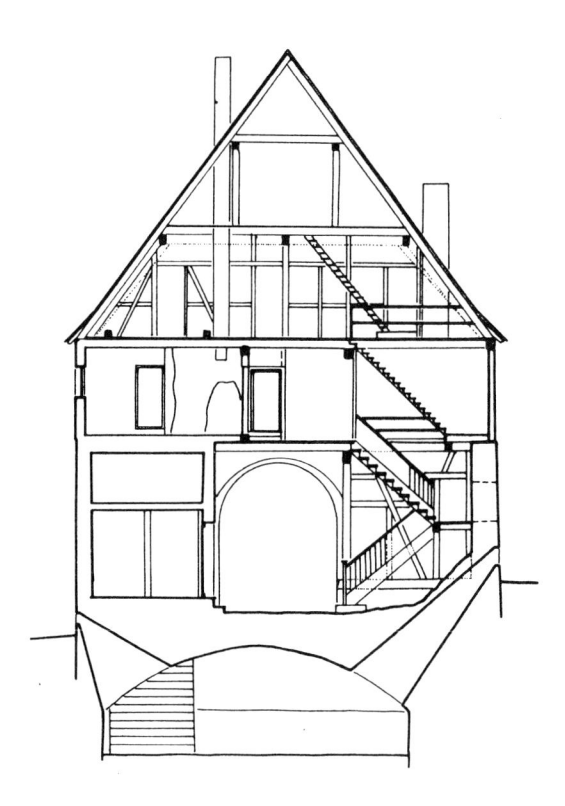

1609 (i) Kirchberg an der Murr, Alte Straße 17; oben: Giebel- und Traufansicht, unten: Querschnitt (Umzeichnung nach Büro Takach, Stuttgart)

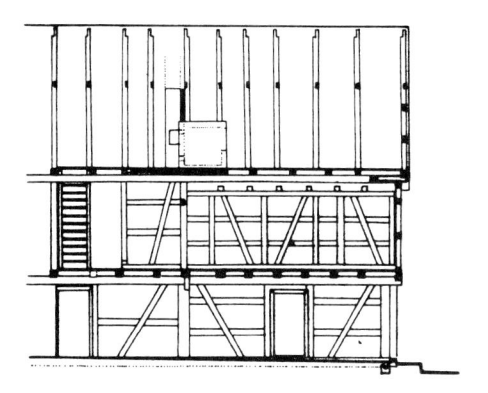

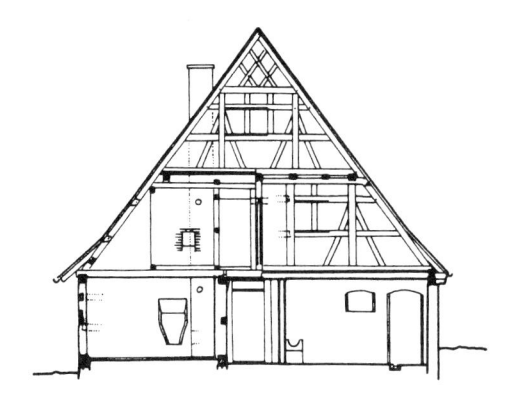

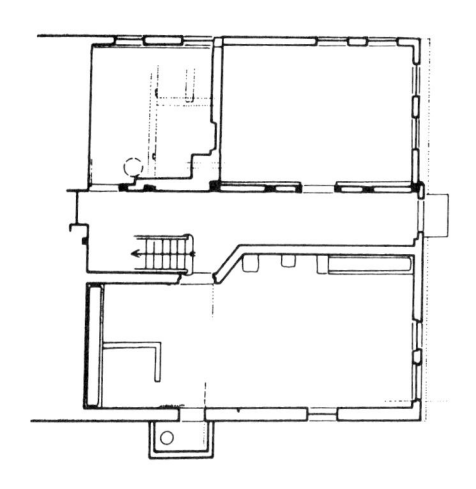

1612/13 (d) Gruibingen, Amtgasse 15; oben: Längs- und Querschnitt, unten: Erdgeschoss-Grundriss (Umzeichnung nach Burghard Lohrum, Ettenheimmünster)

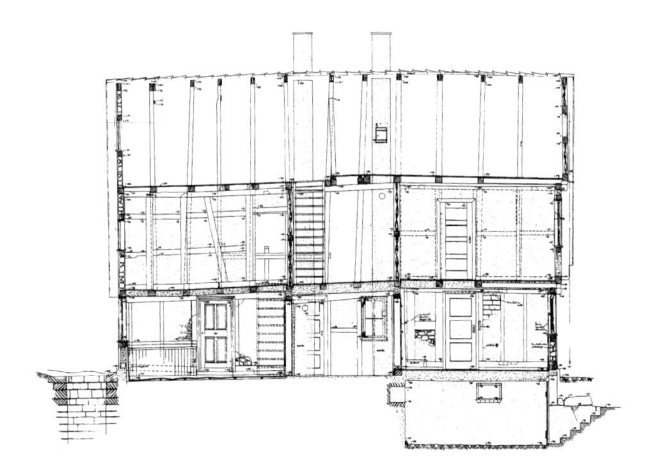

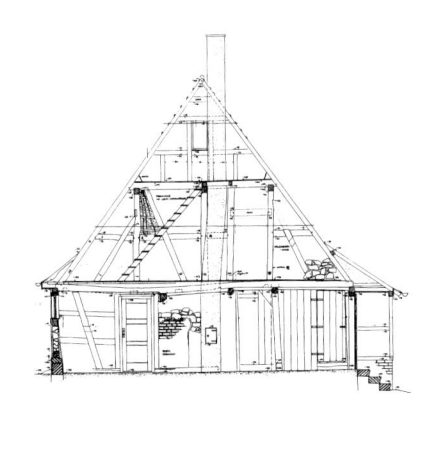

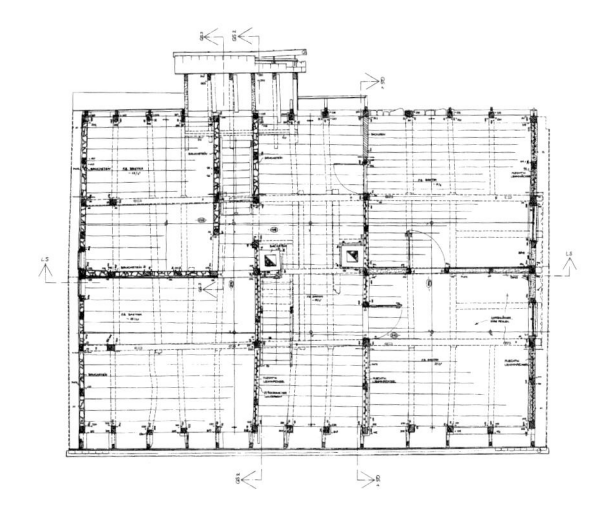

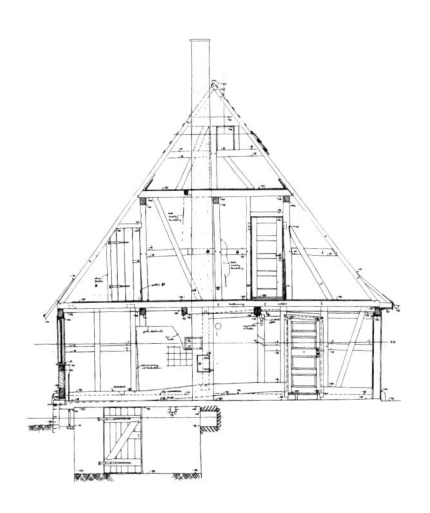

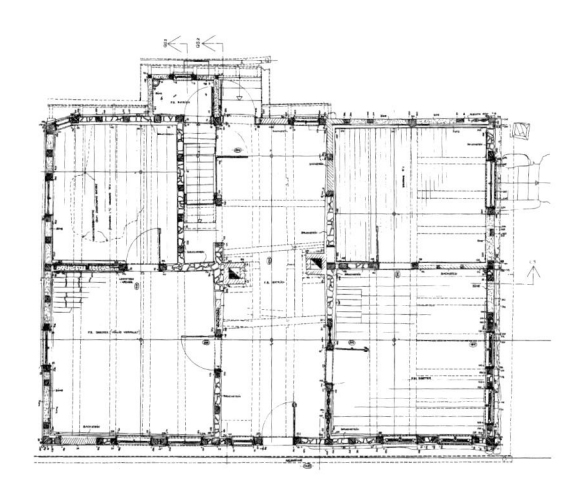

1668–71 (d) Echterdingen, Waldhornstraße 10; oben: Längsschnitt und Querschnitt Küchenfach, Mitte: Grundriss erstes Dachgeschoss und Querschnitt durch das Stubenfach, unten: Erdgeschoss-Grundriss

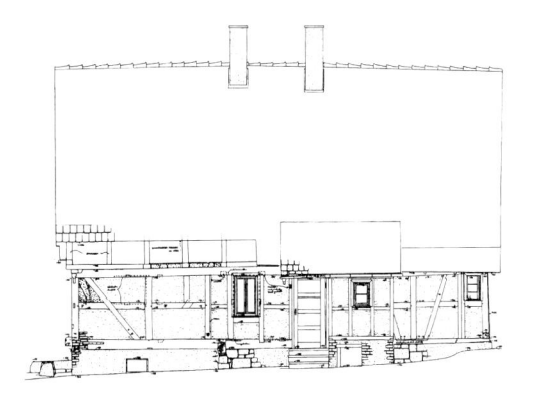

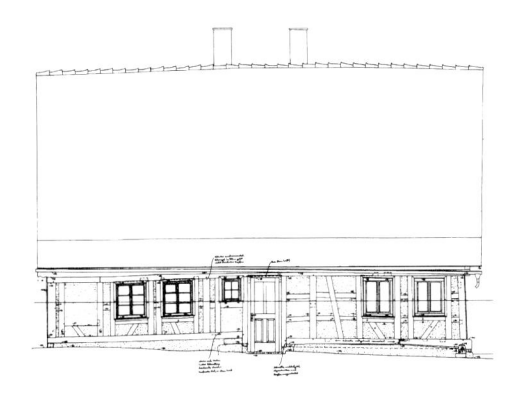

1668–71 (d)   Echterdingen, Waldhornstraße 10; Ansichten

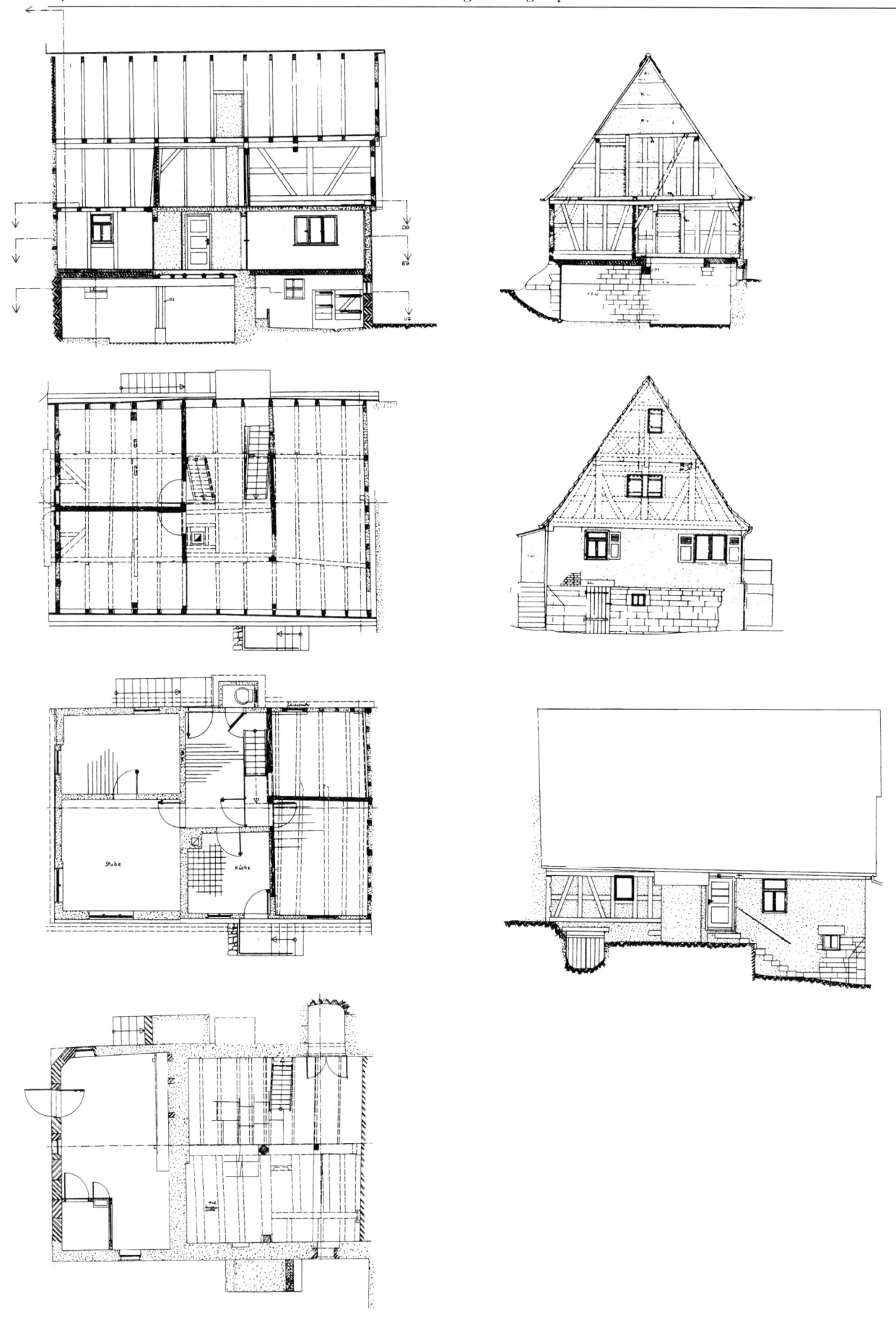

1673–77 (d) Stetten, Mühlstraße 4/1; oben Längs- und Querschnitt; 2. Reihe: Dachgeschoss-Grundriss und Schaugiebel, 3. Reihe: Erdgeschoss-Grundriss und Traufansicht, unten: Untergeschoss-Grundriss

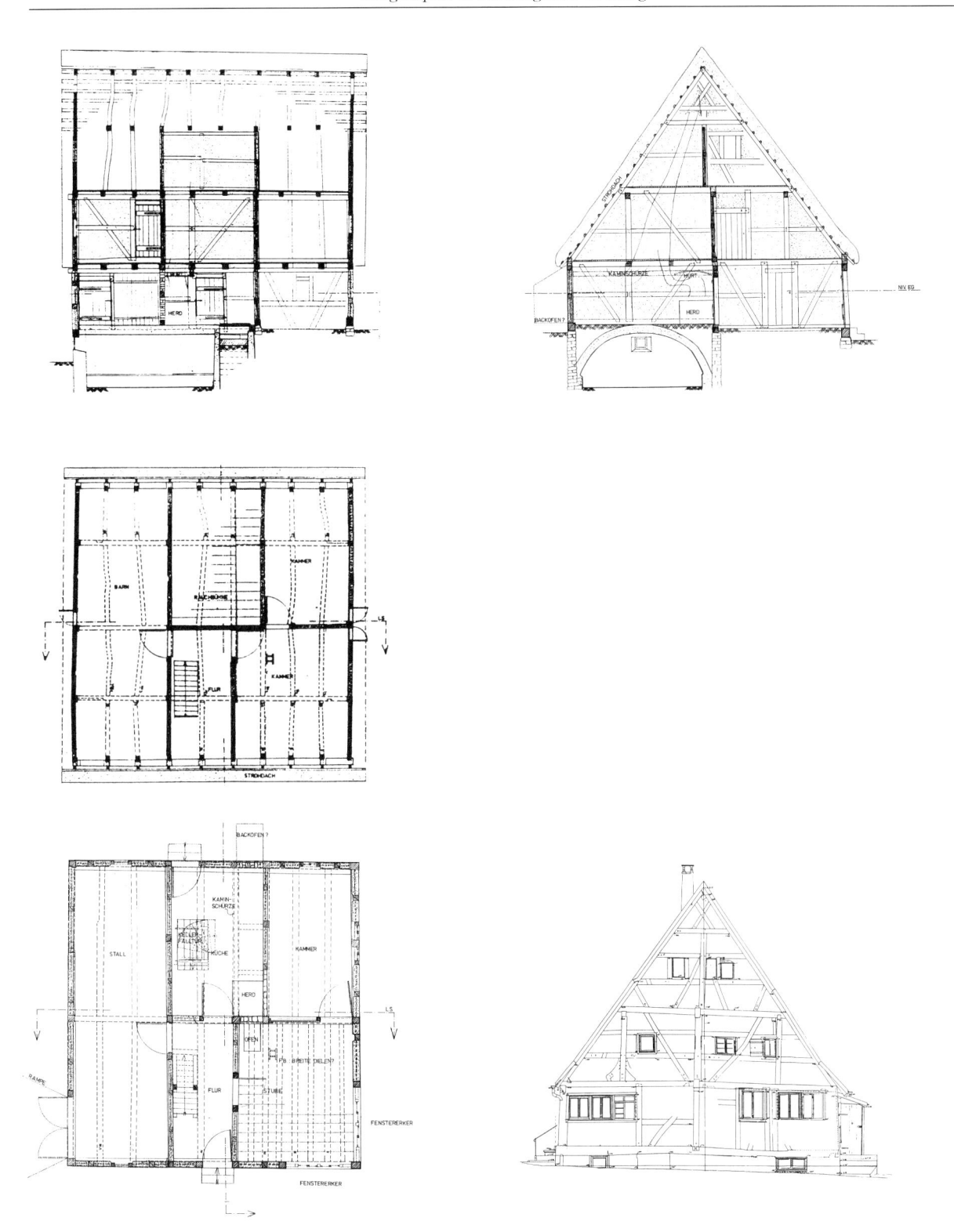

1677 (d) Laichingen, Mohrengasse 53, Rekonstruktion des ersten Bauzustandes;
oben: Längs- und Querschnitt, Mitte: Dachgeschoss-Grundriss, unten: Erdgeschoss-Grundriss, Ansicht
(Bestand aus: HÄUSER FÜR DAS MUSEUM, Arbeitsgemeinschaft der regionalen Freilichtmuseen Baden-Württemberg)

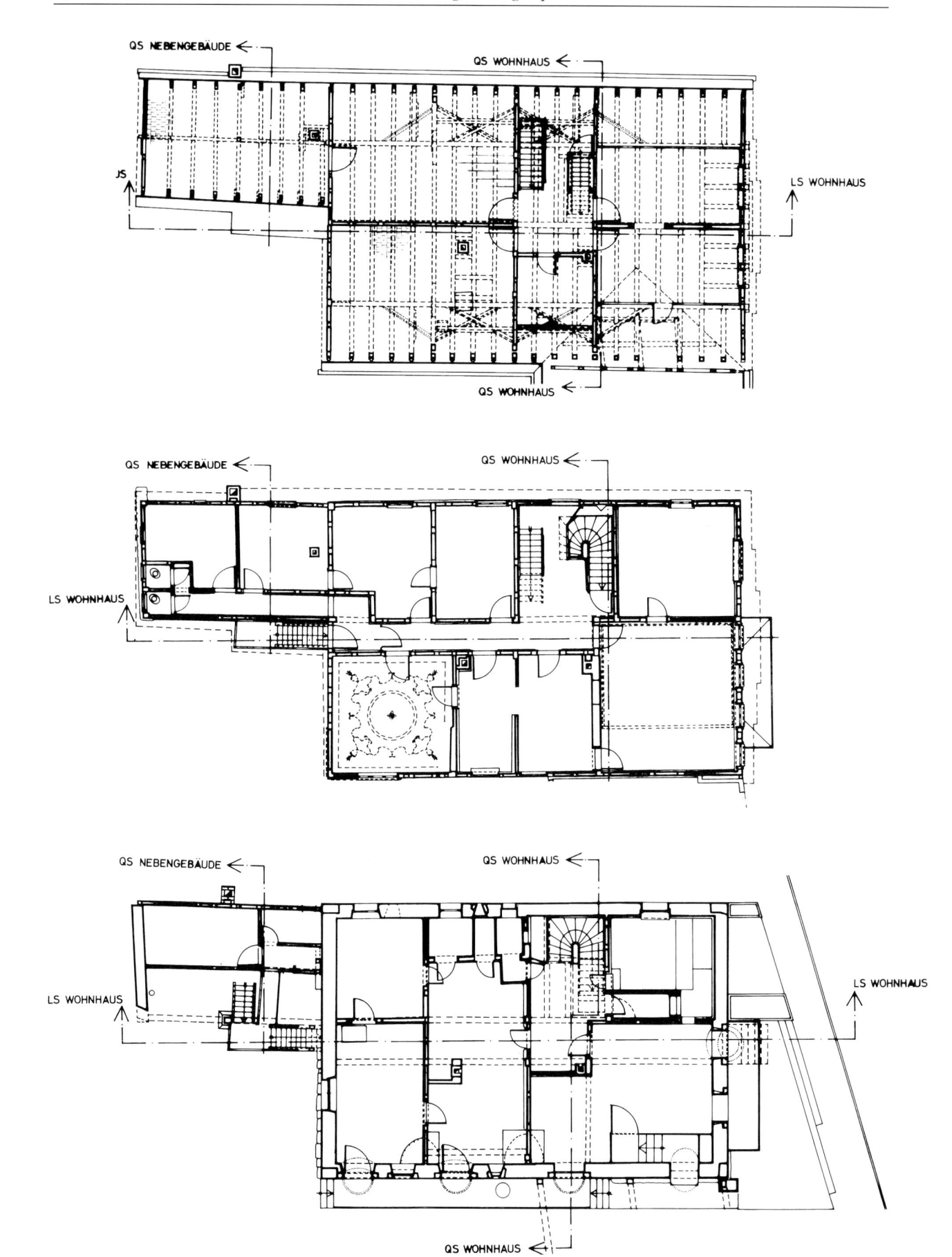

1715 (i) Bietigheim-Bissingen, Ludwigsburger Straße 22, Wohnhaus;
oben: Dachgeschoss-Grundriss, Mitte: Obergeschoss-Grundriss, unten: Erdgeschoss-Grundriss

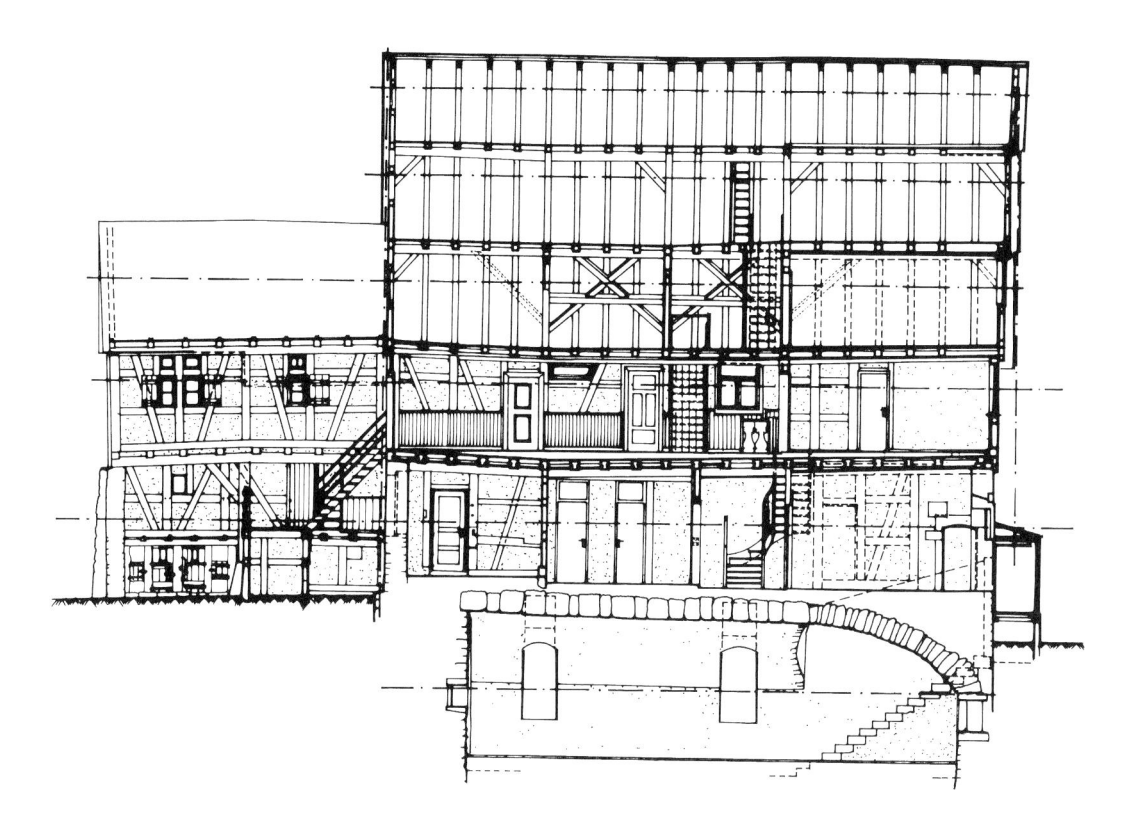

1715 (i)   Bietigheim-Bissingen, Ludwigsburger Straße 22, Wohnhaus;
   oben: Längsschnitt, unten: hofseitige Traufansicht mit Schnitt durch das Torhaus

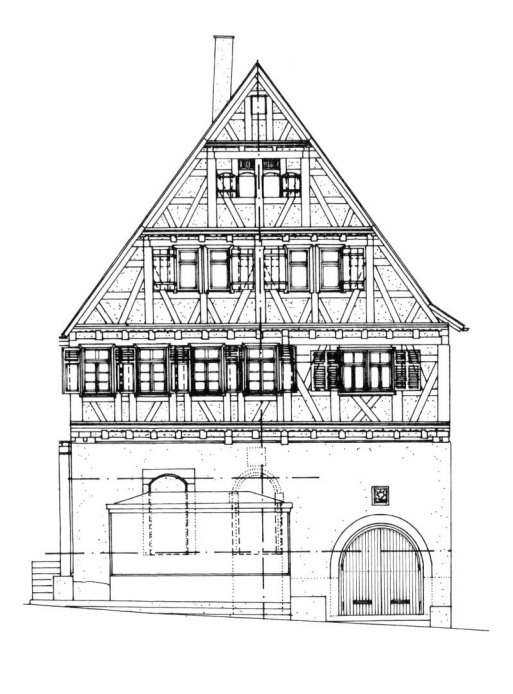

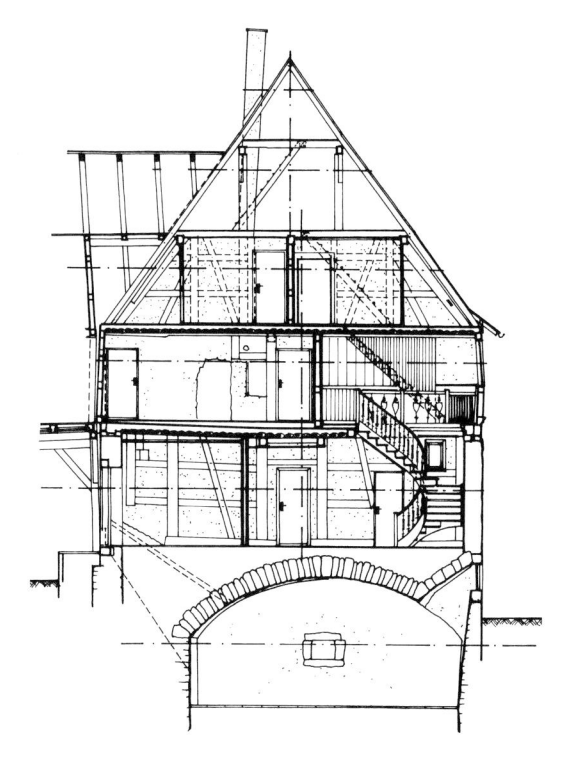

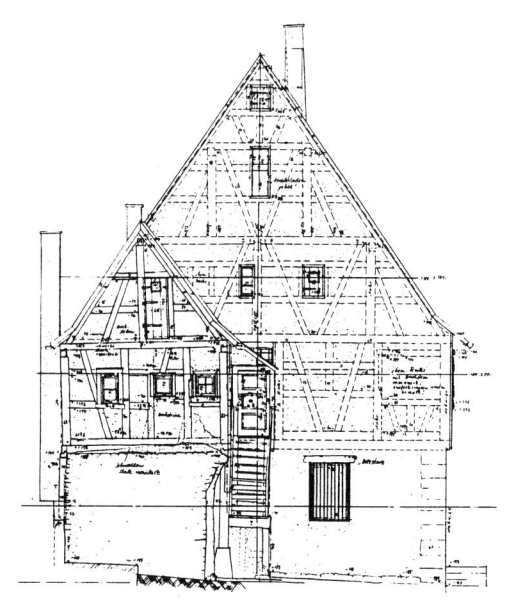

1715 (i) Bietigheim-Bissingen, Ludwigsburger Straße 22, Wohnhaus;
oben: Schaugiebel und Querschnitt, unten: rückwärtige Giebelansicht

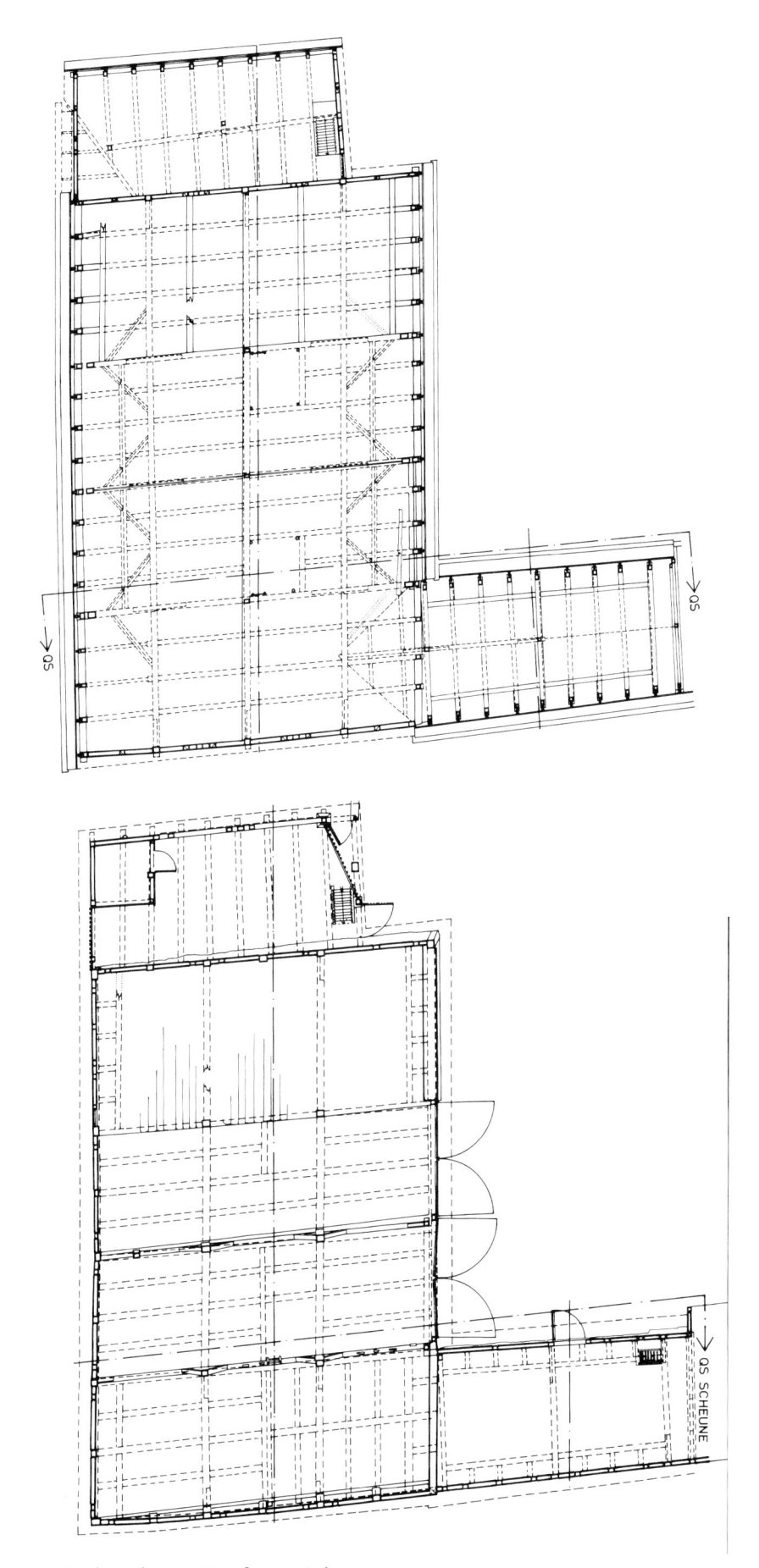

1715 (i) Bietigheim-Bissingen, Ludwigsburger Straße 22, Scheune;
oben: Dachgeschoss-Grundriss, unten: Erdgeschoss-Grundriss

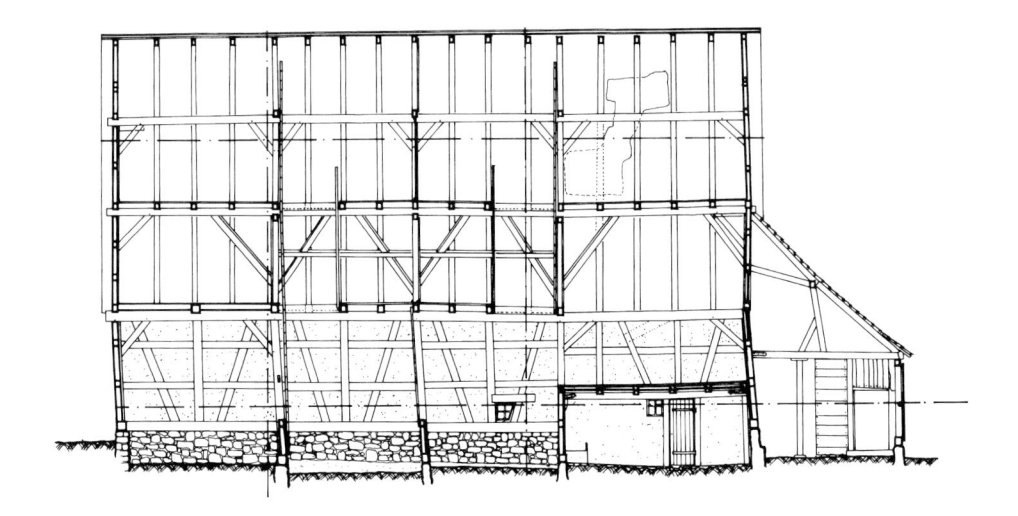

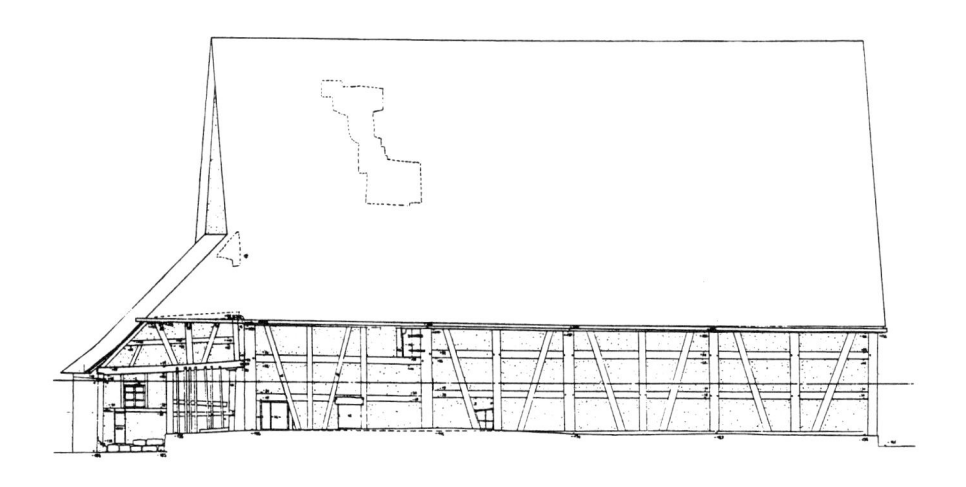

1715 (i) Bietigheim-Bissingen, Ludwigsburger Straße 22, Scheune;
oben: Längsschnitt, unten: rückwärtige Traufansicht

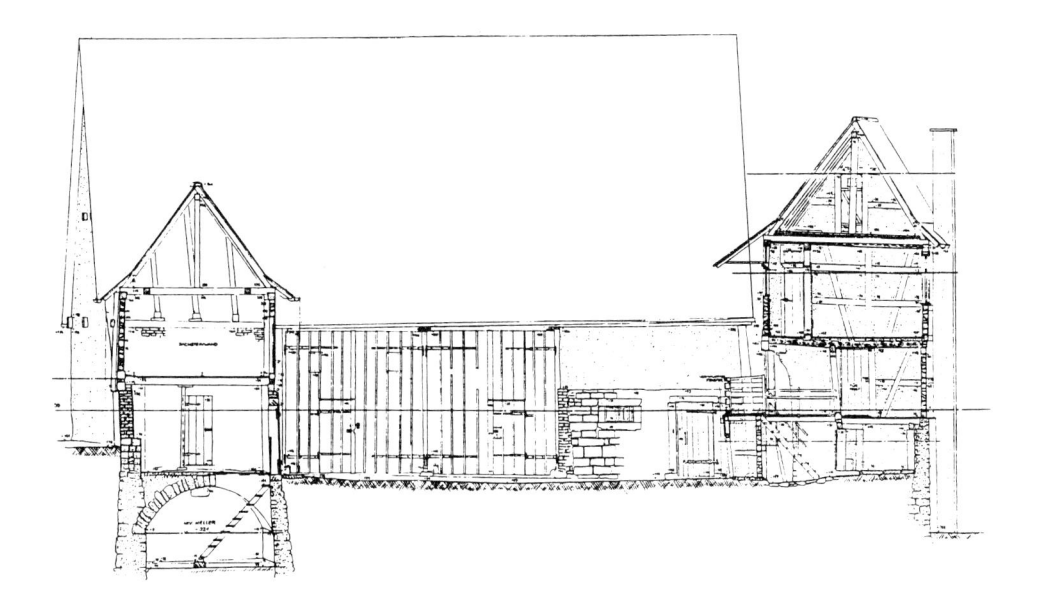

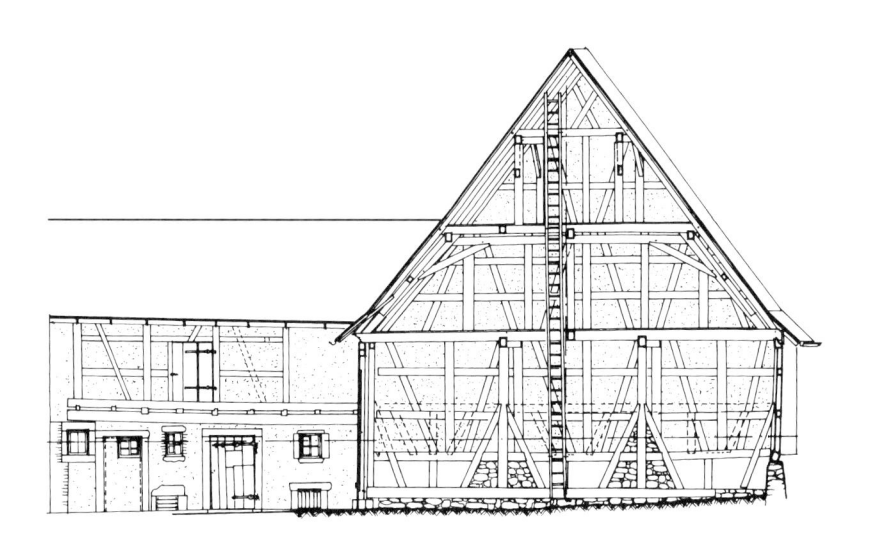

1715 (i) Bietigheim-Bissingen, Ludwigsburger Straße 22, Scheune;
oben: hofseitige Traufansicht, unten: Querschnitt

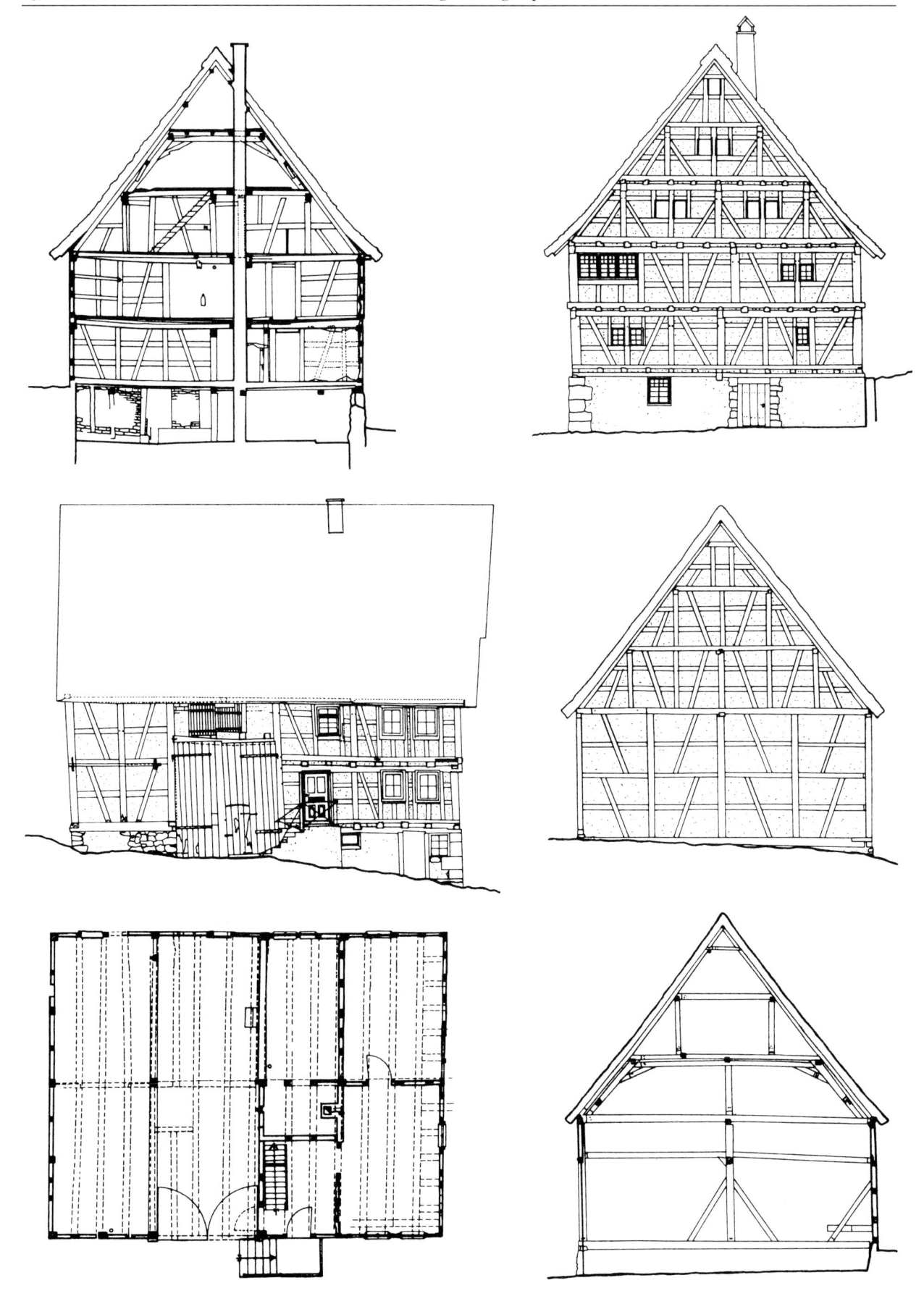

1715 (d) Heimerdingen, Schafhof 6; oben: Querschnitt durch den Wohnteil und Schaugiebelansicht, Mitte: hofseitige Traufansicht und Rückgiebel, unten: Erdgeschoss-Grundriss und Querschnitt durch die Scheune (Umzeichnung nach Michael Hermann, Heimerdingen)

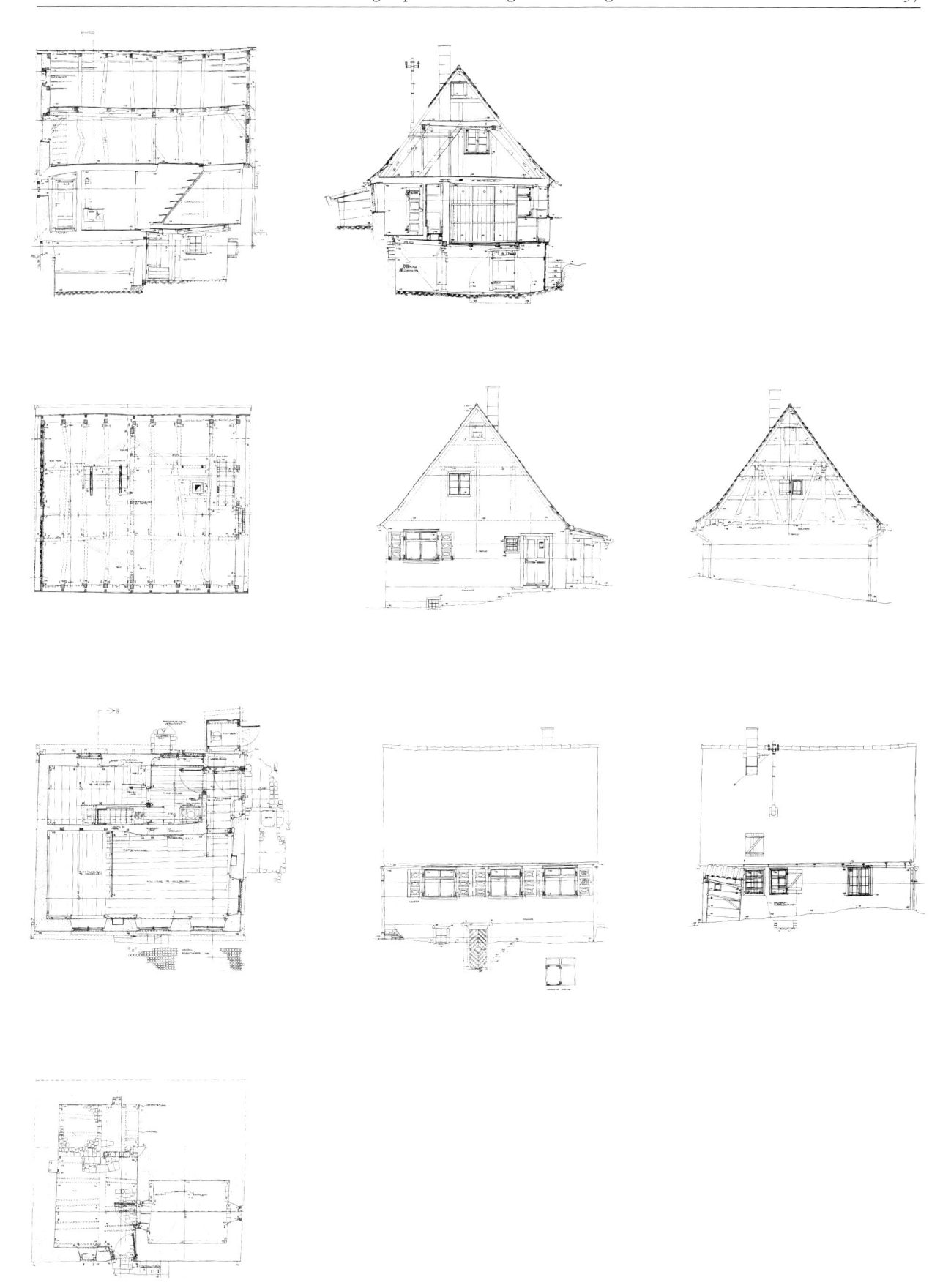

1733/34 (d) Weidenstetten, Geislinger Straße 42, oben: Längs- und Querschnitt,
    2. Reihe: Dachgeschoss-Grundriss und Giebelansichten,
    3. Reihe: Erdgeschoss-Grundriss und Traufansichten, unten: Untergeschoss-Grundriss

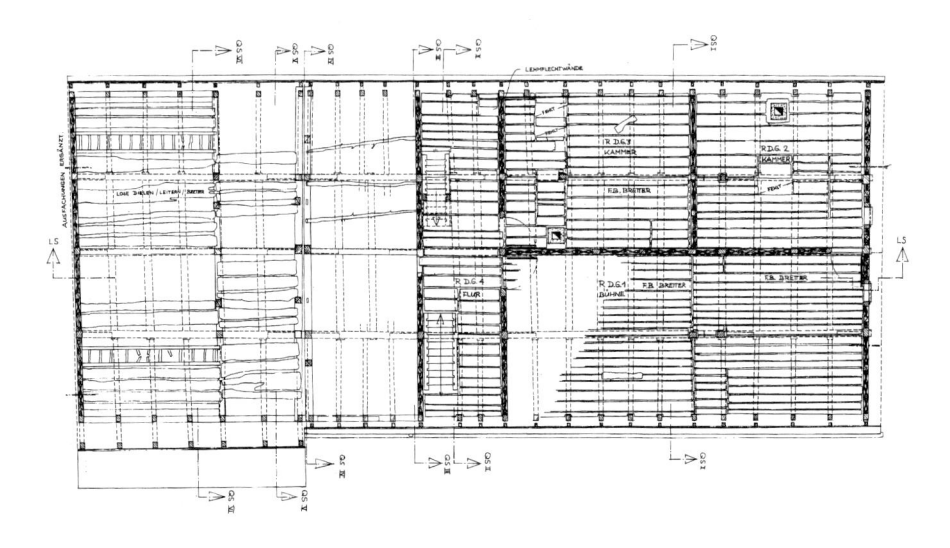

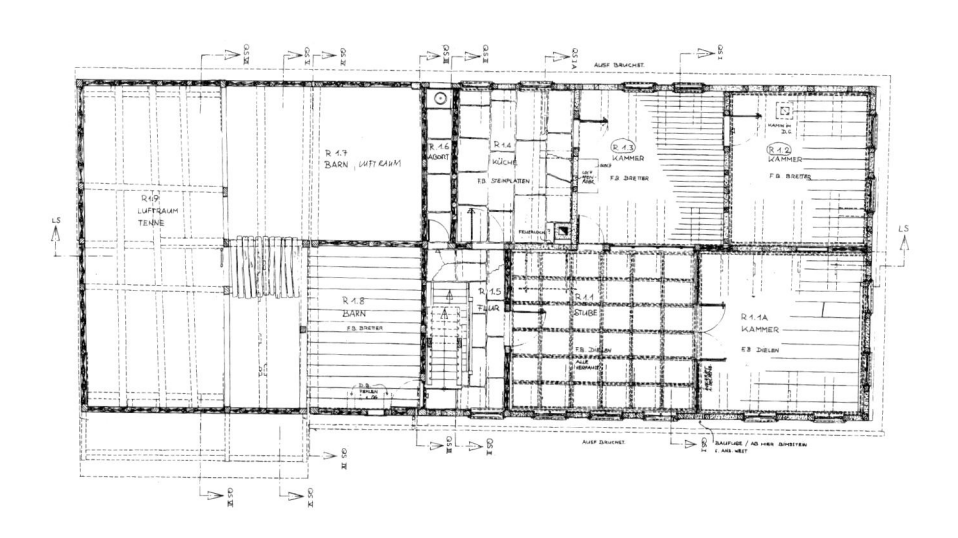

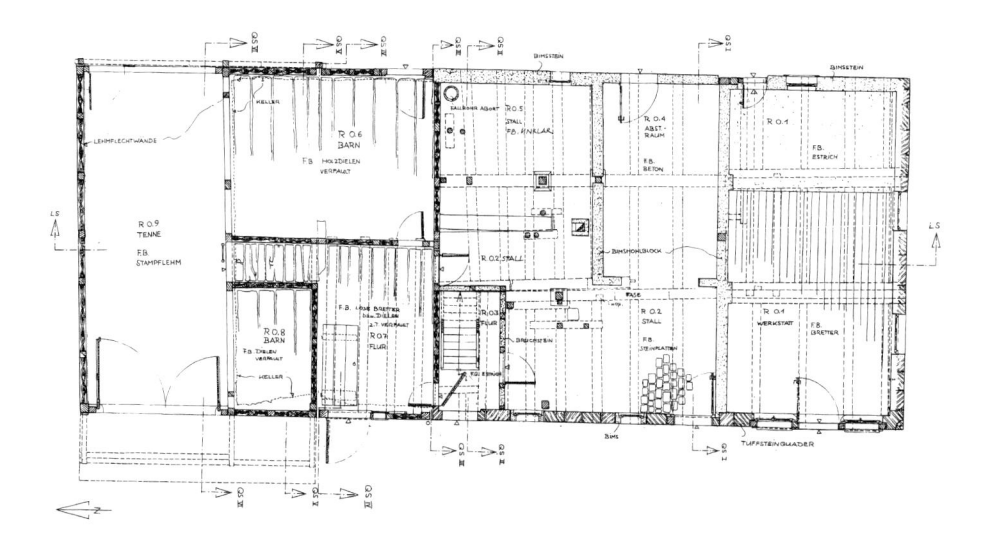

1763 (d) Ohmenhausen, Auf der Lind 3;
oben: Dachgeschoss-Grundriss, Mitte: Obergeschoss-Grundriss, unten: Erdgeschoss-Grundriss

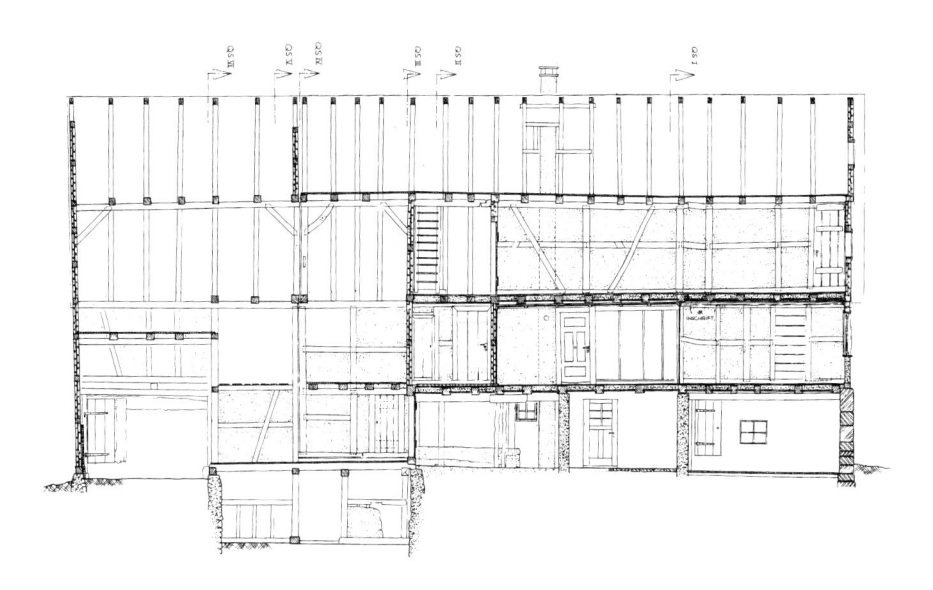

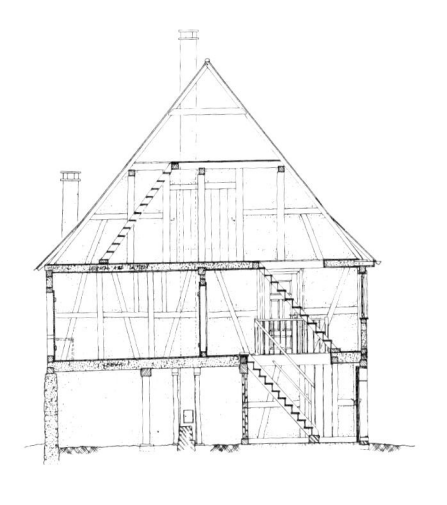

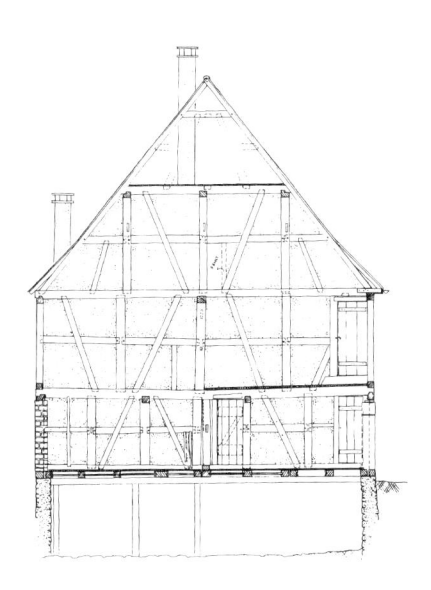

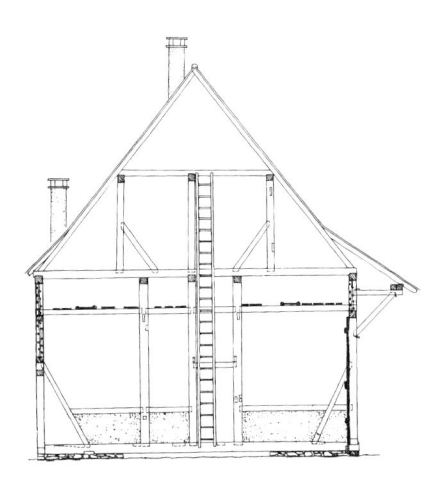

1763 (d) Ohmenhausen, Auf der Lind 3; oben: Längsschnitt, Mitte: Querschnitt durch den Wohnteil und durch die Scheune (mit Keller), unten: Querschnitt durch die Scheune

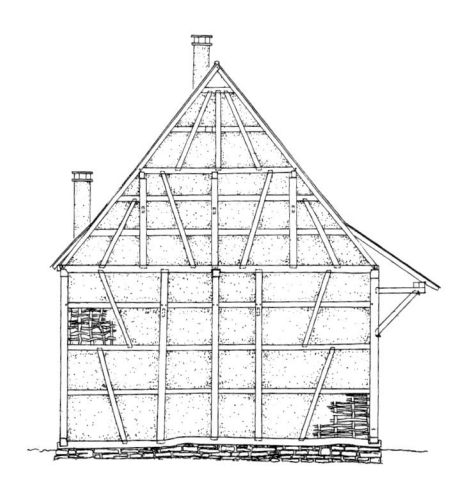

1763 (d) Ohmenhausen, Auf der Lind 3, Ansichten

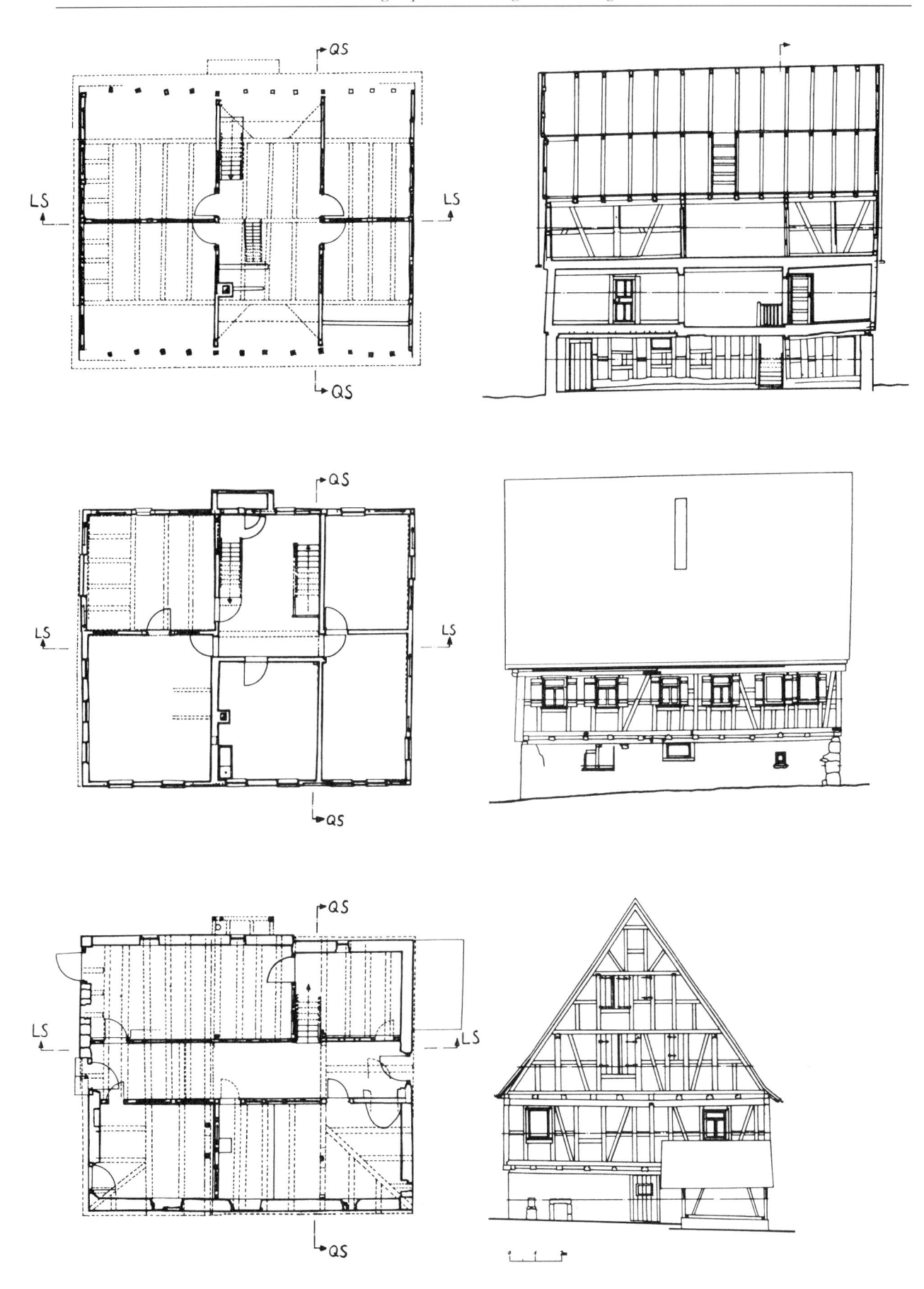

1764/65 (d) Thomashardt, Schlichtener Weg 1; oben: Dachgeschoss-Grundriss und Längsschnitt, Mitte: Obergeschoss-Grundriss und Traufansicht, unten: Erdgeschoss-Grundriss und Giebelansicht (Umzeichnung nach Burghard Lohrum, Ettenheimmünster)

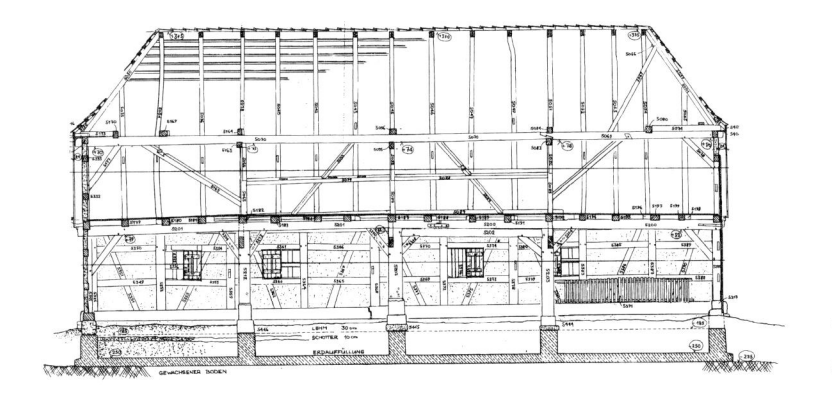

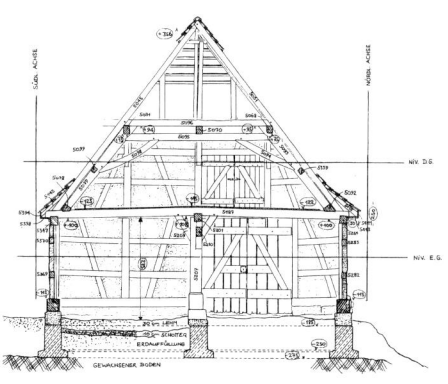

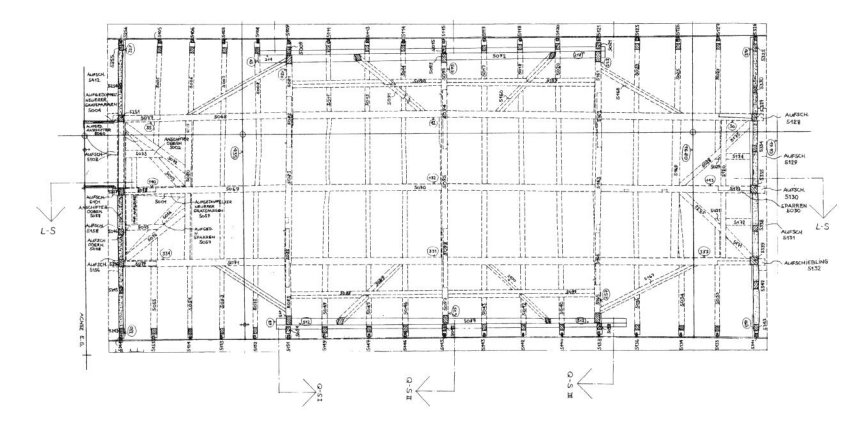

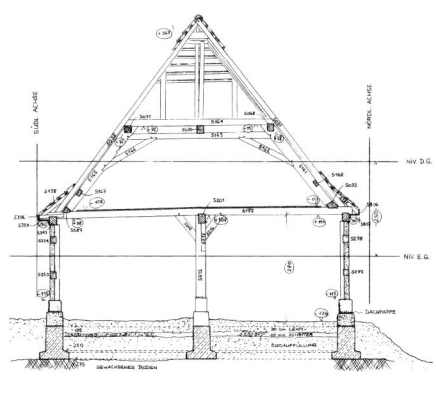

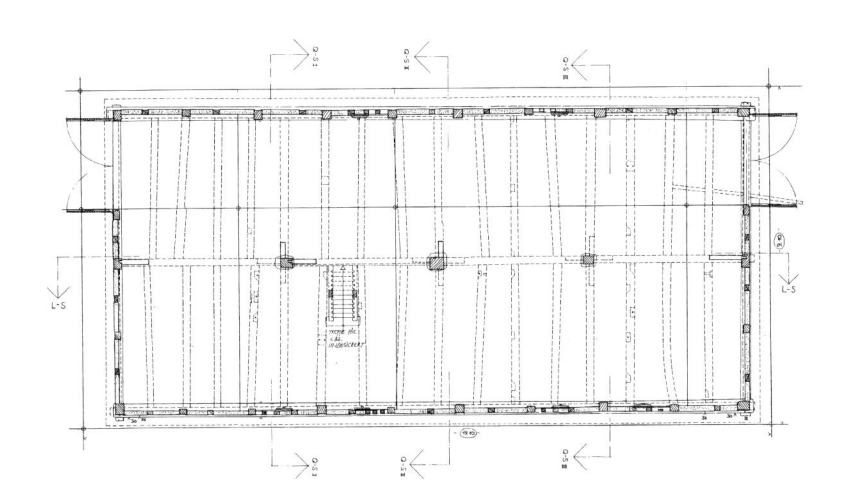

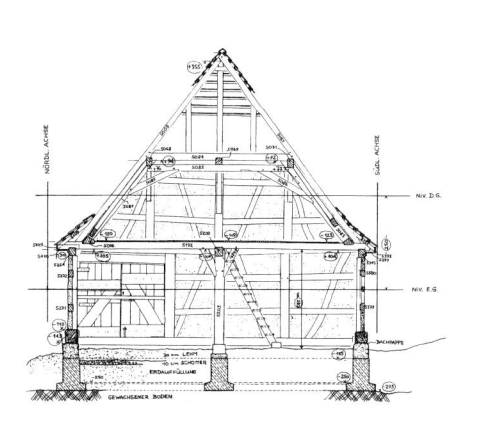

1764/65 (d) Schlaitdorf, Häslacher Straße 5, Rekonstruktion des ersten Bauzustandes;
oben: Längsschnitt und Querschnitt 1, Mitte: Dachgeschoss-Grundriss und Querschnitt 2,
unten: Erdgeschoss-Grundriss und Querschitt 3

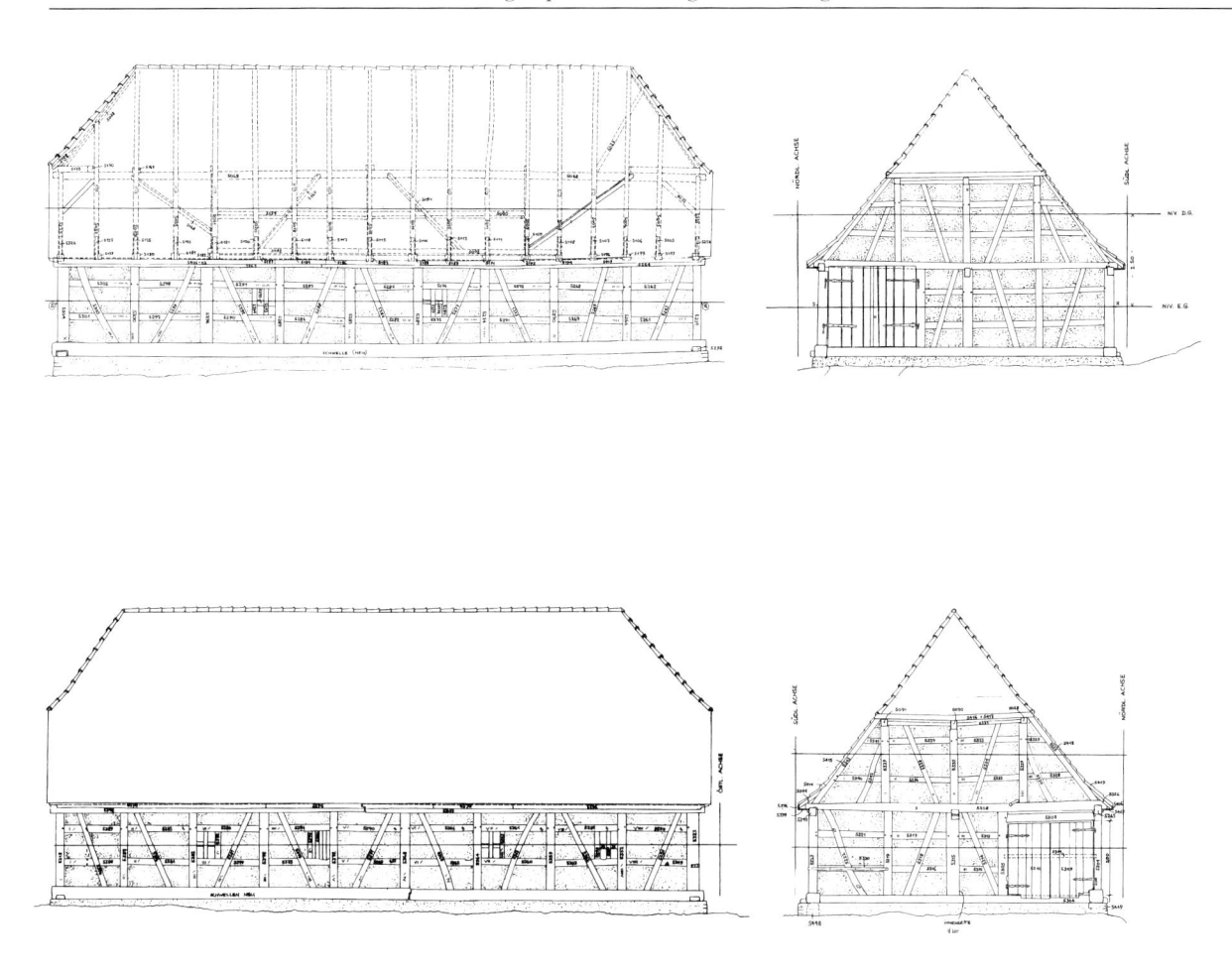

1764/65 (d)   Schlaitdorf, Häslacher Straße 5, Rekonstruktion des ersten Bauzustandes, Ansichten

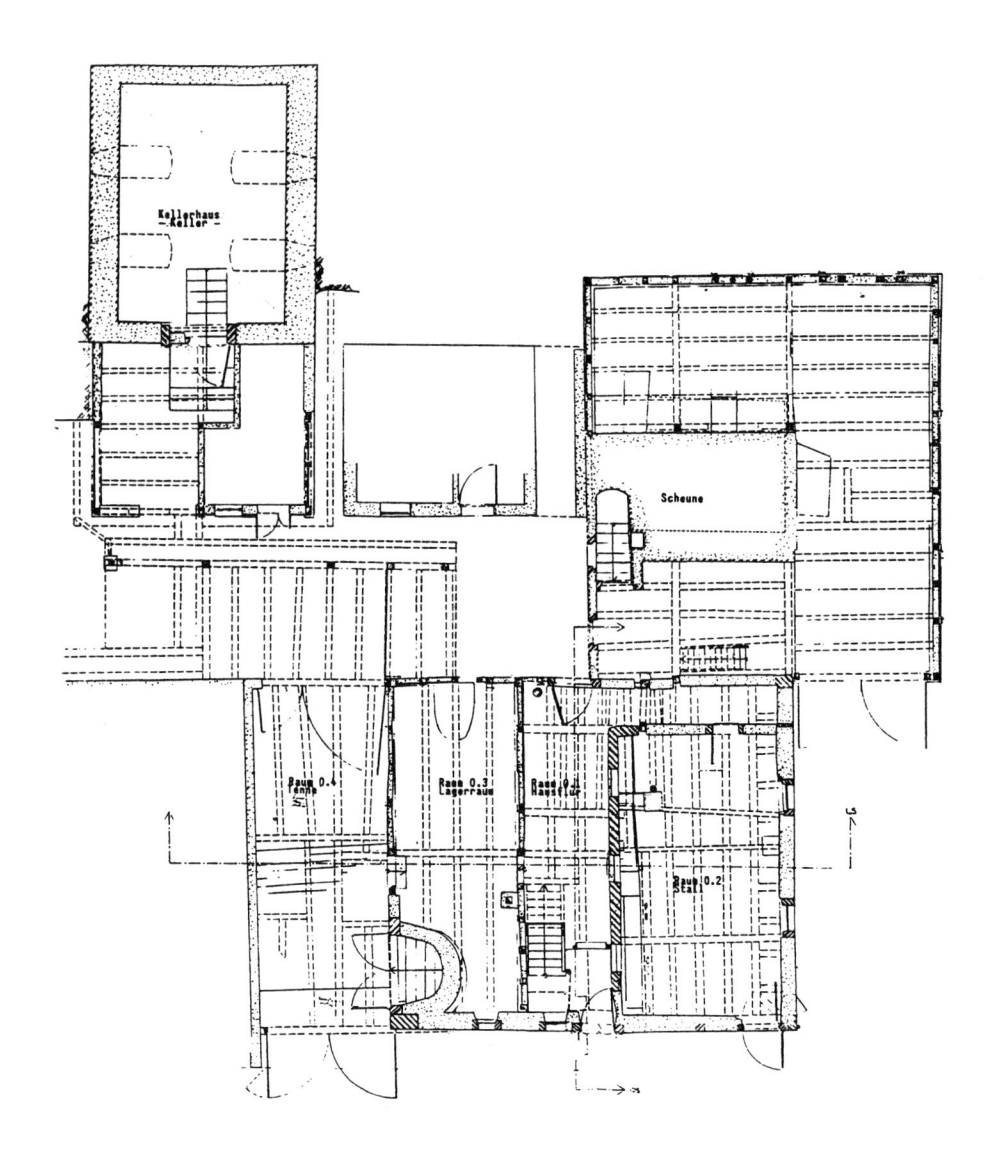

um 1775 (g)   Korb, Winnender Straße 26, Erdgeschoss-Grundriss

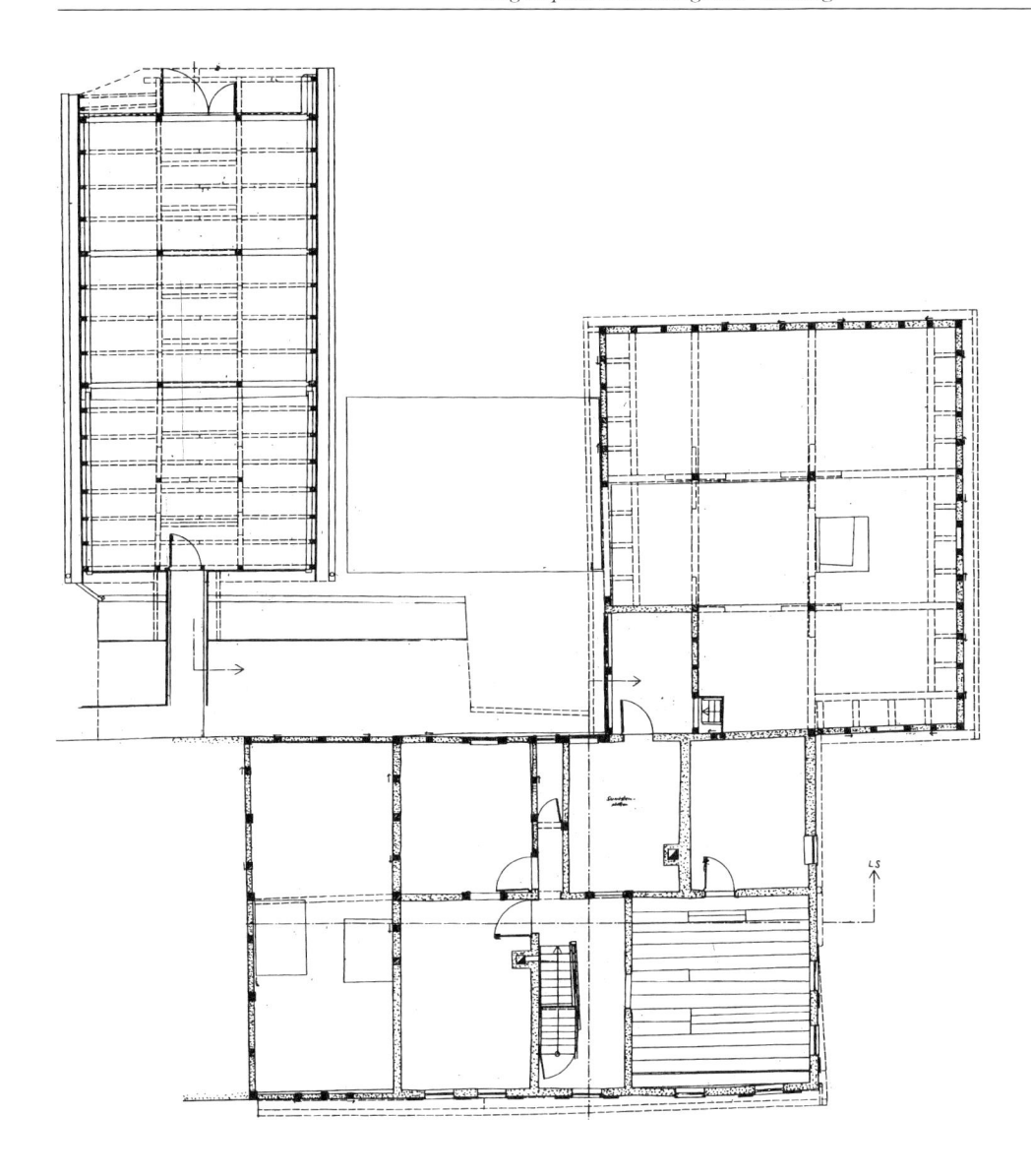

um 1775 (g)   Korb, Winnender Straße 26, Obergeschoss-Grundriss

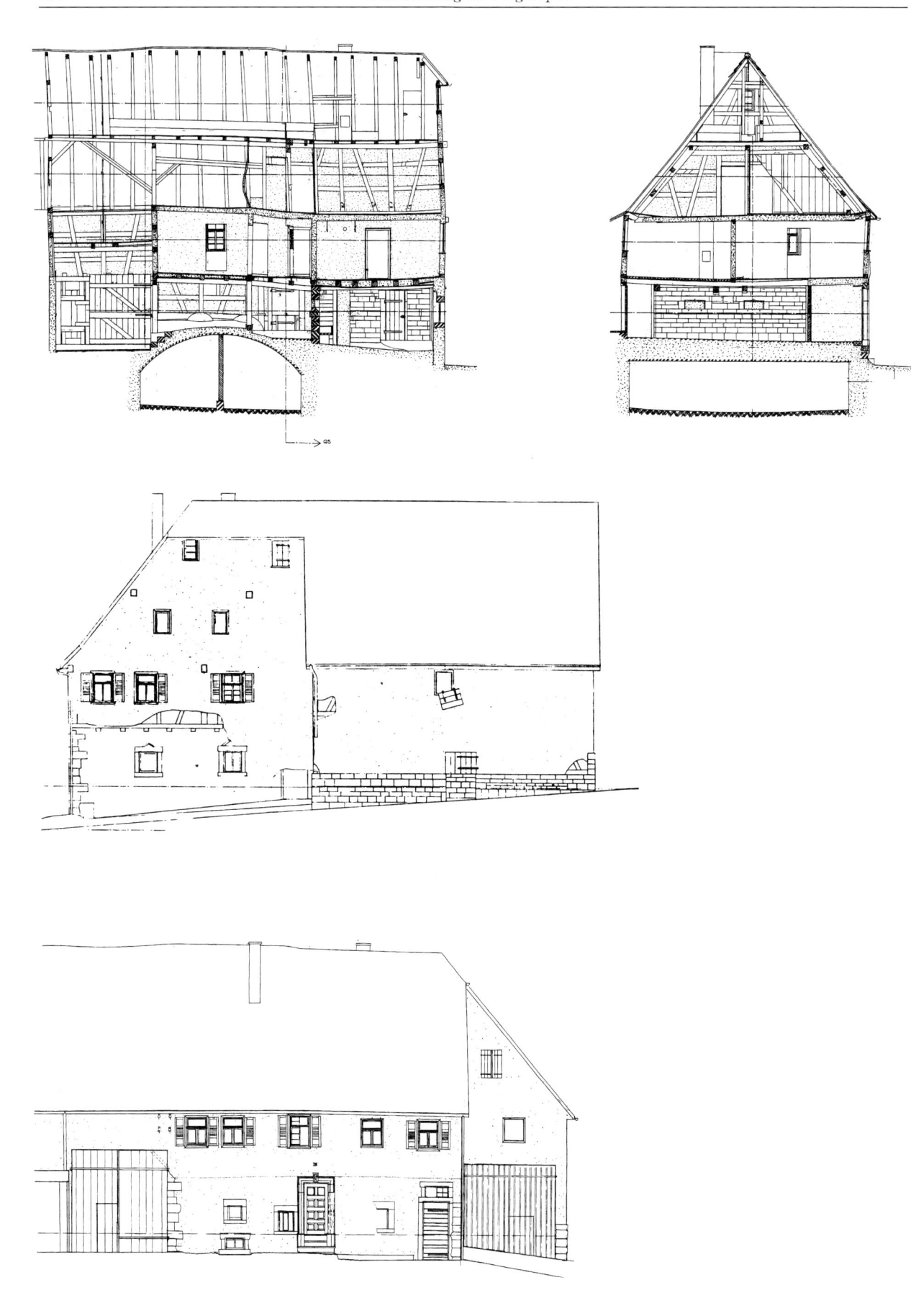

um 1775 (g) Korb, Winnender Straße 26; oben: Längs- und Querschnitt,
  Mitte: Giebelansicht des Wohnhauses, unten: straßenseitige Traufansicht des Wohnhauses

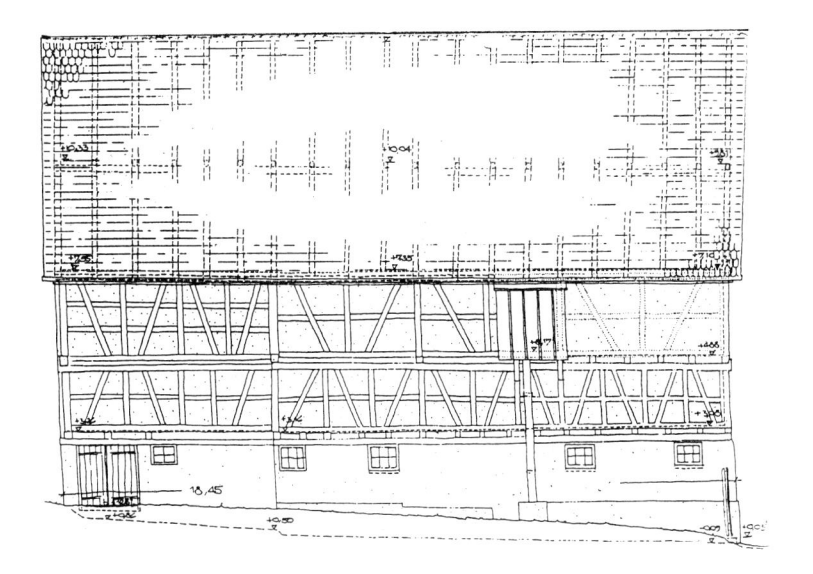

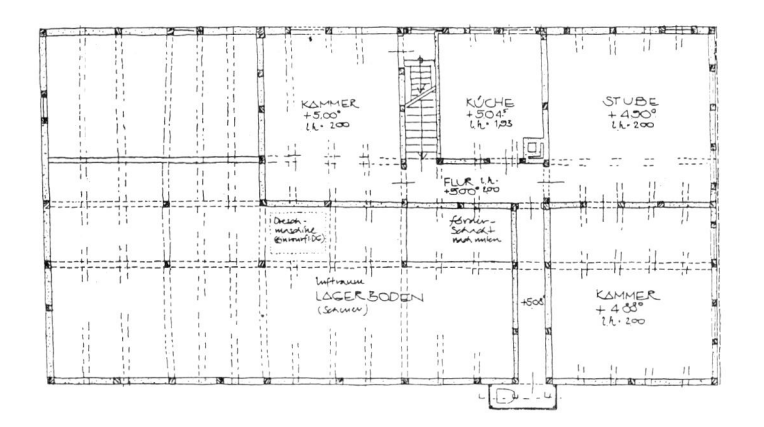

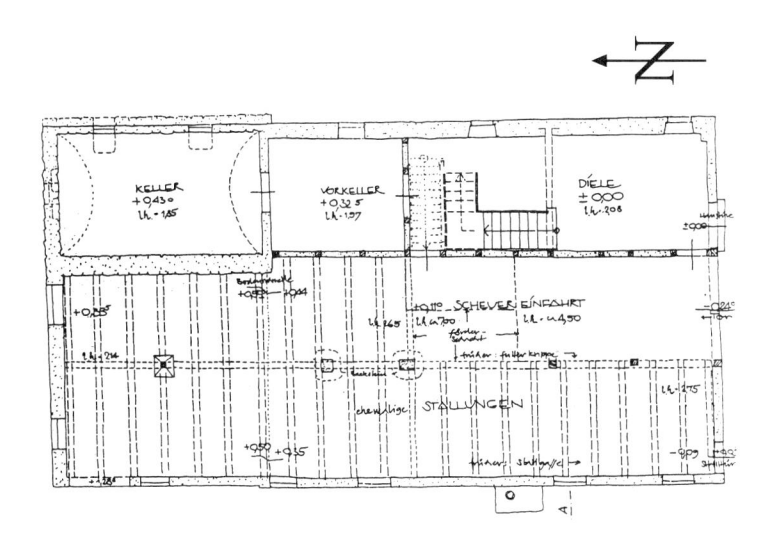

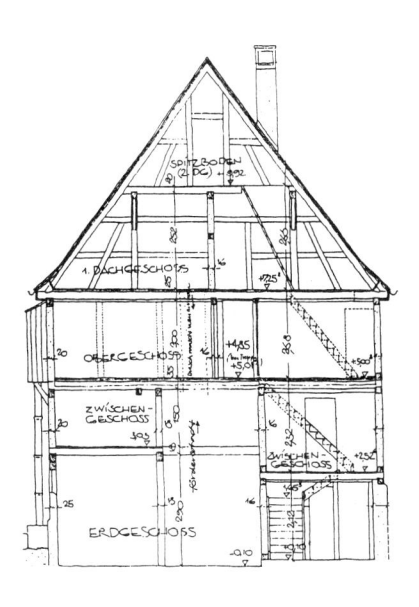

Ende 18. Jh. (g) Hattenhofen, Hauptstraße 32; oben: Trauf- und Giebelansicht, Mitte: Obergeschoss-Grundriss, unten: Erdgeschoss-Grundriss und Querschnitt (Umzeichnung nach Büro Graf, Göppingen)

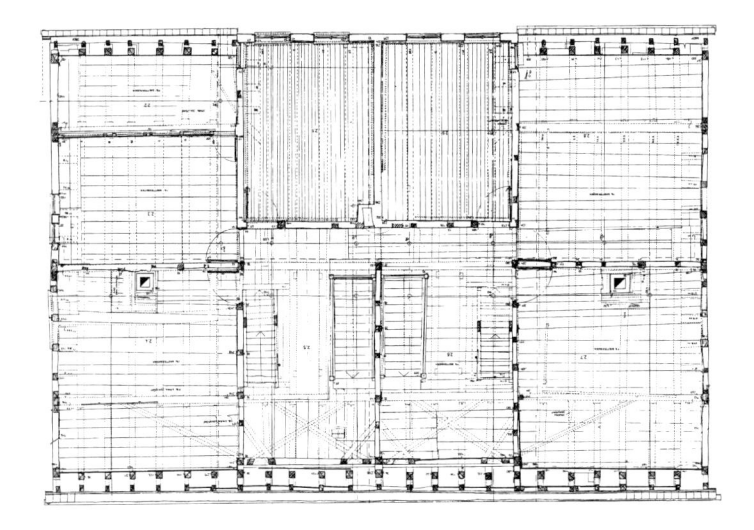

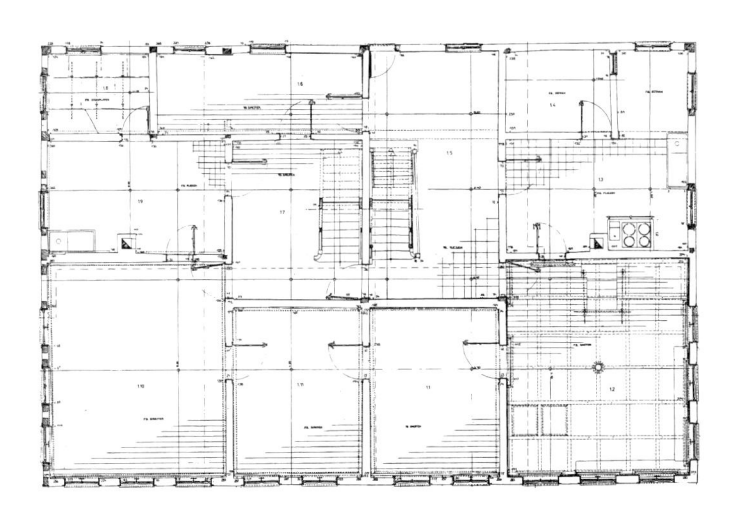

1799 (i + d) Öschelbronn, Stuttgarter Straße 6; oben: Dachgeschoss-Grundriss, Mitte: Obergeschoss-Grundriss, unten: Erdgeschoss-Grundriss

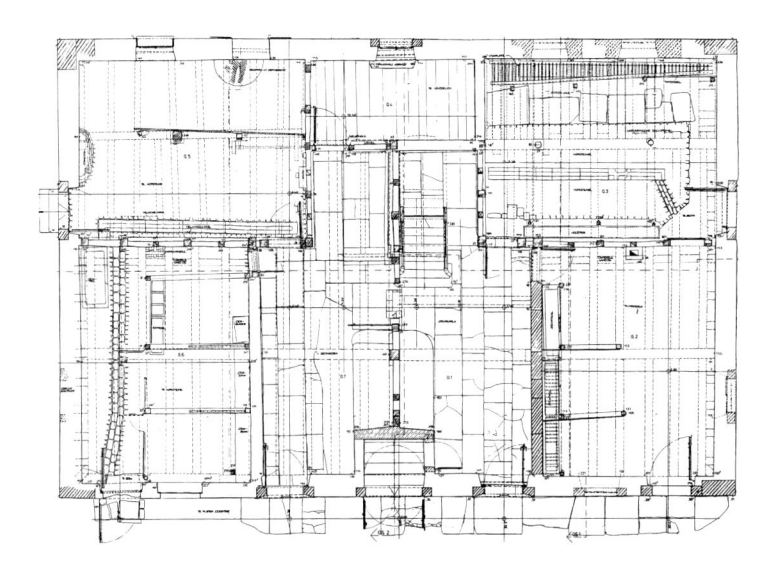

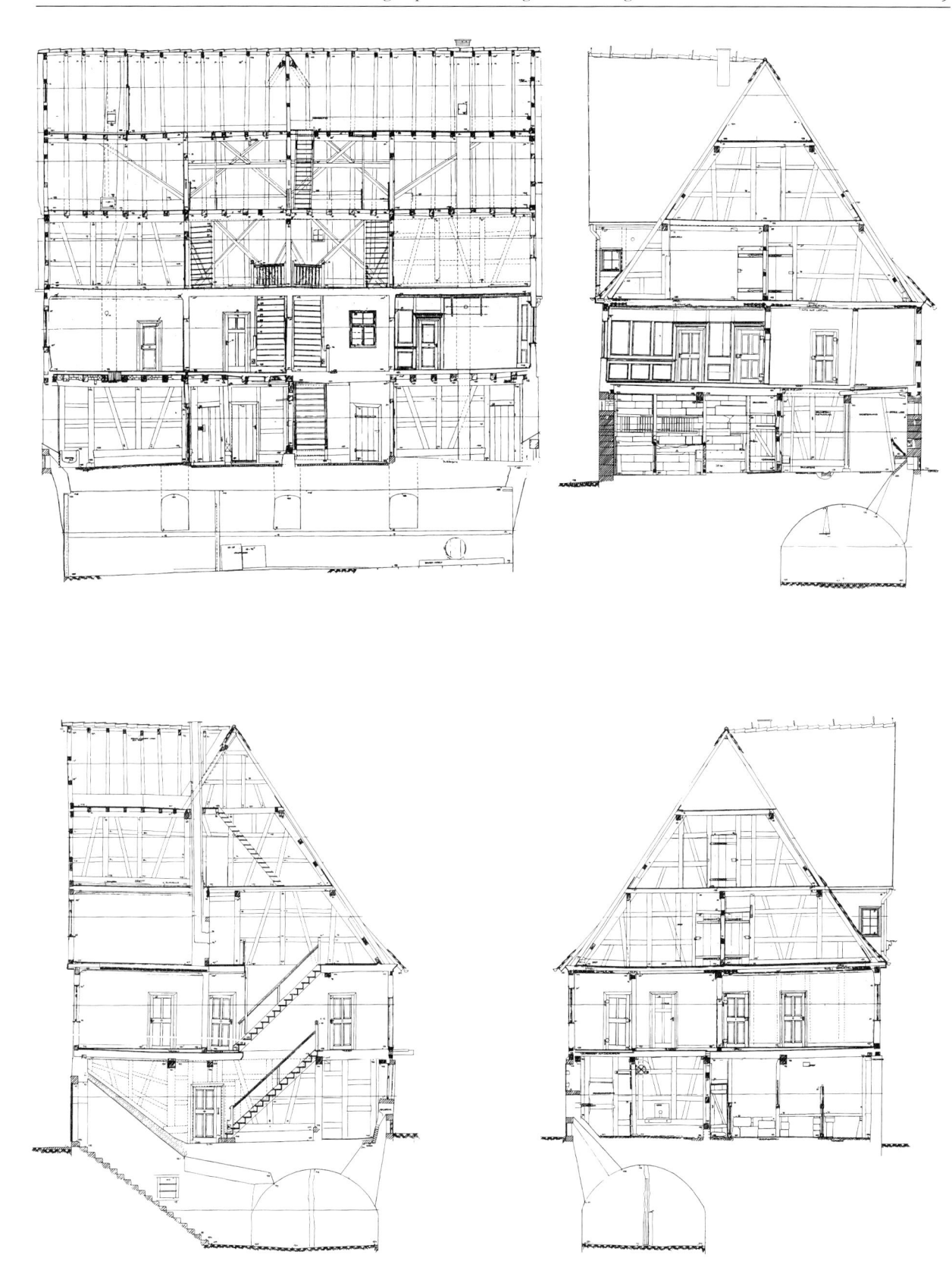

1799 (i + d) Öschelbronn, Stuttgarter Straße 6; oben: Längsschnitt und Querschnitt durch die nördliche Querzone, unten: Querschnitt durch die mittlere und die südliche Querzone

1799 (i + d) Öschelbronn, Stuttgarter Straße 6, Ansichten von Hof (oben) und Straße

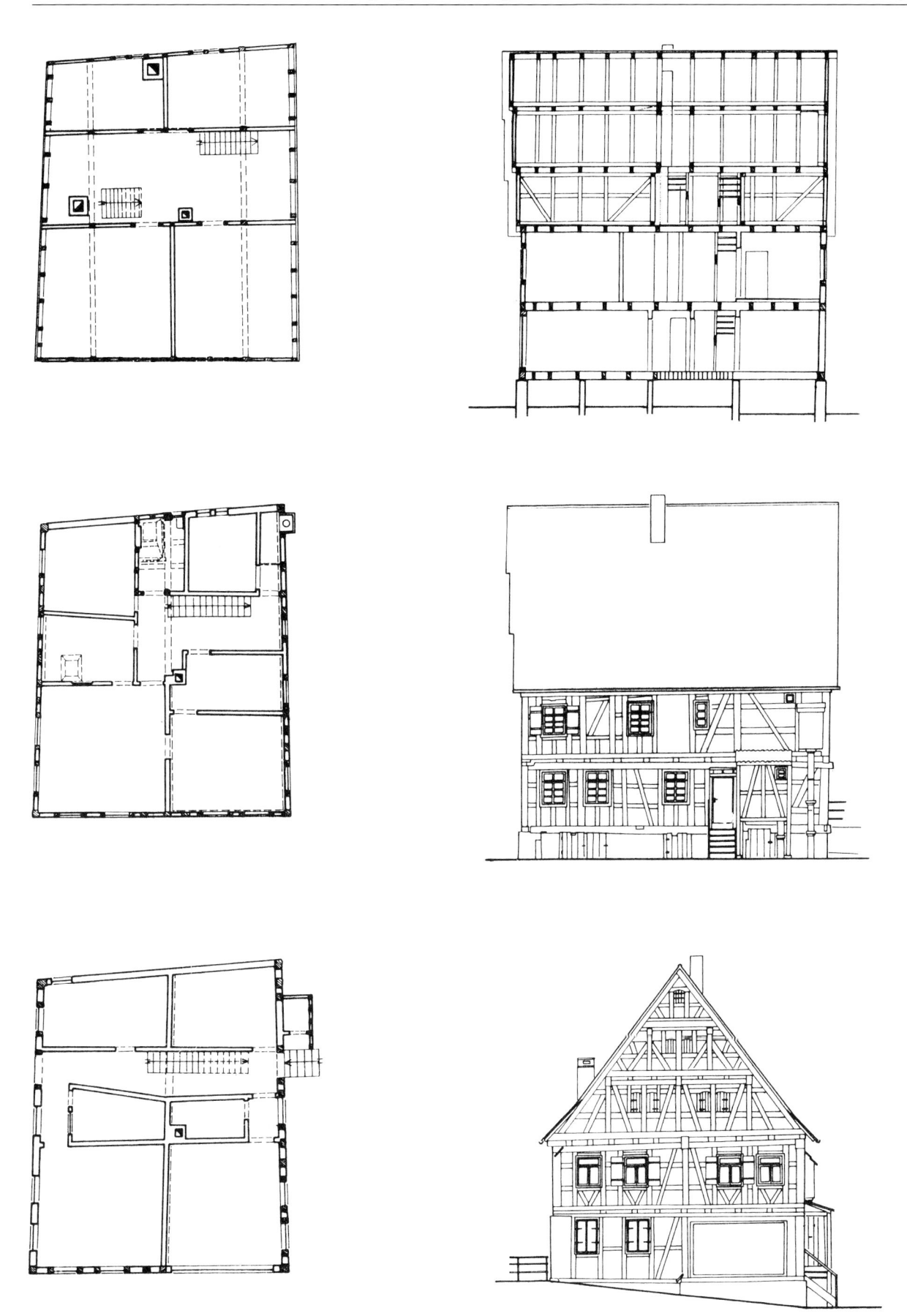

um 1800 (g) Flacht, Weissacher Straße 2; oben: Dachgeschoss-Grundriss und Längsschnitt, Mitte: Obergeschoss-Grundriss und Traufansicht, unten: Erdgeschoss-Grundriss und Giebelansicht (Umzeichnung nach Büro Köstlin, Stuttgart)

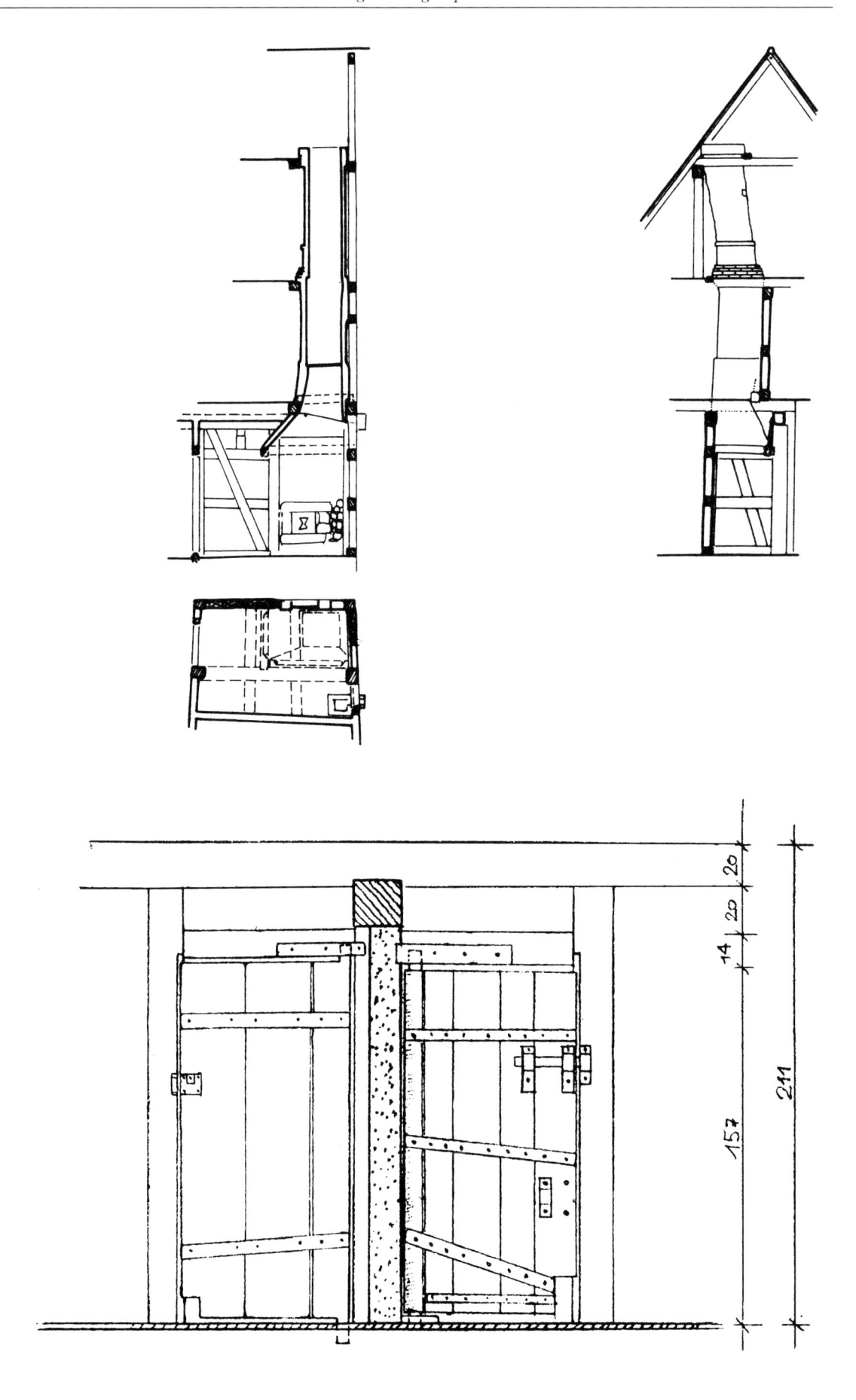

um 1800 (g) Flacht, Weissacher Straße 2, Querschnitt und Grundriss des nachträglichen Brücheneinbaus (Maßstab 1 : 100), Holzangeltüren im ersten Dachgeschoss (Maßstab 1 : 25)

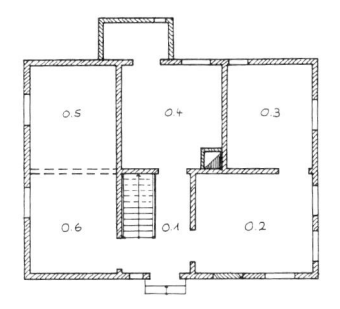

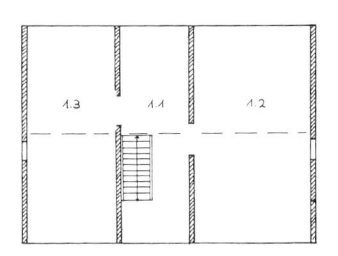

um 1800 (g) Neckartailfingen, Nürtinger Straße 8; oben: Erdgeschoss- und Dachgeschoss-Grundriss, unten: Ansicht

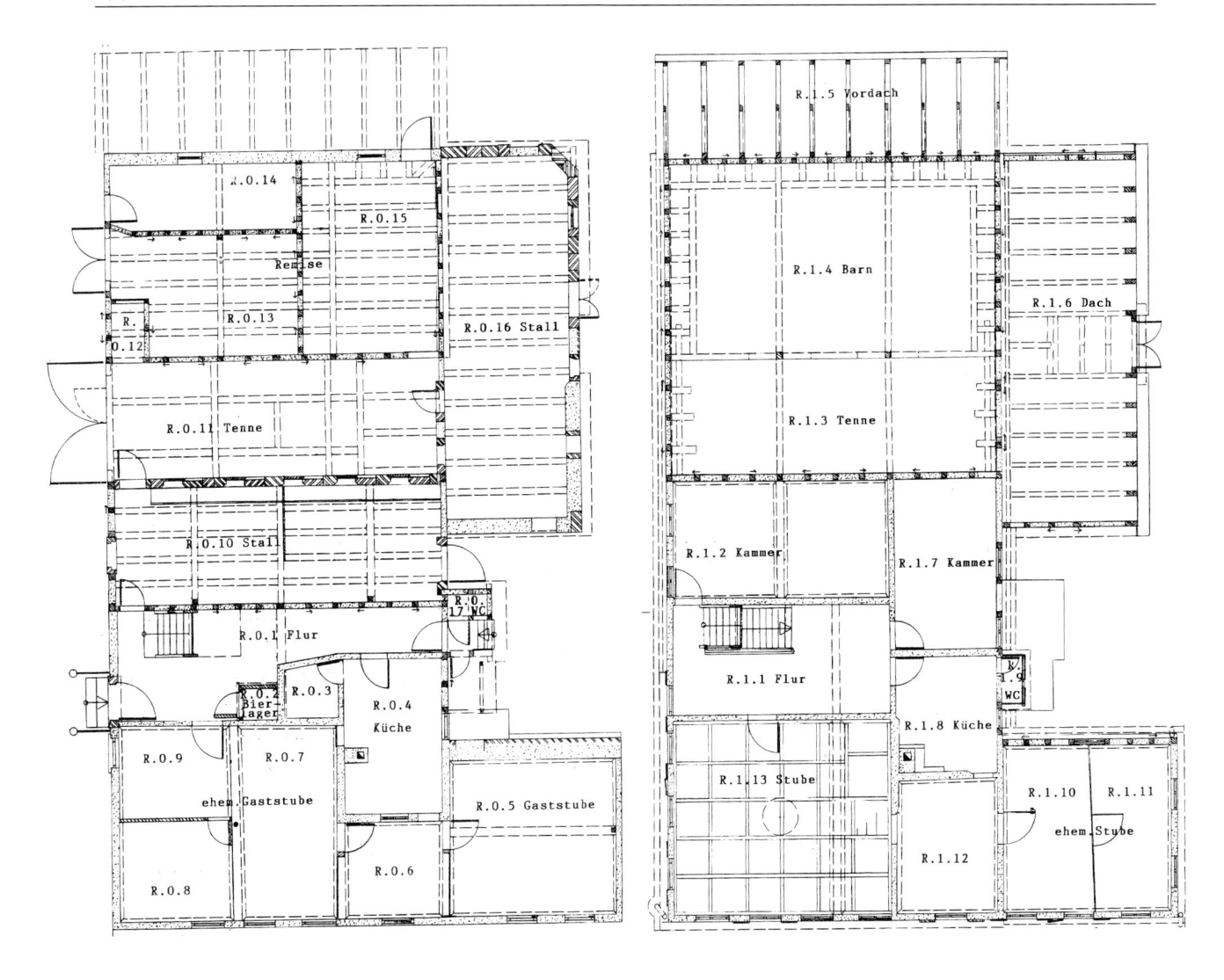

um 1825 (g)   Maubach, Wiener Straße 41, Wohnhaus, Erdgeschoss- und Obergeschoss-Grundriss

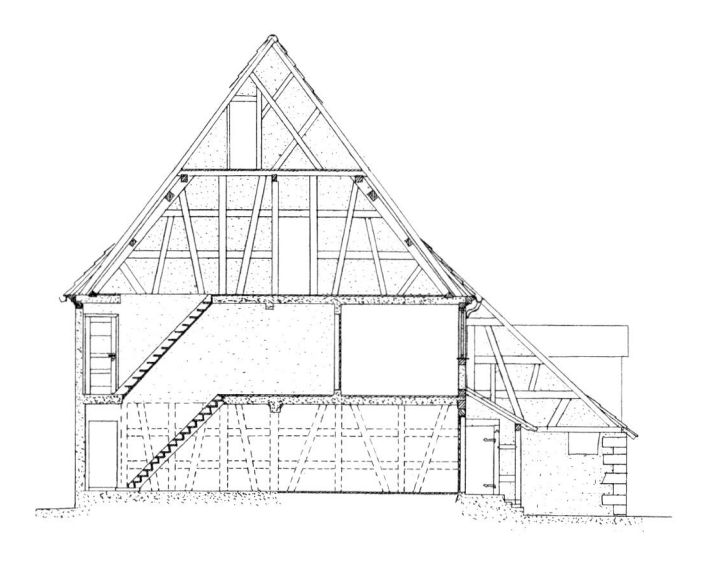

um 1825 (g) Maubach, Wiener Straße 41, Wohnhaus;
oben: Querschnitt, Mitte: Giebelansicht des Wohnteils, unten: Traufansicht

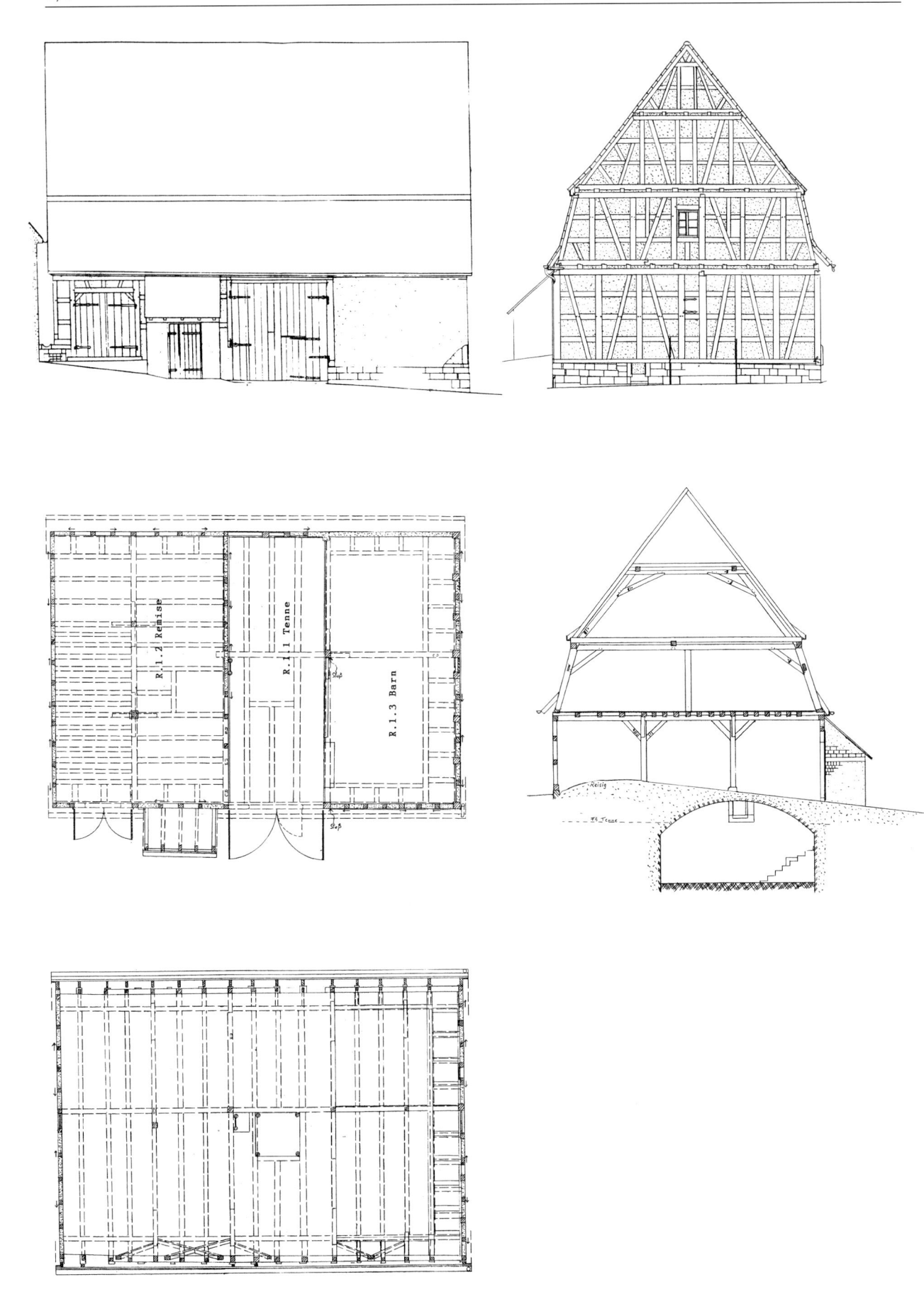

um 1825 (g) Maubach, Wiener Straße 41, Scheune; oben: hofseitige Traufansicht und Schaugiebel, Mitte: Erdgeschoss-Grundriss und Querschnitt, unten: Dachgeschoss-Grundriss

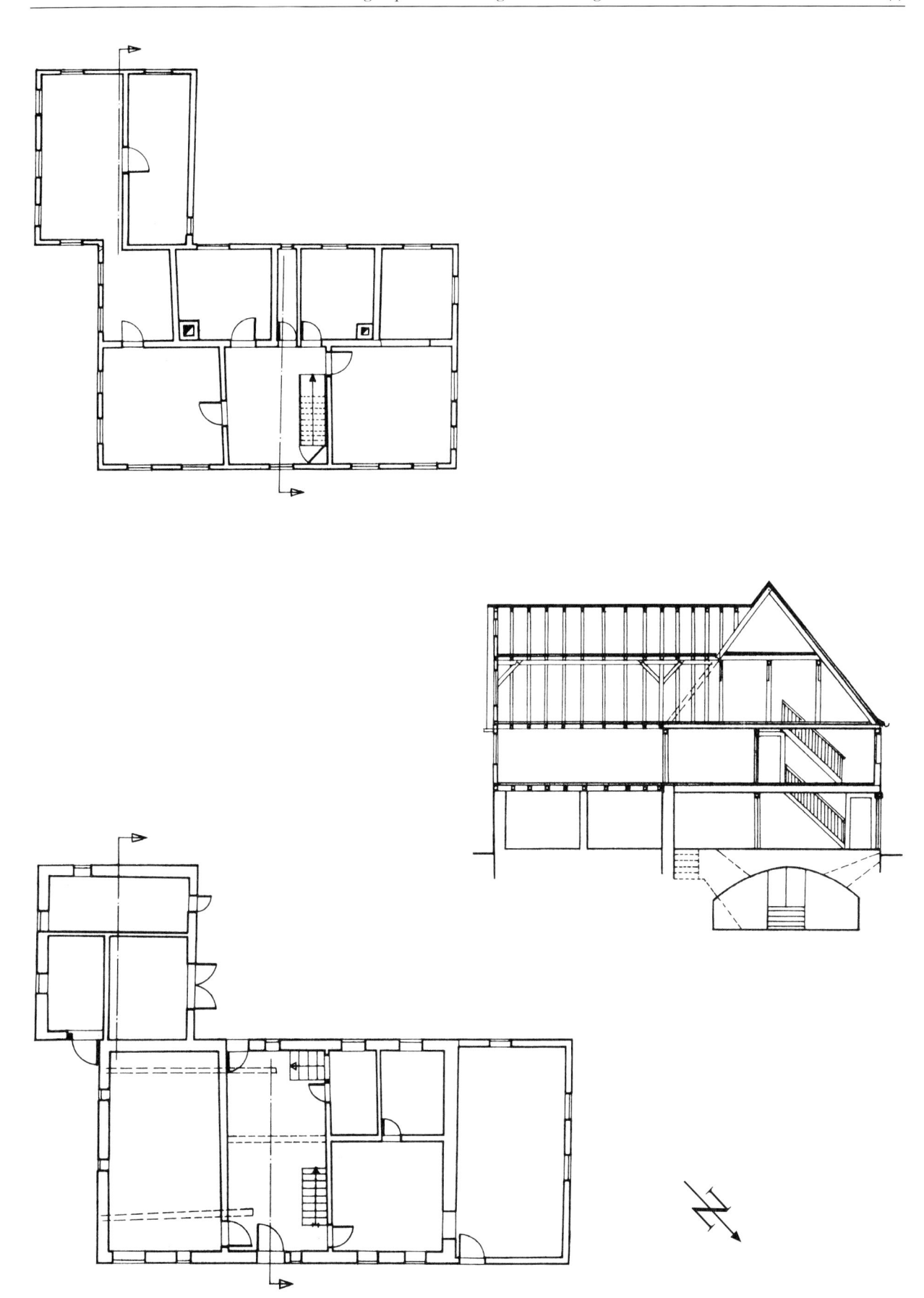

1835 (i) Backnang, Seehof 11, Wohnhaus;
oben: Obergeschoss-Grundriss, Mitte: Schnitt, unten: Erdgeschoss-Grundriss

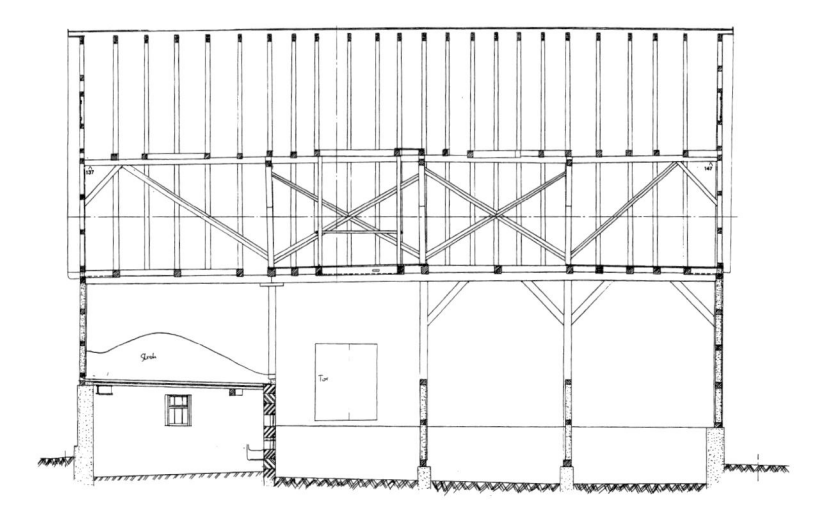

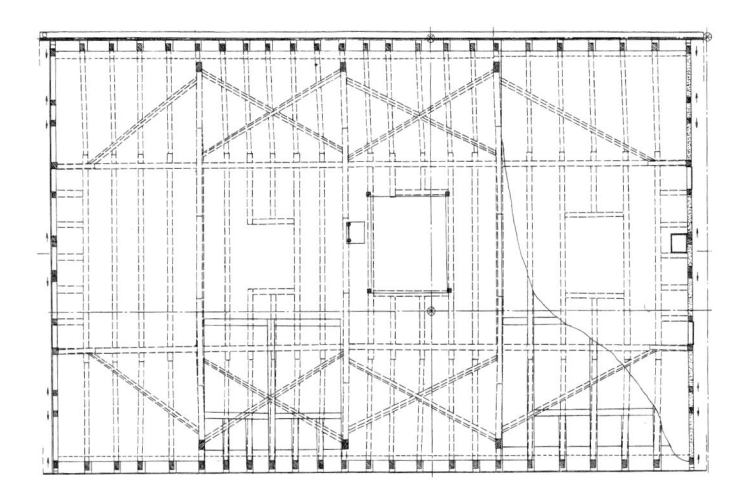

1835 (i) Backnang, Seehof 12, Scheune;
oben: Längsschnitt, Mitte: Dachgeschoss-Grundriss, unten: Erdgeschoss-Grundriss

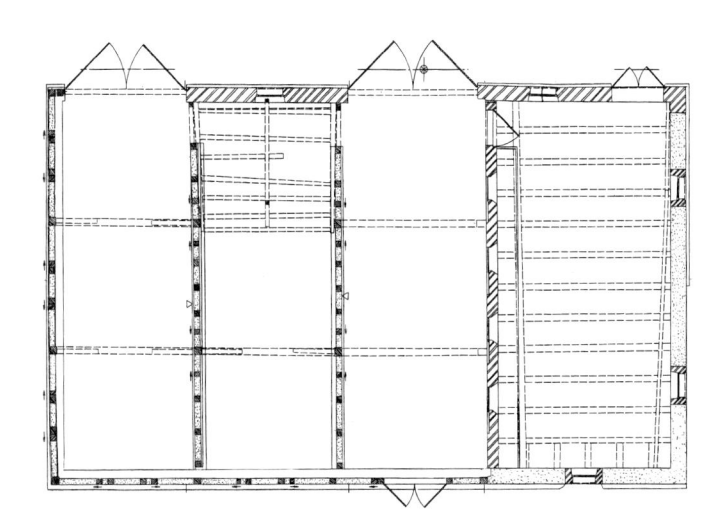

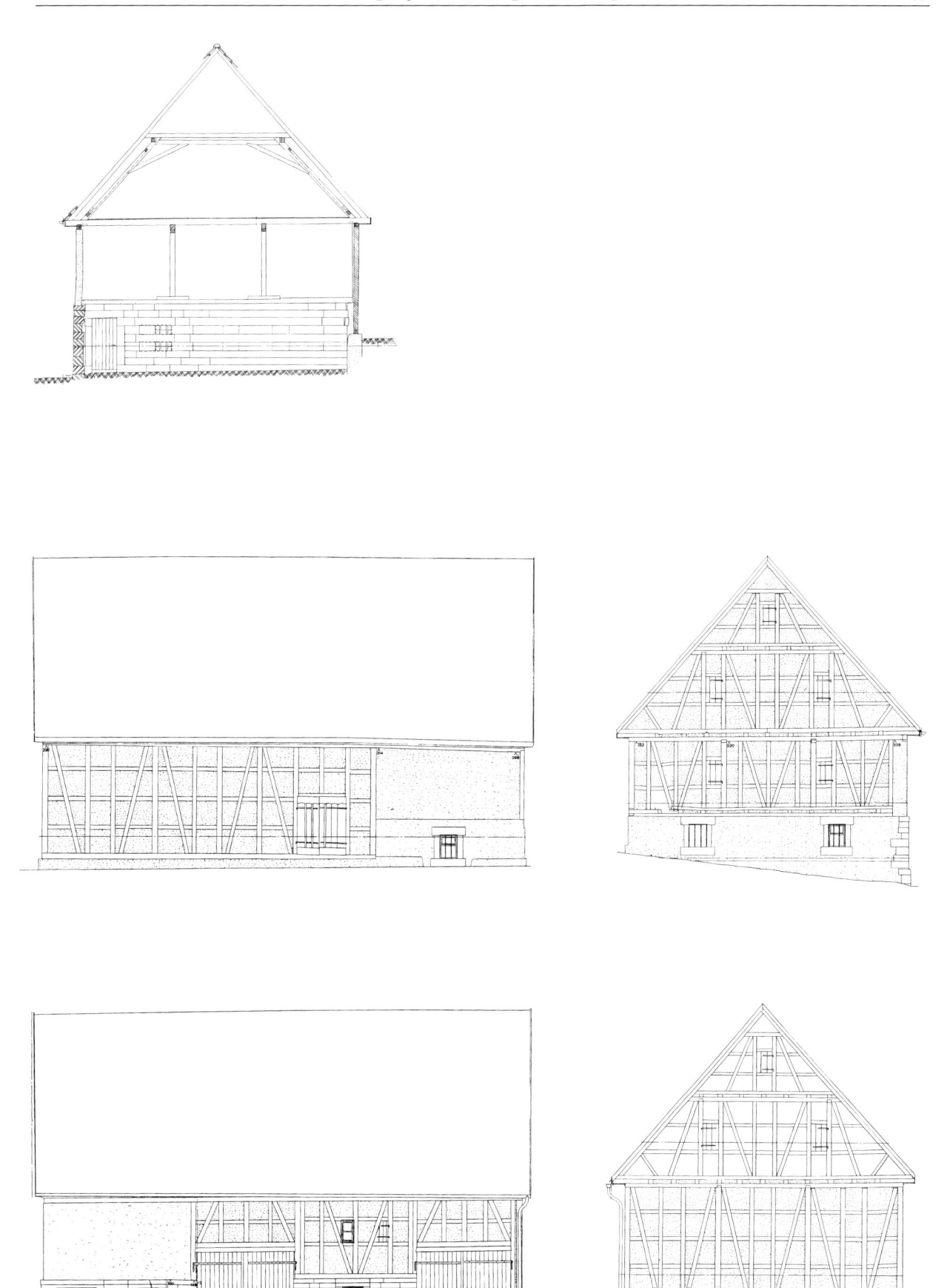

1835 (i) Backnang, Seehof 12, Scheune; oben: Querschnitt, Mitte und unten: Ansichten

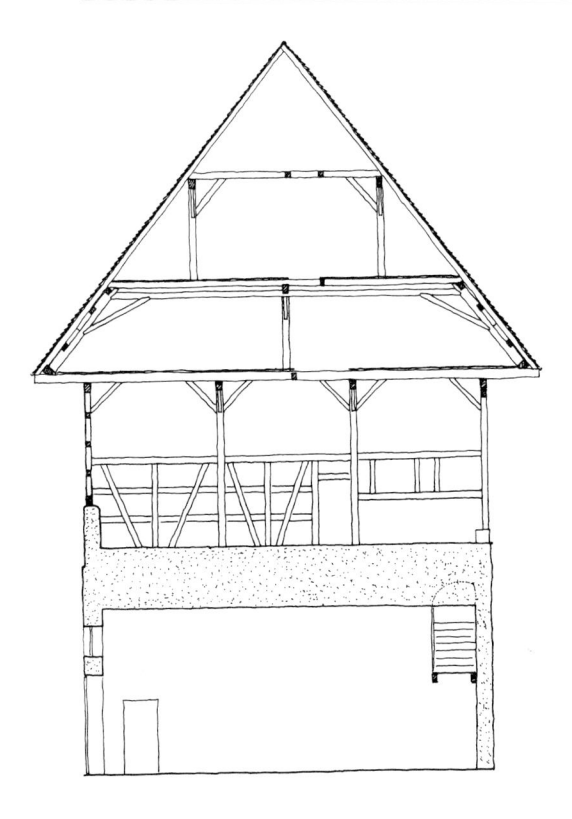

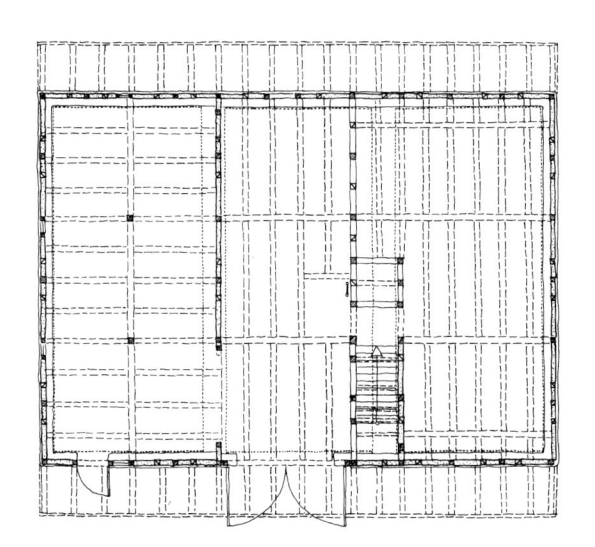

um 1838 (i)   Gutenberg, Mühlstraße; oben: Querschnitt, unten: Obergeschoss-Grundriss und Ansicht (1989)

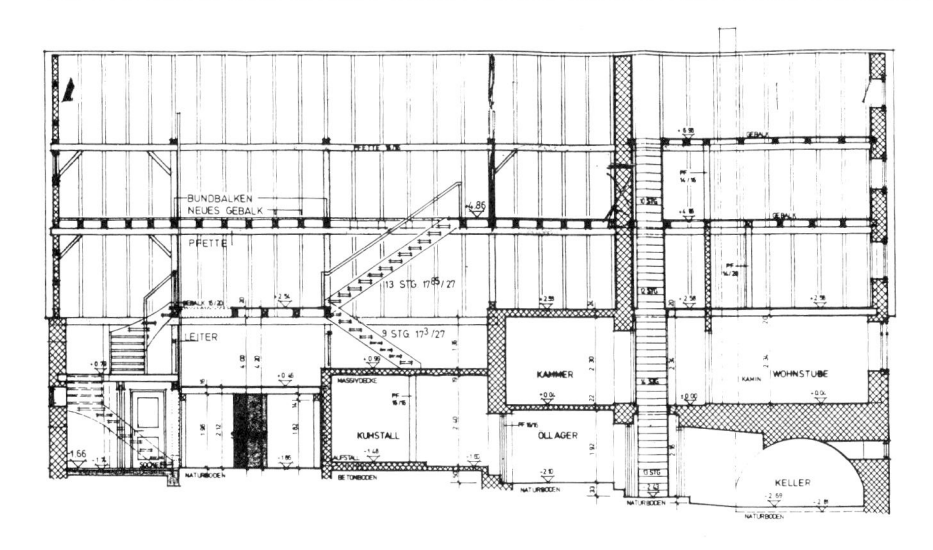

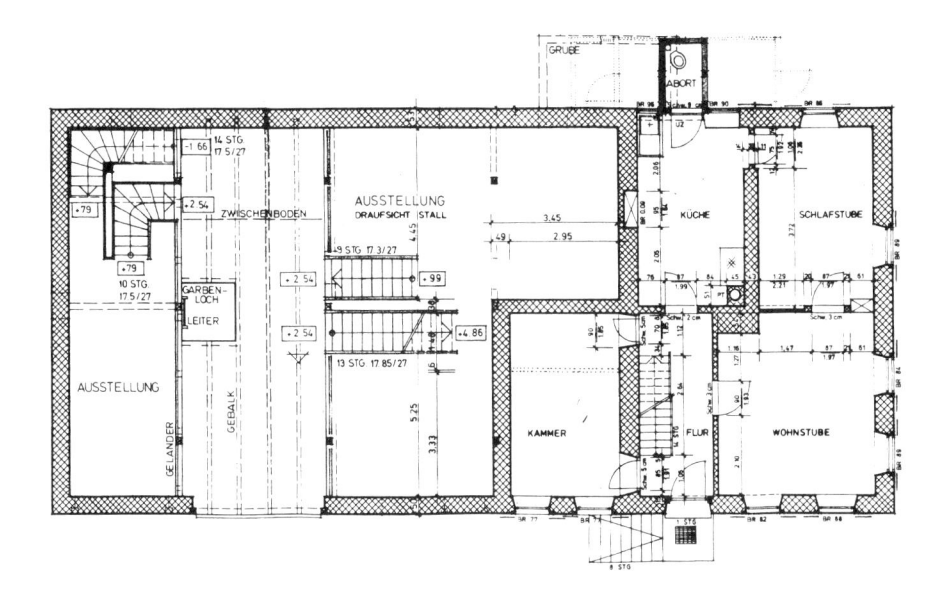

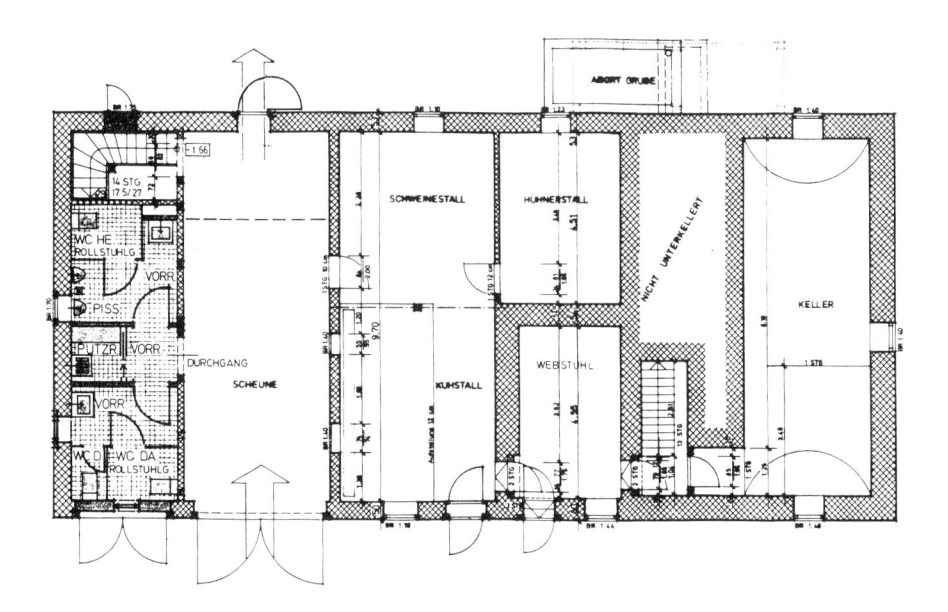

um 1859 (a) Ödenwaldstetten, Jahnweg 3; oben: Längsschnitt, Mitte: Erdgeschoss-Grundriss, unten: Untergeschoss-Grundriss (Zeichnung von Heinz Ruppel, Münsingen)

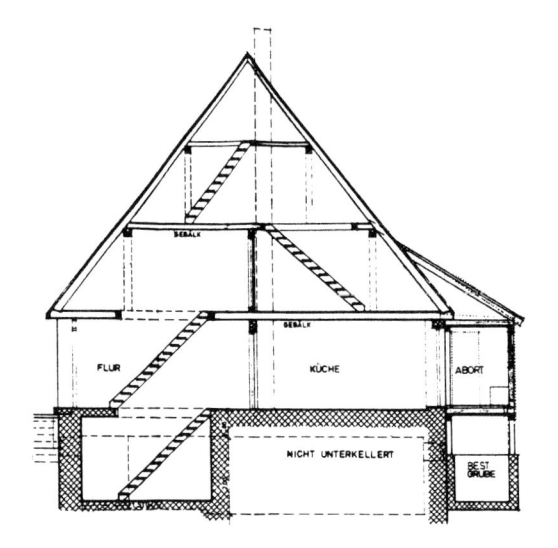

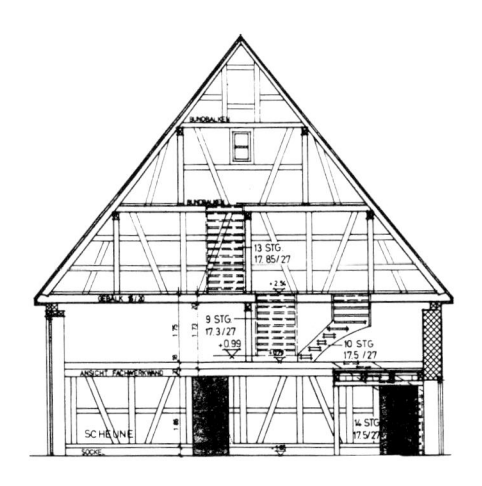

um 1859 (a) Ödenwaldstetten, Jahnweg 3; oben: Querschnitte, Mitte: Schaugiebelansicht, unten: hofseitige Traufansicht (Zeichnung von Heinz Ruppel, Münsingen)

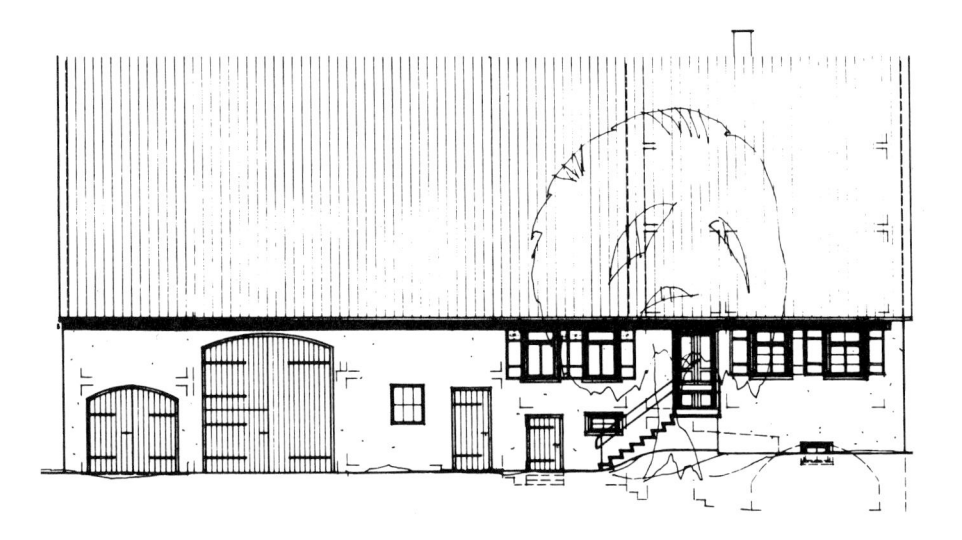

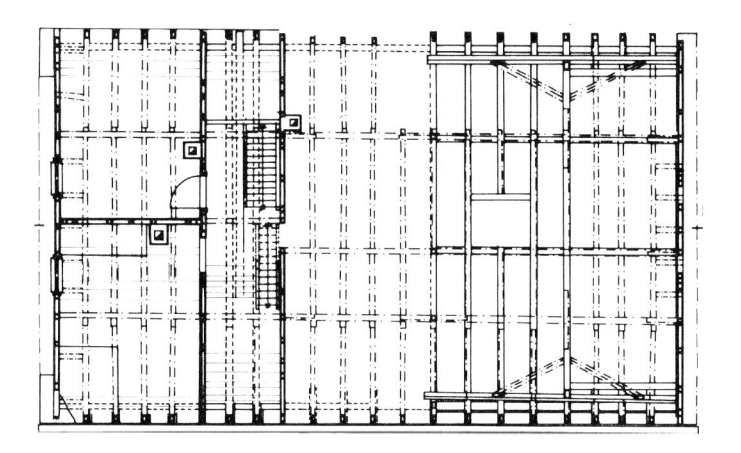

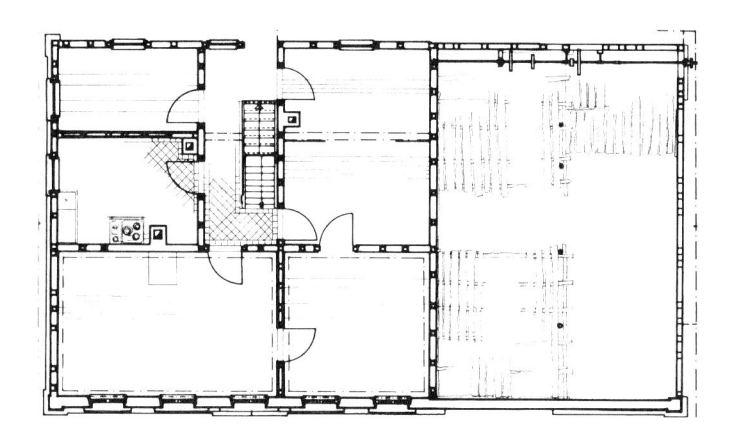

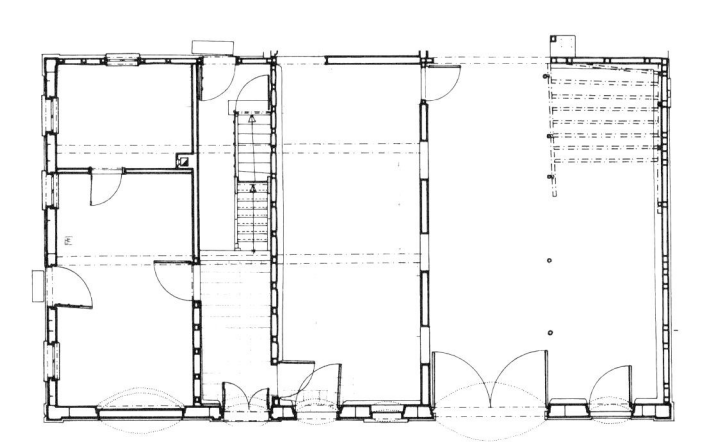

1885 (d + a) Wangen, Rechberghäuser Straße 2; oben: Dachgeschoss-Grundriss, Mitte: Obergeschoss-Grundriss, unten: Erdgeschoss-Grundriss

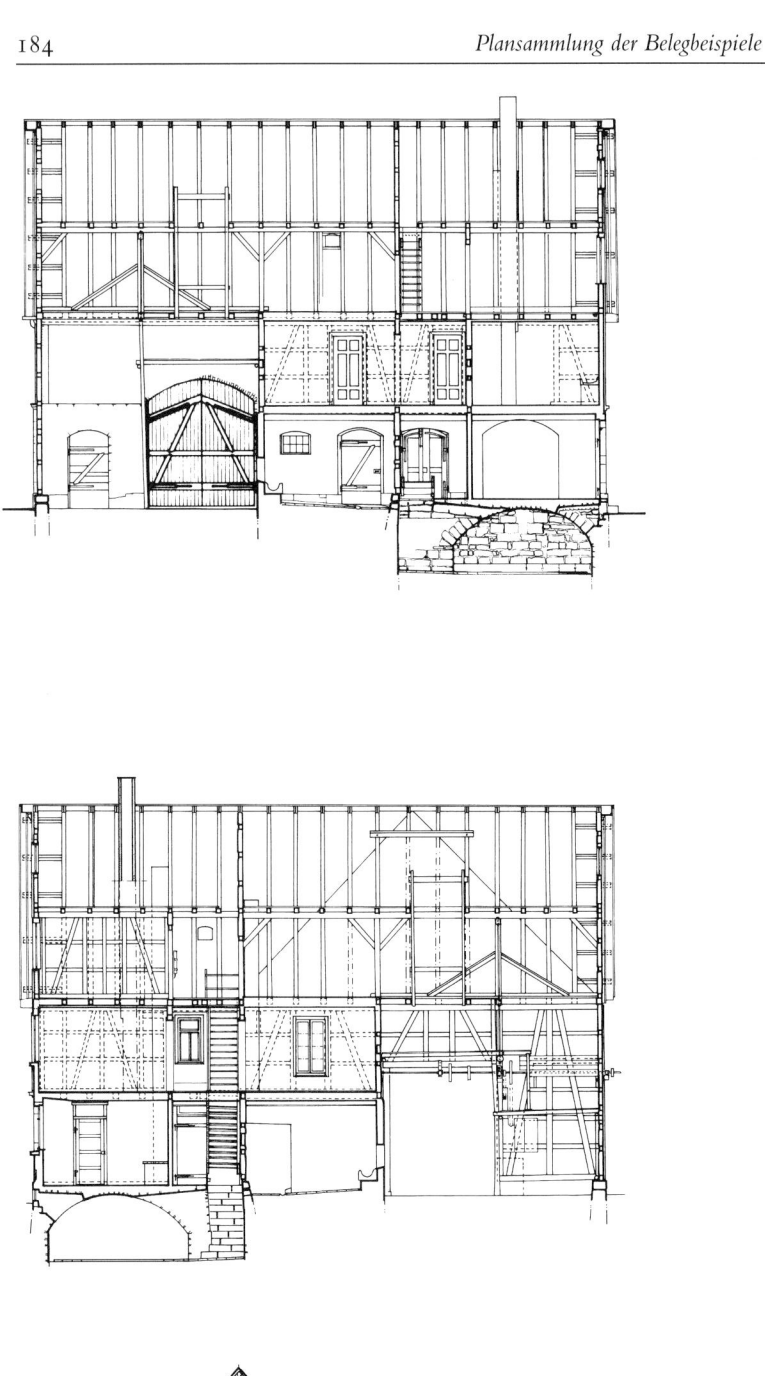

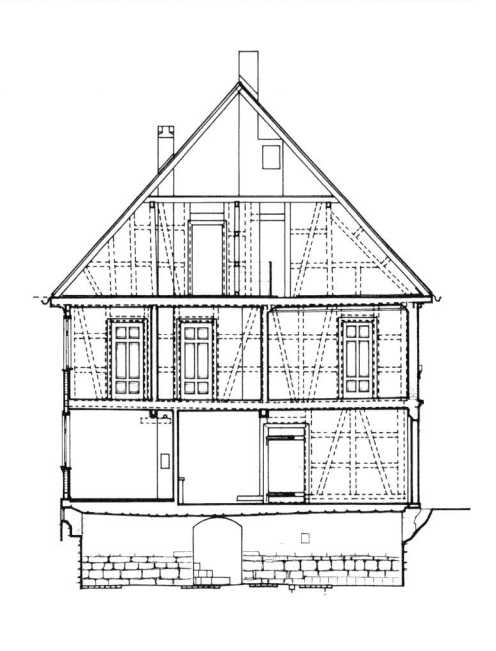

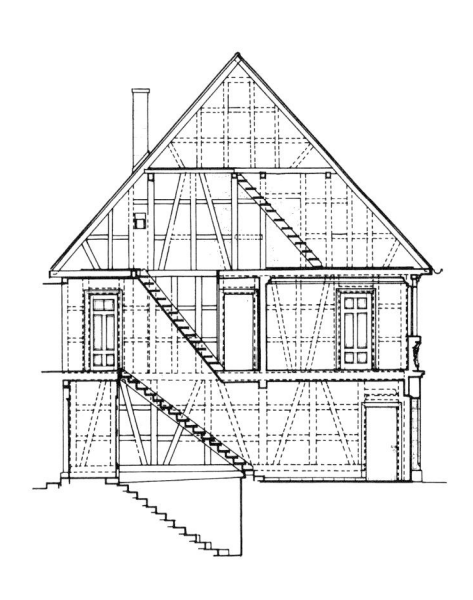

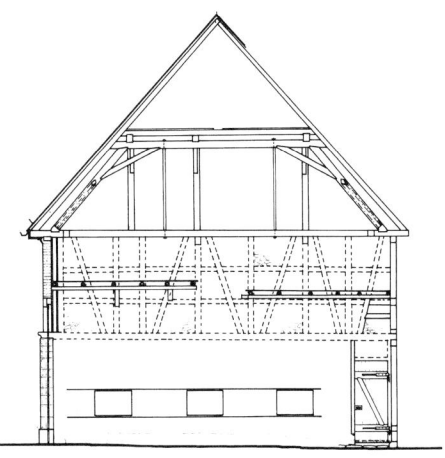

1885 (d + a) Wangen, Rechberghäuser Straße 2; oben: Längsschnitt nach Osten und Querschnitt durch Wohnteil, Mitte: Längsschnitt nach Westen und Querschnitt durch den Flur, unten: Querschnitt durch die Tenne

1885 (d + a) Wangen, Rechberghäuser Straße 2, Ansichten

Anhang

Literaturverzeichnis

ASSION, PETER und BREDNICH, ROLF WILHELM, Bauen und Wohnen im deutschen Südwesten. Dörfliche Kultur vom 15. bis zum 19. Jahrhundert, Stuttgart 1984.

BEDAL, ALBRECHT, Studie über ein nordbadisches Freilichtmuseum im Landkreis Karlsruhe, hrsg. v. der Stadt Kraichtal, Kraichtal 1980.

–, Neue Materialien zum Firstsäulenbau im Kraichgau, in: Hausbau im Mittelalter, Jahrbuch für Hausforschung, Band 33, Sobernheim/Bad Windsheim 1983, S. 299–317.

–, Die Bedeutung der wissenschaftlichen Bauaufnahme für die Arbeit im Freilichtmuseum, in: Museumsmagazin – Aus Museen und Sammlungen in Baden-Württemberg 2/1984, S. 52–60.

–, Geschoßbau und Stockwerksbau – Beobachtungen zum älteren ländlichen Baubestand im Kraichgau, in: Hausbau im Mittelalter II, Jahrbuch für Hausforschung, Sonderband 1985, Sobernheim/Bad Windsheim 1985, S. 265–291.

–, Haus- und Bauformen auf der Schwäbischen Alb, in: Museumsmagazin – Aus Museen und Sammlungen in Baden-Württemberg 3/1985, S. 34–61.

BEDAL, KONRAD, Häuser aus Franken, Fränkisches Freilandmuseum in Bad Windsheim, Schriften und Kataloge des fränkischen Freilandmuseums Bd. 3, München 1985.

– und andere, Ein Bauernhaus aus dem Mittelalter, Schriften und Kataloge des Fränkischen Freilandmuseums Bd. 9, Bad Windsheim 1987.

–, Fachwerk vor 1600 in Franken. Eine Bestandsaufnahme, Quellen und Materialien zur Hausforschung in Bayern Bd. 2, Bad Windsheim 1990.

–, Rezension zu Hansjörg Schmid: Die Formen des bäuerlichen Anwesens im Raum von Südwestalb und Bodensee bis zum Hochschwarzwald – eine hausgeographische Studie, in: AHF-Mitteilungen (Arbeitskreis für Hausforschung e.V.), Nr. 33, November 1990, S. 11f.

–, Historische Hausforschung. Eine Einführung in Arbeitsweise, Begriffe und Literatur, Bad Windsheim 1993.

BENDERMACHER, JUSTINUS, Die dörflichen Hausformen der Nordeifel, hrsg. v. Volkskunde- und Freilichtmuseum Roscheider Hof, Konz 1991.

BINDING, GÜNTHER, MAINZER, UDO und WIEDENAU, ANITA, Kleine Kunstgeschichte des deutschen Fachwerkbaus, Darmstadt 1989.

BINDING, GÜNTHER (Hrsg.), Fachwerkterminologie für den historischen Holzbau, Fachwerk – Dachwerk, Köln 1990.

BONGARTZ, NORBERT, Weißes Sichtfachwerk, eine Sonderform des Fachwerkbaus in Südwestdeutschland, in: Denkmalpflege in Baden-Württemberg 1/1980, S. 13–17.

– und HEKELER, ROLF, Historische Fensterformen in Baden-Württemberg (1), Schieben statt Drehen und Kippen, in: Denkmalpflege in Baden-Württemberg 3/1983 (12. Jg.), S. 119–127.

CHRISTLEIN, RAINER, Die Alemannen. Archäologie eines lebendigen Volkes, Stuttgart 1978.

CRAMER, JOHANNES (Hrsg.), Bauforschung und Denkmalpflege. Umgang mit historischer Bausubstanz, Stuttgart 1987.

CRAMER, JOHANNES, Farbigkeit im Fachwerkbau. Befunde aus dem süddeutschen Raum, München 1990.

DAS BAUERNHAUS IM DEUTSCHEN REICHE und in seinen Grenzgebieten, I. Teil Atlas, II. Teil Textband, hrsg. vom Verband deutscher Architekten- und Ingenieurvereine, Dresden 1905 und 1906, unveränderter Nachdruck, Augsburg 1995.

DER RÖMISCHE LIMES IN DEUTSCHLAND: 100 Jahre Reichs-Limeskommission, hrsg. von der Römisch-Germanischen Kommission des Deutschen Archäologischen Instituts und dem Verband der Landesarchäologen in der Bundesrepublik Deutschland, Stuttgart 1992.

DICKMANS, FREDERIKE, Die Wüstung Zimmern – ein Mittelalterliches Dorf im Kraichgau, in: Eppingen. Rund um den Odilienberg, Beiträge zur Geschichte der Stadt Eppingen und Umgebung, Band 6, Eppingen 1994, S. 7–27.

DÖLLING, HILDEGARD, Haus und Hof in westgermanischen Volksrechten, Veröffentlichungen der Altertumskommission im Provinzialinstitut für westfälische Landes- und Volkskunde Bd. 2, hrsg. v. Stieren, August, Münster/Westfalen 1958.

EITZEN, GERHARD, Zur Geschichte des süddeutschen Hausbaues im 15. und 16. Jahrhundert, in: Zeitschrift für Volkskunde 59, 1963, S. 1ff.

–, Bauernhäuser aus Mitteleuropa, Aufmaße und Publikationen, zusammengestellt von Terlau, Karoline, und Kaspar, Fred, hrsg. v. Arbeitskreis für Hausforschung e.V., Sobernheim/Bad Windsheim 1984.

ELLENBERG, HEINZ, Bauernhaus und Landschaft in ökologischer und historischer Sicht, Stuttgart 1990.

ENGELHARDT, BERND, Ausgrabungen am Main-Donau-Kanal, hrsg. v. Rhein-Main-Donau Aktiengesellschaft, München 1987.

EWALD, RAINER; KÖHLE-HEZINGER, CHRISTEL; KÖNEKAMP, JÖRG (Hrsg.), Stadthaus-Architektur und Alltag in Esslingen seit dem 14. Jahrhundert: Hafenmarkt 8 und 10, Esslingen 1991.

FEHRING, GÜNTER P., Einführung in die Archäologie des Mittelalters, Darmstadt 1987.

FREILICHTMUSEUM NEUHAUSEN OB ECK, Führer, hrsg. vom Landkreis Tuttlingen – Freilichtmuseum Neuhausen ob Eck, Tuttlingen 1988.

FROMMER, MAX, Vom Leben auf dem Lande. Isingen 1910, Stuttgart 1983.

GEBHARD, TORSTEN, Alte Bauernhäuser. Von den Halligen bis zu den Alpen, München 1977.

GERNER, MANFRED, Handwerkerlexikon. Wörterbuch für das Bauhandwerk, Stuttgart 1984.

GLASER, RÜDIGER und SCHENK, WINFRIED, Grundzüge der Klimaentwicklung in Mitteleuropa seit dem Jahr 1000, in: Fenster und Türen in historischen Wehr- und Wohnbauten, hrsg. v. Hartmut Hofrichter, Veröffentlichungen der Deutschen Burgenvereinigung e.V. Reihe B: Schriften, Bd. 4, S. 13–25.

GLÄSER, MANFRED, Befunde zur Hafenrandbebauung Lübecks als Niederschlag der Stadtentwicklung im 12. und 13. Jahrhundert, Vorbericht zu den Grabungen Alfstraße 36/38 und Untertrave 111/112, in: Lübecker Schriften zur Archäologie und Kulturgeschichte Bd. 11, Bonn 1985, S. 117–129.

GÖTZGER, HEINRICH und PRECHTER, HELMUT, Das Bauernhaus in Bayern, Bd. 1: Regierungsbezirk Schwaben, hrsg. im Auftrag der Bayrischen Landesstelle für Volkskunde in Verbindung mit dem Bayrischen Landesamt für Denkmalpflege, München 1960.

GRIMM, JACOB und WILHELM, Deutsches Wörterbuch, Leipzig 1852.

GROMER, JOHANNES, Voruntersuchung und Planung für ein bäuerliches Freilandmuseum „Alt Wirtemberg", unveröffentlichtes Manuskript, Backnang-Strümpfelbach 1983.

–, Aufmaß und hauskundliche Untersuchung des Gebäudes Freitagshof Nr. 11, Gemeinde Wernau, Kreis Esslingen, in: Denkmalpflege in Baden-Württemberg 3/1984 (13. Jg.), S. 104–114.

–, Abtragung und Rekonstruktion von historischen Gebäuden für das Freilichtmuseum, in: Museumsmagazin – Aus Museen und Sammlungen in Baden-Württemberg 2/1984, S. 67–74.

–, Marktbrunnengäßle 4, Erläuterungsbericht zur Bauaufnahme, in: Fendrich, Hilde, Durch die Stadtbrille. Geschichte und Geschichten um Markgröningen, Band 1, 1985, S. 85–96.

–, Alte Häuser in Gröningen, Bericht über eine bauhistorische Voruntersuchung an weniger beachteten Mittelalterlichen Fachwerkhäusern, in: Fendrich, Hilde, Durch die Stadtbrille. Geschichte und Geschichten um Markgröningen, Band 2, 1986, S. 115–129.

GROSS, U., Siedlungsgeschichte im Renninger Becken, in: ... mehr als 1 Jahrtausend ...: Leben im Renninger Becken vom 4. bis 12. Jahrhundert, hrsg. vom Landesdenkmalamt Baden-Württemberg, Stuttgart 1991, S. 12–14.

GROSSMANN, G. ULRICH, Der Fachwerkbau. Das historische Fachwerkhaus, seine Entstehung, Farbgebung, Nutzung und Restaurierung, Köln 1986.

GRUBER, OTTO, Deutsche Bauern- und Ackerbürgerhäuser. Eine bautechnische Quellenforschung zur Geschichte des deutschen Hauses, Neudruck der Ausgabe Karlsruhe 1926, Hildesheim 1981.

GUTSCHER, DANIEL, Karolingische Holzbauten im Norden der Fraumünsterabtei, in: Zeitschrift für Schweizerische Archäologie und Kunstgeschichte, Band 41, Heft 3, 1984, S. 207–224.

HEINITZ, OSCAR, Das Bürgerhaus zwischen Schwarzwald und Schwäbischer Alb, Das deutsche Bürgerhaus Bd. XXIX, Tübingen 1980.

HISTORISCHER ATLAS VON BADEN-WÜRTTEMBERG, hrsg. von der Kommission für geschichtliche Landeskunde in Baden-Württemberg, Stuttgart 1972–1988.

HÖSLIN, JEREMIAS, Beschreibung der Wirtembergischen Alp mit landwirthschaftlichen Bemerkungen, Tübingen 1798.

HUSSENDÖRFER, RAINER, Sichtfachwerk im Innenraum, in: Denkmalpflege in Baden-Württemberg 3/1980, S. 117–122.

–, Putzfassade contra Sichtfachwerk, in: Denkmalpflege in Baden-Württemberg 2/1982, S. 45–49.

HUXOLD, ERWIN, Die Fachwerkhäuser im Kraichgau, Ein Führer zu den Baudenkmälern, hrsg. vom Heimatverein Kraichgau e. V. Sinsheim, Sonderdruck Nr. 5, Bretten 1990.

IMHOF, MICHAEL, Carl Schäfer und das sogenannte Schäfersche Haus. Die Bedeutung des „Schäferschen Hauses" für die Forschungsgeschichte zum Fachwerkbau", in: Neue Untersuchungen zu städtischen und ländlichen Bauten, Berichte zur Haus- und Bauforschung, Band 3, Marburg 1994, S. 259–276.

KEEFER, ERWIN, Die Jungsteinzeit – alt- und mittelneolithische Kulturen. Ein Überblick, in: Archäologie in Württemberg, Stuttgart 1988, S. 71–90.

– (Hrsg.), Die Suche nach der Vergangenheit. 120 Jahre Archäologie am Federsee, Katalog zur Ausstellung, Stuttgart 1992.
–, Steinzeit, Führer durch die Sammlungen des Württembergischen Landesmuseums Stuttgart Band 1, Stuttgart 1993.
KIMMIG, WOLFGANG, Die Heuneburg an der oberen Donau, 2., völlig neu bearbeitete und erweiterte Auflage, Stuttgart 1983.
KÖHLE-HEZINGER, CHRISTEL, und HEBEL, KARIN, Voruntersuchungen über die Einrichtung eines regionalen Freilichtmuseums im Landkreis Esslingen, hrsg. v. Landkreis Esslingen, Esslingen/Tübingen 1980.
KOLESCH, HERMANN, Das altoberschwäbische Bauernhaus, Volksleben Bd. 17, Untersuchungen des Ludwig-Uhland-Instituts der Universität Tübingen im Auftrag der Tübinger Vereinigung für Volkskunde, hrsg. von Hermann Bausinger, Tübingen 1967.
KREH, ULI, Zeugen einer vergangenen Zeit. Freilichtmuseen in Baden-Württemberg, Tübingen 1998.
LOHRUM, BURGHARD, Bemerkungen zum südwestdeutschen Hausbestand im 14./15. Jahrhundert, in: Jahrbuch für Hausforschung 33, Sobernheim 1983, S. 241–298.
– und BLEYER, HANS-JÜRGEN, Notizen zum Bauen und Wohnen im ausgehenden Mittelalter (2). Dargestellt an südwestdeutschen Hausbauten. Biberach/Riß, Zeughausgasse 4, Gerüst- und Gefügekonstruktion, Dachkonstruktion, in: Denkmalpflege in Baden-Württemberg 4/1984 (13. Jg.), S. 160–167.
– und BLEYER, HANS-JÜRGEN, Notizen zum Bauen und Wohnen im ausgehenden Mittelalter (4), Raumnutzung und Grundrißvariationen. Dargestellt an südwestdeutschen Hausbauten, in: Denkmalpflege in Baden-Württemberg 1/1988 (17. Jg.), S. 30–37.
–, Bundseiten und Bezugsachsenschnittpunkt im historischen Fachwerkbau – Zwei methodische Ansätze zur wissenschaftlichen Konstruktions-, Grundriß- und Nutzungsanalyse, in: Südwestdeutsche Beiträge zur historischen Bauforschung, Band I/1992, hrsg. v. Arbeitskreis für Hausforschung, Sektion Baden-Württemberg, S. 151–169.
–, Beispiele rückwärtiger Nebenbauten im mittelalterlichen Stadtgefüge Südwestdeutschlands. Die Nebengebäude Pliensaustraße 9 in Esslingen von 1285/86, in: Neue Untersuchungen zu städtischen und ländlichen Bauten, Berichte zur Haus- und Bauforschung Band 3, Marburg 1994, S. 240–258.
LOHSS, MAX, Ofen und Herd in Württemberg, in: Wörter und Sachen 11/1928, S. 362–386.
–, Vom Bauernhaus in Württemberg und angrenzenden Gebieten, Heidelberg 1932.
–, Vom altschwäbischen Ofen, in: Schwäbische Heimat, 1955, S. 52 ff.

LULEY, HELMUT, Urgeschichtlicher Hausbau in Mitteleuropa, Grundlagenforschung, Umweltbedingungen und bautechnische Rekonstruktion, Aus dem Institut für Ur- und Frühgeschichte der Universität zu Köln, Universitätsforschungen zur prähistorischen Archäologie Bd. 7, Bonn 1992.
MECKES, FRANZ, Die Schwarzwaldhäuser – Geschichte, Bestand, Veränderungen, in: Schnitzer, Ulrich, Schwarzwaldhäuser von gestern für die Landwirtschaft von morgen, Landesdenkmalamt Baden-Württemberg, Arbeitsheft 2, Stuttgart 1989, S. 14–42.
MECKSEPER, CORD, Das städtische Traufenhaus in Südwestdeutschland, Ein Beitrag zur Methodik der Bürgerhausforschung, in: Alemannisches Jahrbuch 1971/72, S. 299–315.
–, Kleine Kunstgeschichte der deutschen Stadt im Mittelalter, Darmstadt, 2. Aufl. 1991.
MEHL, HEINRICH, Dorf und Bauernhaus in Hohenlohe-Franken: Bildzeugnisse aus der Vergangenheit, Schriften des Hohenloher Freilandmuseums, Dokumentationen 1, Schwäbisch Hall 1983.
–, Führer durch das Hohenloher Freilandmuseum Nr. 2 (September 1986), hrsg. vom Verein Hohenloher Freilandmuseum e.V., Schwäbisch Hall 1986.
–, Das Hohenloher Bauernhaus zwischen 1750 und 1850, in: Museumsmagazin – Aus Museen und Sammlungen in Baden-Württemberg 3/1985, S. 61–74.
MINKE, GERNOT (Hrsg.), Lehm im Fachwerkbau. Bauen mit Lehm. Aktuelle Berichte aus Praxis und Forschung Heft 3, Freiburg 1985.
OSTENDORF, FRIEDRICH, Die Geschichte des Dachwerks, erläutert an einer großen Anzahl mustergültiger alter Konstruktionen, Leipzig 1908, Nachdruck Hannover 1982.
NEUFFER, EDUARD M., Freilichtmuseen in Baden-Württemberg, in: Museumsmagazin – Aus Museen und Sammlungen in Baden-Württemberg 2/1984, S. 74–77.
PHLEPS, HERMANN, Alemannische Holzbaukunst, Reprint der Ausgabe Wiesbaden 1967, Karlsruhe 1988.
PLANCK, DIETER, Die Zivilisation der Römer in Baden-Württemberg, in: Die Römer in Baden-Württemberg, hrsg. v. Filtzinger, Planck, Cämmerer, Stuttgart 1976, S. 121–161.
RIETH, ADOLF, Führer durch das Federseemuseum in Bad Buchau, Bad Buchau 1969.
SAGE, WALTER, Fachwerk, Fachwerkbau, in: Reallexikon zur deutschen Kunstgeschichte Band VI, Sp. 938 ff, Stuttgart 1972.
SANGMEISTER, EDWARD, Die ersten Bauern, in: Urgeschichte in Baden-Württemberg, hrsg. von Müller-Beck, Hansjürgen, Stuttgart 1983, S. 429–471.
SCHÄFER, CARL, Die Holzarchitektur Deutschlands vom 14. bis 18. Jahrhundert, Berlin 1888, Nachdruck Hannover 1981.

Schäfer, Gerd, Geschoßständerbauten des 15. Jahrhunderts im Limpurger Land – Erstes Fazit einer Feldforschungsarbeit 1992, in: Südwestdeutsche Beiträge zur historischen Bauforschung, hrsg. vom Arbeitskreis für Hausforschung, Sektion Baden-Württemberg, Band 1, Freiburg i. Br. 1992, S. 171–182.

Schäfer, Hartmut, Burg, Schloß und Stadt Marbach am Neckar, in: Denkmalpflege in Baden-Württemberg, Heft 2, 1980, S. 59–69.

Schahl, Adolf, Das Bauernhaus im württembergischen Allgäu, in: Württemberg, Schwäbische Monatshefte im Dienste von Volk und Heimat, Heft 119, 10. Jahrgang, November 1938, S. 438–449.

–, Die Bauformen der Weingärtnerlandschaft im Rems- und Wieslauftal, in: Schwäbische Heimat 1951, S. 184–188.

–, Fragen der oberdeutschen Hausforschung erläutert am Beispiel einer Häuserliste der Herrschaft Kißlegg, in: Württembergisches Jahrbuch für Volkskunde 1957/58, S. 135–155.

–, Bauformen und Baugesetzgebung in Württemberg, in: Schwäbische Heimat 1960, S. 145–148.

–, Fragen der Fachwerkforschung in Südwestdeutschland, in: Zeitschrift für württembergische Landesgeschichte 15, 1967, S. 225–243.

–, Das Fachwerkdorf Strümpfelbach, in: Deutsches Malerblatt, Mai/Juni 1969, S. 535 ff.

–, Das gute Land. Leben und Arbeiten in Württemberg in den zyklischen Bilderfolgen von Konrad Weitbrecht (1796–1836), Stuttgart 1980.

–, Die Kunst des Fachwerkbaus in Württemberg, in: Schwäbische Heimat 1983, Heft 3, S. 181–190.

–, Die Kunstdenkmäler des Rems-Murr-Kreises (zeichnerische Aufnahmen von Johannes Gromer), hrsg. v. Landesdenkmalamt Baden-Württemberg, München 1983.

Scheftel, Michael, Mittelalterlicher Holzbau in den Städten des niederdeutschen Raumes und der angrenzenden Küstengebiete, in: Lübecker Schriften zur Archäologie und Kulturgeschichte, Band 20, Bonn 1990, S. 7–100.

Schepers, Josef, Das Bauernhaus in Nordwestdeutschland, Neudruck der Dissertation von 1943, Bielefeld 1978.

Schier, Bruno, Hauslandschaften und Kulturbewegungen im östlichen Mitteleuropa, 2. erweiterte Auflage (1. Aufl. 1931), Göttingen 1966.

Schilli, Hermann, Das Schwarzwaldhaus, Stuttgart 1953.

Schlichtherle, Helmut, Archäologie in Seen und Mooren: Den Pfahlbauten auf der Spur, Stuttgart 1986.

Schmid, Hansjörg, Zum Forschungsstand des altoberschwäbischen Bauernhauses, in: Museumsmagazin – Aus Museen und Sammlungen in Baden-Württemberg 3/1985, S. 7–22.

–, Die Formen des bäuerlichen Anwesens im Raum von Südwestalb und Bodensee bis zum Hochschwarzwald – eine hausgeographische Studie, Band 2 der Studien des Freilichtmuseums Neuhausen ob Eck, hrsg. v. Landkreis Tuttlingen, Tuttlingen 1988.

Schnitzer, Ulrich, Schwarzwaldhäuser von gestern für die Landwirtschaft von morgen, Landesdenkmalamt Baden-Württemberg, Arbeitsheft 2, Stuttgart 1989.

Schöck, Inge, Malerei an Scheunentoren, in: Denkmalpflege in Baden-Württemberg, 8. Jahrgang, Heft 4, 1976, S. 170–176.

– und Gustav, Häuser und Landschaften in Baden-Württemberg, Tradition und Wandel ländlicher Baukultur, Stuttgart 1982.

Scholkmann, Barbara, Sindelfingen/Obere Vorstadt. Eine Siedlung des hohen und späten Mittelalters, Forschungen und Berichte der Archäologie des Mittelalters in Baden-Württemberg III, 1978.

Scholkmann, Klaus, Beobachtungen bei der Instandsetzung und beim Abbruch von Fachwerkhäusern des 15. Jahrhunderts, in: Jahrbuch für Hausforschung 33, Sobernheim 1983, S. 213–240.

Schröder, Karl Heinz, Stand und Aufgaben der geographischen Hausforschung im südwestlichen Mitteleuropa, in: Geographische Hausforschung im südwestlichen Mitteleuropa, hrsg. von demselben, Tübinger Geographische Studien, Band 54, Tübingen 1974, S. 1 ff.

Stadtluft, Hirsebrei und Bettelmönch. Die Stadt um 1300, hrsg. v. Landesdenkmalamt Baden-Württemberg und der Stadt Zürich, Stuttgart 1992.

Storck, Ingo, Die Merowingerzeit in Württemberg, in: Archäologie in Württemberg, Stuttgart 1988, S. 333–353.

–, Das Dorf in den Neuwiesenäckern, in: … mehr als 1 Jahrtausend …: Leben im Renninger Becken vom 4. bis 12. Jahrhundert, hrsg. vom Landesdenkmalamt Baden-Württemberg, Stuttgart 1991, S. 14–32.

–, Friedhof und Dorf, Herrenhof und Adelsgrab, der einmalige Befund Lauchheim, in: Die Alamannen, Ausstellungskatalog 1997, hrsg. vom Archäologischen Landesmuseum Baden-Württemberg, Stuttgart 1997, S. 301–307.

Strobel, Richard und Buch, Felicitas, Ortsanalyse. Zur Erfassung und Bewertung historischer Bereiche, Arbeitsheft 1, Landesdenkmalamt Baden-Württemberg, Stuttgart 1986.

Tacitus, Publius Cornelius, Germania, Stuttgart 1972.

Weller, Arnold, Sozialgeschichte Südwestdeutschlands unter besonderer Berücksichtigung der sozialen und karitativen Arbeit vom späten Mittelalter bis zur Gegenwart, Stuttgart 1979.

WELLER, ARNOLD und WELLER, KARL, Württembergische Geschichte im südwestdeutschen Raum, Stuttgart, 9. Aufl. 1981.

ZIPPELIUS, ADELHART, Freilichtmuseen, in: Museumsmagazin – Aus Museen und Sammlungen in Baden-Württemberg 2/1984, S. 5–19.

Liste der württembergischen Bau- und Feuerordnungen

Erste LANDES-ORDNUNG vom 11. November 1495, in: Vollständige, historisch und kritisch bearbeitete Sammlung der württembergischen Gesetze, hrsg. v. Dr. Reyscher, Bd. 12, Tübingen 1841, S. 9.

VERORDNUNG gegen Mordbrenner und zur Verhütung von Feuersgefahr vom 26 Juni 1556, in: Vollständige, historisch und kritisch bearbeitete Sammlung der württembergischen Gesetze, hrsg. v. Dr. Reyscher, Bd. 12, Tübingen 1841, S. 294–296.

NEWE BAWOrdnung des Fürstenthumbs Würtemberg 1567 (Landesbibliothek Stuttgart).

NEUE (erste) BAU-ORDNUNG des Fürstenthums Württemberg vom 1. März 1568, in: Vollständige, historisch und kritisch bearbeitete Sammlung der württembergischen Gesetze, hrsg. v. Dr. Reyscher, Bd. 12, Tübingen 1841, S. 347–361.

SIEBENTE LANDES-ORDNUNG von 1621, in: Vollständige, historisch und kritisch bearbeitete Sammlung der württembergischen Gesetze, hrsg. v. Dr. Reyscher, Bd. 12, Tübingen 1841, S. 834–839.

ZWEITE BAU-ORDNUNG vom 2. Januar 1655, in: Vollständige, historisch und kritisch bearbeitete Sammlung der württembergischen Gesetze, hrsg. v. Dr. Reyscher, Bd. 13, Tübingen 1842, S. 152–287.

Deß Herzogthumbs Wirtemberg revidirte BAW-ORDNUNG, Stuttgart 1656 (2. Bauordnung von 1655).

ERSTE FEUER-ORDNUNG vom 29. Januar 1703, in: Vollständige, historisch und kritisch bearbeitete Sammlung der württembergischen Gesetze, hrsg. v. Dr. Reyscher, Bd. 13, Tübingen 1842, S. 809–811.

ZWEITE FEUER-ORDNUNG, vom 15. Dezember 1716, in: Vollständige, historisch und kritisch bearbeitete Sammlung der württembergischen Gesetze, hrsg. v. Dr. Reyscher, Bd. 13, Teil 2, Tübingen 1842, S. 1041–1073.

LAND-FEUER-ORDNUNG vom 12. Januar 1752, in: Vollständige, historisch und kritisch bearbeitete Sammlung der württembergischen Gesetze, hrsg. v. Dr. Reyscher, Bd. 14, Tübingen 1841, S. 372–395.

ERSTE BRANDSCHADENS-VERSICHERUNGS-ORDNUNG vom 16. Januar 1773, in: Vollständige, historisch und kritisch bearbeitete Sammlung der württembergischen Gesetze, hrsg. v. Dr. Reyscher, Bd. 14, 3. Teil, Tübingen 1843, S. 871–905.

ORDNUNG IN FEUERPOLIZEI-SACHEN vom 28. Februar 1785, in: Vollständige, historisch und kritisch bearbeitete Sammlung der württembergischen Gesetze, hrsg. v. Dr. Reyscher, Bd. 14, Tübingen 1843, S. 1023–1035.

GENERAL-RESCRIPT, die Brandversicherung der Stroh- und Schindeldächer betreffend, vom 7. April 1785, in: Vollständige, historisch und kritisch bearbeitete Sammlung der württembergischen Gesetze, hrsg. v. Dr. Reyscher, Bd. 14, Tübingen 1843, S. 1035–1037.

RESCRIPT, das Einreissen von Gebäuden bei Feuersbrünsten betreffend, vom 7. Mai 1785, in: Vollständige, historisch und kritisch bearbeitete Sammlung der württembergischen Gesetze, hrsg. v. Dr. Reyscher, Bd. 14, Tübingen 1843, S. 1038.

GENERAL-RESCRIPT in Beziehung auf das Heizen der Wasserstuben in den Mühlen, vom 12. Januar 1789, in: Vollständige, historisch und kritisch bearbeitete Sammlung der württembergischen Gesetze, hrsg. v. Dr. Reyscher, Bd. 14, Tübingen 1843, S. 1053.

GENERAL-RESCRIPT, die Wasser- und Uferbauten betr., vom 20. Februar 1792, in: Vollständige, historisch und kritisch bearbeitete Sammlung der württembergischen Gesetze, hrsg. v. Dr. Reyscher, Bd. 14, Tübingen 1843, S. 1076 f.

General-Verordnung, die FEUER-POLIZEI-GESETZE betreffend, vom 13. April 1808, in: Vollständige, historisch und kritisch bearbeitete Sammlung der württembergischen Gesetze, hrsg. v. Dr. Reyscher, Bd. 15.1, Teil 4, Tübingen 1846, S. 200–211.

NEUE ALLGEMEINE BAUORDNUNG 1872, in: Regierungs-Blatt für das Königreich Württemberg, Nr. 35, Stuttgart, 12. Oktober 1872, S. 305–336.

Anmerkungen

1 Auszug aus dem Beratervertrag mit dem Landratsamt Esslingen: „Wissenschaftl. Dokumentation des gesamten Museums-Einzugsgebiets: Der Auftragnehmer wird im Laufe der nächsten Monate und Jahre eine repräsentative Auswahl und Anzahl von Dörfern begehen, eine Foto-Dokumentation erstellen und Untersuchungen der Dorfstruktur und des relevanten Baubestandes sowie die Aufarbeitung der vorhandenen Literatur durchführen."
2 LOHSS, Vom Bauernhaus in Württemberg
3 SCHÖCK, Häuser und Landschaften
4 ASSION/BREDNICH, Bauen und Wohnen
5 Gedankt sei hier vor allem Restaurator Michael Helget, Michael Hermann, Dipl.-Ing. Claudius Homolka, Karl Huber, Dipl.-Ing. Radegund Kahle, Bautechniker Norbert Lack, Johannes Leonhard, Dipl.-Ing. Klaus Loderer, Dr. Annegret Möhlenkamp, Dr. Hans-Hermann Reck, Thomas Schmid M.A., Dipl.-Ing. Armin Seidel, Ute Stipanitz M.A., Restaurator Dipl.-Ing. Lutz Walter, Michael Weihs M.A. und Dipl.-Ing. Michaela Weise.
6 Dabei können wir uns ja erst seit der ersten Landesvermessung in der ersten Hälfte des 19. Jahrhunderts ein ungefähres Bild von den quantitativen Verlusten seither machen.
7 GRIMM, Deutsches Wörterbuch, Bd. 11, Sp. 1962
8 PHLEPS, Alemannische Holzbaukunst
9 GRUBER, Deutsche Bauern- und Ackerbürgerhäuser
10 ASSION/BREDNICH, Bauen und Wohnen; SCHÖCK, Häuser und Landschaften
11 LOHSS, Vom Bauernhaus in Württemberg
12 ASSION/BREDNICH, Bauen und Wohnen, S. 10
13 SCHMID, Die Formen des bäuerlichen Anwesens, S. 19–43. Vergleiche hierzu auch die Besprechung von Konrad Bedal in den AHF-Mitteilungen (Arbeitskreis für Hausforschung e. V.) Nr. 33, November 1990, S. 11 f.
14 DAS BAUERNHAUS IM DEUTSCHEN REICHE
15 PHLEPS, Alemannische Holzbaukunst
16 GRUBER, Deutsche Bauern- und Ackerbürgerhäuser
17 EITZEN, Zur Geschichte des süddeutschen Hausbaues
18 Leider hat Eitzen die starke Ähnlichkeit zwischen Grundriß- und Schnittfigur dieses Hauses und den von J. Bendermacher in seiner Dissertation 1991 gezeigten Ardennen-Häusern (z. B. dort S. 87) nicht gekannt. Zeigt diese Ähnlichkeit doch, daß die Firstständerbauweise von Watterbach nicht nur nach Süden hin, sondern auch weit nordwestlich des Odenwaldes bis in die Nordeifel verbreitet war. Vgl. hierzu BENDERMACHER, Die dörflichen Hausformen der Nordeifel.
19 EITZEN, Zur Geschichte des süddeutschen Hausbaues, Abb. 9
20 SCHAHL, Bauformen und Baugesetzgebung
21 SCHAHL, Fragen der Fachwerkforschung
22 Beide standen wahrscheinlich unter dem Eindruck der 1958 erschienenen Dissertation von HILDEGARD DÖLLING, Haus und Hof in westgermanischen Volksrechten.
23 BEDAL, Haus- und Bauformen
24 SCHIER, Hauslandschaften und Kulturbewegungen
25 SAGE, Fachwerk
26 GEBHARD, Alte Bauernhäuser
27 KEEFER, Die Jungsteinzeit
28 SANGMEISTER, Die ersten Bauern
29 SCHLICHTHERLE, Archäologie in Seen und Mooren
30 SANGMEISTER, Die ersten Bauern, S. 447
31 ebenda, S. 432
32 KEEFER, Die Jungsteinzeit, S. 77
33 KEEFER, Die Jungsteinzeit, S. 80 f.
34 SCHLICHTHERLE, Archäologie in Seen und Mooren, S. 52 f.
35 KEEFER, Die Suche nach der Vergangenheit
36 ENGELHARDT, Ausgrabungen am Main-Donau-Kanal
37 KIMMIG, Die Heuneburg an der oberen Donau, S. 89/90
38 TACITUS, Germania, S. 25 ff.
39 CHRISTLEIN, Die Alemannen, S. 39
40 DÖLLING, Haus und Hof in westgermanischen Volksrechten, S. 29
41 DÖLLING, Haus und Hof in westgermanischen Volksrechten, S. 11, Anm. 37 und S. 61, Anm. 23
42 CHRISTLEIN, Die Alemannen, S. 39
43 CHRISTLEIN, Die Alemannen, S. 39 f.
44 ebenda
45 SCHAHL, Fragen der oberdeutschen Hausforschung, S. 143
46 DÖLLING, Haus und Hof in westgermanischen Volksrechten, S. 13 und Anm. 51
47 DÖLLING, Haus und Hof in den westgermanischen Volksrechten, S. 61
48 GROSS, Siedlungsgeschichte im Renninger Becken, S. 13 f.
49 GUTSCHER, Karolingische Holzbauten, S. 207 und 217. Er weist auch ausdrücklich darauf hin, daß Tierhaltung in den Wohngebäuden nicht auszuschließen ist.
50 GUTSCHER, Karolingische Holzbauten, S. 216 f.
51 GUTSCHER, Karolingische Holzbauten, S. 211 f., 216 und Anm. 35–37. An Haus VI belegt ein Loch am Schwellenende einen Eckständer. Eine ähnliche Gründung zeigt das römische Fachwerkgebäude in Basel, Rittergasse 4, aus dem zweiten Drittel des 1. Jahrhunderts.

52 Das Gebäude Brackenheim-Hausen, Oststraße 3, bearbeitete der Verfasser im Jahr 1998 mit einem Gebäudeerfassungsbogen, einer Dendrodatierung und Skizzen
53 STORCK, Lauchheim
54 DICKMANS, Wüstung Zimmern
55 DICKMANS, Wüstung Zimmern
56 DICKMANS, Wüstung Zimmern, S. 10
57 STORK, Neuwiesenäcker, S. 18
58 Laut freundlicher Mitteilung von Herrn Hartmut Schäfer vom Landesdemkmalamt Baden-Württemberg. Der Befund ist nicht publiziert.
59 Barbara Scholkmann, in: STADTLUFT, HIRSEBREI UND BETTELMÖNCH, S. 193 und SCHOLKMANN, Sindelfingen/Obere Vorstadt
60 DÖLLING, Haus und Hof in den westgermanischen Volksrechten, S. 63
61 Burghard Lohrum, in: STADTLUFT, HIRSEBREI UND BETTELMÖNCH, S. 248 ff.
62 ebenda, S. 251
63 SCHEFTEL, Mittelalterlicher Holzbau
64 ebenda, S. 66 und 70
65 LOHRUM, Bundseiten und Bezugsachsenschnittpunkt
66 Barbara Scholkmann, in: STADTLUFT, HIRSEBREI UND BETTELMÖNCH, S. 186
67 BAUORDNUNG 1808, Kapitel 29 (siehe Kapitel 4.5.4)
68 Die Aufmaße und Befundnotizen wurden freundlicherweise von J. Faitsch, Ippichen, zur Verfügung gestellt.
69 Diese Erkenntnis verdanke ich einem freundlichen Hinweis von J. Faitsch, der sich unter anderem, besonders auch praktisch, in die Fragen zum südwestdeutschen Strohdach eingearbeitet hat.
70 LANDES-ORDNUNG 1495, S. 9
71 LOHRUM, Bundseiten und Bezugsachsenschnittpunkt
72 SCHIER, Hauslandschaften und Kulturbewegungen, S. 230 f.
73 LANDES-ORDNUNG 1495, S. 9
74 ebenda
75 Burghard Lohrum, in: STADTLUFT, HIRSEBREI UND BETTELMÖNCH, S. 267 ff.
76 ebenda
77 ebenda
78 Unveröffentlichtes Manuskript (mit freundlicher Genehmigung von Burghard Lohrum)
79 OSTENDORF, Geschichte des Dachwerks
80 BURGHARD LOHRUM, Bericht zur Bauuntersuchung, Bauaufnahme und Dendrodatierung des Gebäudes Rechberghausen, Hauptstraße 43 (unveröffentlichtes Manuskript, 1983)
81 NORBERT ELIAS, Über den Prozeß der Zivilisation, Bd. I/II, Frankfurt am Main 1977(2)
82 GROMER, Alte Häuser in Gröningen; derselbe, Marktbrunnengässle 4

83 SCHAHL, Fragen der Fachwerkforschung, S. 240
84 ebenda und SCHAHL, Kunst des Fachwerkbaus
85 nach SCHAHL, Fragen der Fachwerkforschung, S. 231
86 NEWE BAWORDNUNG 1567 und NEUE BAU-ORDNUNG 1. März 1568
87 SCHAHL, Kunst des Fachwerkbaus, S. 186
88 SCHAHL, Bauformen und Baugesetzgebung, S. 145 und NEWE BAWORDNUNG 1567, S. CXII
89 ebenda, S. 146
90 ebenda
91 ebenda
92 ebenda
93 ebenda, S. 147
94 ebenda
95 ebenda
96 NEWE BAWORDNUNG 1567, S. 36
97 ebenda, S. 36 f.
98 ebenda, S. 32
99 ebenda, S. 41
100 ebenda, S. 42
101 Vergleiche hierzu Burghard Lohrum, in: STADTLUFT, HIRSEBREI UND BETTELMÖNCH, S. 267 ff
102 GLASER/SCHENK, Grundzüge der Klimaentwicklung
103 SIEBENTE LANDES-ORDNUNG, 1621 und ZWEITE BAU-ORDNUNG 1655
104 ZWEITE BAU-ORDNUNG 1655, S. 153; dabei handelt es sich wohl um die Anfänge des heutigen Kaminfegerwesens.
105 Für die zweite Hälfte des 18. Jahrhunderts liegt die Beschreibung dieser Lehmstrohdeckung und ihrer Herstellung durch den Böhringer Pfarrer Jeremias Höslin vor; GEBHARD, Alte Bauernhäuser, S. 58
106 PHLEPS, Alemannische Holzbaukunst
107 ERSTE FEUER-ORDNUNG 1703 und ZWEITE FEUER-ORDNUNG 1716; Reyscher erwähnt in den Anmerkungen zur ersten Feuerordnung von 1703, S. 809, Anm. 890 auch die „Feuerordnung für die Residenzstadt Ludwigsburg vom 15. Septbr. 1730".
108 LAND-FEUER-ORDNUNG 1752
109 ebenda; im folgenden werden die Punkte ab S. 375 f. referiert.
110 ERSTE BRANDSCHADENS-VERSICHERUNGS-ORDNUNG 1773 und ORDNUNG IN FEUERPOLIZEI-SACHEN 1785
111 ORDNUNG IN FEUERPOLIZEI-SACHEN 1785, S. 1029
112 ebenda
113 HEINITZ, Bürgerhaus, S. 12
114 SCHAHL, Fragen der Fachwerkforschung, S. 242
115 RESCRIPT 1785, S. 1037
116 GENERAL-RESCRIPT 1789; GENERAL-RESCRIPT 1792
117 Maschinell hergestellte Falzziegel wurden nach Angaben der Firma Pfleiderer, Winnenden im Jahr 1881 erfunden.

118 LOHSS, Vom Bauernhaus in Württemberg, S. 181f. sowie Abb. 90ff.
119 Vergleiche hierzu SCHÖCK, Malerei an Scheunentoren.
120 BRAUN, DIETRICH, Haus- und Familiengeschichte des Bäcker-Doster-Hauses in Beuren (1528/58 bis 1980), unveröffentlichtes Manuskript, S. 24
121 GROMER, JOHANNES, Ortskernbegehung Beuren 1989–90
122 Mögliche Erklärungsansätze sehe ich in der besseren medizinischen Versorgung bei gleichzeitiger Verarmung weiter Bevölkerungskreise im Zusammenhang mit den Mißernten von 1815 und 1848 und einer damit verbundenen Wirtschaftskrise mit Wertverfall bei Immobilien. Für Beuren gibt Dietrich Braun den Hinweis, daß die Preise für Häuser und Grundstücke in den Jahren um 1850 auf weniger als die Hälfte gesunken sind (siehe Anm. 120). Hinzu kommen Wanderungsbewegungen innerhalb der Bevölkerung im Zusammenhang mit der beginnenden Industrialisierung.
123 Die Dokumentation des Ausdinghäuschens wurde seinerzeit von den Auftraggebern leider für unnötig gehalten.
124 FEUER-POLIZEI-GESETZE 1808, S. 200
125 ebenda, S. 201
126 ebenda, Anm. 263 a
127 ebenda, Anm. 264
128 NEUE ALLGEMEINE BAUORDNUNG 1872
129 GEBHARD, Alte Bauernhäuser, Vorsatzblatt
130 BEDAL, Neue Materialien zum Firstsäulenbau; derselbe, Geschoßbau und Stockwerksbau
131 GRIMM, Deutsches Wörterbuch, S. 1962
132 SCHRÖDER, Stand und Aufgaben der geographischen Hausforschung
133 In der Beurener Ortsmitte wurde kürzlich ein dem Frickenhäuser Beispiel (15. Jahrhundert) sehr ähnlicher Geschoßständerbau aufgenommen: mit stockwerksweise abgebundenen Fachwerkpartien und einer Dendrodatierung ins Jahr 1397 (freundliche Mitteilung von B. und R. Kollia-Crowell).
134 SIEBENTE LANDES-ORDNUNG, 1621 und ZWEITE BAU-ORDNUNG 1655
135 HISTORISCHER ATLAS VON BADEN-WÜRTTEMBERG, Übersicht über das Herzogtum Württemberg mit den linksrheinischen Besitzungen um 1790, Blatt VI.2
136 BENDERMACHER, Die dörflichen Hausformen der Nordeifel
137 Alle Zeichnungen sind im Maßstab 1 : 200 wiedergegeben. Falls nichts anderes vermerkt ist, stammen sie aus meinem Büro. Die Grundrisse sind genordet, sofern nicht durch einen Nordpfeil eine andersartige Ausrichtung gekennzeichnet ist.

**Uli Kreh: Zeugen einer vergangenen Zeit.
Freilichtmuseen in Baden-Württemberg**

Der Grafiker und Fotograf Uli Kreh stellt in diesem zauberhaften, opulenten und äußerst preisgünstigen Bild-Text-Band alle sieben Freilichtmuseen vor. Dabei gelingt es ihm, die Mischung aus kulturgeschichtlicher Dokumentation und nostalgischer Romantik, die die Museen verkörpern, perfekt in Bild und Text einzufangen.

200 Seiten, 450 Farbfotos, Großformat, fester Einband.

In jeder Buchhandlung.

Silberburg-Verlag

Schönes Schwaben mit ECOregio

- Die farbige Monatszeitschrift für Kultur, Geschichte, Landeskunde und Natur.
- Informativ und unterhaltsam, aktuell und zeitlos.
- Traumhaft schöne Fotos, interessante Artikel von kompetenten Autoren.
- Wichtige Informationen zu Umwelt, Ökologie und Denkmalschutz in der Region.
- Das ideale Geschenk für alle Freunde schwäbischer Landeskultur.

Informationen über:

Silberburg-Verlag

Schönbuchstraße 48
72074 Tübingen
Tel. (0 70 71) 68 85-0
Fax (0 70 71) 68 85-20
e-mail: info@silberburg.de
www.silberburg.de
www.SchoenesSchwaben.de